U0646508

EDUCATION TECHNOLOGY

全国百所高校规划教材
教师教育精品教材

现代教育技术应用

XIANDAI JIAOYU JISHU YINGYONG

赵慧勤 主 编

殷旭彪 周世菊 张丽萍 张成功 于 文 副主编

北京师范大学出版集团
BEIJING NORMAL UNIVERSITY PUBLISHING GROUP
北京师范大学出版社

图书在版编目(CIP)数据

现代教育技术应用/赵慧勤主编. —北京:北京师范大学出版社,2019.9(2025.7重印)

高等学校教育技术学专业精品教材

ISBN 978-7-303-25114-8

Ⅰ.①现… Ⅱ.①赵… Ⅲ.①教育技术学-高等学校—教材 Ⅳ.①G40—057

中国版本图书馆 CIP 数据核字(2019)第 181139 号

出版发行:北京师范大学出版社 https://www.bnupg.com
　　　　　北京市西城区新街口外大街 12-3 号
　　　　　邮政编码:100088

印　　刷:	保定市中画美凯印刷有限公司
经　　销:	全国新华书店
开　　本:	787 mm × 1092 mm　1/16
印　　张:	26
字　　数:	538 千字
版　　次:	2019 年 9 月第 1 版
印　　次:	2025 年 7 月第 11 次印刷
定　　价:	46.00 元

策划编辑:王建虹		责任编辑:齐　琳　张筱彤	
美术编辑:焦　丽		装帧设计:焦　丽	
责任校对:陈　民		责任印制:马　洁	

版权所有　侵权必究

读者服务电话:010-58806806

如发现印装质量问题,影响阅读,请联系印制管理部:010-58806364

前　言

　　信息技术的快速发展给教育带来了新的机遇与挑战,极大地促进了教育观念、教学方式和学习方式的变革,物联网、云计算、虚拟现实、增强现实、大数据、人工智能等新技术的发展正在不断重塑着教育形态,慕课、微课、翻转课堂、虚拟仿真教学、智慧教育等已成为当前教育的新形态。《教育信息化 2.0 行动计划》提出我国教育信息化的主要任务之一是持续推动信息技术与教育深度融合,促进两个方面水平提高:一是促进教育信息化从融合应用向创新发展的高阶演进,信息技术和智能技术深度融入教育全过程,推动改进教学、优化管理、提升绩效;二是全面提升师生信息素养、推动从技术应用向能力素质拓展,使之具备良好的信息思维,适应信息社会发展的要求。因此,应用信息技术解决教学、学习、生活中问题的能力成为师生必备的基本素质。

　　"现代教育技术"课程作为高等院校教师教育课程体系中一门重要的公共基础课,旨在培养在校师范生现代教育技术能力,提高在职中小学教师应用信息技术进行教育教学改革的能力。在这样的时代背景下,为发挥新技术优势,变革传统模式,促进教育信息化应用水平和师生信息素养的提高,真正满足教育信息化创新发展的要求,编者在曾出版的《现代教育技术》教材基础上进行了大幅度的修订。修订后的教材在理论与技术方面做了补充,更加注重实用性和实践性,理论指导和实践应用结合得更为紧密。本教材具体有以下几个特点。

　　(1)紧跟前沿,知识点新

　　本教材以《教育信息化十年发展规划(2011—2020 年)》《教育信息化 2.0 行动计划》《中小学教师信息技术应用能力标准(试行)》为依据,以教师教育专业化和新课程改革为背景,以满足职前和职后教师在实际教学工作中对教育技术能力的需求为目标进行编写。在内容选择上,理论知识篇在保留原有教材主要内容的基础上增加了理论发展的最新成果和新技术在教育中的应用,实践技能篇在保留多媒体教学资源开发主要内容的基础上,增加了有关课堂教学技能训练的内容,将模拟性课件的制作调整为交互性课件的制作,强调新理念、新技术在数字化学习资源开发中的应用,具有鲜明的前瞻性。

　　(2)案例翔实,实践性强

　　本教材注重理论与实践的有效结合,通篇运用了大量的案例,每一章均围绕案例展开讲解,通俗易懂,具有较强的可操作性。同时每一章均有"实践环节"板块,帮助学习者学以致用,培养学习者主动探究的精神和实践创新的能力,具有鲜明的实践性。

（3）体系完备，适用面广

本教材在结构设计上充分考虑了国内各高校教学的实际需要，在理论知识篇中，每一章通过逻辑清晰的内容结构帮助学习者尽快形成理论框架，迅速掌握理论知识；在实践技能篇中，每一章均对信息素养提升的基本操作进行了强化。本教材在材料组织上尽可能确保内容的完整性，除了纸质材料，还提供了在线学习资源，授课教师可以根据教学对象、时间和课程类型的实际情况，灵活地选择本教材的部分内容进行教学，学生也可以有选择地进行自主学习。本教材既可作为高等师范院校本科、专科"现代教育技术"公共课的教学用书，也可作为面向各级各类学校教师的继续教育课程和中小学教师教育技术培训课程的教材，还可供教育技术、信息技术教学与管理的相关人士参考。

本教材分上、下两篇，共九章。上篇为理论知识篇，下篇为实践技能篇。理论知识篇主要介绍了现代教育技术的相关理论与应用，包括用于指导信息化教学实践的主要基础理论、信息化教学、智慧教育等。实践技能篇主要介绍了信息技术在教学中的具体应用方法、工具和相关技能，包括微格教学、多媒体素材与课件、微课等内容。

这里对本教材各章的内容进行概述。第一章"教育技术概述"：主要阐述了教育技术的基本概念、教育技术的发展历程、教育信息化发展现状与教师角色定位。第二章"教育技术理论基础"：主要介绍对教育技术发展具有重要影响的学习理论、教学理论、视听和传播理论及系统科学理论。第三章"信息化教学环境与数字化学习资源"：主要讨论信息化教学环境与数字化学习资源的理论与典型应用。第四章"信息化教学设计与评价"：详细阐述了信息化环境下的教学设计，介绍了基于问题、基于项目、翻转课堂的信息化教学设计，并对信息化教学评价进行讨论。第五章"智慧教育及其关键技术"：主要阐述了智慧教育的理念，介绍了虚拟现实技术/增强现实技术及其教育应用，以及云教育和教育大数据等关键技术。第六章"课堂教学技能训练与微格教学"：介绍了教育技术对教师教学技能训练的支持以及微格教学的实施和评价方法。第七章"多媒体素材的采集与处理"：对多媒体素材进行了概述，并介绍了文本素材、图像素材、音频素材、视频素材、动画素材的采集与处理方法。第八章"多媒体课件的设计与应用"：对多媒体课件进行了概述，讨论了演示型课件和交互型课件的制作技术和方法。第九章"微课的设计与制作"：主要介绍了微课以及微课的制作过程。

本教材由赵慧勤教授任主编，负责策划教材的框架体系、设计编写思路、统稿、审核及修改等。各章节具体负责人如下：第一章由赵慧勤负责，第二章由周世菊负责，第三章由张丽萍负责，第四章由于文负责，第五章由赵慧勤负责，第六章由殷旭彪负责，第七章由周世菊负责，第八章由张丽萍负责，第九章由张成功负责。

在此特别感谢北京师范大学出版社为此书的出版所做出的努力，感谢王剑虹编辑的关心和支持。本教材的编写得到了山西大同大学教育科学与技术学院和教务处的大力支持，在此表示衷心的感谢。

　　教材参考并引用了大量的文献资料,并在参考文献中列出,在此谨向这些文献资料的作者表示诚挚的敬意。如有遗漏,恳请谅解。

　　在本教材的编写过程中,编者努力将现代教育技术的新理论和新技术及其在教育中的应用尽可能地纳入,以凸显本教材的创新性和实用性。本教材在内容和体系上都进行了新的尝试,编者学识有限,教材出现疏漏和不当之处在所难免,恳请各位专家读者提出宝贵意见。

编者
2019 年 4 月 8 日

本书使用指南

栏目类别	栏目名称	作用
全书栏目	本课程的学习方法	要学好本课程,方法至关重要,此栏目为学习者进一步展开学习和研究提供方法指南。
	目录	为学习者提供具体的页码索引,并展现章节的标题,体现全书的内容概要和每个章节的视角。
章前栏目	本章概述	使学习者在学习每章之前先了解一下该章的内容概要。
	结构图	帮助学习者把握各章的知识结构。
	本章学习目标	使学习者清楚了解各章的学习目标,使学习更高效。
	学前深思	带领学习者进行各章学习前的知识探索。
章内栏目	本节学习目标	完成节学习目标才能达到章学习目标,最终才能掌握全书。
	节内案例	丰富的案例帮助学习者更好地掌握相关理论,并在实践中灵活运用。
章后栏目	本章小结	概述各章的重要知识点,为学习者的复习和回顾提供方便。
	关键术语	展示各章的关键术语,包括中英文和具体解释。
	章节链接	建立各章节内容的联系,使学习者融会贯通。
	批判性思考	以提问的方式引导学习者进一步思考。
	体验练习	包括思考与练习和实践环节两部分,帮助学习者深化对知识的理解,并进行实践应用。
	案例研究	通过案例分析,使学习者对各章重点内容进行深度思考与拓展。
	补充资料	为学习者提供更广阔的阅读、学习范围,拓宽学习者的视野。
	在线学习资源	扫一扫二维码,学习者就可以轻松浏览精心准备的在线学习资料。

本课程的学习方法

"现代教育技术"课程作为师范生的必修课程具有系统的理论体系,同时也具有很强的实践性,主要培养在校师范生的现代教育技术能力,强化信息化教学设计能力和数字化学习资源开发能力,进而促进信息技术与教育深度融合、创新发展。学习者在学习过程中要注意理论与实践相结合,可以采用以下几种方法加深对本课程的学习。

(一)文献阅读

学习者通过阅读相关图书、期刊、网络资料等来全面地、正确地掌握现代教育技术的研究内容,形成对"现代教育技术"课程体系的整体把握。

(二)开展调查

学习者可通过问卷调查、访谈等方式收集教育教学中的第一手材料,有计划地通过亲身实践了解和掌握有关教育技术的发展历史、现状和发展趋势的知识,并在大量掌握第一手材料的基础上进行分析综合,得出科学的结论,以指导教育教学实践活动。

(三)行动研究

学习者要积极投身于教育教学实践,用教育技术学理论指导教育教学实践,同时在实践中加深对教育技术相关理论的理解。

(四)比较研究

学习者通过比较教育信息化发展进程中不同时期、不同地点、不同情况的信息技术及其教育应用,了解信息技术对教育教学产生的重要影响。

(五)开展实验

学习者需要通过实验来揭示教育教学中的一般规律,而不能停留在主观臆断上。

"现代教育技术"课程的学习方法还有很多,这里只简单介绍了几种常用的学习方法。学习者在学习与研究的过程中,应根据实际情况对各种方法进行选择和应用。

目　录

下篇　实践技能篇

上篇
理论知识篇

第一章

教育技术概述

本章概述

信息技术已经渗透到社会生活和经济发展的各个方面，建立在现代信息技术基础上的教育技术也在不断深化和发展，成为现代教学过程中的一个重要方面，其理论和方法也随着技术的进步不断得到完善。本章介绍了教育技术的基本概念和发展历程，并在此基础上阐述了教育信息化发展现状与新形势下未来教师的角色定位。

结构图

本章学习目标
　　掌握教育技术的概念及其研究内容，了解教育技术的发展历程。在了解教育信息化发展现状的基础上，理解未来教师的角色定位及对其教育技术能力的基本要求。

学前深思
　　信息时代的到来给教育带来改革和发展的机遇，教育技术已经成为现代教学过程的重要因素。教育技术的发展经历了哪些重要阶段？其对未来教师的要求和角色定位有哪些影响呢？

一、基本概念

本节学习目标

通过本节的学习，能够掌握教育技术的含义及其主要的研究内容，为后面的进一步学习奠定基础。

　　教育技术学是教育学领域中的一门新兴综合性学科，是教育学的二级学科。教学中教育技术的应用优化了教学过程，已经成为教师、学生、教材这三个传统教学过程基本要素之外的第四要素。随着现代教育理论和现代信息技术的发展，加上教育技术实践的不断深入，教育技术的内涵也在不断地丰富。

（一）教育技术的含义

　　1. 技术与教育技术

　　（1）技术

　　技术（Technology）一词源于希腊语 techne 和 logos，前者意为艺术、技巧，后者意为言词、说话，技术则为两者的结合。

　　技术有狭义和广义之分。狭义的技术指根据生产实践经验和自然科学原理而发展成的各种工艺操作方法与技能；广义的技术指为社会生产和人类物质文化生活需要服务的，供人类利用和改造自然的物质手段、智能手段和信息手段的总和。

技术是一个历史范畴，随着社会的发展其内涵在不断地演变。在信息化社会，技术是人类在生产活动、社会生活和科学实验过程中，为了达到预期的目的而根据客观规律对自然、社会进行认识、调控和改造的物质工具、方法技能和知识经验等的综合体。该定义包括两方面的内容，即有形的物质设备、工具手段以及无形的、非物质的、观念上的方法与技能。

（2）教育技术

教育技术是技术的子范畴，指人类在教育教学活动过程中所运用的一切物质工具、方法技能和知识经验的综合体。它分为有形（物化形态）技术和无形（观念形态）技术两大类。有形技术主要指在教育教学活动过程中所运用的物质工具，它们往往通过黑板、粉笔等传统教具，或者幻灯片、投影、电影、视听器材、计算机、网络、卫星等各种新型教育教学媒介表现出来。无形技术既包括在解决教育教学问题过程中所运用的技巧、策略、方法，又包括其中所蕴含的教学思想、理论等。有形技术是教育技术的依托，无形技术是教育技术的灵魂。

2. 教育技术的 AECT 定义

（1）教育技术的 AECT 1994 定义

美国教育传播与技术协会（Association for Educational Communications and Technology，AECT）迄今已发布了 1963、1972、1977、1994、2005、2017 共六个"教育技术"定义，其中 AECT 1994 定义对我国教育技术产生了较大影响。教学技术的 AECT 1994 定义为：教学技术是关于学习资源和学习过程的设计、开发、运用、管理和评价的理论与实践。AECT 1994 定义明确指出了教育技术的研究形态（理论与实践并重）、两个研究对象（学习资源和学习过程）和五个研究领域（设计、开发、运用、管理和评价）。此定义将教育技术的研究范围划定为教学技术，并在其附加说明中指出使用这一名称是为了突破其应用范围的限制，说明教学技术既适合于教育领域，又适合于企业训练领域。

（2）教育技术的 AECT 2005 定义

2005 年 5 月，由莫伦达等人起草的 AECT 协会文件给出了教育技术的 AECT 2005 定义，即教育技术是通过创建、使用、管理适当的技术过程和资源来促进学习和提高绩效的研究与符合伦理的实践。

与 AECT 1994 定义相比，AECT 2005 定义的主要特点在于：明确提出教育技术的实践应符合道德规范要求；强调创新，将"创建"作为教育技术领域的三大范畴之一；突出专业特色，将研究对象限定为"适当的技术过程和资源"；将研究范围扩展到企业绩效领域。

(3)教育技术的 AECT 2017 定义

AECT 于 2017 年又发布了教育技术的新定义。有学者将 AECT 2017 定义翻译为："教育技术是通过对学与教的过程和资源进行策略设计、管理和实施，以提升知识、调节和促进学习与绩效的关于理论、研究和最佳方案的研究且符合伦理的应用。"[①]

与 AECT 2005 定义相比较，AECT 2017 定义保留了"伦理"这个词，"创建"这个词被换成了"设计"。在 1994 年以来的三次定义中"过程和资源"都被保留，这表明 AECT 认为过程和资源是教育技术 20 多年来最受关注的部分。

在 AECT 2005 定义和 AECT 2017 定义里，应用伦理得到了关注。应用伦理这个领域既包含网络伦理、信息技术伦理的内容，也包含医学伦理、生态伦理、科技伦理等内容。随着信息化社会的成熟，在教育技术领域研究应用伦理迫在眉睫。

3. 与教育技术相关的概念

(1)教育技术与现代教育技术

20 世纪 90 年代以后，"现代教育技术"这一术语开始逐渐被人们了解和使用，与"教育技术"相比，前者突出和强调了以多媒体和网络技术为核心的现代信息技术在教育、教学中的运用。

学校在利用教育技术手段时，既应当充分重视基于现代教育技术(计算机、多媒体、网络、数字音像、卫星广播、虚拟现实、人工智能等)的开发与应用，又不能忽视或抛弃对传统媒体(黑板、挂图、标本、模型等)的开发与应用。

(2)教育技术与电化教育

"电化教育"是我国的特有名词。1936 年，针对当时出现的利用幻灯片、电影和广播进行教育传播的方式，并根据同时代国外所使用的"视听教育"的称呼，有学者提出了"电化教育"一词并沿用至 20 世纪 90 年代。"电化教育"的定义为：运用现代教育媒体，并与传统教育媒体恰当结合，传递教育信息，以实现教育最优化。

1983 年我国创办电化教育专业，1993 年正式将电化教育专业更名为教育技术学专业。20 世纪 90 年代以来，我国许多高校相继将电化教育中心改为教育技术中心，中国电化教育协会也于 2002 年 11 月更名为中国教育技术协会(China Association for Educational Technology)。到目前为止，国内在专业机构、专业刊物等的名称方面，"电化教育"和"教育技术"两者仍然并存。事实上，从本质上看，"教育技术"与"电化教育"之间并无实质性的差异，它们的目的都是实现教与学的优化。

---

① 李海峰、王炜、吴曦：《AECT2017 定义与评析——兼论 AECT 教育技术定义的历史演进》，载《电化教育研究》，2018(8)。

（3）教育技术与信息技术

一般认为，信息指人、生物和自动机等控制系统所接收和加工的事物属性或运动状态。在教育教学领域，信息有表示教学内容、描述师生特征、反映教学动态过程的含义。所谓信息技术，指能够支持信息的获取、传递、加工、存储和呈现的一类技术。其中应用在教育领域中的信息技术主要包括电子音像技术、卫星电视广播技术、多媒体计算机技术、人工智能技术、网络通信技术、仿真技术和虚拟现实技术等。

信息技术和教育技术两者之间联系密切，但它们属于不同学科，在对象和范畴等方面都不同。从所属学科看，教育技术属于教育学科，信息技术属于信息学科。从研究对象看，教育技术的研究对象是教与学的过程与相关资源；信息技术的研究对象是与信息相关的技术。从研究范畴看，教育技术的研究范畴是教与学过程与相关资源的设计、开发、利用、管理与评价；信息技术的研究范畴是对信息的获取、存储、加工、传输与呈现。

（二）教育技术的研究内容

1. AECT 1994 定义中的研究内容

按照教育技术的 AECT 1994 定义，教育技术的研究内容包括学习过程和学习资源的设计、开发、运用、管理和评价五个方面，每个方面都有其具体的内容，如图 1-1 所示。

设计：包括教学系统设计、内容信息设计、教学策略设计、学习者特征分析等。

开发：借助于相关技术，把设计方案转化为物理形态的过程。

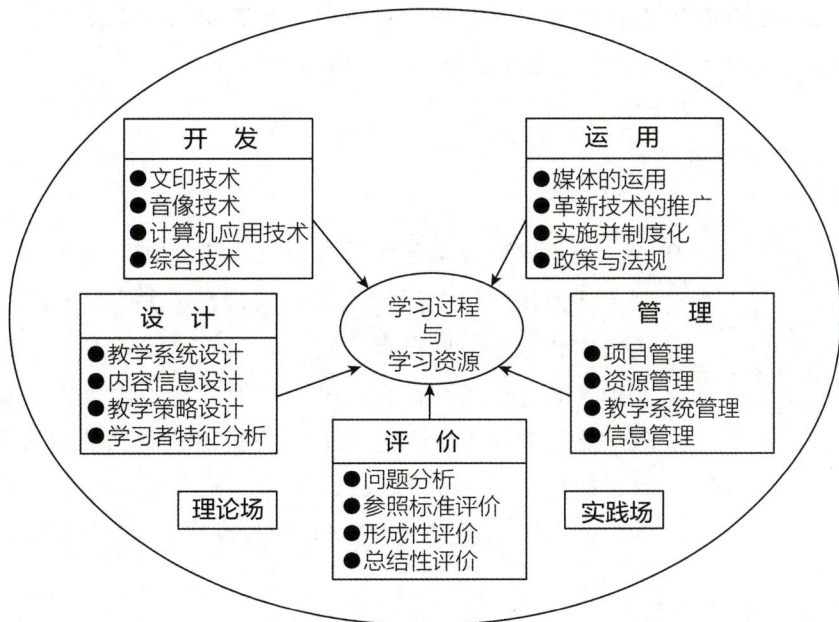

图 1-1　教育技术 AECT 1994 研究内容

运用：包括媒体的运用、革新技术的推广、实施并制度化、政策与法规等。

管理：包括项目管理、资源管理、教学系统管理和信息管理等。

评价：包括问题分析、参照标准评价、形成性评价和总结性评价等。

2. 我国学者对教育技术研究内容的归纳

从教育技术研究和应用领域的视角，我国学者祝智庭将教育技术的研究内容归纳成以下七个方面。

教育技术的学科基础理论：教育技术学科的性质、任务、基本概念、研究方法、教育技术与相关学科的关系等。

视听教育的理论与技术：常规视听媒体的教育功能，常规媒体教材的设计、制作与评价技术，各种常规媒体的组合应用，利用常规媒体优化教学过程的理论与实践研究。

多媒体辅助教学的理论与技术：多媒体辅助教学、计算机辅助测试、计算机管理教学等。

教学设计与评价的理论与技术：学习理论、教学理论、教育传播理论、系统方法论的应用研究，以及信息技术教育、信息技术与学科教学整合、现代科学测量评价技术与方法的应用研究。

远程教育的理论与技术：计算机网络建设与教学应用，远程教育的形式、特点、组织、实施与管理等。

教育技术管理的理论与技术：教育技术硬件设施和软件资源的管理方法、教育技术的专业设置、组织机构以及相关的方针、政策等的研究。

新技术、新方法和新思想在教育中的应用：对应用于教育中的网络新技术、人工智能技术、虚拟现实技术等现代信息技术的研究、开发与运用。[1]

二、教育技术发展历程

🎯 **本节学习目标**

通过本节的学习，了解教育技术的产生和发展，并重点掌握我国教育技术的发展阶段和发展趋势。

关于教育技术起源的探讨，历来存在两种观点。一种观点认为教育技术源远流长，从教育产生的第一天起就有了教育技术；如果没有一定的教育技术，教育目标就无法实现，教育也就不存在。另一种观点认为教育技术发端于现代化传播媒体的运用，其标志是 20 世纪初美国教育领域兴起的视觉教学运动（把幻灯片、无声电影等用于教学活动）。20 世纪 70 年代首次出现"教育技术"这一术语。

---

[1] 祝智庭：《现代教育技术——走向信息化教育》，2—10 页，北京，教育科学出版社，2002。

(一)教育技术的产生与发展

如果从一个专门领域或学科的角度来理解教育技术，则大部分学者认为直观教学是教育技术的前奏，并把美国 20 世纪初的视觉教学运动作为教育技术的开端。美国可以作为典型代表来阐明国外教育技术发展的历史，其教育技术大致经历了视觉教育、视听教育、视听传播和教育技术四个发展阶段。其发展过程中一系列理论与实践成果对世界教育技术的发展起到了积极的推动作用。

1. 视觉教育阶段

19 世纪末，工业革命中科学技术迅猛发展，一些新的科技成果如照相技术、幻灯机、无声电影等被引入教学领域，为学生提供了生动的视觉形象，使教学获得了超越以往的良好效果。1906 年美国宾夕法尼亚州的一家公司出版了《视觉教育》一书，该书介绍了如何拍摄照片、制作与使用幻灯片，并首次使用"视觉教育"这一术语。之后，越来越多的教育工作者参与到对新媒体应用的研究中，并以夸美纽斯的直观教学理论为视觉教育研究的理论基础。1923 年，美国教育协会成立了视觉教育分会；1928 年出版了第一本关于视觉教育的教科书《学校中的视觉教育》，并断定：视觉经验对学习的影响比其他各种经验都强得多。美国教育技术界人士大多把 20 世纪初美国教育领域兴起的视觉运动作为教育技术的发端。

2. 视听教育阶段

20 世纪 30 年代后期，随着有声电影、无线电广播、录音技术的发展及其在教育领域的应用，原来视觉教育的概念已不能囊括当时的教学实践，视觉教育转变为视听教育。值得一提的是，视听教育在第二次世界大战期间及战后的一段时间里得到极大的发展，因为战争需要一大批掌握一定技能的战士，而且战后也需要对复员军人进行职业培训，仅靠传统的教学方法难以完成任务。例如，在第二次世界大战期间，美国政府利用有声电影技术在短短 6 个月里把 1200 万缺乏军事知识的普通民众训练成为陆、海、空各兵种作战人员，把 800 万普通青年训练成制造军火、船舶的技术工人。在这些成功经验的推动下，战后学校教育工作者对视听教育的热情依然高涨。第二次世界大战结束后的十几年间，视听教育得到了稳步发展。在众多关于视听教育的研究中，最有影响的是美国教育家戴尔于 1946 年出版的《教学中的视听方法》一书。1947 年，美国教育协会将视觉教育分会正式改名为视听教育分会。

3. 视听传播阶段

第二次世界大战结束后，传播理论和早期的系统观同时影响着视听教育领域，使视听教育演变为视听传播。

传播理论对视听教育的影响表现为促使教育技术观念从静止的媒体论转向动态的过程论。早期的系统观对视听教育的影响表现为促进教育技术观念从有形的媒体论转向无形的系统论。系统观把教学看成一个系统，教学内容、媒体、方法、人员和环境是教学系统中的要素，教育者根据社会发展的需要确定目标，并对学生的现状进行分析、诊断，按照"输入—输出"对系统进行设计。

视听传播彻底改变了传统的视听教育的理论构架，不再把研究重点放在形象化的视听教材制作与使用上，而放在完整的教学传播过程及教学系统设计上。这促使教育工作者从传播理论的角度认识教学过程，媒体成为教学过程中的一个基本要素，并进而促使教育工作者形成了一种新的教学模式，即基于教学资源的教学模式。

4. 教育技术阶段

20 世纪 70 年代以来，随着认知心理学的兴起和计算机技术的快速发展，国际上教育技术的理论基础、媒体技术、实践应用都进入一个快速发展和成熟的时期，形成了以信息技术教育应用（或者说计算机教育应用）为核心的成熟的教育技术。1970 年，美国视听教育分会改名为美国教育传播和技术协会，首次提出了教育技术的概念并对其进行了定义。此后，AECT 又在 1972 年、1977 年对定义进行了修改，并在原有的传播理论、行为主义学习理论的基础上，将系统理论作为教育技术的又一理论基础。

20 世纪七八十年代，随着微型计算机、多媒体技术先后问世，多媒体辅助教学的概念出现。进入 20 世纪 90 年代，互联网技术得到迅速发展，并被逐步应用于教育教学中，出现了网络学习、数字化学习等新概念。

1994 年，AECT 对教育技术重新进行了定义，使之更加符合当时教育技术和教育教学的实际，对世界各国教育技术的发展产生了较大的影响。AECT 分别在 2005 年、2017 年对教育技术的定义进行了修改，这两次修改也受到人们的关注。

（二）我国教育技术的产生与发展

我国教育技术萌芽于 20 世纪 20 年代，起步于 20 世纪 30 年代。1949 年中华人民共和国成立后，我国的电化教育事业进入了初步发展的新时期，主要表现为利用无线电广播大面积开展外语教学、文化补习、函授课程等社会教育。到 20 世纪 60 年代，一些省份创办了电视大学，中小学电化教育也在不同层次上开展起来。但在 1966 年后，我国电化教育陷入了发展停顿，国际上 20 世纪 60 年代开始流行的程序教学和计算机辅助教学直至 20 世纪 80 年代才传入我国。20 世纪 90 年代中期后，我国教育技术得到了迅速发展。我国教育技术的发展历程如表 1-1 所示。

表 1-1　我国教育技术发展历程

阶段	时间	新技术媒体	理论基础
视听教育	20 世纪 30 年代至 20 世纪 70 年代	幻灯片、投影、广播、录音、电影	夸美纽斯的直观教学理论、戴尔的"经验之塔"理论

续表

阶段	时间	新技术媒体	理论基础
视听教育向信息化教育（现代教育技术）过渡	20 世纪 80 年代至 20 世纪 90 年代前期	电视、录像、计算机辅助教学系统、卫星电视系统	行为主义学习理论、传播理论
信息化教育（现代教育技术）	20 世纪 90 年代中后期至今	多媒体计算机、互联网、校园网	建构主义学习理论、加涅的教学设计理论

1. 视听教育阶段

20 世纪 30 年代至 70 年代是我国视听教育发展的阶段。在这个阶段，新技术媒体如幻灯片、投影、广播、录音、电影等开始在教育教学中应用，形成了一些新的教学模式，对提高教育教学质量和效率产生了良好的影响。视听教育的理论基础主要是夸美纽斯的直观教学理论和戴尔的"经验之塔"理论。

2. 视听教育向信息化教育（现代教育技术）过渡阶段

20 世纪 80 年代至 90 年代前期是视听教育向信息化教育过渡的时期。在此阶段进入教育教学领域的新技术媒体包括电视、录像、计算机辅助教学系统、卫星电视系统等。其中电视、录像发展较快，并彰显了它们对提高教学质量的重大作用，成为这个阶段视听教育的主流媒体。计算机虽已进入教育教学领域，但影响还不大。这个阶段的理论基础主要是斯金纳的操作性条件反射理论和香农等的传播理论。

3. 信息化教育（现代教育技术）阶段

20 世纪 90 年代中后期至今是信息化教育迅速发展的阶段。进入教育教学领域的新技术媒体有多媒体计算机、互联网、校园网等。以计算机和网络为核心的多媒体网络系统在教育中的应用是信息化教育的主要标志。信息化教育的理论基础主要是建构主义学习理论和加涅的教学设计理论。

1995 年，中国教育和科研计算机网开通，成为中国网络教育应用的开端。1998 年，时任教育部部长陈至立指出要把现代教育技术当作整个教育改革的制高点和突破口。1999 年，《中共中央国务院关于深化教育改革，全面推进素质教育的决定》提出："大力提高教育技术手段的现代化水平和教育信息化程度。"2000 年，《教育部关于在中小学普及信息技术教育的通知》提出要从 2001 年开始用 5—10 年的时间，在中小学（包括中等职业学校）普及信息技术教育，以信息化带动教育的现代化，努力实现我国基础教育跨越式的发展。

在教育技术学科与专业建设方面，我国教育技术专业包括从专科、本科专业到教育技术学硕士点、博士点再到博士后科研流动站等多个培养层次，广泛分布于师范院校、理工科院校、综合性大学、军事院校、职业技术院校等各类院校。

在教育技术组织机构方面，1979 年教育部成立了电化教育局和中央电教馆，负责全国的教育技术管理工作和业务工作。随后各省(自治区、直辖市)都建立了电化教育馆，各级各类学校成立了专业性的教育技术机构。1991 年，中国电化教育协会更名为中国教育技术协会。

(三)教育技术的发展趋势

随着现代科学技术的发展和教育信息化建设步伐的加快，教育技术不断发展。国内外现代教育技术的发展主要表现出以下几个趋势。

1. 作为交叉学科的特点将日益突出

教育技术是涉及教育学、心理学、信息技术、艺术学等多个学科的交叉学科。作为一门以应用性为主的交叉学科，教育技术融合了多种学术思想和理论，其理论基础主要有学习理论、教学理论、传播理论、系统分析方法等，教育技术的目标是促进人的发展。从技术上看，教育技术不再局限于媒体技术的应用，更加注重教学设计的技术；不仅注重信息技术，也十分关注其他技术如摄影、投影、电视等。另外，教育技术交叉学科的特性决定了其研究和实践主体的多元化，各主体间的协作将成为教育技术发展的重要特色，不同背景的专家和学者共同进行研究和实践已成为趋势。

2. 重视教育技术实践性和支持性研究

教育技术以促进人的发展、优化教学为目标，需要用理论指导实践，更需要在实践中进行理论研究。目前，信息技术与课程的融合、网络教育、终身教育体系的建立等都是实践性很强的教育技术研究课题，都强调对学习者学习的支持，即围绕如何促进学习、优化教学展开研究。人们将越来越重视包括教师培训、教学资源建设、学习支持等的教育技术的实践性和支持性研究。

3. 关注信息技术环境中的学习心理研究

随着教育技术的发展，技术所支持的学习环境将真正体现出开放、共享、交互、协作等特点，适应性学习和协作学习环境的创建与应用将成为人们关注的重点。教育技术将更加关注信息技术环境中的学习心理研究，如人们在信息技术环境中的学习行为特征、心理过程特征以及影响学习者心理的因素，将更加注重学习者内在情感等非智力因素的影响，注重社会交互在学习中的作用。

4. 技术手段的网络化、智能化与虚拟化

教育技术手段网络化的主要标志就是以互联网为代表的网络技术的快速发展与深入利用。在信息化社会中，互联网是进行知识获取和信息交流的强有力工具，它已经并将继续对人们的学习、工作和生活产生深刻的影响。随着物联网技术、云计算技术的发展与应用，基于网络的教学与学习必将被赋予崭新的内容与非凡的意义。与一般的信息处理技术相比，人工智能技术不仅可以使教育技术的应用更为灵活、更具易用性，还可以降低教师的劳动强度，使很多教育教学工作自动化。虚拟现实技术则可以通过视、听、触等方式实现虚拟环境中的真实体验和交互，能有效地改变现有的教学、演示、设计等，大大拓展人们的学习经验。这些技术的发展必将会进一步改变现代教育技术的应用方式。

三、教育信息化发展现状与教师角色定位

本节学习目标

通过本节的学习，在了解教育信息化发展现状的基础上，明确未来教师的角色定位，并清楚了解对未来教师教育技术能力的基本要求和发展性要求。

自 20 世纪 90 年代以来，世界各国纷纷把教育信息化作为促进各级各类教育改革与发展的重大战略举措。以教育信息化全面推动教育现代化是我国教育事业发展的战略选择。促进优质教育资源的普及和共享，推进信息技术与教育教学的深度融合，实现教育思想、理念、方法和手段的全方位创新，这些都要求教师对自己的角色进行重新定位，以适应时代的需求。

（一）教育信息化发展现状

在我国，教育信息化的概念最早出现在吕可红于 1986 年发表的论文《日本社会的信息化与教育信息化》中，教育信息化是从社会信息化引申出来的概念，简言之就是教育为适应社会信息化激变的形势，其自身也逐步沿着信息化方向发展的一种趋势。[1] 我国和世界各国教育信息化的发展大致同步，并呈现出明显的阶段性特征。

1. 教育信息化起步阶段（20 世纪 90 年代至 2000 年）

世界各国教育信息化的起步时间存在一定差异，美国等发达国家的教育信息化始于 20 世纪 90 年代初，其他国家（包括我国）则略晚些。此阶段的主要特征是：国家出台教育信息化规划和政策，主要进行教育信息化硬件、软件等基础设施的建设，探索信息技术在教学中的应用。1996 年起，美国多次发布《国家教育技术计划》，旨在促进信息技术与教学相结合，被认为是利用技术发展教育的纲领性文件；英国在中小学分阶段开设信息技术课程的基础上，将 1998 年确定为"网上教育年"，发布了《我们的信息时代》政策宣言，提出政府应率先改革教育，在教育中利用新技术；日本政府于 1992 年第一次提出要将计算机设施、多媒体教学手段等积极应用在教育方面，并于 1999 年颁布了《教育信息化实施计划》，提出实现学校网络化，实现教学方法、教学管理以及学生学习方式上的彻底改革；1995 年韩国总统发表了《实现世界化的新教育构想》；新加坡于 1996 年推出的教育改革计划把资讯科技教育列为教育改革的三大环节之一；

---

[1] 吕可红：《日本社会的信息化与教育信息化》，载《外国教育研究》，1986(3)。

1998 年受加拿大安大略省政府委托，皇家学习委员会发表了题为《为了热爱学习》的教育改革报告，其中把信息技术列为促进学习体制改革的四个关键性领域之一。

我国自 20 世纪 90 年代开始推进教育信息化的规划和建设。1994 年中国教育和科研计算机网（CERNET）的建设正式开始，以打造现代远程教育和教育信息化网络平台为目标；1994 年国家教委颁发《中小学计算机课程指导纲要（试行）》，1997 年颁发了《中小学计算机课程指导纲要（修订稿）》，在中小学开设信息技术课程。同时，基础设施建设步伐也加快，2000 年 10 月教育部提出从 2001 年开始用 5—10 年时间在中小学普及信息技术教育，全面实施"校校通"工程，以教育信息化带动教育现代化，实现基础教育跨越式发展。自 1998 年开始，我国高等院校的信息化设施与信息技术在学科教学中的应用迅速发展，数字图书馆、多媒体教室、网络教学平台、信息管理平台和教学资源平台等软硬件设施在几年里完成建设并迅速普及。信息化教学环境的建设为进一步优化教学过程奠定了良好的基础。

2. 教育信息化 1.0 阶段（2001—2017 年）

进入 21 世纪后，教育信息化从基础设施建设逐渐转向教学应用，开展教师教育技术能力培训、实施现代远程教育、提升学校办学水平等成为教育信息化发展的重要推动力，探索信息化环境中的新型教与学方式成为这一阶段的研究与实践热点。2001 年 11 月，北京师范大学何克抗教授做了题为《E-learning 与高校教学的深化改革》的报告，他认为，要紧紧围绕"新型教学结构"的创建这一核心，注意运用"学教并重"的教学设计理论来进行课程整合的教学设计。① 华南师范大学李克东教授总结出信息技术与课程整合的若干模式：如果把信息技术作为学习对象，则有信息技术课程学习模式；如果把信息技术作为教师教学的辅助工具，则有"情境—探究"教学模式；如果把信息技术作为学生学习的认知工具，则有"资源利用—主题探究—合作学习""小组合作—远程协商""专题探索—网站开发"模式等。② 此外，校园也逐渐实现了从现实校园到数字校园再到智慧校园的转变，网络教育学院、网络课程、精品课程等迅速发展，为我国远程教育的发展注入了活力，正如许多学者所认为的那样，真正意义上的现代远程教育是从运用网络进行远程教育开始的。同时，信息技术在教学中的应用实践促进了教育技术理论的产生和深化。"信息技术与课程整合"理论在 2000 年美国教育技术首席执行总裁论坛第三次年会的报告中被首次提出。"数字化学习"理论由李克东教授在 2001 年提出，它包含三个基本要素，即数字化学习环境、数字化学习资源和数字化学习方式。③ "协同学习理论"由祝智庭教授团队提出，即通过对学习技术系统中各个组成要素之间

---

① 何克抗：《E-learning 与高校教学的深化改革（下）》，载《中国电化教育》，2002(3)。
② 李克东：《信息技术与课程整合的目标和方法》，载《中小学信息技术教育》，2002(4)。
③ 李克东：《数字化学习（上）——信息技术与课程整合的核心》，载《电化教育研究》，2001(8)。

的协同与整合，使教学获得协同增效。[①] 何克抗教授提出了"教学结构"理论，即依据信息技术与课程深层次的整合目标来实现一种全新的教学结构。[②]

随着移动互联网、云计算、大数据、物联网等的发展，新媒体、新技术不断向教育领域渗透，教育教学改革明显加快，教学资源和学习方式不断创新，以学习者为中心的教学理念被落到实处，教育信息化在促进人的终身学习方面发挥着重要的作用。O2O(线上到线下)学习方式实现了线上线下学习一体化；泛在学习实现了任何人在任何时间、任何地点使用身边任何设备进行学习的 4A(anyone, anytime, anywhere, any devices)模式；大规模开放在线课程(MOOC，亦称慕课)提供了大量免费课程，使学生进行系统学习成为可能；微课、翻转课堂、智慧教育等各种新型教学资源和方式的不断推出给教育带来了革命性变化。我国教育信息化已经呈现出"应用深化不断加强、创新案例竞相涌现"的局面。信息技术带来的教学变革之所以如此迅速，是因为有国家教育政策的有力支撑。2010 年 7 月，《国家中长期教育改革和发展规划纲要(2010—2020 年)》颁布，提出要加快教育信息化进程，包括加快教育信息基础设施建设、加强优质教育资源开发与应用、构建国家教育管理信息系统。2012 年 3 月，教育部发布《教育信息化十年发展规划(2011—2020 年)》，提出到 2020 年，形成与国家教育现代化发展目标相适应的教育信息化体系，基本建成人人可享有优质教育资源的信息化学习环境，基本形成学习型社会的信息化支撑服务体系，基本实现所有地区和各级各类学校宽带网络的全面覆盖，教育管理信息化水平显著提高，信息技术与教育融合发展的水平显著提升。2012 年 10 月，教育部等九部门下发的《关于加快推进教育信息化当前几项重点工作的通知》指出，中央财政将通过相关经费渠道进一步加大教育信息化建设投入，保证学校购买教育信息化服务的经常性支出，部署了"三通两平台"、教学点数字教育资源全覆盖和教育信息技术应用能力提升等七项重点工作。2013 年 11 月，党的十八届三中全会将教育信息化写入《中共中央关于全面深化改革若干重大问题的决定》；2015 年党的十八届五中全会进一步明确推进教育信息化的要求；2016 年 6 月，教育部印发《教育信息化"十三五"规划》，提出要建立健全教师信息技术应用能力标准，将信息化教学能力培养纳入师范生培养课程体系，列入高校和中小学办学水平评估、校长考评的指标体系。此外，教育部每年都印发年度教育信息化工作要点，进行全方位的整体部署，描绘新时代推进教育信息化的蓝图。

3. 教育信息化 2.0 阶段(2018 年以后)

2018 年 4 月 13 日，教育部发布《教育信息化 2.0 行动计划》，标志着教育信息化进

[①] 祝智庭、王佑镁、顾小清：《协同学习：面向知识时代的学习技术系统框架》，载《中国电化教育》，2006(4)。

[②] 何克抗：《教学结构理论与教学深化改革(上)》，载《电化教育研究》，2007(7)。

入 2.0 阶段。此阶段以"教育系统变革"为主要特征，重点关注教育信息化引发的质变，注重教育信息化的创新引领作用。创客教育、STEAM 教育（科学、技术、工程、艺术、数学多学科融合的教育）、人工智能教育、机器人教育、创新文化等成为教育信息化发展的重要推动力，促进知识创新的智慧学习环境成为学习环境建设的新趋势；3D 资源、全息资源、仿真资源等具有沉浸性、交互性、逼真性、强智能性、高体验性的智慧学习资源使学习者获得了前所未有的体验。

从教育信息化起步阶段到教育信息化 1.0 阶段再到教育信息化 2.0 阶段，是一个教育信息化从萌芽到发展再到发达的过程，关注点从教育信息化的概念、内涵和作用，转到教育信息化的基础设施建设，再转到教育信息化功能和价值的发挥。从教育信息化 1.0 阶段到教育信息化 2.0 阶段的转变，标志着从重点关注"物"转向重点关注"人"，逐步建立了"以人为本"的教育信息化建设和发展模式。教育信息化 2.0 阶段呈现出体验、开放、融合、数据、连接、服务、创新、引领、变革、智慧十大特征，其发展过程是协同建设、共享价值的过程，每个人既是价值的享受者，又是参与者、实践者、推动者和创造者。

（二）教育信息化下学习方式的变革

1. 学习方式的内涵

学习是人类的本能，与生俱来，且伴随着人的一生。正是由于具有很强的学习能力，人类才能成为具有复杂思维能力和创新能力的高级智慧生物。从古至今，人类的教育史上出现了各种各样的学习方式，而且不断发生着变革。从教育技术学视角看，学习方式是学习者在学习活动中所采取的手段、措施或策略，是学习活动的基本形式。学习过程中所采用的学习方式取决于学习活动中所使用的学习工具，正如生产关系的产生与生产工具的关系，使用某种生产工具，就有相应的生产关系产生。

2. 信息化学习的特点

在教育信息化下，学生的新型学习方式层出不穷，但都表现出以下四方面特点。

（1）从单一课堂接受式学习转变为多元化学习

以信息技术的支持实现互联这一根本特征是信息化学习区别于传统学习的现代表现形态。相较于传统学习，信息化学习最鲜明的特点是移动、开放、参与，从封闭走向开放。传统学习模式中的一些基本因素被信息化条件重新组合，学生的学习也从单一课堂接受式转变为运用信息化手段的多元化方式。信息化学习强调教与学过程中的设计和学习资源的利用，突破教学内容、方法、时间、对象、地点等诸多因素的限制，要求充分发挥教学环境的作用，完全调动学生的主观能动性，最大限度地挖掘学生的积极性、创造性，引导学生进行自主和协作的多元化学习。

（2）从被动学习转变为自主学习

传统学习方式中存在着一切围绕教师、教材的现象，学生的主体意识很大程度上被忽视，学习的过程可以说是学生机械地配合教师完成课堂教学的被动行为过程，学生只能从教师的讲授中被动地获取知识，无法根据自己的兴趣爱好主动学习。在教育信息化下，手机、笔记本电脑、平板电脑等终端为主动学习提供了环境支持，碎片化、即时性的学习内容让学生可以在任何时间、任何地点学习。这种自主学习方式以学生为中心，充分满足学生的需要，彻底开放学习内容、学习资源。学生除在课堂接受教师授课外，还可以根据自己的学习任务或兴趣爱好，通过网络、多媒体等多种信息手段自主选择、获取更多的学习资源，从而满足自己的学习需要。

（3）从集体学习转变为个性化学习

传统的学习方式是共同学习，每个学生的学习内容和过程都是由教师规定好的，教师对每个学生采用一样的教学内容和方法、一样的学习环境和目标，无法切实做到因材施教，学生只能被动地适应和接受。而在教育信息化下，学习方式是多种多样的，学生完全能够根据自身的学习基础、学习能力、学习时间和爱好等灵活地选择学习时间、学习进度、学习方法和学习内容。这种学习方式能更好地实现因材施教，培养学生浓厚的学习兴趣，激发学生学习的积极性和主动性，促进其个性发展，从而实现更好的教育教学效果。

（4）从静态学习转变为扁平化学习

传统的课堂教学局限于课堂上师生面对面的有限沟通交流，交流对象的范围较小。与自上而下的静态学习相比，扁平化学习打破了学习界限，打造出开放的社群学习环境，把知识看作对共享经历的解释，鼓励即时互动、创造与分享，使金字塔式的教师单一主导制转变为师生互通的多维制，学生与教师处于完全平等的交流状态。学生不再是静态化的角色，从单向的被动接受者转变为自主学习的积极参与者，参与到与他人交流协作的学习中。学生可以利用多种多样的课内外资源来深化学习，使非正式学习与常规学习融合。扁平化学习可发生在知识资源衔接的任何场合，如学校、商场、家庭等，非线性特征鲜明。在学习过程中学生能够通过网络向教师、同学寻求指导或发起讨论，甚至能够向世界各地的优秀教师和学生提出问题、寻求指导。

3. 教育信息化下的主要学习方式

（1）泛在学习（U-learning）

广义上，泛在学习指学习本身、学习的发生、学习的需求和学习的资源都是无处不在的。狭义上，泛在学习指运用了泛在计算技术的学习，即根据学习者的个人学习特征和相关信息在合适的时间和地点为其提供直观的学习支持。它作为信息化学习方式的高级形式，区别于其他学习方式的重要特质是泛在计算技术要素的融入。这种泛在计算要素使学生可以自带设备，通过微课、网络直播等在任何时间、任何地点从任何章节开始学习任何课程，在学习过程中实现了双向选择，打破了传统教育对学生学习课程的约束。这种灵活、便捷的学习方式被应用到实际课堂后，大大扩展了教育的内容和范围，激发了学生进行主动学习的积极性，促进了无缝衔接学习空间的创设。

（2）混合学习（Blended learning）

混合学习就是将线上学习与线下学习结合起来，其本质是将学习者、技术支持、外在环境和方法四大维度的要素进行深度融合，实现结构化学习和非结构化学习的结合，其根本目标是促进学生的个人发展，满足学生的认知、技能、情感和学习的多重需要。混合学习是教育信息化下最常见的学习方式，柯蒂斯·邦克在预测混合学习未来发展的十大趋势时，明确提出混合学习的模式和方法将呈现多样化发展，将来所有的课程都将是混合式课程。[①]

（3）定制学习（Customized learning）

定制学习又称个性化学习，它根据学习者个体特定的学习需要、学习基础、学习风格及文化背景来提供一系列有针对性的教学方法和技术支持服务。其本质是在尊重个性的基础上对学习方式的一种创新与实践，主要分为基于移动终端、个人学习空间和智慧课堂的三种个性化学习形式。定制学习是通过对个体行为偏好和特征的大数据分析与跟踪，确定学生所需要的学习资源类型，建立个性化学习模式，同时通过智能化评价反馈系统记录每个学习者的学习基础、学习速度、学习进程及交互情况，使系统内部、系统之间、系统和外部环境之间建立起畅通无阻的控制与反馈渠道，为学习者提出进一步开展高效学习的建议。在这种基于大数据的学习环境中，对学习者的学习效果进行过程控制和隐性评价成为可能，可改变传统的以分数为核心价值取向的单一结论性评价。

（4）社群学习（Community learning）

社群学习是一种有共同兴趣的人围绕相关话题进行互动与讨论的学习方式。虚拟社群是随着跨地域空间的社会联系加强，学生可借助互联网相互沟通而形成的社会新现象。学习社群按照聚集的方式主要分为三种：一是学习者围绕某一学习目标聚集在一起，互相交流提高，共同实现既定目标，如考研社群、考托福社群等；二是学习者围绕共同兴趣聚集起来，学习者在平台按个人兴趣搜索社群并申请加入，如求职经验社群、摄影学习社群等；三是学校为完成某项任务而建立的社群，目的是让成员的学习、工作目标一致，促进成员自身技能的提高。在为社群学习创造的动态协同学习空间中，交互是学习社群的中心。从交互主体来看，这种交互包括学习者与学习资源、学习伙伴及指导教师等之间进行的信息交流活动；从交互方式来看，根据是否实时，

---

① 詹泽慧、李晓华：《混合学习：定义、策略、现状与发展趋势——与美国印第安纳大学柯蒂斯·邦克教授的对话》，载《中国电化教育》，2009(12)。

交互可分为同步交互与异步交互，同步交互是一种使学生进行异地同时交流的方式，如微信群、QQ 讨论组，异步交互是一种利用互联网进行异地非实时交流的方式，如论坛、维基百科。

（5）沉浸式学习（Immersive learning）

沉浸式学习是利用 Web 2.0（第二代互联网）、Web 3D（网络三维）、云计算和移动互联等技术，在三维（3D）仿真情境中师生通过自由创建对象和多种形式互动来获得全新学习体验的一种社会化网络学习方式。它是在三维虚拟学习环境中发展的，具有沉浸式的真实体验、多样性的交互方式、创造性的学习体验和协作性的社会学习四大特点，给学生带来全新的学习环境，有力地支撑学生的整个学习过程。沉浸式的情境创设促进学生完成意义建构，多样的交互方式大大缩短了教师和学生的距离，如在 STEAM 课程中通过动手创造的经验锻炼学生的相关技能和创造性思维等。现阶段，因为基于三维虚拟学习环境的沉浸式学习缺少必要的管理与支持工具，且会受到学习平台的干扰，学习曲线较陡，所以其在实际教学中的运用不可避免地出现了一些问题，如生态失衡、信息无序泛滥、空间闲置及活动沉寂等，对学生的信息化学习活动产生一定的不良影响。

（6）休闲学习（Leisure learning）

休闲学习可分为微学习和游戏化学习两方面。在信息化条件下，网易云课堂、微信、微博等各式各样的手机软件出现在人们的智能手机中，越来越多的学生利用公交车上、地铁上、电梯里的碎片化时间进行碎片化学习，知识的广度被大大拓宽。另外，随着新兴科学技术的发展，教育与游戏的联系愈加密切，利用学习者喜欢在闲暇时玩游戏这一特点，通过在游戏中渗透相关的知识来达到事半功倍的学习效果已成为教育教学发展的重要趋势，游戏化学习由此被提出。游戏化学习是一种以学习者体验为中心，将互动元素引入沟通环节，使学习者在做中学的过程中不断接受挑战，并通过分享合作的方式解决问题，以获得一种愉悦学习体验的学习方式。

（三）未来教师及其教育技术能力

1. 未来教师的角色定位

信息技术的发展使学生获取知识的途径和方式更加多元，原来教师"传道、授业、解惑"的职责也逐渐发生变化。教师作为知识传授者的作用越来越弱，作为指导者、促进者的作用则越来越强。

（1）学生学习过程的指导者

随着云计算技术、三维打印技术、可穿戴设备及各种移动终端的迅猛发展，信息技术使课堂教学面临着快速变革。微视频、慕课、翻转课堂等使泛在学习成为可能，学生能够根据自己的学习基础、学习需要和兴趣自主安排学习内容、学习进度和学习地点等，网上自主学习将成为一种重要的学习手段。中小学生正处于身心快速发展的阶段，鉴别能力和自制力还不够强，面对网络上纷繁复杂的学习资源，他们往往无法很好地进行甄别和选择，无法合理安排学习时间和进度。未来教育迫切需要教师成为学生学习过程的指导者，不仅要成为学习资源选择的指导者，也要成为学习方法的指导者和学习过程的指导者。教师要指导学生学会搜集、筛选、整理和分析各种学习信息，指导学生掌握自主、合作学习以及解决问题的方法，在学生需要的时候恰当地进行提问、启发和引导，激励学生进行探究和思考，因材施教，引导学生学会学习。

(2)学生发展的促进者

教育的根本任务是立德树人，传授知识、教会方法仅仅是教师职责的一部分，更重要的职责是促进学生的发展，充分发挥自身的育人作用，用生命激励生命，用智慧点燃智慧。在未来教育中，随着教育现代化的实现，泛在学习使学生获取的知识不再局限于课堂知识，教师的部分职责会被取代，但教师作为学生发展促进者的职责始终不会被取代。在未来学习中，学生间的面对面交流会变得越来越少，师生间的情感交流和学生困惑的解决将成为重点。教师一方面要促进学生学习、实践、创新等核心能力的提升；另一方面要引导学生学会与他人和谐相处与合作，同时与学生进行情感交流和心灵对话，促进学生情感、态度、价值观的良好发展，让学生学会做人与做事。

(3)学生学习资源的创造者

未来教育是个性化的教育，个性化的教育需要个性化的学习资源。随着信息技术和教育教学的整合，微视频等学习资源变得尤为重要，翻转课堂、慕课、电子书包等教育教学创新方式也离不开学习资源的建设，未来教育呼唤教师成为学生学习资源的创造者。目前正在进行的"一师一优课、一课一名师"活动也是为了建设优秀教育教学资源库。互联网上有很多教育教学资源，不过由于地域不同、学情不同、学生的需要不同，尽管教师可以从中筛选出一些适合学生学习的学习资源，但仍需要结合学生的个体差异来自主建设学习资源，成为学生学习资源的创造者，服务于每个学生的发展。

2. 未来教师的教育技术能力要求

教育信息化1.0阶段强调的是信息技术在教育中的普遍应用，对教师的要求多为对信息技术应用能力的要求，旨在让教师把信息技术熟练应用于教育教学中。教育信息化进入2.0阶段后，主要任务由信息技术在教育教学中的应用转变为信息技术支持下的教育教学创新，这就要求教师尽快实现从发展信息技术应用能力到提升信息素养的转变，把信息技术与教学法进行整合并创造性地应用于学科内容的教学，利用信息技术进行教学模式与方法上的创新，且具有良好的信息伦理意识，等等。唯有如此，教师才能把自身打造成适应信息化教育教学需要的新一代教师——数字教师。简单来说，数字教师指在信息化时代环境中愿意接触和了解新的信息技术，不断更新教育观念，实现教师专业发展，并能够融合新理念、新方法、新技术，不断提高教育教学效率的开拓、创新型教师。

　　教育技术能力是教育信息化下教师必备的专业能力，为全面提升教师的教育技术能力，促进信息技术与教育教学深度融合，2014 年 5 月教育部办公厅印发了《中小学教师信息技术应用能力标准（试行）》。该标准在考虑到我国中小学信息技术实际条件的不同、师生信息技术应用情境的差异的基础上，对教师在教育教学和专业发展中应用信息技术的能力提出了基本要求和发展性要求。其中，基本要求指应用信息技术优化课堂教学的能力，主要包括教师利用信息技术进行讲解、启发、示范、指导、评价等教学活动应具备的能力；发展性要求指应用信息技术转变学习方式的能力，即教师在学生具备网络学习环境或相应设备的条件下利用信息技术支持学生开展自主、合作、探究等学习活动的能力。该文件根据教师教育教学工作与专业发展主线，将信息技术应用能力分为技术素养、计划与准备、组织与管理、评估与诊断、学习与发展五个维度。

总结

本章小结

　　现代教育技术是在现代教育理论的指导下，充分利用现代信息技术，通过对教与学的过程以及教与学的资源进行设计、开发、运用、管理和评价，实现教学最优化的理论与实践。现代教育技术使教学内容呈现多元化，教学模式呈现多样化，评价体系呈现过程化，学习方式突出自主性。

　　本章主要介绍了教育技术的内涵、发展历程与趋势，并分析了教育信息化的发展现状与未来教师的角色定位；以美国作为国外教育技术发展历史的典型代表，介绍了教育技术所经历的视觉教育、视听教育、视听传播和教育技术四个发展阶段；对我国电化教育事业的发展进行了梳理，介绍了我国教育技术的产生、各发展阶段以及发展趋势；通过对教育信息化发展现状的阐述，指明了未来教师的角色定位以及在教育技术能力方面对教师的要求。通过对本章的学习，学习者能够较全面地理解教育技术的含义，了解现代教育技术在教育领域中的重要作用，为本课程的后续学习打下基础。

Aa 关键术语

中文术语	英文翻译	中文解释
传播	Communication	指交流、沟通、传意。传播是人类社会普遍存在的信息交流现象，一般将传播看作特定的个体或群体（即传播者）运用一定的媒体和形式向受传者进行信息传递和交流的社会活动。
技术	Technology	源于希腊语 techne 和 logos，前者意为艺术、技巧，后者意为言词、说话，技术为两者的结合。技术有狭义和广义之分。狭义的技术指根据生产实践经验和自然科学原理发展而来的各种工艺操作方法与技能；广义的技术指为社会生产和人类物质文化生活需要服务的，供人类利用和改造自然的物质手段、智能手段和信息手段的总和。
教学媒体	Instructional Media	媒体是承载、加工和传递信息的介质或工具，当某一媒体被用于教学目的时，则被称为教学媒体。
教育技术	Educational Technology	指运用各种理论及技术，通过对教与学过程及相关资源的设计、开发、利用、管理和评价，实现教育教学优化的理论与实践。
教育信息化	Educational Informationization	指在教育教学的各个领域中，积极开发并充分利用信息技术和信息资源，促进教育现代化，以培养满足社会需求人才的过程。

章节链接

这一章的内容	其他章节中有相关讨论的部分
泛在学习	第五章"智慧教育下教育教学的创新与变革"部分。
混合学习	第五章"智慧教育下教育教学的创新与变革"部分。
沉浸式学习	第五章"智慧教育下教育教学的创新与变革"部分。

应用

批判性思考

1. 教育技术作为一门学科的发展历史很短，但其发展非常迅速，是什么推动着教育技术如此快速地发展？

教育技术在美国的发展起源于视觉教育，后经历了视听教育、视听传播、教育技术几个阶段。我国教育技术发展的历史也不长，但发展迅速，特别是近几年，取得了瞩目的成就。你认为推动教育技术发展的动力是什么？为什么？

2. 在教育信息化背景下，未来教师面临的挑战是什么？

近年来国家不断出台关于加快教育信息化的政策，特别是教育信息化进入 2.0 阶段后，我们的未来教师面临着更高的要求。教师作为知识传授者的作用越来越弱，作为指导者、促进者的作用则越来越强。未来教师应具备怎样的能力才能迎接挑战？2019 年 3 月，《教育部关于实施全国中小学教师信息技术应用能力提升工程 2.0 的意见》发布，你认为这个政策的出台对未来教师的发展起到哪些重要作用？

✎ 体验练习

【思考与练习】

1. 说说你对教育技术的 AECT 1994 定义、AECT 2005 定义以及现代教育技术定义的理解。

2. 教育技术、现代教育技术的研究内容分别包括哪些方面？

3. 简述美国教育技术和我国现代教育技术的发展历程。

4. 教育技术的发展趋势主要体现在哪些方面？

5. 分析现代教育技术与教育技术、视听教育、电化教育、信息技术的关系。

6. 分析在教育信息化 2.0 的背景下教师的角色定位有哪些变化？

【实践环节】

实践主题：认识现代教育技术

1. 实践目的

(1) 了解教育技术的含义。

(2) 对教育技术应用的价值形成感性认识。

(3) 认识师范生学习现代教育技术的现实意义。

2. 实践内容

分成四个小组，分别围绕什么是现代教育技术、现代教育技术在教育中的应用、现代教育技术的发展脉络和师范生为什么学习现代教育技术这四个主题，结合本章内容，利用网络资源，多角度、深入地了解、分析现代教育技术。

3. 实践要求

(1) 学生自行分组，每个小组推选一位代表进行汇报发言，其他小组进行评论。

(2)各小组成员围绕自己的主题在课堂上发表看法和意见。

(3)各小组的观点和资源能够共享，形成讨论。

(4)教师观察、了解学生的活动情况，并给予及时的点评和引导。

案例研究

上海市某小学始终站在教育改革的前沿，成为上海基础教育的一所窗口学校。请阅读该校在其教育信息化发展过程中的经验材料，并思考以下两个问题。

1. 该校是如何逐步推进学校教育信息化进程的？

2. 通过该校的经验，你是如何认识教育信息化从 1.0 阶段走向 2.0 阶段的意义的？

我们在路上——上海市某小学信息化进程经验总结(选摘)

我校借力现代信息技术，创设数字化环境，从课程的整体视角出发，将校本课程"科技坊"作为突破口，探索新型教与学模式，让技术更好地为师生服务、为学校服务。我校自 2006 年开始，从最初校本课程"科技坊"的虚拟学习环境建设，发展为关注科学学科的学习特点，整体思考在数字化环境中的课程实施；从最初只关注一门校本课程的变革，发展为辐射其他基础课程的实践；从最初从学科教学的需求入手关注技术的深度融合，发展为借助信息技术进行整体发展的设计。

我校首先搭建了网络环境，并以电子学案为基本单元建设了主题学习网站，学习素材突破了"唯教科书至上"的相对封闭、静止的教材观，以课程标准为准绳，融合了书籍、报刊、网页文本、实物、各类媒体等开放、动态的新型学习素材。

我校所建设的校本课程"科技坊"具有开放、虚实融合的特色。所谓"开放"，就是在课程建设中借助网络的力量，开放课程学习资源；所谓"虚实融合"，就是借助信息技术的力量，创设虚拟情景和现实社会相结合的整体性课程学习环境。"科技坊"课程的实施增加了虚拟实验；课外活动增添了机器人项目，主要包括机器人基本零件、机器人基本结构、机器人编程和综合解决问题四大主题。"科技坊"培养了学生良好的科学素养，增强了学生的动手实践能力，激发了学生对科学的热情。

"科技坊"实现了教与学的成功转变。教师可以关注与学生学习内容相关的资源网站，寻找方便学生科学探究、自主学习的教育学习软件与资源，并在网上参与教法与学法的讨论、学习。教育大数据为学生分层学习提供了可能，帮助教师在尊重学生差异的前提下实施个性化辅导。前测与课堂学习实时反馈等可以为教师的教学设计、重点指导提供依据。信息技术的渗透让学生有了可以随身携带、随时熟悉的"实验环境"，有了直观方便的实验工具，在课堂上把更多注意力集中到探究本身。

拓展

补充资料

1. 教育部. 教育部关于印发《教育信息化十年发展规划（2011—2020 年）》的通知［EB/OL］.（2012-03-13）［2019-03-31］. http：//www. moe. gov. cn/src-site/A16/s3342/201203/t20120313 _ 133322. html.

教育部于 2012 年 3 月正式颁布了《教育信息化十年发展规划（2011—2020 年）》，描绘了 10 年教育信息化蓝图。此规划在"信息技术对教育具有革命性影响"的指引下，强调推进教育信息化能力体系建设，采用双重视角，既从教育看技术，也从技术看教育，推动信息技术与教育的双向融合创新；指出教育信息化对教育的支撑作用的同时，更加强调其引领性作用，即教育信息化要革新教育的主流业务，强调利用教育信息化破解制约我国教育发展的难题。

2. 教育部. 教育部关于印发《教育信息化 2.0 行动计划》的通知［EB/OL］.（2018-04-13）［2019-03-31］. http：//www. moe. gov. cn/srcsite/A16/s3342/201804/t20180425 _ 334188. html.

2018 年 4 月，教育部出台了作为教育信息化 2.0"先导性工程"的《教育信息化 2.0 行动计划》，标志着中国教育信息化从 1.0 向 2.0"转段升级"，进入了新时代、新阶段。加快人工智能在教育领域的创新应用，构建智能化、网络化、个性化、终身化的教育体系，是推进教育均衡发展、促进教育公平、提高教育质量的重要手段，是实现教育现代化不可或缺的动力和支撑，也是出台《教育信息化 2.0 行动计划》的重要背景和原因。

3. 教育部. 教育部办公厅关于印发《中小学教师信息技术应用能力标准（试行）》的通知［EB/OL］.（2014-05-27）［2019-03-31］. http：//old. moe. gov. cn//pub-licfiles/business/htmlfiles/moe/s6991/201406/170123. html.

2014 年《中小学教师信息技术应用能力标准（试行）》的颁布使得教师的信息技术应用能力又一次成为关注焦点。教育信息化为教育的继续发展和不断创新带来了机遇，利用教育信息化促进教育现代化的实现，教师在其中扮演着重要的角色。教师要想承担起重任，就要不断提高自身的信息化专业能力，特别是在教育教学活动中应用信息技术的能力。

4. 教育部. 教育部关于实施全国中小学教师信息技术应用能力提升工程2.0 的意见[EB/OL]. (2019-03-20)[2019-04-15]. http：//www. moe. gov. cn/srcsite/A10/s7034/201904/t20190402_376493. html.

2019 年 4 月,《教育部关于实施全国中小学教师信息技术应用能力提升工程 2.0 的意见》发布,这是按照《中共中央国务院关于全面深化新时代教师队伍建设改革的意见》决策部署,根据《教育信息化 2.0 行动计划》和《教师教育振兴行动计划(2018—2022 年)》总体部署,服务国家"互联网+"、大数据、人工智能等重大战略,推动教师主动适应信息化、人工智能等新技术变革的指导性意见。

5. 张剑平. 现代教育技术(第 4 版)[M]. 北京:高等教育出版社,2016.

此书是国家精品课程"现代教育技术"的主讲教材。全书共 8 章,理论联系实际,面向教师信息技术应用能力的培养;立足学科视角,聚焦于技术与课程的整合;兼顾传统与现代,重视教材的可读与可用性。书中每章都包含内容结构、学习目标、小结、习题与综合实践活动。书中还提供了丰富的拓展阅读文本和多媒体在线资源。

6. 陈琳. 现代教育技术(第 2 版)[M]. 北京:高等教育出版社,2014.

此书是教师教育国家精品资源共享课"现代教育技术"的配套教材。全书分为 5 章,是在第 1 版的基础上根据信息技术变革教育以及教育信息化带动教育现代化的总要求编写而成的。此书基于开放、共享的理念,与智慧型课程配合,编者在编写时充分运用了"干线通达、实力跟进、迁移提升"的"干线法"。

🖥 在线学习资源

第二章

教育技术理论基础

本章概述

　　本章主要围绕对教育技术发展产生较大影响的学习理论、教学理论、视听和传播理论以及系统科学理论展开，论述了各种主要理论对教育技术的启示。通过本章的学习，学习者能够深入理解各种理论的内涵和特征，为以后的信息化教学设计和多媒体教育软件开发打好理论基础。

结构图

本章学习目标

理解学习理论的主要观点及其对教育技术学的启示；理解教学理论的主要观点及其对教育技术的启示；理解视听和传播理论的主要观点及其对教育技术的启示；理解系统科学理论的主要观点及其对教育技术的启示。

学前深思

为什么学习理论、教学理论、视听和传播理论及系统科学理论带给了教育技术重要启示？教育技术对人才培养的要求有哪些？

一、学习理论

本节学习目标

通过本节的学习，能够深入理解学习理论的内涵和特征，为理解学习如何发生、有哪些规律、是什么样的过程、如何才能进行有效的学习奠定理论基础。

（一）行为主义学习理论

行为主义学习理论以人类可观察的行为为主要的观测元素，认为人的行为是对外界刺激的反应，学习的获得就是形成刺激和反应的联结，而强化则是促进这种联结形成的重要手段。行为主义学习理论注重外部环境的作用，强调在"刺激—反应"过程中强化的必要性，其中以桑代克的联结主义学习理论与斯金纳的操作性条件反射学习理论为主要代表。

1. 桑代克的联结主义学习理论

美国著名的心理学家桑代克在巴甫洛夫研究的启发下，通过猫的迷笼实验研究了动物"尝试错误"的学习过程，并在此基础上提出了世界上第一个较为完整的学习理论——联结主义学习理论。在猫的迷笼实验中，迷笼有某种开门的设施，如一个金属圈、一个把柄或一个旋钮，猫碰巧抓到这种开门设施时，门便会开启，猫得以逃出并能吃到迷笼附近放置的鱼。根据动物实验的结果，桑代克提出了联结主义学习理论，可归纳为以下几点。

第一，桑代克用"问题情境与反应的联结"来解释学习过程，认为学习是个体在刺激情境中产生的"刺激—反应"联结，即"S—R"。

第二，学习过程是一种渐进的、不断尝试与犯错直至最后成功的过程，这种学习方式也称"试误学习"。桑代克认为，每个"刺激—反应"联结的形成过程都是在盲目中尝试错误的学习过程，开始为尝试错误与偶然成功，到最后成为一种经验。

第三，桑代克认为，学习应遵循三条重要的学习原则：准备律、练习律、效果律。准备律指学习者在开始时的预备状态。学习者有准备地进行活动会感到满意，有准备却无活动则感到烦恼，无准备而被强制进行活动也会感到烦恼。练习律指重复一个学会了的反应可以加强刺激与反应之间的联结，练习次数越多，联结越强。效果律指学习者是否因"刺激—反应"联结的形成而得到好的反馈，得到奖励则强化联结，得到惩罚则减弱联结。

第四，桑代克认为，通过训练迁移可以使学习者形成在相同或类似的情境刺激下的联结，从而提高学习效率。

2. 斯金纳的操作性条件反射学习理论

美国行为主义心理学家斯金纳认为行为是人类生活的一个基本方面。斯金纳将白鼠和鸽子作为被试进行研究，被放在"斯金纳箱"中的饥饿白鼠最初因偶然的压杆动作获得了食物，多次尝试后，它学会了主动压杆以获取食物。斯金纳认为，学习就是通过强化某个刺激情景中的自发性反应建立"刺激—反应"联结，从而形成操作性学习。斯金纳的操作性条件反射学习理论有以下几个基本观点。

第一，斯金纳把行为分成两类：一类是应答性行为，即由已知的刺激引起的反应，也就是反射行为；另一类是操作性行为，这是一种有机体自身发起的反应，与任何已知刺激物无关。

第二，斯金纳认为，学习过程就是形成操作性条件反射的过程，其中强化是形成操作性条件反射的重要手段。强化物可分为两种：一种是正强化物，它指跟随一个操作反应并能提高这个反应概率的刺激物，这种刺激物对反应产生正强化；另一种是负强化物，如果从某一情境中排除一个刺激物能够加强某一操作反应的概率，那么这个刺激物就是负强化物。

（二）认知主义学习理论

认知主义学习理论突破了行为主义学习理论仅从外部环境考察人的学习的思维模式，从人学习的内部过程即中间变量入手，从人的理性的角度对感觉、知觉、表象和思维等认知环节进行研究，揭示学习心理发展的某些内在机制和具体过程。

认知主义学习理论的基本观点为：人的认识不是由外界刺激直接给予的，而是外界刺激和认知主体的内部心理过程相互作用的结果。根据这种观点，学习过程被解释为每个人根据自己的态度、需要和兴趣并利用过去的知识与经验对当前的外界刺激所采用的主动的、有选择的信息加工过程。具有代表性的认知主义学习理论包括格式塔心理学派的顿悟说、布鲁纳的认知—发现说、奥苏贝尔的认知同化学习理论以及加涅的信息加工学习理论。

1. 格式塔心理学派的顿悟说

"格式塔"是德语中"完形"一词的音译。格式塔心理学也被称为完形心理学，1912年诞生于德国，强调经验和行为的整体性，认为整体不等于部分之和，整体具有各部分所没有的性质，主张对心理进行整体的研究，主要观点有以下几点。

（1）对学习实质的认识

格式塔心理学派认为学习是构成一种"完形"，"完形"实质上是对事物式样和关系的认识。人在学习中要解决问题，就必须对情境中事物的关系加以理解，从而构成一种"完形"，使学习得以实现。

（2）对学习过程的认识

学习是由顿悟来实现的。顿悟也叫领悟，学习就是一种突然的领悟和理解，领悟是对情境全局的知觉，是对问题情境中事物关系的理解，也就是"完形"的组织过程。

2. 布鲁纳的认知—发现说

布鲁纳强调学生的主动探索，认为从事物和现象的变化中发现原理才是学习的主要构成，其主要观点如下。

（1）学习的实质是主动地形成认知结构

布鲁纳认为，学习的本质不是被动地形成"刺激—反应"的联结，而是主动地形成认知结构。学习者不是被动地接受知识，而是主动地获取知识，并把新获得的知识和已有的认知结构联系起来，积极地建构其知识体系。布鲁纳十分强调认知结构在学习过程中的作用，认为认知结构可以给经验中的规律性以意义和组织并形成一个模式。所谓认知结构，他认为就是编码系统，其主要成分是一套感知的类目，学习就是类目及其编码系统的形成，而且一切知识都是按编码系统排列、组织的。这种各部分存在联系的知识使人能够超越给定的信息，举一反三、触类旁通。他主张向学生提供具体的东西，以便他们"发现"自己的编码系统。

（2）学习包括获得、转化和评价三个过程

布鲁纳在研究了学生学习活动的具体过程后认为，对一门学科的学习包含着三个几乎同时发生的过程，即新知识的获得、知识的转化以及评价。学习活动首先是新知识的获得，布鲁纳认为新知识可能是原有知识的精确化，也可能与原有知识相违背。获得了新知识后，学习者还要对它进行转化，可以超越给定的信息，运用各种方法将它们变成其他形式以适合新任务，并获得更多的知识。评价是对知识转化的一种检查，通过评价学习者可以判断处理知识的方法是否适合新的任务，或者对其运用得是否正确。评价通常包含对知识的合理性的判断。

3. 奥苏贝尔的认知同化学习理论

奥苏贝尔从两个维度对学习进行了区分：根据学生学习方式，将学习分为接受学习与发现学习；根据学习内容与学习者认知结构的关系，将学习分为意义学习和机械学习。奥苏贝尔认为学校中的学习应该是有意义的接受学习和有意义的发现学习，但更强调有意义的接受学习，认为它可以在短时间内使学生获得大量的系统知识。奥苏贝尔认为，促进学生进行有意义学习是学习理论的关键，有意义的学习有两个先决条件：一是学生表现出一种有意义学习的心理倾向，即表现出一种在新学的内容与自己已有的知识之间建立联系的心理倾向；二是学习内容对学生具有潜在意义，即能够与学生的已有知识结构联系起来，这种联系应是实质性的而非人为的。

奥苏贝尔还提出了具体的让学生进行有意义学习的策略和方法，其中最著名的方法是先行组织者法，他还借助皮亚杰的"同化"概念提出了使新旧知识产生联系的具体方法。

4. 加涅的信息加工学习理论

加涅根据认知心理学中记忆过程的信息加工模型，提出了学习的信息加工模式，如图 2-1 所示。

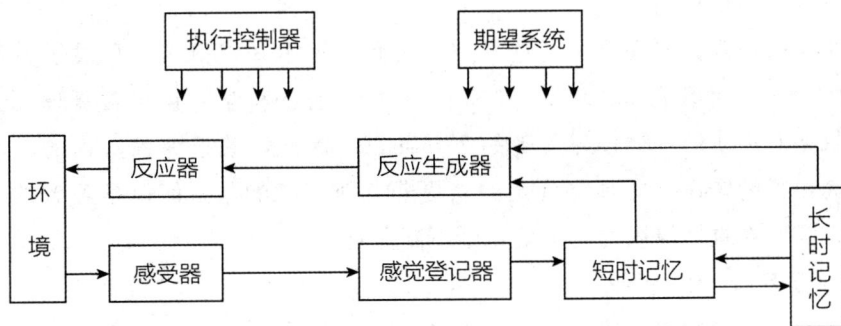

图 2-1 学习的信息加工模式

加涅认为，人的记忆系统由三个存储器组成：感觉登记器、短时记忆（STM）和长时记忆(LTM)。来自环境的刺激经过感受器过滤首先进入感觉登记器,通过选择性知觉,信息被临时存入 STM。STM 是一个过渡性的记忆缓冲器,其容量有限,只能记录 72 个信息组块,且只能保持 15—30 秒。STM 中的信息经过复述和编码过程转化为 LTM,LTM 则是一个相当持久且容量极大的信息库。从 STM 或 LTM 中检索出来的信息通过具有信息转换或动作功能的反应发生器,将信息传到反应器,学习者就会做出相应的反应。在这个信息加工过程中,"执行控制器"和"期望系统"这两个因素非常关键。"执行控制器"是认知策略和元认知对整个加工过程的监督和控制,"期望系统"指动机系统对学习过程的影响。整个学习过程都是在这两个因素的作用下进行的。

(三)建构主义学习理论

建构主义学习理论是认知主义学习理论后学习理论的进一步发展。建构主义的思想源自认知加工学说以及维果斯基、皮亚杰和布鲁纳等人的思想。具有不同研究背景的学者虽然都使用"建构主义"这一术语,但赋予它的意义存在一些差异,并没有形成统一、整合的建构主义理论。虽然在研究视角、使用术语等方面有所不同,但这些学者在某些主题上有一些共识,具体体现在知识与课程、学习、学生与教师、教学这四方面。

1. 关于知识与课程

大多数建构主义者对知识的客观性和确定性提出了质疑,他们认为知识并不是对现实的准确表征,而只是一种解释或假设,会随着人类的进步不断变化或出现新的假设;而且知识并不是对关于世界的法则所进行的精确概括,需要针对具体情境进行再创造。此外,建构主义者认为,虽然能用语言符号的形式来表征知识,但知识不可能以实体的形式存在于具体个体之外,这意味着不同学习者对同一知识形式会有不同理解;对知识的理解只能由个体学习者在自己的经验背景的基础上建构起来,这取决于特定情境下的学习历程。

建构主义知识观为课程提供了这样一个视角:课本知识只是一种关于各种现象的较为可靠的假设,而不是解释现实的"模板";虽然有些科学知识包含真理,但并非绝对正确,只是对现实的一种较为正确的解释而已。因此,关于课程知识的教学,建构主义者认为习得的知识并非预先确定的,更非绝对正确的,只能以学习者的经验、信念为背景,需要在具体情境的复杂变化中不断深化。

2. 关于学习

关于学习,不同倾向的建构主义者的关注点有所不同,有的关心个体与物理环境的相互作用,有的关心个体与社会环境的相互作用,但他们都把学习看作建构过程,都用新旧知识经验的相互作用来解释知识建构的机制。大多数建构主义者认为,学习是学生建构自己知识的过程。这一观点表明学习过程并不是简单的信息输入、存储和提取，而是新旧知识或经验之间的相互作用，这主要涉及同化和顺应。也就是说，在建构新知识的过程中，学生不仅需要从头脑中提取与新知识一致的知识经验，将之作为同化新知识的固定点，而且要关注到已有的、与当前知识不一致的经验，看到新旧知识之间的冲突，并通过调整来解决这些冲突，有时则需要转变原有的错误观念。一方面，学习不仅要理解和记忆新知识，而且要分析其合理性、有效性，从而形成自己对事物的观点，形成自己的思想；另一方面，学习不仅意味着新的知识经验的获得，还意味着对已有知识经验的改造。

3. 关于学生与教师

大多数建构主义者强调，学生并不是空着脑袋走进教室的，他们具有在日常生活或先前学习中获得的丰富经验与知识，即使面对一些从未接触过的问题，他们也会从自己的经验背景出发来提出合乎逻辑的假设。同时，由于经验背景的差异，学生对问题的理解常常各不相同，在一个学习群体中，这种差异本身便构成了一种宝贵的学习资源。

建构主义者大多认为，教师不仅应呈现知识，还应重视学生自己对各种现象的理解，倾听他们的想法，洞察他们这些想法的由来，并以此为依据引导学生丰富或调整自己的理解。有时教师需要与学生共同针对某些问题进行探索，并在此过程中相互交流和质疑，了解彼此的想法，彼此都做出某些调整。值得注意的是，建构主义理论虽然侧重个体的自我发展这一特性，但并不排除外部引导（如教师或同伴的引导）对学生学习的影响，反而有时会突出后者的作用。

4. 关于教学

持建构主义观点的研究者大多提倡转变传统教学的重心，把学生自身的努力放在教育的中心位置；学校教育除了使学生掌握各类知识或能力外，还应培养学生进行社会协商、合作建构意义的能力，并促使他们意识到自身在知识建构中的作用。

在具体教学方法与措施方面，建构主义者认为教师应提供富有挑战性的学习环境和真实的任务，让学生面对复杂的学习环境，解决一些真实的、不明确的问题。这种做法是出于真实世界中的问题通常比较复杂且有多种解决途径，每一步行动又会带来一系列新的问题的考虑。同时，学校教育应该让每个学生都有机会尝试解决复杂的问题，教师可以从旁协助，如提供资源、记录学生的进展情况、指导学生细化分解问题。

建构主义者还认为，如果学生在学习复杂内容时仅学会了从一个角度理解内容、用一种方法解决问题，就会导致其在以后的应用中过分简化问题。因此，课堂教学应该通过多种途径来表征复杂的学习内容，如运用类比、例证和比喻等。此外，重新组织情境，设定不同的学习目标，从不同的角度、以不同的形式来回顾已学习内容，将有助于学生深层次理解所学内容和进行知识的应用。

（四）人本主义学习理论

人本主义心理学是 20 世纪五六十年代在美国兴起的一个重要心理学派。它强调人的尊严、价值、创造力和自我实现，主张教育是为了培养心理健康、具有创造性的人，并使每个学生达到自己所能实现的最佳状态。

1. 马斯洛的需要层次论

马斯洛强调学习过程中个体自我实现的心理历程，提出需要层次论。他认为，人的需要约有七个不同层次，即基本生理需要、安全需要、归属与爱的需要，尊重需要、认知需要、审美需要和自我实现需要。低级需要的满足是高级需要满足的前提，人类最高级的需要是自我实现需要。

2. 罗杰斯的学习观

罗杰斯认为学习不是机械的"刺激—反应"联结的总和，个人学习的主要因素是心理过程，是个人对知觉的解释。在学习的起因和学习动机方面，他认为人类具有学习的自然倾向或学习的内在潜能，人类的学习是一种自发的、有目的的、有选择的过程。在学习内容方面，他强调学生学习的内容应该是其认为有价值、有意义的知识或经验。他强调情感、价值、态度等因素在学习中的作用，认为学生只有在较少威胁的情境下主动地学习才会取得良好的学习效果。

（五）具身认知学习理论

具身认知学习理论产生的背景是随着信息技术的迅猛发展，以笛卡尔为代表人物的二元论逐渐给思维、身体和社会情境的交互带来障碍。具身认知学习认为认知现象并非孤立于内部心理空间中，其活动方式既不独立于身体，也没有超越环境。认知过程根植于身体，是在知觉和行动过程中由身体与世界的互动塑造出来的，如图 2-2 所示。具身认知理论的主要内容可以从以下三方面概括。

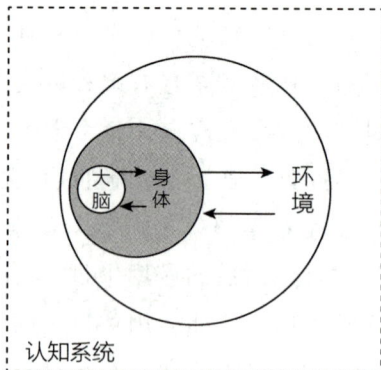

图 2-2　具身认知图

1. 认知过程

认知过程进行的方式和步骤是由身体的物理属性决定的，身体行为可以强化态度、左右情绪。这一命题的有力例证是对深度知觉的研究。对于深度知觉来说，最重要的影响因素是源于两眼视差的双眼视网膜映像的差异。这种差异同身体和头部的转动有很大的关系，头部的转动和身体的运动使得双眼视网膜映像差异明显，这促进了深度知觉的形成。头部的转动和身体的运动实际上构成了深度知觉信息加工的步骤。人的感知能力，如知觉的广度、阈限和可感知的极限等都是由身体的物理属性决定的。

2. 认知内容

认知的内容也是由身体提供的。有学者提出，人们对身体的主观感受和身体在活动中的体验为语言和思想提供了部分基础内容，认知就是身体作用于物理、文化世界的产物。一些学者关于概念形成的研究为这一命题提供了证据。他们指出，人类的抽象思维大多是隐喻的，所谓隐喻就是用一个事物来理解另一个事物。例如，把爱比作旅程，意味着爱有一个开端，但不一定有一个尽头；旅程有欢乐、有辛苦、有意外的发现，爱同样如此。人类的抽象思维大多利用了这种隐喻的过程，即用熟悉的事物去理解不熟悉的事物。但如果穷根溯源，那么人们最初熟悉的事物是什么呢？是我们的身体。我们的身体及身体同世界的互动给予了我们认识世界的最原始概念。例如，上下、左右、前后、高矮、远近都是以身体为中心的，冷、热、温、凉也是身体感受到的。以这些身体中心的原型概念为基础，我们发展出其他一些更抽象的概念，如形容情感状态时我们使用了热情、冷淡、兴高采烈、死气沉沉、精神高涨、趾高气扬等。以身体为中心，我们把向上的、接近我们的视为积极的，把向下的、远离我们的视为消极的，所以有了提拔、贬低、亲密、疏远、中心、边缘等词汇。这些词汇追根溯源都与身体的位置或活动有关。

3. 认知具身

认知是具身的，而身体又是嵌入环境的，认知、身体和环境组成一个动态的统一体。认知并非开始于传入神经接受刺激作用、结束于中枢给传出神经信息指令的过程，认知过程或认知状态应扩展至认知者所处的环境。之所以如此，是因为外部世界是与知觉、记忆、推理等过程相关的信息储存池，认知过程是个"混血儿"，既有内部的动作，也有外部的操作。在认知操作中我们利用大脑中的信息，这理所当然地被视为认知过程的一部分；但在认知过程中，我们也利用着储存在环境中的信息，如计算器、纸张、铅笔、房间中的灯光和装饰品等。如果利用脑内信息的操作属于认知过程，那么利用环境结构信息的操作为什么不能被视为认知过程必不可少的组成部分呢？例如，在解决乘法问题时，铅笔与纸张也融于认知的动作中，所以没有什么原则性理由要把这些外部物体同认知系统的其他成分区别开来。通过各种方式，人类可以把环境结构纳入认知加工，环境对认知来说是友好的，因为它为通过各种方式省去了许多认知不必要的步骤。

(六)认知负荷学习理论

认知负荷学习理论于 20 世纪 80 年代由澳大利亚认知心理学家约翰·斯威勒首先提出来，他认为认知负荷是在处理一个任务时施加于个体认知系统的智力活动的总数量。

1. 认知负荷的特点

(1)主观性

认知负荷是个体与任务相互影响而形成的主观体验。不同的个体由于动机、期望、年龄、知识储备、情感态度、时间认知、个性特征等因素的差异，其对数量、类型、目标和难度都相同的任务所投入的心智努力也是有差异的，因而认知负荷的高低水平也表现出相应的差异。可以说，主观性是认知负荷的本质特征。

(2)变化性

完成一个任务时，在不同的时间段个体的专注度、记忆力、思维能力、效率等都是有差异的，比如有的人白天学习效率高，有的人则晚上学习效率高；在不同的时间段，个体的心情、兴趣以及努力的投入程度都存在着较大的差异。在不同的学习阶段，个体的认知、学习表现与认知负荷水平也是有所不同的。由此可见，个体的认知负荷具有动态变化的特点。

(3)相对性

认知负荷水平的高低是就个体不同的认知阶段、不同的加工个体和不同的任务而言的，如果没有参照标准，就无法衡量个体在认知加工中所投入的心理努力水平。

2. 认知负荷的分类

基于认知负荷来源的性质，认知负荷可被分为内在认知负荷、外在认知负荷、相关认知负荷。

(1)内在认知负荷(ICL)

学习材料内在特征给工作记忆所造成的负荷为内在认知负荷，它一般是由学习材料本身的复杂性及学习者已有知识经验的交互等因素引起的。教学操作不能对它造成直接的影响。

(2)外在认知负荷(ECL)

学习材料的组织与呈现方式给工作记忆所造成的负荷为外在认知负荷。由于外在认知负荷占据个体的工作记忆容量，有可能使工作记忆超负荷，降低学习效率，影响学习效果。但如果教学者通过优化教学设计，改变教学材料的呈现方式或教学活动，就可以有效减轻外在认知负荷，从而促进学习。

（3）相关认知负荷（GCL）

个体在完成学习或任务的过程中，将空闲的认知资源使用到与学习直接相关的加工记忆时所产生的认知负荷为相关认知负荷。这是一种与图式的建构及图式的自动化过程有关的负荷，这种负荷在建构图式时不是必需的，但能促进图式的建构，也被称为有效认知负荷。

（七）联通主义学习理论

联通主义学习理论是伴随着 Web 2.0、新媒体等技术的发展，在知识更新速度日益加快的背景下产生的学习理论，乔治·西蒙斯在整合混沌理论、网络理论、复杂性理论和自组织理论的基础上，于 2005 年提出了这一研究网络时代在线学习规律的前瞻性理论。该理论提出了"关系中学"和"分布式认知"的概念。联通主义学习理论的核心观点有以下几点。

1. 知识观

根据乔治·西蒙斯在其专著《知晓知识》一书中的表述，在当今数字网络高度发达和信息更新频率极快的背景下，知识从来都不是静止的，知识存在于信息资源节点所构成的网络中，这种网络时刻处于修改、创造和传播的动态变化中。知识可分为硬知识和软知识，硬知识指被专家认可了的、稳定了的知识，软知识指变化比较快且不稳定的知识；随着专家的认可和公众的接受，软知识可以逐渐变为硬知识。

2. 学习观

乔治·西蒙斯认为学习即网络的形成。单个信息节点的出现并不能保证有效学习的发生，这些新节点必须被编码且通过连接与网络中的其他节点产生联系，只有形成了网络才能确保知识的传输和意义的转换。同时他还强调学习过程需要不断创造新的节点，并与其他节点建立新的网络连接，从而促进知识的生长，并使知识分布在信息节点构成的网络之中，以各种各样的数字化形式存储着。

3. 交互观

以媒体为中介的交互是教与学再度整合的关键。联通主义学习理论认为知识的产生需要交互，交互是整个网络中的关键；单向的传递和分享无法帮助学习者构建自己的知识网络；个体、集合体、社会网络之间的持续交互和有效交互是最重要的交互方式，也是网络形成和更新的必然要求。

交互不仅能促进人与人之间的连接，还能增强人与内容之间的连接；不仅能促进人与人之间的交流，还能帮助学习者生成更深层次的甚至内容开发者都想不到的学习内容。交互在联通主义学习理论中拥有基础和核心地位。

（八）学习理论对教育技术的启示

教育技术与学习理论的产生与发展密切相关，学习理论是教育技术的重要理论基础之一，不同的学习理论从不同的角度给予教育技术启示。

1. 行为主义学习理论对教育技术的启示

基于行为主义学习理论的程序教学促进了计算机辅助教学的产生与发展。为了实现程序教学的设想，人们设计了各种各样的教学机器。但到20世纪60年代末，由于技术水平不够且教学内容复杂，程序教学难以实施，落入了低谷。到了20世纪70年代，随着高性能计算机技术的发展，程序教学的方法开始被广泛应用于计算机辅助教学(CAI)。计算机能够对大量信息进行存储、加工和呈现，并能在程序的控制下自动工作，是实现程序教学思想和功能的最合适的硬件设备。现在计算机辅助教学的内容和方法虽然有了很大的扩展，但基于程序教学的个别指导模式仍然是计算机辅助教学的重要模式之一。

程序教学促进了教学设计理论与实践的产生与发展。教育技术以视觉教育为开端，系统思想和程序教学的融入促进了现代教育技术的更新和发展。教学过程的系统化设计即教学设计是教育技术的重要组成部分，虽然系统化设计教学过程的思想很早就出现了，但真正推动系统化设计教学过程并且取得良好效果的是程序教学思想。程序教学中精确组织的个别化、自定步骤的学习等思想提供许多有益的指导原则，形成了一系列学习原则及开发程序教材的系统方法，直接影响了教学设计理论与实践的发展。

行为主义学习理论对当今的教育教学仍有积极的影响。根据行为主义学习理论，现代教育技术在教育教学过程中的作用是通过多种教学媒体为学生提供可形成强化刺激的材料及条件，从而引起学生的多种反应，使学生建立起刺激与反应的牢固联结，并培养学生的思维。

2. 认知主义学习理论对教育技术的启示

认知主义学习理论认为学习就是知识的获得，教学就是如何运用各种教学策略和教学手段促进知识获得的活动。由于加涅在认知心理学和教育技术两方面均有巨大影响，认知主义学习理论成为教育技术尤其是教学设计的最重要的理论基础，使教育技术的研究和实践逐步走向成熟。成功的教学设计需要充分了解影响学习者知识获得的认知变量，如知识表征与组织能力、认知策略、已有知识经验等。

认知主义学习理论所提出的知识转化过程为教育技术的有效应用提供了很好的思路，如认知主义可以帮助人们利用教育技术更有效地呈现教学信息，认知主义关于工作记忆的研究也使信息技术可以成为认知工具。影响知识转化过程的因素与学习资源的设计和开发有着密切的联系，如短时记忆容量的限制、工作记忆中的组块概念都对学习资源提出了很多要求。实际上，目前有关计算机辅助教学设计和开发的主要理论也源于认知学习理论，而不依赖于行为主义的思想。

此外，认知主义的一些研究方法也为教育技术的研究提供了有益借鉴，对教育技术研究有很好的启示。

3. **建构主义学习理论对教育技术的启示**

基于建构主义学习理论的教学关注学习环境的设计，从建构主义认识论和学习观出发，教育专家们提出了一系列教学设计原则，它们可以指导教学系统和教学环境的设计，具体如下。

第一，所有的学习活动都应该基于任务或问题。也就是说，学习活动应带有明确的目的性，学以致用。

第二，应使学习成为学生自愿的事，而不应强加给学生学习目标或者以通过测试为目的。

第三，应设计真实的学习环境，让学生带着真实任务进行学习。所谓真实的环境并非一定是真正的物理环境，但必须能够使学生体验与现实世界相类似的情境。

第四，应让学生拥有学习过程的主动权。教师的作用不是主观控制学习过程，制约学生的思维，而应是为其提供思维上的挑战。

第五，应为学生提供学习环境。倡导学生拥有学习过程的主动权并不意味着他们的任何学习活动都是有效的、正确的，当他们遇到问题或偏离方向时教师应给予有效的援助和支持。教师的作用不是提供答案，而是提供示范、辅导和咨询。

第六，应鼓励学生体验多种情境、验证不同的观点。个人理解的质量和深度取决于一定的社会环境，在这个环境中人们可以互相交换想法，通过协商趋向一致，教学应该鼓励各种合作学习。

4. **人本主义学习理论对教育技术的启示**

人本主义学习理论在哲学层面的主要思想倾向于唯心主义，它脱离社会强调人性发展和"自我实现"，忽视环境和教育的作用；主张学习的绝对自由，即学习的动因是内在的，学习的内容是自己感兴趣的。这些观点都是不妥的。对待人本主义学习理论，应批判地吸收，既要看到和强调它积极的、合理的一面，又要看到和避免它消极的、片面的一面。

5. **具身认知学习理论对教育技术的启示**

基于笛卡尔二元论的传统认知学习理论和具有"弱具身""身心一元论"特征的建构主义学习理论都认为学习是一种个体的内化过程，将认知视为一种脱离身体的精神"软件"，身体仅起到输入和输出的作用，并不参与知识的形成。而具身认知学习理论将认知置于身体中，将身体置于环境中，强化了身体构造、身体状态和感觉运动系统等生理因素对思维和行为的影响。

具身认知学习理论突破了人们以往对认知的理解，认知不再是某种内化、抽象或预知的能力。在教学设计中，根据具身认知学习理论的大脑、身体和环境层层包含的核心观点，独立、提前于教学实际的教学设计是不科学的，为达到预定的教学结果，对于分析、选择策略、实施和评价等教学步骤一般不能预先确定，不能固化；具身认知理论视角下的教学设计应该是根据教学的进程和教学环境被动态地、灵活地调整的，使以往固化的、预设的、缺乏个性的学习转变为动态的、生成的、充满个性的学习。

6. 认知负荷学习理论对教育技术的启示

认知负荷学习理论是在现代认知心理学研究成果的基础上提出的一种科学有效的学习理论，为教学设计提供了一种新的理论视角，在实际教学工作中具有较强的应用能力与较大的操作价值。

（1）通过优化教学任务减轻内在认知负荷

内在认知负荷的大小主要取决于认知任务本身难度的高低，即元素复杂水平及元素间的交互水平的高低。因此，教学设计想要减轻内在认知负荷，就必须设法减少认知任务本身的元素数量并降低各元素间的交互水平。鉴于此，教师可以采用任务"先分后整""先简后繁"的方式来减轻内在认知负荷。"先分后整"即先呈现部分认知任务，然后依次呈现其余的认知任务，最后呈现完整的认知任务，这里的"分"与"整"指认知任务的部分与整体。任务"先简后繁"即先提取认知任务所包含的主要元素并将其整合成组予以呈现，然后呈现完整的认知任务，通过这种二次呈现的策略来减轻内在认知负荷。

（2）通过优化任务元素的组织与呈现方式减轻外在认知负荷

外在认知负荷主要源于学习材料的组织与呈现的不科学方式，它对学习目标而言是不必要的、多余的，因此也被称为无效的认知负荷。外在认知负荷需要的认知资源会占据人的工作记忆容量，因而可能阻碍学习，影响学习效果。

想要减轻外在认知负荷，教学设计就必须设法改善与优化学习材料的组织与呈现方式。比如，任务的呈现应避免预设性的学习目标，而应彰显学习目标的"二重性"，让学生在"预设"与"生成"的张力下进行学习，或者为学习者设计多个学习目标。

（3）优化相关认知负荷和内在、外在认知负荷的关系

相关认知负荷可以促使学习者在完成某一任务的过程中把未用完的认知资源运用到实质性认知加工活动中。虽然相关认知负荷也增加了学生的认知负荷，但良好的教学设计会适当增加学生的相关认知负荷，使之为图式的建构投入更多的努力，寻求更好的信息加工策略；它可以帮助学生对学习材料进行组织，建立材料间的内在联系；帮助学生在所呈现的信息与已有知识间建立联系。这些认知活动都需要消耗学生有限的认知资源，但能促进学生对材料的理解和记忆，从而提升学习质量。

相关认知负荷的大小以内在、外在认知负荷的大小为前提，只有在内在、外在认知负荷都相对较小的情况下，学生才能有多余的认知资源用于相关的信息加工。也就是

说，借助认知负荷调控来影响学生学习的主要方式分为减轻外在认知负荷和增加相关认知负荷两方面。当学习材料带来的内在认知负荷较小时，如果由教学设计带来的外在认知负荷也较小，学生的认知资源有足够的剩余，就可以通过增加相关认知负荷来促进学习。但如果学习材料带来的内在认知负荷较大，就要通过降低外在认知负荷释放工作记忆容量，且尽可能不增加相关认知负荷，以确保学生有足够的认知资源来加工必要信息。

7. 联通主义学习理论对教育技术的启示

联通主义学习理论作为在 Web 2.0、新媒体等技术快速发展、知识更新速度日益加快的背景下诞生的重要学习理论，它所阐述的学习环境是一种网络环境，是分布式的学习环境。在这样的学习环境中，联通主义的学习是一种基于网络的学习，要求网络学习空间具有互动性、可用性和相关性。另外，通过使用各种 Web 2.0 新技术工具，学习环境可以成为个性化、社会化和灵活的学习环境。技术手段帮助学习者实现了以往网络学习中不能实现的学习活动，比如与各种远程服务之间的联结，与其他潜在的学习同伴之间的联结，知识和内容的快速传播和不受限的获取，资源的分享，学习体验的交流和互动，等等。

二、教学理论

本节学习目标

通过本节的学习，能够深入理解教学理论的内涵和特征，为掌握教学过程、教学方法和策略、教学评价和管理等奠定理论基础。

（一）程序教学理论

1. 基本观点

20 世纪 50 年代，斯金纳根据操作性条件反射与强化理论，提出了学习材料的程序化思想，发展出程序教学理论。程序教学理论中教学的基本过程为：程序编制者把教材分解成许多小项目，按一定顺序加以排列，对每个项目提出问题，通过教学机器或程序教材来呈现，要求学生做出选择反应或解答反应，然后给予正确答案以便核对，并给予强化。

2. 教学原则

（1）小步子原则

学习内容按照其内在逻辑关系被分割成许多细小的单元，分割后的小单元按一定的逻辑关系排列起来，形成程序化教材或课件，学生的学习是由浅入深、由易到难、循序渐进的，这种学习方式被称为小步子学习原则。小步子原则要求对学习内容的分割是适当的，不是步子分割得越小越好，单元的大小要由具体的教学内容和教学任务来确定，要有利于学生整体上认识事物。

（2）积极反应原则

程序教学要求学生对每一单元的学习内容都做出积极反应，学生通过选择、填空和输入答案等方式做出反应，以保持积极的学习动机。

（3）即时反馈原则

当学生做出反应后，程序必须让他们知道自己的反应是否正确，要对学生的反应给予及时强化，特别要对学生所做出的正确反应给予及时强化，以提高其操作能力。

（4）低错误率原则

程序教学是由浅入深、由已知到未知的，使学生每次都尽可能做出正确反应，将学习的错误率降到最低，以提高学习效率。

（5）自定步调原则

学生根据自己的特点自定学习进度和速度。学生在以适当的速度进行学习的同时，在不停的强化下产生进一步学习的内在动力。

（二）发现教学理论

1. 基本观点

发现教学是在教师的启发诱导下，学生通过对一些事实和问题的独立探究与积极思考，自行发现并掌握相应的原理和结构的一种教学方法。它是由美国著名认知主义心理学家布鲁纳提出的。

发现教学理论认为学习一门学科最重要的是掌握它的基本结构；要想取得好的学习效果，就必须采用发现法。

2. 教学原则

（1）动机原则

布鲁纳认为，学习的效果取决于学生对学习的准备状态和心理倾向。学生对知识具有天然的好奇心和学习的愿望，关键在于教师如何利用学生的这些自然倾向，激发学生参与探究活动的积极性。

（2）结构原则

布鲁纳认为，教师只有选择了适当的知识结构和适合学生认知结构的教学方式，才能促进学生的学习。

（3）启发原则

布鲁纳一再强调，任何思想、问题、知识都能够用足够简单的形式描述出来，使任何学生都能用一种可辨认的形式理解。根据这种思想，学校和教师的任务就是把知识转变成各年龄段的学生都能够理解的结构，并以一种最佳的呈现顺序去安排这些结构。

（4）反馈原则

布鲁纳对行为主义的强化理论并不完全反对。布鲁纳认为，学生应该适时地知道自己的学习结果，但布鲁纳反对教师提供过多的强化而使学生养成依赖教师指点的习惯。发现式教学的最终目标是让学生获得自我矫正的能力和习惯。

（三）掌握学习教学理论

掌握学习教学理论是由美国心理学家、教育学家布卢姆提出的，掌握学习教学模式与布卢姆的教育目标分类学相联系。布卢姆把教育目标分为认知、情感和动作技能三大领域，掌握学习教学模式在认知、情感和动作技能领域中都具有一定的适用性，但其实际应用主要在认知和动作技能方面。

1. 基本观点

所谓掌握学习，就是在"所有学生都能学好"这一思想的指导下，以集体教学（班级授课制）为基础，辅之以经常、及时的反馈，为学生提供所需的个别化帮助及额外学习时间，从而使大多数学生达到课程目标所规定的掌握标准。

布卢姆认为学生学习能力的差异不能决定个体能否学习要学的内容和学习的好坏，只能决定其要花多少时间才能达到对该内容应有的掌握程度。也就是说，学习能力强的学生可以在较短的时间内达到对该内容应有的掌握程度，而学习能力差的学生则要花较长的时间才能达到同样的掌握程度。

布卢姆提出，学习的程度受到学习的时间、毅力、能力、教学质量和学生理解教学的能力这五种变量的制约，五种变量相互作用并对教学效果产生影响，教师的任务是控制好这些变量及其关系，使它们共同对教学发挥积极的作用。

2. 教学环节

掌握学习教学模式的过程大致由五个环节组成。

（1）单元教学目标的设计

布卢姆认为，教学质量的好坏首先决定于对教学任务目标的表述是否清晰，每一个学生是否都清楚自己将要学什么。他认为表述得当的目标可指向一种清楚的行为，通过对该行为的测定可以了解学生学习的达标程度。

（2）依据单元教学目标的群体教学

掌握学习教学模式是试图实现群体教学个别化的教学模式，力求在不影响传统班级集体授课的前提下，使绝大多数学生取得优良成绩，所以其课堂教学仍采用集体授课形式。但在讲授新课前，教师必须充分重视学习新知识所必需的准备知识。在群体教学中，教师应根据教学内容、要求、学生与自身的特点，选择适宜的教学方法。

（3）形成性测验

在实施单元集体授课之后，教师就要进行形成性测验。形成性测验的题目与教学目标相匹配，以对学生的学习情况进行诊断。这种诊断不仅要反映学生对教学内容掌握的广度，也要反映其对教学内容掌握的深度。

（4）矫正学习

形成性测验后，教师可将学生分成达标组和未达标组，对未达标组应进行必要的、补偿性的矫正学习。矫正学习是为了给予那些在群体学习中学习速度比较慢的学生额外的学习时间，矫正学习不是简单地重复教学内容，教师可以采用多种方法，其成功的关键是针对性很强的个别化指导。

（5）总结性评价

总结性评价是最终检验学生达标情况的环节，其测试题与形成性测验相比指向性更明确，在形成性测验中大多数学生都通过的试题可以不再出现。总结性评价通常针对两种情况进行检验：一种是学生易犯的错误，另一种是与下一单元关联性特别强的准备知识。

（四）教学过程最优化理论

巴班斯基是苏联很有影响力的教育家、教学论专家，他将现代系统论的方法引入教学论的研究，提出了教学过程最优化理论。"最优化"是从具体实际出发，以达到效果和时耗的双重质量指标为目标来确定最佳方案，并根据实施过程中的反馈信息及时调整活动进程，以实现最大效益的系统方法。

1. 基本观点

教学过程最优化理论的基本观点有以下三点。

第一，教学应被看作一个系统，用系统的观点、方法来考察教学。

第二，教学效果取决于教学诸要素构成的合力，应对教学进行综合分析、整体设计、全面评价。

第三，教学最优化简单地说就是在一定条件下用最少的教学时间取得最好的教学效果。

2. 教学原则

教学过程最优化理论将教学看作一个系统，教学效果的好坏取决于教学诸要素的构成是否合理。优化课堂教学过程应从以下六个方面着手。

（1）优化教学目标

教师应明确哪些目标是学生必须当堂"掌握"和"应用"的，哪些只需要达到"认识"和"知道"的水平。

（2）优化教学设计方案

教师应系统地把握教学大纲和教材，做好单元备课，掌握教材知识结构。

（3）优化时间结构

教师应合理安排课堂时间，如检查复习、教授、巩固练习等应各占多少时间，教授的关键、难点应从什么时候开始，等等。

（4）优化教学方法

教学方法的设计应主要考虑如何调动学生的学习积极性，使学生积极主动地动脑、动口、动手，投入教学活动。

（5）优化信息反馈

教师在教学时的反馈必须及时、有效，教师应注意多向收集反馈信息。

（6）优化练习设计

练习设计要有针对性（含重点知识、难点知识、易混淆知识），练习要有层次性且形式多样，练习的多少要适宜。

（五）教学理论对教育技术的启示

教学理论对教学实践有直接的指导作用。前面介绍的具有代表性的四种教学理论为教育技术的研究和发展提供了重要的理论指导，下面分别阐述四种教学理论对教育技术的启示。

程序教学理论对教育技术理论的发展产生了巨大的推动作用：促使教育技术的研究从仅重视媒体的使用扩展到重视对学生行为的研究；使教育技术从注重教学刺激物的设计发展到对"学"的强调；在帮助教师认识到其教学中缺乏的强化（反馈）以及强调学生个体特点等方面起到了积极的作用。

发现教学理论对信息化教学环境中的教学设计有很大的指导意义。在教师的启发诱导下，学生发挥主体作用，通过对一些事实和问题的独立探究、积极思考自行发现并掌握相应的原理。发现教学法一方面关注学生对基本概念和原理的提取、应用，另一方面也关注学生在发展过程中的思维策略，关注探究能力和内在动机的发展，有利于增强学生的探索能力和学习兴趣，有利于知识的保持和应用。

掌握学习教学理论的核心思想是使大多数学生得到发展，其在教育技术领域中的运用注重通过某一具体学习任务分析教学的变量，强调形成性评价研究，从而使大多数学生实现对课程材料的真正掌握，增强学生的学习兴趣，促进学生的心理健康。该理论受到许多国家教育理论家的关注并以其推动当代教学改革。

教学过程最优化理论具有兼收并蓄的特点。巴班斯基从辩证的系统结构论出发，使发展性教学的各种研究成果在教学过程最优化理论体系中获得恰当的位置。教学过程最优化体现出教育技术领域的一项主要研究内容——管理效果。尽管这一理论体系存在优选步骤烦琐、不够重视学生创造力的培养等缺点，但它仍然是一个很有价值的理论体系。

三、视听和传播理论

🎯 **本节学习目标**

通过本节的学习，能够深入理解视听和传播理论的内涵和特征，为理解教学信息的传播等奠定理论基础。

（一）视听教育理论

为了克服教学领域中的"言语主义"现象，即强迫学生死记硬背一些难以理解的文字内容，在 20 世纪初，美国兴起了一场视觉教育运动，随着录音、有声电影等的出现，视觉教育发展为视听教育，视听教育在第二次世界大战中发挥了巨大的作用，日益受到人们的重视。1946 年，美国教育家戴尔在其出版的《教学中的视听方法》一书中提出了著名的"经验之塔"理论，成为当时视听教育的主要理论依据。

1."经验之塔"理论的主要内容

戴尔认为人的学习既有直接经验也有间接经验，二者共同构成了人的学习。戴尔根据各种经验的抽象程度将经验分为三大类，即抽象的经验、观察的经验和做的经验，三大类中共有十个层次，如图 2-3 所示。

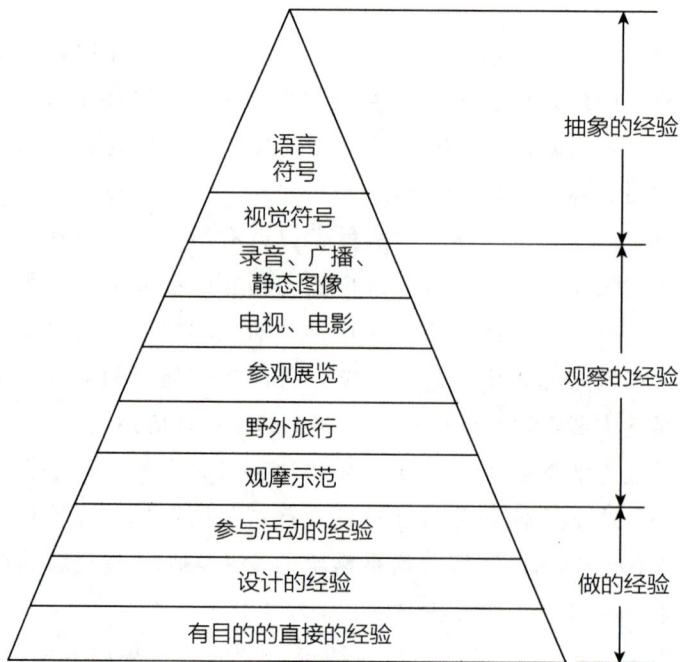

图 2-3 戴尔的"经验之塔"

（1）有目的的直接经验

学习者通过直接与真实事物本身接触取得经验，通过对真实事物的看、听、尝、摸和嗅，即通过直接感知获得信息和具体经验，从而积累知识、实现学习。这部分是

"经验之塔"的最底层经验。

（2）设计的经验

学习者通过模型、标本等间接学习材料获得的经验。模型、标本等是人工设计、仿造出来的事物，与真实事物的大小和复杂程度有所不同，但在应用于教学时比真实事物更易于领会。

（3）参与活动的经验

对于有些事物学习者无法通过直接实践来获取经验，如历史事件、意识形态和社会观念。教师可以把类似的事情编成戏剧，让学生在戏剧中扮演一个角色，使他们在尽可能接近真实的情景中获得经验。参与演戏活动与看戏不同，演戏活动可以使学习者获得参与的经验，而看戏获得的是观察的经验。

（4）观摩示范

学习者通过看别人做事的过程知道一件事是怎么做的，然后自己动手去做。观摩示范给人提供的是一种观察的经验，这些经验可以引起"直接做"的实际活动。

（5）野外旅行

旅行的目的主要是观察在课堂上看不到的东西，旅行可以为学习者提供直接的生活体验。

（6）参观展览

展览是供人们观看的，使人们通过观察获得经验。

（7）电视、电影

屏幕上的事物是真实事物的替代，通过看电视或看电影，学习者可以获得一种间接和替代的经验。此外，电影和电视是跨越时间和空间的媒体形式，可以节省时间，使学习者获得更加有效的学习效果。

（8）录音、广播、静态图像

它们可以提供听觉或视觉经验，与电影、电视提供的视听经验相比，其抽象层次更高一些。这些媒体传播形式可以为没有文字阅读能力的人提供学习的机会，实现更好的学习效果和效益。

（9）视觉符号

图表、地图等类型的抽象符号与现实事物没有多少类似之处，人们通过它们看不到事物的实在形态，它们是一种抽象的代表，如地图上用曲线代表河流、用线条代表铁路等。

（10）语言符号

语言符号包括口头语言符号与书面语言符号，是一种抽象化地代表事物或观念的符号。语言符号位于"经验之塔"的顶端，抽象程度最高。

2."经验之塔"理论的要点

戴尔依据各个经验的具体或抽象程度对其进行排列，"经验之塔"最底层的经验是最具体的，越往上经验越抽象。教育教学应从学生拥有的具体经验着手，逐步上升到抽象经验。有效的学习建立在具体经验的基础上，但不能止于具体经验，而要向抽象和普遍发展，形成概念。应用各种教学媒体可以使学习更为具体，从而更好地走向抽象。位于"经验之塔"中层的视听媒体相比于语言符号、视觉符号能为学生提供更具体、更易于理解的经验，并能打破时空的限制，弥补其他直接经验的不足。

（二）传播与传播模式

传播指交流、沟通、传意。传播是人类社会普遍存在的信息交流现象，传播一般被看作特定的个体或群体（即传播者）运用一定的媒体和形式向受传者进行信息传递和交流的社会活动。教育其实就是一种信息传播活动，它是按照确定的教学目标通过教学媒体将相应的内容传递给教学对象的过程。

1.5W 传播模式

1948 年，美国政治学家哈罗德·拉斯威尔在一篇论文中提出了一个用文字形式阐述的线性传播过程模式。他认为描述传播行为的一个方便的方法是回答下列五个问题：是谁（who），说了什么（say what），从哪个途径（in which channel），对谁（to whom），取得什么效果（with what effects）。这就是著名的 5W 模式，如图 2-4 所示。其中每个W 都与教学过程中的一个要素相对应，这些要素也就成为研究教学过程、解决教学问题的教学设计所要关心、分析和考虑的重要因素。

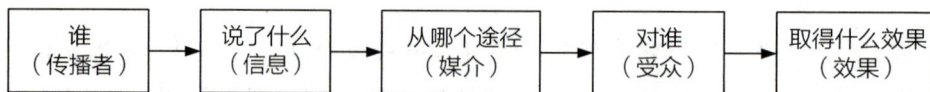

图 2-4　5W 传播模式

2. 香农—韦弗模式

香农和韦弗在其所著的《通信的数学理论》一书中提出了一个传播的模式，这一模式原本是单向直线式的，但他们不久就在这一模式中加入了反馈系统，并拓展其含义，用来解释一般的人类传播过程，如图 2-5 所示。

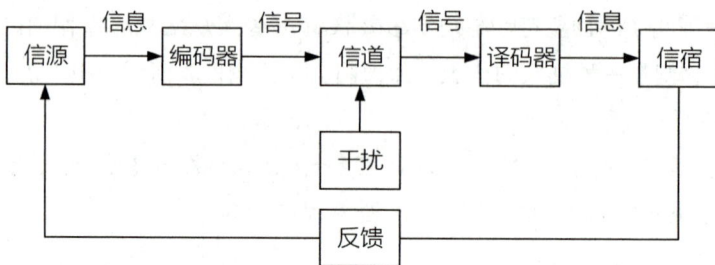

图 2-5　香农—韦弗模式

这是一个把传播过程分成七个组成要素的带有反馈的双向传播模式。模式中信源（传播者）和编码器往往是同一人，信宿（受传者）和译码器往往也是同一人。信源选出准备传播出去的信息，然后这一信息经编码器转换为语言、文字、图画、动作和表情等各种信号，信号通过空气、纸张、身体、五官等传播媒介传递给译码器，译码器将信号转换成符号并解释为信息的意义，最后为信宿所接收利用。信宿收到信息后，会产生生理、心理上的反应，并通过各种形式给信源反馈信息。另外，传播过程中还存在干扰信号，干扰信号可以影响信源、编码器、信道、译码器、信宿，图 2-5 为了简化，只表示了对信道的干扰。一个优秀的传播者会经常注意受传者的反应，修正传播内容，使之更适合受传者的需要、兴趣和经验等，以加强传播效果。

3. SMCR 模式

美国传播学家贝罗于 1960 年在拉斯威尔研究的基础上提出了 SMCR 传播模式，该模式综合了哲学、心理学、语言学、人类学、大众传播学、行为科学等新理论以解释在传播过程中的各个不同要素。贝罗把传播过程分解为四个基本要素——信源（source）、信息（message）、通道（channel）和受传者（receiver），如图 2-6 所示。

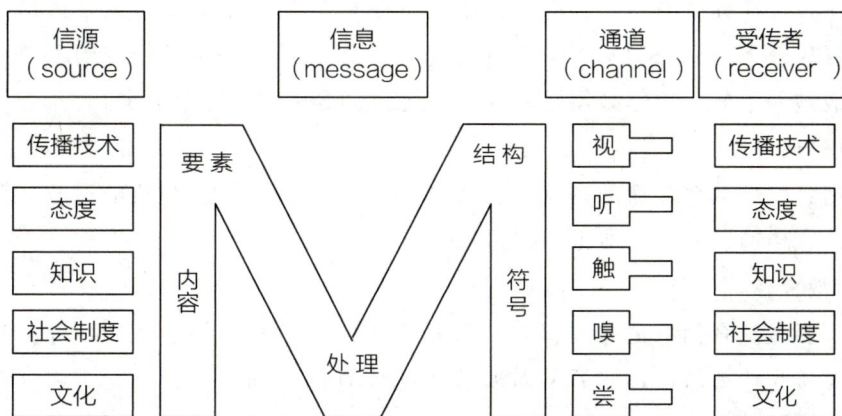

图 2-6　SMCR 模式

贝罗的 SMCR 传播模式比较适合研究和解释教学传播系统的要素与结构，如"S—M—C—R"相当于"教师—课业—手段—学生"；还可以其揭示的条件为依据，联系实际传播场合及要素的具体情况，来预测教育传播的效果，发现可能存在的问题。

（三）教育传播理论

传播学是一门研究人类传播行为的科学，是随着报刊、广播、电视等传播媒体的发展逐步从社会学、心理学、政治学等学科中独立出来的一门学科。

从某种意义上来说，教育也是一种传播活动，它是按照确定的教育目标，通过教育媒体，将一定的教育内容传递给特定的教育对象。它与大众传播有许多共同之处，两者关系密切，可以把传播理论的研究成果应用到现代媒体教育中，以提高教育质量和效率。因此，教育传播理论也是现代教育技术的理论基础之一。

1. 教育传播的概念

教育传播是教育者按照一定的要求，选定合适的信息，通过有效的媒体通道，把知识、技能、思想、观念等传递给特定的教育对象的一种活动，是教育者和受教育者之间的信息交流活动。它的目的是促进学习者的全面发展，培养社会所需的各种人才。

2. 教育传播的要素

构成教育传播系统的要素包括教育者、教育信息、受教育者、媒体和通道、传播环境。

（1）教育者

教育者是教育传播系统中教育信息的组织者、传播者和控制者，包括学校教师、社团指导员、学生家长等。教师的首要任务是发送教育信息，从这个意义上说，这里的"教师"并不局限于讲台上的教师，还应包括教育管理者和教材编制者等，而且在特定条件下，教学机器也可以成为教师，即"电子教师"。在教育传播活动中，教师起着把关的作用，传播什么内容、利用什么媒体都是由教师决定的。因此，教师必须有能力实现教育传播系统的整体目标，使学生在德、智、体、美、劳等方面都得到和谐发展。要完成这一重任，教师必须做好设计、组织、传递、评价等工作。

（2）教育信息

教育信息就是教育传播的内容。教育传播过程是一个信息交流的过程，包括教育信息的获取、传递、交换、加工、存储和输出。

（3）受教育者

受教育者是教育信息的接受者，一般指学生。在教育传播过程中，作为接受者的学生首先要接收传播信息，然后要对所接收的信息进行加工与存储，再将这些信息和已有的经验进行比较、分析、判断，得到符号的信息本义。一般来说，学生是主动地接受教育信息，甚至是有选择地去接受与理解教育信息的。

（4）媒体和通道

媒体是承载、加工、传递信息的载体和工具。各种教育材料，如标本、直观教具、教科书、教学指导书、教学幻灯片、电影、录音带、录像带、计算机课件等都属于教育媒体。

通道是教育信息传递的途径，教育信息只有经过一定的通道才能完成传递，达到教育传播的目的，如声音通道、视频通道、网络通道等。

（5）传播环境

教育传播环境是影响教育传播效果的重要因素，其内容是复杂和多方面的。社会、经济、科技、文化背景、风俗习惯以及各种自然物和人工物等都是教育传播环境中不可忽视的因素，其中影响较大、较直接的有校园环境、教室环境、社会信息、人际关系、校风、班风、电、光、声、色、空气、温度等。良好的教育传播环境能对教师的教学组织活动产生促进作用。

3. 教育传播的过程

教育传播过程是一个由教育者借助媒体向受教育者传递与交换教育信息的过程。这一过程可分为六个阶段：确定教育传播信息、选择教育传播媒体、通道传送、接收与解释、评价与反馈、调整再传送。

(1)确定教育传播信息

教育传播过程的第一个阶段是确定要传送的教育信息。传送信息的选择要依据教育目的和课程的培养目标，一般来说，课程的文字教材是按照教学大纲编写的，通常都体现了要传送的教育信息。因此，教师要认真钻研文字教材，对每章节的教学内容进行分析，将内容分解为若干个知识点，并确定在每个知识点上学生要达到的学习水平。

(2)选择教育传播媒体

选择教育传播媒体以呈现要传送的信息的过程实质上就是编码的过程。决定某种信息该用何种媒体去传送或呈现时，教师需要考虑下面几个问题：媒体能否准确地呈现信息内容？是否符合学生的经验、知识水平及兴趣爱好等？媒体的性价比是否满足最优化原则？

(3)通道传送

对于通道传送教师需要考虑两个问题：一是信息要传至多远、多大范围，二是信息内容的传递顺序为何。在应用媒体之前，教师必须做好信息传递的结构设计，在媒体运作时，教师有步骤地按照所设计的方案传递信息。媒体传递信号时教师应尽量减少各种干扰，确保传递质量。

(4)接收与解释

学生通过各种感官接收经由各种媒体传来的信号，然后依据自身的经验和知识将符号解释为信息，并存储在大脑中，这实际上就是信息译码的活动。

(5)评价与反馈

学生接收信号并解释为信息后，将信息转化成知识，内化于自己原有的知识结构，并展现为一系列的情感态度、行为技能等。教师可以通过观察学生的行为变化，也可通过课堂提问、课后书面作业或阶段性地反馈信息来评价传播效果。

(6)调整再传送

教师通过将获得的反馈信息与预定的教学目的做比较，进而发现并分析教学传播过程中某一环节的不足，从而调整教学信息、教学媒体或教学顺序，进行再次传递。例如，教师若在课堂教学中发现了问题，则可即时对教学内容、顺序、进度等进行调整；若在课后作业中发现问题，则可以为学生提供学习资源，安排自学补救、集体补习或个别辅导等。

4. 教育传播的基本原理

(1)共同经验原理

教育传播是一种信息传递与交换活动，教师与学生的沟通必须在双方共同经验的范围内。一方面，由于学生缺乏直接经验，教师要利用直观的教育媒体帮助学生获得经验；另一方面，教育媒体的选择与设计必须充分考虑学生的经验。

(2)抽象层次原理

抽象层次高的符号能简明地表达较多的意义，但抽象层次越高，理解便越难，引起误会的概率也越大。所以，在教育传播中，各种信息符号的抽象程度必须控制在学生能明白的范围内，并且要在该范围内的各抽象层次间转换。

(3)重复作用原理

重复作用是将一个概念在不同的场合或用不同的方式重复呈现。它有两层含义：一是将一个概念在不同的场合重复呈现，如让学生在几个不同的场合接触某个外语生词以形成长时记忆；二是将一个概念用不同的方式重复呈现，如同时或先后用文字、声音、图像去呈现某一个概念以加深学生的理解。

(4)信息来源原理

有权威、有信誉的人说的话更容易为他人所接受，资料来源直接影响着传播的效果。因此，在教育传播中，作为教育信息主要来源之一的教师应树立学生认可的形象并建立起权威；所用的教材与教学软件的内容来源也应该权威、真实、可靠。

(四)视听和传播理论对教育技术的启示

视听和传播理论是教育技术学的理论基础之一，传播理论中的传播系统、传播模式、传播内容、传播符号、传播通道、传播者、受传者、传播环境、传播效果等概念，在教育技术研究和实践领域都有与之相对应的内容，如学习过程的各要素(教学者、学习内容、学习媒体、学习者)与传播过程的要素(传播者、传播内容、媒介、受传者)相对应，教学资源与传播各子系统相对应。

首先，从媒体的角度来看，教育技术在视觉教育—视听教育—视听传播—教育技术这一发展过程中，它的概念和内涵一直在不断变化，而产生变化的原因之一就是教育技术所依赖的媒体技术及其传播功能一直在迅速变化。教育技术关注教学媒体的选择，其中重要的是对不同媒体的传播功能和成本代价进行仔细分析，不同的媒体可以承担相同的传播功能，教师要充分了解各种媒体不同的功能特性，扬长避短，合理组合，只有这样才可以发挥媒体的最大作用，避免片面追求技术的先进性。

其次，传播理论非常强调对信息传递方法的处理，传播信息的编码与解码、媒体环境的选择、媒体传播技巧的应用都是影响传播效果的因素，所以任何一种教学媒体的应用都应该考虑教师和学生可能运用的编码与解码的方法及相应的能力。例如，在目前普遍使用多媒体计算机呈现信息的情况下，由于学生的信息加工能力有限，教学信息很容易得不到充分加工，从而影响教学效果，这就是所谓的认知超载现象。课件播放的内容过多、速度过快就会造成这种现象。

再次，教育传播非常强调师生双方与教育媒体之间的关系。换句话说，教育技术的应用不是教师单方面的事情，而是师生双方共同的活动。无论是在传统课堂教学环境中还是在网络化的教学环境中，教师都应不仅从教的角度考虑媒体技术的应用，而且从学的角度考虑媒体技术的价值，让学生能够有效地使用媒体技术来开展学习活动。这就要求教师分析学生的媒体技术能力水平（如计算机操作能力），选择合适的学习活动。此外，在传播活动的后期（也就是教学活动的后期）及时对学生反馈的信息及疑难问题进行分析并设计补救措施和解决办法，也是教师不可遗漏的工作。

最后，教育信息是师生双方共同的工作对象，目前教育信息的组织、呈现和应用方法已经十分丰富了。光盘、课件、网络资源等各种电子资源成为重要的传播信息源。可以肯定的是，电子化的教育信息将越来越普遍，其影响程度也越来越深，但人们对它们影响方式的认识还远远不够，加强教师教育技术能力的培养、提高教师自身的信息素养就显得极为重要。

四、系统科学理论

系统科学是研究系统的模式、原理和规律的科学。所谓系统，即由相互联系、相互作用的要素组成的具有一定结构和功能的有机整体。系统科学打破了人们过去以静止、孤立的思想研究某一事物或现象的思维定式，开始将事物放在系统中，通过对整体的研究来分析系统中各组成部分的作用和关系，探究它们相互联系与影响的规律，从而对事物或现象的发展变化原理有更准确、全面的认识，并实现对各部分乃至整个系统的有效控制。

（一）系统科学的基础理论

系统科学理论是在信息论、控制论和系统论的基础上产生的，包含跨越多个学科的方法性和综合性技术。在教育领域中运用系统科学理论的思想、观点和方法，把教育作为一个系统加以分析研究，立足整体，统筹全局，这为教育优化提供了重要的思维方式和手段。系统科学理论指导了现代教育技术的应用与发展，是现代教育技术的重要理论基础。

1. 信息论

信息指事物发出的情报、信号、数据等，是对事物运动状态和规律的表征。信息论就是研究系统中信息的计量、传递、变换、存储和使用规律的理论。信息论应用于教育领域而形成的理论被称为教育信息论，它研究教学过程中的"人—人"关系系统（即师生间的教学关系系统），研究教育信息如何传递、变换和反馈，与教育控制论、教育系统论的关系十分密切。

受到信息论的影响，人们对教学过程的认识已不再局限于"教学过程是一种特殊的认识过程"这一抽象概括，而将教学过程具体化为"一个教育信息交换的过程"。教师、学生与教学环境间存在着信息交换关系，教师将处于存储状态的教育信息重新组合，将其转变成输出状态，并考虑如何以恰当的表达方式和顺序传递给学生，同时运用反馈原理，不断从学生反馈的信息中获得调节和控制的依据，从而发现问题、改进教法、优化效果。学生也可以从教师那里获得反馈评价，了解自己的学习情况和存在的问题，从而改进学习方法、提高学习效率。依据信息论的观点，教育活动中信息的传递应该是双向的，教师既向学生传送信息，也从学生那里获得反馈信息，并给予学生反馈评价，以取得最优的教育传播效果。

2. 控制论

控制是通过信息反馈进行有效操作、实现目的的一种活动。反馈指系统的输出转变为系统的输入的过程。控制论是关于各种系统中的控制和调节的一般规律的理论。控制论应用于教育领域而形成的理论被称为教育控制论，它研究在教育系统中如何运用信息反馈来控制和调节系统的行为，从而达到既定目标。现代教育技术理论与实践的出发点和落脚点都在于教育最优化，而优化的关键在于信息反馈。有了反馈，教师才能进行协调，使教学设计有的放矢，不断改进和完善，更适合学生的实际情况；有了反馈，教学过程才能得到控制和调节。计算机辅助教学就是通过计算机的及时反馈来控制与调节教学信息，从而达到预定的教学目标。此外，控制论的发展引发了人工智能技术的产生和发展，并将进一步促进教育方式的革新。

3. 系统论

系统是由两个以上相互作用、相互联系的组合要素结合而成的，是具有特定的整体结构和适应环境的功能特点的有机整体。系统论是研究一切系统的模式、原理及规律的理论。把系统论和教育理论结合起来以指导教育实践，教育系统论由此产生。教育系统论把教育视为一个系统，包括内系统与外系统，组成内系统的要素包括教师、学生、媒体等，组成外系统的要素包括社会组织、社会结构、文化、技术、政治、科技等。教育系统论采用系统分析方法，从系统的观点出发，在系统与系统之间、系统与部分之间的相互联系、相互作用、相互制约关系中考察、研究系统，以求得问题处理的最优化。教育是一个复杂的系统，要优化教育，就不能仅从教师或学生一方来考虑，而应从整个系统来考虑，协调好各教学要素之间的关系，使之相互支持、相互理解、相互协调。

(二)系统科学的基本原理

系统作为一个多元素的有机结构体具有一些共同特征，即整体性、相关性、目的与功能性、自适应性、动态性、有序性。从系统的特征出发研究系统的规律，系统科学的基本原理便由此产生。

1. 有序原理

有序原理是指任何系统只有开放而且有涨有落（即偏离平衡态）时才能走向有序。它的内容包括以下两点。

第一，有序指一个系统的性质、结构、功能由简单向复杂、由低级向高级发展。它并非简单地反映时间的先后、位置排列的先后，而代表着系统的组织程度的提高、信息量的增加、熵的减少。

第二，系统要发展、要从无序到有序，就要满足两个必要条件，一是系统是开放的，二是系统有涨落的作用（即偏离平衡态）。

有序原理要求教学系统是一个开放的系统，要能从教学系统以外的其他社会系统获得有益信息，进行调整、优化，从无序走向有序，以满足社会发展对教育的要求。在教育中促进学习者成为开放系统且促使学校成为开放系统，对于学习的进步、教育的发展是大有好处的。

2. 整体原理

整体原理指任何系统只有通过相互联系形成整体才能发挥整体功能。它的内容包括以下三点。

第一，整体性是系统的本质特征，是系统理论的核心。任何系统都是由要素构成的，系统的要素是相互关联的，它们之间受一定规律的制约。要素之间的联系形成系统的结构，不同的结构具有不同的功能。

第二，系统都是由要素构成的，但不能孤立地考察一个要素，应把要素置于系统之中考察；系统也不是孤立的，它与环境紧密相关，所以应把系统置于环境中考察。

第三，任何系统的整体功能应等于各孤立部分功能加上各部分相互作用而形成的新结构的功能。

整体原理告诉我们，想要优化教学过程，就应从教学整体进行系统分析、设计，综合考虑教学过程中的各个要素，协调好教师、学生、教学内容及教学媒体等要素的关系，这样才能充分发挥教学系统的整体优势和综合优势。

3. 反馈原理

反馈原理指任何系统只有通过反馈信息才能实现有效控制从而达到预期目的。它的内容包括以下两点。

第一，一个控制系统既要有控制部分的控制信息输入受控部分的过程，也要有受控部分的反馈信息送回控制部分的过程，这样才能形成一个闭合的回路。没有反馈信息的非闭合回路不可能实现控制。

第二，反馈有正反馈和负反馈两种。负反馈能维持系统的稳态，是一个可控的过程。

反馈原理告诉我们，教学系统作为一种系统存在着正、负两种反馈。负反馈是使教学系统保持稳定的因素，而正反馈则会使教学系统偏离原来的目标。在教学过程中，教师要随时通过反馈信息掌握现状与目标之间的差距，调整教学的内容、教学信息传递的速度和方法，提高教学质量和学习效率。

(三) 系统科学对教育技术的启示

信息论研究信息问题时必然涉及系统和控制问题，控制论研究控制的过程就是研究系统中信息的测量与控制的过程，系统论研究系统离不开信息的交换与控制，可见信息论、系统论、控制论之间有密切的联系。这三个理论对教育教学有重要的指导意义。信息论为分析与处理教育教学系统中信息传播的特点与规律等问题提供了思路与方法；控制论可以帮助教师有效地调节和控制教育过程中的各个要素，实现教育过程的优化；系统论促使我们用整体的观点、综合的观点来分析和研究教育教学问题。

总结

本章小结

教育技术的理论与实践必须建立在对学习与教学过程的本质和规律的正确把握的基础上。视听和传播理论为教育技术的理论与实践提供了整体观和多维视野，具有方法论的意义。系统科学的出现及发展把教育技术的研究带入了一个崭新的时代，并使教育系统设计成为 20 世纪的研究热点之一。

Aa 关键术语

中文术语	英文翻译	中文解释
教学理论	Teaching Theory	也称教学论，是研究教学一般规律的科学，涉及教学的各个方面。教学理论的研究范围主要包括教学过程、教师与学生、课程与教材、教学方法和策略、教学环境以及教学评价和管理等。
学习理论	Learning Theory	对学习规律和学习条件的系统阐述，是心理学的一个分支，研究人类怎样学习，旨在阐明学习如何发生，有哪些规律，是什么样的过程，如何才能进行有效的学习。
行为主义	Behaviorism	以人类可观察的行为作为主要的观测元素，认为人的行为是对外界刺激的反应，学习的获得就是形成刺激和反应的联结，而强化则是促进这种联结形成的重要手段。行为主义学习理论注重外部环境的作用，强调在"刺激—反应"过程中强化的必要性。
认知主义	Cognitivism	从人的内部过程即中间变量入手，从人的理性的角度对感觉、知觉、表象和思维等认知环节进行研究，揭示人的学习心理发展的某些内在机制和具体过程。
建构主义	Constructivism	认知主义学习理论后学习理论的进一步发展，其思想源于认知加工学说以及维果斯基、皮亚杰和布鲁纳等人的思想。
人本主义	Humanism	20世纪五六十年代在美国兴起的一个重要心理学派别。强调人的尊严、价值、创造力和自我实现，主张教育是为了培养心理健康、具有创造性的人，并使每个学生达到自己力所能及的最佳状态。
具身认知	Embodied Cognition	随着信息技术的迅猛发展，二元论逐渐给思维、身体和社会情境的交互造成障碍，在此背景下具身认知反对心身区别的二元论观点，把认知置于大脑中，把大脑置于身体中，把身体置于环境中，建立一种"具身—嵌入"的认知科学范式。
认知负荷	Cognitive Load	指施加于个体认知系统的智力活动的总数量。认知负荷的主要来源，也就是影响认知负荷的主要因素，包括学习材料的复杂性、学习材料的组织和呈现形式以及个体先前的知识经验。
联通主义	Connectivism	在Web 2.0、新媒体等技术不断发展以及知识更新速度日益加快的背景下产生，是乔治·西蒙斯在整合混沌理论、网络理论、复杂性理论和自组织理论的基础上于2005年提出的研究网络时代在线学习规律的前瞻性理论。

章节链接

这一章的内容	其他章节中有相关讨论的部分
建构主义学习	第四章"信息化教学设计"部分。 第六章"课堂教学技能"部分。
具身认知	第九章"微课的教学设计"部分。

应用

批判性思考

1. 在以"学"为主的教学系统设计过程中，应如何设计学习任务？

学习任务的提出是整个建构主义教学系统设计的核心和重点，它为学习者提供明确的目标、任务，使得学习者解决问题成为可能。学习任务可以是一个问题、案例、项目或观点分歧，它们都代表某种连续性的复杂问题，能够在学习的时间和空间维度上展开。学习者在真实的情景中通过自主建构的方式来学习。那么，为追求真实的情景就必须走出课堂来完成正常教学任务吗？如果必须，那么我们现在的教室教学就没有存在的意义了吗？如果不必须，那么应该怎么做？

2. 建构主义和具身主义是指导教育教学的两种有效学习理论，请结合自己的教育教学工作思考一下这两种学习理论对我们有什么启示？二者之间有何异同？

体验练习

【思考与练习】

1. 现代教育技术主要的理论基础有哪些？

2. 不同的学习理论对学习本质及过程的理解有什么不同？

3. 如何理解不同的学习理论对教育技术应用的指导作用？

4. 不同的学习理论对学习的理解有什么不同？

5. 简述"经验之塔"理论的内容和基本观点。

6. 什么是教育传播？它具有什么特点？教育传播的基本要素有哪些？

7. 简述 5W 传播模式、香农—韦弗模式和 SMCR 模式的基本内容。

8. 系统科学理论的主要内容包括哪几个方面？对现代教育技术有什么影响？

【实践环节】

实践主题：对教育技术理论基础的理解

1. 实践目的

(1)了解教育技术的理论基础。

(2)理解理论基础对现代教育技术发展的影响。

(3)了解现代教育技术理论基础的新发展。

2. 实践内容

以小组为单位，通过网络或图书馆收集有关教育技术理论基础的文献，特别是著名学者或专家的研究成果，仔细阅读，以对教育技术理论基础有更全面的理解，并对各理论进行分析和梳理。各小组推选组长进行汇报，其他小组进行评论。

3. 实践要求

(1)学生自行分组，每个小组推选一位代表进行汇报发言，其他小组进行评论。

(2)各小组成员围绕自己的主题在课堂上发表看法和意见。

(3)各小组能够共享观点和资源，形成讨论。

(4)教师观察、了解学生的活动情况，并给予及时点评和引导。

🔍 案例研究

为了加深对具身认知的理解，研究在具身认知理论指导下的课堂教学策略，来自苏州某校的陆老师对初二物理课程"压强"进行了教学设计。请研读以下案例材料，与你的日常教学进行比较，并思考以下问题。

1. 本案例利用了哪些学习理论？

2. 你认为本案例有哪些亮点？形成这些亮点的原因是什么？

3. 你认为本案例还有哪些不足之处？应该如何改进？

项目名称：压强。

项目来源：人教版初中二年级物理。

教学目标：知道压力、压强的概念；理解压强公式、压强的单位及物理意义；知道增大压强和减小压强的方法。

教学过程	具体分析
第一课时 **课前延伸** 　　课前请同学们分组完成下面两项任务中的一项。 　　•上网观看杂技"钉板开石"，分析躺在钉板上的演员在开石前受到哪些力的作用。 　　•把砖块用不同的方式放在抹平的沙堆上（可选用跳远坑），用自己的语言描述具体做法、观察到的现象以及所思考的问题，并思考如何用科学的方法进行记录。 **课内探究** 　　Ⅰ.情景导入 　　开展压气球活动。将两个看似完全一样的气球放在讲台上，请班上两位同学来压。先请身强力壮的男生压看似很好压的气球，男生费很大力气才能把它压破；接下来叫一个相对比较柔弱的女生，给她一根针，让她压看似没那么容易压破的气球，而她只要用针轻轻一碰气球便破了。此时问学生为什么，从而引入新课并板书课题——压强。 　　Ⅱ.合作探究 　　ⅰ.认识压力的特点 　　观看体操平衡木比赛的视频。配合适当的诱导，让学生分析运动员的受力情况，进而让学生画出运动员对平衡木的作用力。 　　演示用铁锤把钉子钉入木头的实验。分析钉子对木头的作用力，进而让学生画出这个力。 　　引导学生发现这两个力的共同特点，得出压力的定义，并从力的三要素的角度加深对压力的理解。 　　ⅱ.展示课前延伸的成果 　　请观看过杂技视频的学生简单描述视频中的现象以及所思考的问题。 　　请完成砖块实验的学生简单描述实验的过程以及所思考的问题，并展示记录的结果。	 【设计思路】 　　具身认知理论强调认知主体在认知过程中发挥的作用以及扮演的角色。这里通过亲身体验激发学生学习兴趣，兴趣是最好的老师。相同的气球被压的过程不同，形成认知冲突，激发学生进一步学习的欲望。 【设计思路】 　　这里利用视频和学生亲自动手的实验，让学生进行实验结论的概括，使结论更加直接、更易接受，符合学生的认知特征。 【设计思路】 　　课前学生看视频、亲自动手实验，这看似游戏，实为初识感悟，可培养学生的逻辑思维和科学概括能力。

教学过程	具体分析
ⅲ. 探究压力的作用效果 　　开展活动"压铅笔实验"，让学生用两手的食指压住铅笔的两端（注意不可用力过猛），感受两个手指的感觉；用更大的力压铅笔，感受同一手指前后两次不同的感觉。 　　结合预习的相关内容，让学生猜想并讨论压力的作用效果与哪些因素有关。 　　学生设计实验验证自己的猜想，小组交流探究方案，从而形成完善的实验方案。 　　引导学生根据实验现象归纳实验结论。 　　学生共享探究中的收获，解决探究中的疑问，如为什么同样的小球放在海绵和桌子上所产生的效果不同？ 　　学生尝试归纳压强公式。 　　Ⅲ. 教材梳理 　　压强课堂小结。 　　Ⅳ. 精讲点拨 　　让学生做例题，并让两个学生进行板演，规范解题过程。 　　Ⅴ. 有效检测 　　ⅰ. 一个物体重 50N，将其压在墙面上，手对物体的力为 30N，求物体对墙面的压力为多少？ 　　ⅱ. 如图所示，物块 A 重 20N，底面积为 $50cm^2$，放在斜面上，对斜面的压力为 12N，斜面的表面积为 $4dm^2$。画出物体 A 对斜面压力的示意图；求物块 A 对斜面的压强。 **第二课时** **课前延伸** 　　回顾用天平测量中国地图上某地的面积的实验探究，思考能否用这种方法测量鞋印的面积。如能，请说出测量的大体方法。	【设计思路】 　　科学探究中的猜想不是遐想，需要有一定的常识来支撑。课前初识时让学生把砖块放在抹平的沙子上，导入时让学生做气球实验，再让学生体验压铅笔，这种设计使学生获得了充分的感性认识，学生提出猜想时更为轻松且更加合理。注意适时提醒学生舍弃次要或肤浅的猜想，运用准确的语言表述猜想。应让学生体验发现知识的过程，身体的体验让大脑对知识的理解更加深刻。 【设计思路】 　　科学探究是无止境的，让学生通过科学探究从现象认识到本质。让学生提出新的猜想或疑问，将探究学习引向更深层次。

教学过程	具体分析
课内探究 Ⅰ.情景导入 让班上体重较大的男生和体重较小的女生站到讲台前，让学生猜测谁对地面的压强大，并说明理由。 Ⅱ.合作探究 ⅰ.展示课前延伸的成果 让学生简单叙述用天平测量中国地图上某地的面积的方法。 ⅱ.测量鞋印的面积 指导学生看课本上的方法。 配合适当的引导，让学生按准备方格纸—采集脚印—数格—计算的步骤进行测量。 请学生先设计表格，再将收集的实验数据填入表中。 ⅲ.指导计算每位学生对地面的压强。 ⅳ.比较学生对地面压强的大小。 Ⅲ.精讲点拨 让学生做例题：小丽学习了压强知识后，很好奇自己对地面的压强有多少，因此决定测算自己对地面的压强；她首先测出自己的质量为 56 kg，然后站在几何方格纸上并描出自己站立时一只脚的鞋印，如图所示；已知方格纸每小格的面积是 $5cm^2$，请算出这只鞋印的面积（计数时按书本要求），小丽双脚站立时对地面的压强，以及小丽走路时对地面的压强。（g 取 10 N/kg） Ⅳ.教材梳理 阅读教材中关于增大压强和减小压强的方法。	【设计思路】 根据具身认知的情境性，多元的教学情境可以促进身体的体验认知以及身体与情境的相互作用。压力不同，受力面积不同，又看不到地面的凹陷程度，无论回答谁都是不科学的，从而产生矛盾、形成认知冲突，让学生明白只有通过测算才能确定谁对地面的压强大。 在学生已经掌握的测量方法的基础上引导学生思考，人站在地面上时地面的受力面积即鞋印面积如何测量。 根据具身认知理论的具身性，看课本以及亲自动手可以使知识更加直接、更易于接受，分解难点，同时进一步让学生掌握处理物理数据的科学方法，符合学生的认知特征。 【设计思路】 当学生产生认知冲突时，提出的假设不是随意的猜想，而是科学的猜想。要验证猜想正确与否就必须要经过科学的实验，这样才能得出可靠的、正确的结论。

拓展

📠 补充资料

1. 罗伯特·斯莱文. 教育心理学：理论与实践(第 10 版)［M］. 北京：人民邮电出版社，2016.

此书秉承"理论知识与实用策略并举，多元教学理念与方法并存"的宗旨，既如学术专著般全面、严谨、前沿，又具有较强可读性和实用性；通过大量的真实案例将理论与实践联系起来，帮助读者把学到的教育心理学知识迁移到自己的教学中，为解决教师在日常教学中遇到的实际问题提供了基于课堂研究的建议。

2. 乔纳森，兰德. 学习环境的理论基础［M］. 徐世猛，李洁，周小勇，译. 2 版. 上海：华东师范大学出版社，2015.

此书收集了当前有关学习和意义建构的理论描述，包括基于模型的推理、概念转变、论辩、基于案例的推理、自我调节、具身认知、日常认知、活动理论、学习者共同体、实践共同体以及复杂性理论等。同时，此书展示了这些新理论在设计以学生为中心的学习环境中的应用的案例。

3. 孔云，经典教学理论与课堂教学应用［M］. 北京：海洋出版社，2017.

此书介绍了在国内外有着较强生命力和影响力的教学理论、思想、观点、模式和方法策略，它们对课堂教学有着广泛影响，具有一定的代表性，可以进一步加强准教师们的理论积累。

4. 西恩·贝洛克. 具身认知：身体如何影响思维和行为［M］. 北京：机械工业出版社，2016.

此书教读者全面开发、使用自己的身体和周围的环境，提升思维和记忆力，激发创造力，改善情绪，理解他人，做出更好决策。

💻 在线学习资源

第三章

信息化教学环境与
数字化学习资源

本章概述

　　本章围绕随着计算机网络技术的发展而形成的四种信息化教学环境——多媒体网络教室、微格教学系统、虚拟仿真实验室和智慧校园——展开介绍，并对信息化教学环境中数字化学习资源的检索和共享方法进行详细论述，然后分别对精品课程和 MOOC 等典型的数字化学习资源共享平台进行介绍，并结合具体案例进行说明。

结构图

本章学习目标

掌握各种信息化教学环境的特点和功能，了解智慧校园和智慧教室的概念及其相关功能。掌握在信息化环境下数字化学习资源的检索和应用，掌握其交流和共享方法。

学前深思

随着信息技术的发展，信息化教学环境和数字化教学资源也得到逐步完善。什么是信息化教学环境？具体有哪些类型？有了信息化教学环境后，有哪些数字化教学资源可以作为支撑呢？

一、信息化教学环境

本节学习目标

通过本节的学习，掌握信息化教学环境的概念、特点、组成及功能。

在网络技术迅速发展的背景下，信息化教学环境一般以计算机网络为基础，通过提供丰富的信息资源、快速的信息交流、高效的信息处理、方便的信息开发应用平台等技术支持或服务，为学校以教学为中心的各项工作创造现代化的信息条件和信息氛围，促进教育工作者树立信息意识并积极开发和利用信息技术，为学校的教学、科研和管理工作服务。信息化教学环境是现代教学技术向信息化、综合化和系统化方向发展的结果。

（一）信息化教学环境概述

1. 信息化教学环境的概念

信息化教学环境就是运用现代教育理论和现代信息技术创建出来的教学环境，是信息化教学活动开展的重要条件。这种教学环境包含在信息技术条件下直接或间接影响教师教和学生学的所有条件和因素，是硬件环境、软件环境、时空环境、文化心理环境等条件和因素的集合。在信息化教学环境中，学生可以使用多种工具和信息资源去探索、发现、建构知识，并且在问题解决活动中学生之间可以跨时空地相互交流和合作。

信息化教学环境的基础是多媒体计算机技术和网络通信技术，其核心功能是数字化信息的加工、处理、传递和呈现。

2. 信息化教学环境的特点

信息化教学环境与传统教学环境相比具有突出优势，其主要特点如下。

（1）教学环境的开放性

这一特点主要表现在突破传统教学环境的时空限制，任何人在任何时间、任何地点都可以通过网络发布信息、查找信息、共享信息、与他人进行交流互动。

（2）教学信息的多媒体化

传统的教学信息被转化为文字、符号、图形、图像、声音、动画、影像等多种媒体信息，并且多媒体的各个要素均按教学要求有机组合。

（3）教学资源的共享性

信息化教学环境为师生提供各种软件与硬件资源，上传到互联网上的教学资源可供全球的学习者一起使用，最大范围地实现资源的共享。

（4）教学过程的协作性

信息化教学环境为教师和学生提供进行远程协商、讨论、通信的手段，方便学生、教师、专家等人员之间的交流与协作，使远程协作成为可能。

（5）知识学习的重构性

信息化教学环境可提供创新实践和解决问题的工具，支持学生进行知识建构。

（6）教学管理的自动化

在信息化教学环境中，所有的教学管理如学生管理、资源管理、任务管理等都可以实现自动化。

（二）信息化教学环境的构成及功能

1. 信息化教学环境的构成

信息化教学环境由两个基本要素构成——基础设施、信息化教学平台与工具，它们使得学习过程具有开放与群体性、多样与共享性、交互与创新性、协作与便携性。

（1）基础设施

信息化教学环境中的基础设施主要包括多媒体计算机、校园网络、互联网、多媒体网络教室、微格教室、语音室、电子阅览室等。基础设施是进行信息化教学与学习的基础，是信息化进一步建设和发展的必要物质条件，其核心是计算机及计算机网络。

（2）信息化教学平台与工具

①认知工具：可以帮助学生发展各种思维能力的工具，如概念图工具、几何画板、微型世界、虚拟实验工具、专家系统等。

②交流工具：支持师生之间和学生之间实时和非实时沟通的工具，除了传递教学信息外，还有支持情感学习目标的意义；在网络系统特别是互联网上有许多支持人际交流的软件工具，如异步通信工具电子邮件（E-mail），同步通信工具聊天室、留言板、视频会议系统，等等。

③问题解决与决策工具：对培养学生的创新能力具有重要意义，一般包括确定和权衡问题、搜集与加工资料、寻求帮助和合作、得出研究结果；一般来讲，问题解决与决策工具是一套灵活性很强的方案和程序，以模板的形式出现，它需要综合许多工具如问题表征工具、信息搜索工具、数据库工具、交流工具、标准参照工具、评估工具、在线答疑系统等。

④效能工具：帮助人们提高工作效率的工具，典型的效能工具有文字处理软件、制图软件、搜索引擎等；让学生使用这些工具软件来写作业、做课题设计、进行数据处理等可以大大提高他们的工作效率，节省大量时间，教师也可以随时观察他们的学习过程并及时指导；很多支持学习的工具软件并不只具备一方面的功能，如数据库软件既可以作为效能工具，又可以作为认知工具。

⑤支持评测工具：主要用来给学生提供测试以及评价依据，如自主测验型、挑战型和游戏型评测工具等。

2. 信息化教学环境的功能

信息化教学环境为学习者提供了一些探索、体验、建构、交谈以及思考的工具，以便他们能够在已有经验的基础上，在与外界信息交互的过程中建构出新的知识，具体功能包括改变学习方式和优化学习内容。

（1）改变学习方式

信息化教学环境以其独特之处为人们创造了随时随地学习的机会，扩展了人们的学习空间，从而大大改变了人们的学习方式。在信息化教学环境中，人们可以采用以下几种方式进行学习：利用共享资源进行学习；在信息化情景中进行自主发现、探究式学习；利用网络通信工具进行协商交流、合作讨论式学习；利用信息加工工具和创作平台，进行实践创造式学习。

（2）优化学习内容

①信息化教学环境使学习内容和资源的获取具有自主性。在网络环境中，学生和教师能够从网络和资源库中获得所需的课程内容和学习资源。学生可以不受时空和传递、呈现方式的限制，通过多种设备、使用各种学习平台获得与课程相关的高质量信息，也可以自主进行信息传送、接收、共享、组织和存储。

②信息化教学环境使学习内容更具实效性。在信息化教学环境中，教师能够充分利用当下世界中的信息，将其融入课程，让学生利用这些资源进行讨论。这种以现实世界为基础的信息利用有助于学生发现知识，加深对现实世界的理解。

③信息化教学环境使学生对学习内容的探究具有多层次性。数字化资源具有较强的多样性和共享性，如果把数字化资源作为课程内容，面对相同的学科主题内容时，学生们就可以根据自己的需要、能力和兴趣选择不同的难度水平进行探索。

④信息化教学环境使学习内容更具可操作性。共享的信息化资源被融合在课程教学过程中、成为学习内容后，就能够被评价、被修改和再生产，学生和教师可以用多种先进的数字信息处理方式对它们进行运用和再创造。

⑤信息化教学环境使学习内容具有可再生性。经数字化处理的学习内容能够激发学生主动参与学习过程的积极性，学生不再仅被动接收信息，而采用新颖熟练的数字化加工方法，进行知识的整合与再创造，获得学习成果。学习内容的可再生性不仅能很好地激发学生的创造力，而且能为学生创造力的发挥提供极大的空间。

二、典型的信息化教学环境

🎯 **本节学习目标**

通过本节的学习，应能掌握多媒体网络教室的功能及其组成，微格教学系统的构成、工作原理、功能及实施微格教学的步骤，虚拟仿真实验室的概念、组成及其类型，智慧校园的概念、组成及其功能。

目前信息化教学环境的形式有很多，本节主要介绍多媒体网络教室、微格教学系统、虚拟仿真实验室、智慧校园这几种典型的信息化教学环境。

（一）多媒体网络教室

多媒体网络教室又称多媒体电子教室，指专为课堂教学设计的，在由服务器、教师机、学生机组成的网络的基础上，利用多媒体技术实现教师机和学生机之间屏幕和声音的交互切换，并有强大的多媒体演示教学功能的微机教室。随着校园网的快速普及，多媒体教室建设越来越受到学校的重视。

1. 多媒体网络教室的功能

多媒体网络教室多用于以教为主的教学，多媒体设备主要起着演示教学内容的作用，教师利用多媒体的优势，以丰富的多媒体信息刺激学生的各种感觉器官，突破教学重点、难点，从而优化教学过程，提高教学质量和效率。其具体功能如下。

（1）集中控制多媒体设备

多媒体网络教室的多媒体中央控制系统可对计算机、投影机、媒体设备等进行集中控制、管理，设计了简单明了的操作按键供用户使用，将复杂的控制转化为简单的操作，真正实现"所见即所控"。

（2）实施多媒体课堂教学

多媒体网络教室通过投影和音响设备呈现教师机和学生机的信息、各种视听设备的信息以及数字视频展示台的信息，同时教师可以利用教师机和学生机之间的通信设备进行多媒体教学。

在教学过程中，教师可以通过操作计算机和投影仪等设备自如地运用动画、文字、录音、录像等现代教学媒介进行教学，学生能够展示作品和小组研究的结果，同时教师也可以运用板书、教材、图表、图片等常规教学媒介进行教学。

（3）实现个性化教学

联网的多媒体学生机可以运行各种应用软件和多媒体课件，在学习活动中教师可以进行监督和指导，实现课堂环境中的个性化教学。

（4）促进师生之间和生生之间的互动

多媒体网络教室通过发挥计算机网络的交互性，使教师和学生能够自主地交流和沟通，发挥教师的主导作用和学生的主体作用。多媒体网络教室一般具备教师演示、个别指导、划分小组、电子举手、学生练习、查看学生、语音交谈、网络影院等功能。

（5）实现教室间信息资源共享及互联网浏览

多个教室之间通过高速网络连接，可以进行互访。互联网浏览功能是多媒体网络教室不可缺少的功能，且能限制学生在网上浏览的内容和时间，真正做到为教学服务。

（6）课堂教学演播和制作

借助于摄像机、录像机或光盘刻录机、多媒体计算机等设备，多媒体网络教室具备课堂教学演播、软件制作和视听教材制作的功能。

2. 多媒体网络教室的组成

多媒体网络教室以多媒体计算机和网络为核心，由液晶投影机、数字视频展示台、投影屏幕、中央控制系统、音响设备等多种现代教学设备组成，可分为以下五大部分。

（1）投影演示系统

①液晶投影机。它是整个多媒体网络教室中最重要的、最昂贵的设备，它连接着计算机系统、视频输出系统及数字视频展示台，输出信号使大屏幕显示相应内容。

②数字视频展示台，又称实物展台。它可以进行实物、照片、图书资料的投影，是一种非常实用的设备，如图 3-1 所示。

图 3-1　数字视频展示台

　　③投影屏幕。它和投影机是配套使用的。良好的投影屏幕对所投射出的影像效果有很大的提升作用，如果投影机与投影屏幕适配性好，则可以起到事半功倍的演示效果。投影屏幕如图 3-2 所示。

图 3-2　投影屏幕

（2）中央控制系统

　　由于多媒体网络教室中使用了多种数据、音频、视频设备，完全用好这些设备对教师来说有一定的难度。中央控制系统用系统集成的方法，把对各种多媒体演示设备的操作集成在一个平台上，所有的设备操作均可在这个平台上完成，教师无须对单个设备进行操作。中央控制系统及其控制面板如图 3-3 所示。

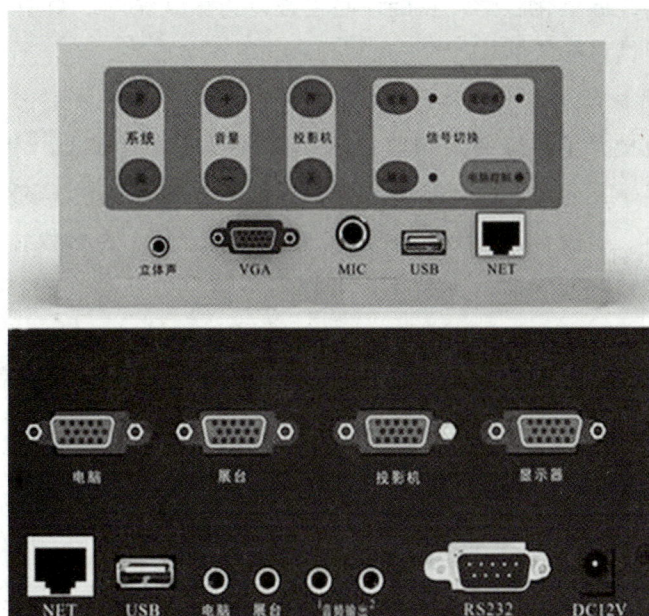

图 3-3　中央控制系统及其控制面板

通过中央控制系统，整个多媒体教室的各种设备成为一个有机整体，教师能够进行统一的管理，使众多多媒体设备能够最大限度地发挥作用，为课堂教学服务。

（3）音视频系统

音视频系统包括录像机、影音光碟（VCD）机、数字光碟（DVD）机等视频设备，其视频信号由液晶投影机投至屏幕；还包括麦克风（有线或无线）、功放、音箱等音响设备，用以输出音频信号。其配置可根据教室空间的大小和人数的多少来定。

（4）多媒体计算机

多媒体计算机是多媒体网络教室的核心，教学软件都要由它运行，在很大程度上决定着演示效果的好坏。在多媒体网络教室中，教师机和学生机都属多媒体计算机，教师机的配置要高于学生机的配置。

（5）多媒体网络教室管理系统

除上述硬件外，多媒体网络教室管理系统也是多媒体网络教室的一个重要组成部分，它集多媒体网络教室的同步教学、控制、管理、音视频广播、网络考试等功能于一体，实现全方位的互动式教学。

（二）微格教学系统

微格教学指借助电影电视摄像、录像设备培养学生某种技能的教学方法。由于该方法的实施形式一般为在小教室中对学生的某种技能进行培训，培训时间短、规模小，故被称为微格教学或微型化教学，在翻译时也被译为微观教学、微型教学、小型教学、微化教学、录像反馈教学等。

1. 微格教学系统的构成和工作原理

微格教学系统抛弃了传统的采用监视器和录像带记录的方式，用数字设备采集信息，通过计算机显示器分区同时显示多个监视画面，并将微格教学的内容录到硬盘上，从而使编辑、制作、出版 VCD/DVD 数字教学素材更方便。在多媒体软件控制系统和功能强大的音视频数字处理器的支持下，可以实现信息的任意交流。教师使用该系统可控制教学指导。

(1)系统构成

微格教学系统由一个主控室和多个微格教室组成。其分布式录播系统应用拓扑图如图 3-4 所示。

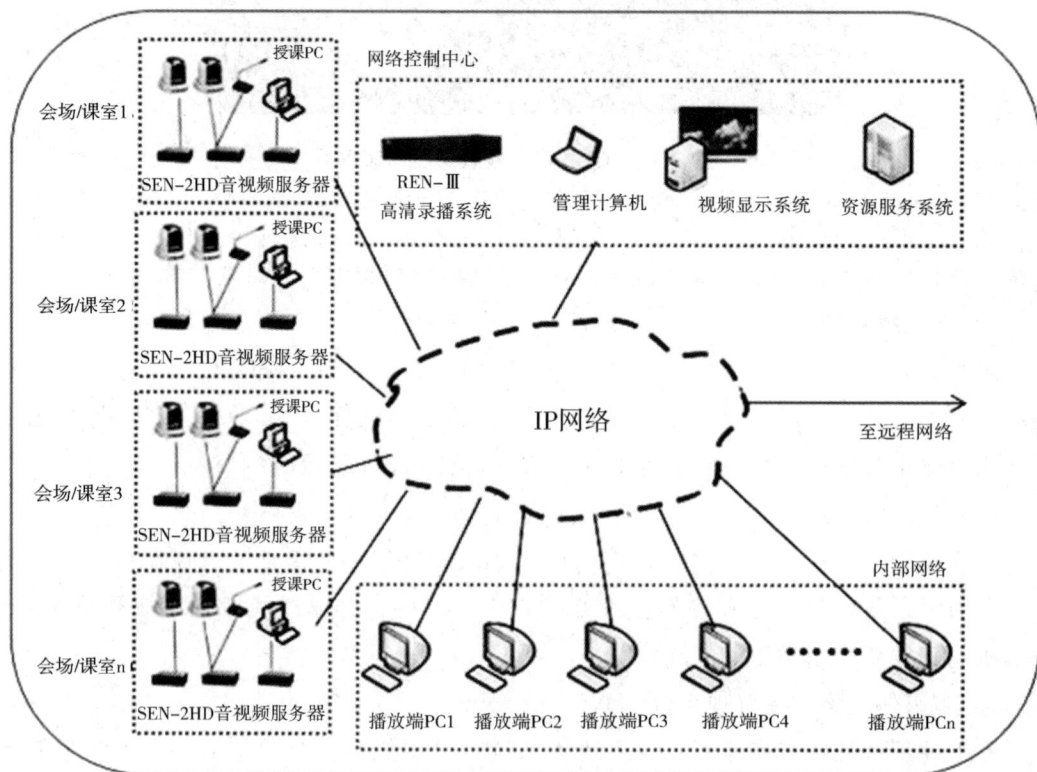

图 3-4 微格教学系统分布式录播系统应用拓扑图

主控室可以控制任一微格教室中的摄像云台和镜头，可以获取任一微格教室的图像和声音，可随时与某个微格教室进行视频通话，也可以在某个微格教室中播放教学录像与电视节目；可以把某个微格教室的情况转播给其他微格教室，进行示范；可以录制某个微格教室的教学实况，供课后讲评。主控室的主要设备包括计算机、主控机、摄像头、录像机、VCD 机、监视器、监控台等。

微格教室中的设备主要包括分控机、摄像头及其他教学设备。微格教室可以呼叫主控室，与主控室通话。分控机可以控制本室的摄像系统，录制本室的声音和图像，以便对讲课情况进行分析和评估。分控机可以选择主控室的录像机、VCD 机等其他影像输出设备并控制所选设备在教室的播放、停止、暂停、快进、快退等。

（2）工作原理

微格教室中的摄像机拍摄现场图像，拾音器（话筒）拾取现场声音，VGA 信号采集设备采集多媒体计算机显示信号，三种信号经过视频编码器，由模拟信号转变为数字信号，通过网络被传送到控制室的录播服务器和电视墙；录播服务器将每间教室的实时音视频信号进行处理后发布至网络，各终端计算机用户可以通过专用客户端软件或浏览器收看直播或点播，系统可对不同终端授予不同的权限。

2. 微格教学系统的功能

微格教学系统是集微格教学、多媒体编辑、影音制作、多媒体存储、视频点播、数字化现场直播于一体的网络系统，其具体功能如下。

（1）教学现场录制功能

微格教学系统可将授课者的板书、教态、语言和多媒体计算机的屏幕以音频与视频信号的形式进行组合，录成流媒体课件，保存到系统的视频服务器，并为录制好的课件添加索引和目录，对授课教师、课程名称等信息进行编码，方便以后检索和查找。

（2）流媒体课件制作功能

微格教学系统可以将微格教室内的教学情境以一路视频、一路音频的同屏多画面显示方式录成流媒体视频课件，在进行编辑处理后保存到视频服务器中，师生可点播视频进行学习，也可以将其插入多媒体教学课件或网络课件中。

（3）网络现场直播功能

校园网内的计算机通过网络连接到服务器后，师生便可以通过计算机收看微格教学的直播，也可以进行视频点播，还可以将其下载并存储到本机，随时随地进行学习。

（4）监视、控制教学进程功能

主控室中有监视电视墙，可以实时监听监视各微格教室的教学现场以及正在录制的流媒体课件。

3. 微格教学的实施

这里以面向师范生或新教师的、用于训练教学技能的微格教学为例，展现微格教学的具体实施过程。训练教学技能的微格教学以现代学习理论、教学理论、现代教育技术理论及系统科学理论为指导，包括学习相关知识、确定训练目标、观摩示范、分析与讨论、编写教案、角色扮演与微格实践、评价反馈、修改教案与再实践八个环节。

（1）学习相关知识

受训者即师范生或新教师在实施模拟教学之前应学习微格教学、教学目标、教学技能、教学设计等相关内容，通过理论学习形成一定的认知结构。这有利于之后观察学习过程中的同化与顺应，提高学习信息的可感受性及传输效率，促进学习的迁移。

（2）确定训练目标

在进行微格教学之前，指导教师应向受训者讲清楚该次教学技能训练的具体目标和要求，明确该教学技能的类型、作用、功能以及典型事例运用的一般原则、使用方法和注意事项。

（3）观摩示范

为了增强受训者对所培训技能的形象感知，指导教师需提供生动、形象、规范的微格教学示范视频，或指导教师进行现场示范。在观摩微格教学视频或现场示范的过程中，指导教师应根据实际情况给予必要的提示与指导。视频或演示的内容可以是优秀的示范案例，也可以是"反面教材"，但应以示范案例为主。如果可能，指导教师可以配合视频或示范提供相应的文字资料，使受训者对教学技能有一个理性的把握。要注意培养受训者勤于观察、善于观察的能力以及吸收、消化他人教学经验的能力。

（4）分析与讨论

在观摩示范视频或指导教师的现场示范后，受训者进行课堂讨论，分析视频中教学的成功之处及存在的问题，并就"假使我来教，我会如何应用此教学技能"展开讨论。大家相互交流沟通，集思广益，形成应用教学技能的最佳方案，为下一步编写教案做准备。

（5）编写教案

在明确了要训练的教学技能和教学目标后，受训者就要根据教学目标、教学内容、教学对象、教学条件进行教学设计，选择合适的教学媒体，编写详细的教案。教案应首先说明对该教学技能应用的构想，还要注明教师的教学行为、时间分配、可能出现的学生学习行为及相应的对策。

（6）角色扮演与微格实践

角色扮演是一个重要环节，是受训者锻练教学技能的具体教学实践过程。受训者扮演教师进行微格授课，为营造出课堂氛围，小组的其他受训者扮演学生，因此这一环节被称为"角色扮演"。受训者在授课之前要对该次微格教学做一个简短的说明，明确教学技能目标，阐明教学设计意图。讲课时间依据教学技能的要求而定，一般为5—10分钟。整个教学过程由摄录系统记录下来。

（7）评价反馈

评价反馈是微格教学中最重要的一个环节。在微格教学结束后，指导教师必须及时组织受训者观看教学实况录像，或进行视频点播。先由受训者进行自我分析，评价实践过程是否达到了自己所设定的目标、是否掌握了所训练的教学技能，并指出自己有待改进的地方，这就是"自我反馈"。然后指导教师和小组其他受训者对其教学过程进行集体评议，找出不足之处；指导教师还可以对需要改进的地方进行示范，或受训者再次观摩示范视频，从而进一步改进、提高。

（8）修改教案与再实践

评价反馈结束后，受训者需修改、完善教案并再次实践。在单项教学技能训练进行一段时间后，指导教师要有计划地开展综合教学技能训练，以实现各种教学技能的融会贯通。

以上环节的流程如图 3-5 所示。

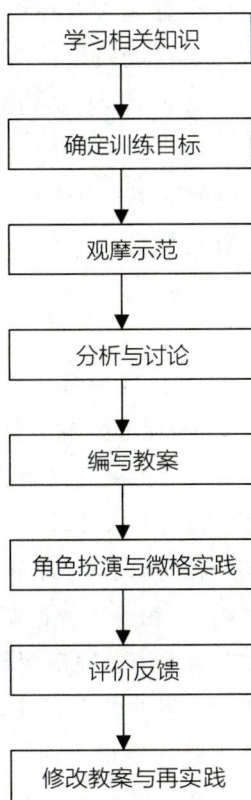

图 3-5　微格教学各环节流程图

（三）虚拟仿真实验室

虚拟仿真实验室简称虚拟实验室，是一个基于操作系统的集声音、图形、图像拟合、文字、动画、仿真数据采集、运算于一体的多媒体实验开发环境。

沉浸/临场感和实时交互性是虚拟仿真的本质性特征，对时空环境的现实构想（即启发思维、获取信息的过程)是虚拟仿真的最终目的。

1. 虚拟仿真实验室的功能

虚拟仿真实验室可以通过其生动、逼真、立体的表现形式，让抽象的实验过程通过形象的动画演示呈现出来。教师可结合实际教学需要，最大限度地发挥虚拟仿真实验的优势，完成传统实验室无法进行的实验，提高教学效果。虚拟仿真实验室的主要功能包括以下两方面。

第一，辅助教师进行课堂实验演示，如复杂实验、危险性实验、破坏性实验、实验周期过长的实验、无法控制反应过程的实验以及在传统实验室中无法完成的实验等。

第二，增强课堂趣味性。多媒体技术(音频、视频、图像)、虚拟仿真技术、传感技术、输入输出技术构建了一种高度仿真的实验环境，使学习者在这一虚拟实验环境中获得实验经验，实现互动实验教学，最大限度地激发学生进行自主实验、揭开知识奥秘的兴趣，有助于发展学生的构建思维，具有独特的实验教学实践作用。

2. 虚拟仿真实验室的组成

为虚拟仿真实验室建立一个完整的虚拟仿真系统是成功应用虚拟仿真技术的关键。要建立一个完整的虚拟仿真系统，首先要做的工作是选择可行的虚拟仿真系统解决方案。常见的虚拟仿真实验室配置如下。

(1)硬件

①显示设备：最基础的是电脑屏幕，投影幕、大尺寸 LED 屏、多媒体电视、3D大屏幕、VR(虚拟现实)头盔、AR(增强现实)头盔等也在逐渐普及，显示设备呈现出从二维走向三维、从基于平面式三维走向沉浸式三维、从小屏幕走向大尺寸 3D 屏幕的发展趋势，教学的效率和可感受性也随之大大提升。

②输入设备：最基础的是键盘和鼠标，但随着多媒体技术发展多样化，陆续出现了用于扫描物体物理尺寸的 3D 扫描仪、用于声音控制的语音识别、用于手部动作输入的数据手套、用于自由跟踪的无线交互手柄、用于图像识别的摄像头和各种传感器等；输入设备的多样性也是为了适应教学内容多样化的需要，最基础的虚拟仿真应用如移动、放大、缩小、拆装等都可以通过鼠标完成，而扭动、抓取等动作则需要借助特殊设备才能实现虚拟仿真内容的正确反馈。

③感知设备：既可以让参与虚拟仿真教学的人进行感知，也可以通过感知数据的捕捉实现虚拟仿真内容的反馈；常用的感知设备包括温度感应、力感应、气味感应、声音感应、视觉感应、定位、动作捕获设备等，感知设备不仅能让虚拟仿真的表现形式多元化，也能让仿真结果更加真实；动作捕捉设备如图 3-6 所示。

④支持设备：为了维持教学装备正常运转，负责供电、信息传输、图形图像处理、信息存储、多种设备交叉管理等的设备；常用的有不间断电源(UPS)、图形处理服务器、数据库服务器、数字交换机、路由器、音视频切换矩阵、监视器等。

图 3-6 动作捕捉设备

（2）软件

①管理软件：用来保证虚拟仿真教学信息网能接入学校的综合管理信息网，分配不同的教育教学资源，调配师资力量，并对不同的虚拟仿真教育资源进行统一管理，记录每位教师的教学进度和每位学生的学习进度，相当于教育目录和门户。

②课程资源：是虚拟仿真实验室的配置重点，如果没有课程资源，所有的虚拟仿真设备形同虚设；课程资源是根据各学科的教学特色和要求，通过虚拟技术帮助学生直观理解、加深记忆、上手实操的软件；课程资源具有制作周期长、普适性强、可重复使用等特点；目前市场上已有各类适应虚拟仿真教学的课程资源；课程资源的建设需要校企合作，因为企业拥有专业开发能力，而学校可以提供专业学术指导，实现优势互补，如电子信息虚拟仿真课程资源，图 3-7 是使用该资源时的界面。

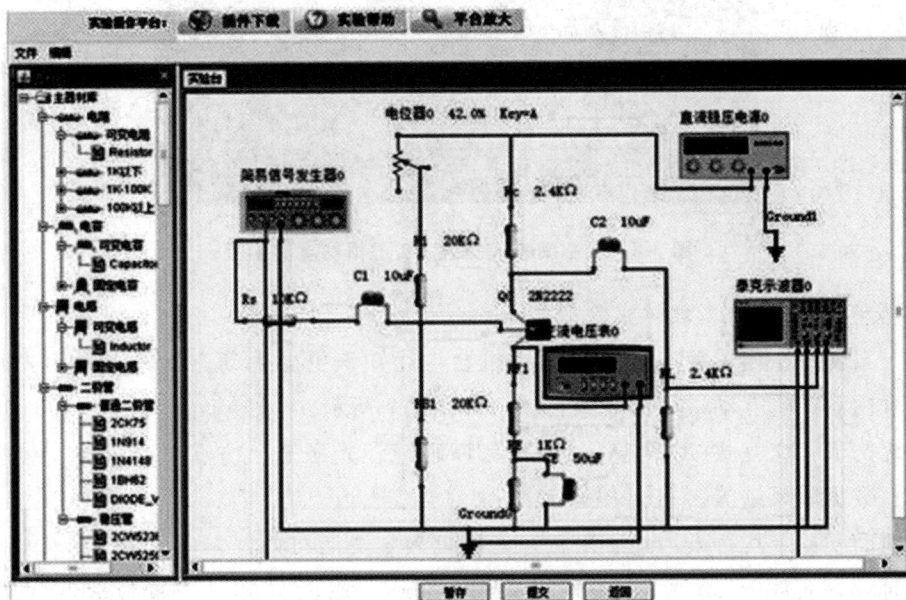

图 3-7 电子信息虚拟仿真课程资源的使用界面

③评测软件：用于对学生所学知识进行检测与反馈，可以找出并记录学生具体的知识盲点，并对操作过程中的不规范行为进行指正。

④其他软件：用于维持虚拟仿真教学中心的正常运转，如操作系统、数据库软件、防火墙、图形处理软件等。

3. 典型的虚拟仿真实验室方案

(1)大空间多人交互 VR 虚拟仿真实验室

该方案能实现多人同时授课，学习者全部沉浸在虚拟空间中，每人都处于第一视角的逼真三维环境，可以在虚拟场景中自由行走，与虚拟场景发生交互，如图 3-8 所示。

系统构成：动作捕捉相机、数据交换机、服务器、工作站、无线路由器、VR 头盔、同步播放 LED 屏、虚幻引擎、背包电脑等。

场地面积：50—200 平方米。

同时教育人数：10—50 人。

适用教学范围：大型仪器、器械的操作，建筑信息模型(BIM)教学、产品生命周期管理(PLM)教学、各种工业仿真模型教学等。

图 3-8 大空间多人交互 VR 虚拟仿真实验室

(2)分布式虚拟仿真教学实验室

该方案使每个学习者有均等的学习机会，让知识更加生动。学习者可用光触笔与虚拟仿真内容产生互动，全面观察物体，如图 3-9 所示。

系统构成：交互式 3D 全息一体机、3D 眼镜、光触笔、仿真课程资源、教学管理控制台、数据库系统等。

场地面积：平均每人占地 1 平方米，根据教室灵活布置。

同时教育人数：100 平方米的实验室最多可以同时面向 80 人开展教学。

适应教学范围：中小学校、高等院校、职业院校等。

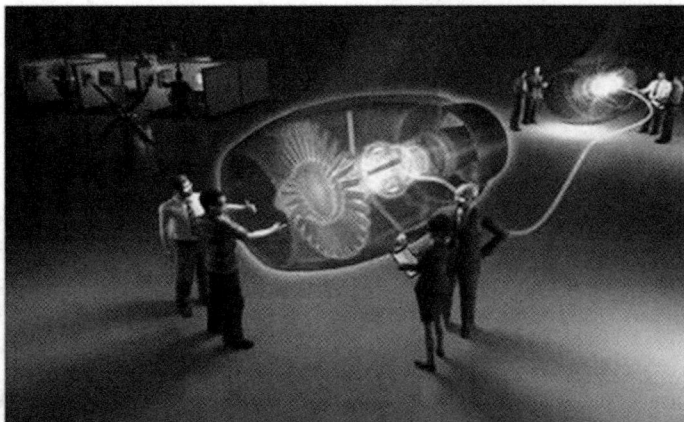

图 3-9　分布式虚拟仿真教学实验室

（3）基于 3D 大屏幕的虚拟仿真教学实验室

该方案中交互大屏幕之外的空间可以按照学生密度安排，如图 3-10 所示。

系统构成：三折面投影或 LED 大屏、弧形投影、3D 红外同步器、图形工作站、图形渲染融合器、3D 眼镜、动作捕捉相机、交互手柄。

场地面积：100 平方米左右。

同时教育人数：100 平方米的实验室最多可以同时面向 80 人开展教学。

适应教学范围：重工业、医疗等模型使用较多的专业，需要通过专业老师进行操作的教学。

图 3-10　基于 3D 大屏幕的虚拟仿真教学实验室

（4）基于 VR 头盔的沉浸式虚拟仿真实验室

该方案设备简单，可使学习者完全沉浸于虚拟环境，每个人都可以与虚拟环境进行交互，彼此间不会干扰，具有很强的学习自主性，如图 3-11 所示。

系统构成：VR 头盔、数据库服务器、电脑、虚拟仿真内容发布平台、虚幻引擎。

场地面积：普通教室面积。

同时教育人数：100 平方米的实验室可以同时面向 20—80 人开展教学。

适应教学范围：学前教育至高中教育、职业教育、高校基础课程教学、辅助性教学。

图 3-11　基于 VR 头盔的沉浸式虚拟仿真实验室

4. 虚拟仿真实验室的应用

虚拟仿真实验室在发达国家的应用十分普及。美国首先提出虚拟仿真实验室的概念，对其的研究和应用处于世界领先地位。其中麻省理工学院的 WebLab 远程实验室于 1998 年被开发并投入使用，它被用于微电子学和电路设计课程的实验教学，允许学生在自己的电脑上设计并修改电路模型，然后通过一个用 Java 激活的网络浏览器来使用远程实验室里昂贵的测试设备并获取测试数据，从而验证自己的设计。目前该实验室还实现了用手机远程控制实验的功能。

在我国，虚拟仿真实验室的建设也受到了重视，对理工科教学尤其是电工电子、医学、建筑、生化等学科的教学发挥了重要作用。目前我国许多高校都根据自身教学需要建立了虚拟仿真实验室，典型的有以下几例。

北京航空航天大学拥有虚拟现实技术与系统国家重点实验室，主要研究虚拟现实中的建模理论与方法、增强现实与人机交互机制、分布式虚拟现实方法与技术、虚拟现实的平台工具与系统。实验室学术带头人赵沁平教授作为我国虚拟现实技术最早的研究者之一，主持研制了具有自主知识产权的实时三维图形平台 BH_GRAPH、分布交互仿真应用程序运行平台 BH_RTI 等十几种开发工具，并基于这些成果组织开发了若干在国内很有影响力的虚拟现实应用系统，创建了中国计算机学会虚拟现实与可视化技术专业委员会。

中国科学技术大学在虚拟仿真实验室的建设和使用方面开发了几何光学设计实验平台、大学物理虚拟实验远程教学系统等。

浙江大学的虚拟仿真化学实验室是基于 Web 的虚拟实验室，它以 VRML（虚拟现实建模语言）为基础构筑虚拟实验环境，并利用 Java 技术来实现虚拟实验场景的人机交互。

同济大学建筑与城市规划学院建成了可以对建筑景观、结构进行仿真模拟的虚拟现实实验室。

西南交通大学开发了 TDS-JD 机车驾驶模拟装置等。

清华大学的电力系统及发电设备控制和仿真国家重点实验室利用虚拟仪器构建了汽车发动机检测系统。

中国农业大学的植物—土壤相互作用教育部重点实验室，通过应用 GPS(全球定位系统)、GIS(地理信息系统)等 3D 数字化技术和其他信息采集技术，对农田土壤水分、养分、盐分等与植物生长的相互作用进行量化研究，虚拟实验可部分地替代在现实中难以进行的或昂贵的实验。

此外，复旦大学、上海交通大学、陕西师范大学等一批高校也相继开发了虚拟仿真系统供教学和科研使用。

(四)智慧校园

1. 智慧校园的概念

智慧校园指以促进信息技术与教育教学融合、提高教学效果为目的，以物联网、云计算、大数据分析等新技术为核心技术，提供全面感知环境的智慧型、协作型、数据化、网络化教学、科研、管理和生活一体化服务，并能对教育教学进行洞察和预测的新型校园。智慧校园具备以下三个核心特征。

①为广大师生提供一个全面的智能感知环境和综合信息服务平台，提供基于角色的个性化定制服务。

②将基于计算机网络的信息服务融入学校的各个应用与服务领域，实现互联和协作。

③通过智能感知环境和综合信息服务平台，为学校提供一个与外部世界交流的渠道。

2. 智慧校园的组成及功能

智慧校园的功能涵盖智慧教学、智慧科研、智慧管理和智慧生活服务等。智慧校园可以实现基于学校组织机构管理信息系统的智慧融合，具体为对各业务的精确划分，统一的校园教务、学生、人事、财务、后勤、科研等管理数据，以及基于信息技术的广泛参与；可以对信息化环境进行智慧管理；可以进行便捷的业务流程调整，不断提高教育管理业务系统的运行效率；拥有基于大数据的教育资源分配预测及科学决策能力；还具有提供便捷学习、生活服务的功能。这些功能的实现主要依靠以下四个组成部分。

(1)便捷、协作、节能的校园环境

便捷、协作、节能是智慧校园对校园物理环境的基本要求，这个物理环境融合了网络和数据，目的是给学习及其辅助要素提供最高效、最简单、最方便的空间和环境，包括基础网络、环境感知与泛在导航、门禁与号牌识别、能源监管系统等。

(2)基于大数据、学习分析、资源个性推荐等技术的智慧教学系统

智慧校园中的智慧教学系统不同于数字校园孤立的多媒体教学和数字化教学平台，在数字校园便捷性、网络化、泛在化(不受时空限制)特征的基础上，其功能和组成均有较大拓展，包括以大数据为基础、以学习分析为手段的个性化教学，可协作、自适应、用户友好的线上社区，基于定制的信息推送(如掌上校园)，对教育教学资源的管理，对教学资源的分配预测，等等。

(3)协同办公系统

协同办公系统通过使用统一数据库技术、统一存储系统对校内数据进行统一管理，避免部门间的信息封闭，实现不同职能部门对各自职责范围内的人、财、物业务进行管理以及校内校外协同办公。它是基于学校组织机构管理信息系统的智慧融合，统一的校园教务、学生、人事、财务、后勤、科研等管理数据可极大提高管理层的运行效率。

(4)基于大数据的教育资源分配预测及决策系统

这一系统的基础数据不仅包括结构化数据，还包括图像等非结构化数据，通过整合搜索引擎技术、超文本全文检索技术、多媒体检索技术、人工智能技术、大数据挖掘技术等，对采集到的所有实时数据和历史数据进行分析，洞察、预测和决定教育教学的发展方向、校园人财物等资源的配置方向以及办学方向等。

3. 智慧校园与数字校园的差异

智慧校园与数字校园不同，数字校园是智慧校园的基础，对智慧校园起着支撑作用，只有在数字校园的基础上进行智慧化建设才有可能建成智慧校园。数字校园是智慧校园的必要条件，但不是充分条件。智慧校园与数字校园在校园环境、管理与决策、关键技术、服务提供、教学、科研、信息化环境与资产运维等方面均有较大差异，具体如表 3-1 所示。

表 3-1　智慧校园和数字校园的差异

类项	智慧校园	数字校园
校园环境	数据化，全面感知，实时处理，安全，开放，便捷，协作，节能。	数字化，存在信息孤岛。
管理与决策	统一、协同，可进行预测；创新，科学决策。	分散管理，各自为政。
关键技术	物联网，虚拟化与云计算，大数据分析。	互联网。
服务提供	统一认证，统一数据库，有可协作、自适应、用户友好的线上社区，有定制的信息推送，提供泛在导航，按需提供服务。	人工与数字化服务单独提供，信息单向传递，呆板。

续表

类项	智慧校园	数字校园
教学	有智慧教学平台，可进行个性化教学、个性化学习，可进行教育资源分配预测，可培养创新型人才。	进行多媒体教学，使用数字化教学平台。
科研	科研管理精细，用数据说话；可进行成果数据检索与成果评估；科学研究的可用数据广泛，分析手段丰富。	仅进行项目申报管理。
信息化环境与资产运维	智慧运维，可进行故障预警、智能处理以及运行环境监控，可进行基于虚拟化和云计算的资源调配和管理。	设备、系统单独管理。

4. 智慧校园的核心组成部分——智慧教室

智慧教室是在物联网、云计算、大数据等新兴信息技术推动下的教室信息化建设的最新形态。我国关于智慧教室的研究从 2008 年开始，我国教育技术专家黄荣怀教授等学者认为在网络技术、富媒体技术、传感技术及人工智能技术充分发展的信息时代，教室环境应是一种能优化教学内容呈现、方便学习资源获取、促进课堂交互开展、具有情境感知和环境管理功能的新型教室。[①] 这种教室被称为智慧教室，具有内容呈现（showing）、环境管理（manageable）、资源获取（accessible）、及时互动（real-time interactive）和情境感知（testing）五大特征，简写为"SMART"。

（1）智慧教室的设计理念

在智慧教室的设计过程中，学校需要将国内外先进、成熟的教育信息化研究成果和信息技术手段与本校教学的实际需要相结合，应考虑以下八个方面。

①教学创新：以建构主义、情境认知等理论为指导，在教学过程方面能够全面覆盖课前、课中、课后各环节；在教学模式方面支持教学活动各相关主体之间的良好互动，并支持教学流程的重组与模式创新。

②丰富资源：提供多元化数字资源，支持对不同学科资源的灵活利用，实现个性化资源推送和资源共享；提供丰富、智能的学科专用工具，促进学生对学科内容的深度认知加工。

③教研一体：为教学过程分析、教育监测评估和教育决策等提供数据支持；提供平台和接口，便于教师开展相关研究工作。

④虚实融合：在空间、资源、数据、教学活动等方面与虚拟课堂（云课堂平台）融为一体，实现无缝对接。

⑤先进技术：根据人才培养需求，综合运用物联网、云计算、大数据、移动互联网、虚拟现实等先进技术手段，促进学生学习，提升教学效果。

⑥智能管理：实现教室布局管理、教学教务管理、数据与资源管理、设备管理、

---

① 黄荣怀、胡永斌、杨俊锋等：《智慧教室的概念及特征》，载《开放教育研究》，2012(2)。

教学环境与安全管理、网络管理的智能化。

⑦多种类型：充分考虑不同学科、课程、课型的教学需求，设计类型多样的智慧教室。

⑧友好环境：在空间布局、装备放置、选材材质、色彩搭配等方面力求美观舒适；在人机交互方面力求简单、自然、友好，为学生提供便捷的信息获取渠道，构建一个和谐、平等的能促进师生、生生交流的教学环境。

(2)智慧教室的构成

从教学活动需求出发提供智慧化的应用服务是智慧教室的核心使命，实现最优教学效果是智慧教室的终极目标。

智慧教室的整体架构包括接入层、平台层和应用层。接入层主要为硬件系统，包括基础设施系统、网络感知系统、实时录播系统、实时交互系统、资源共享系统和智能管控系统；平台层为智慧教室平台，包括云教学平台、学习资源平台和智慧管理服务平台三部分；应用层是教师和学生进行教和学的智慧教室应用系统，主要包括各种应用软件。这一整体架构如图 3-12 所示。

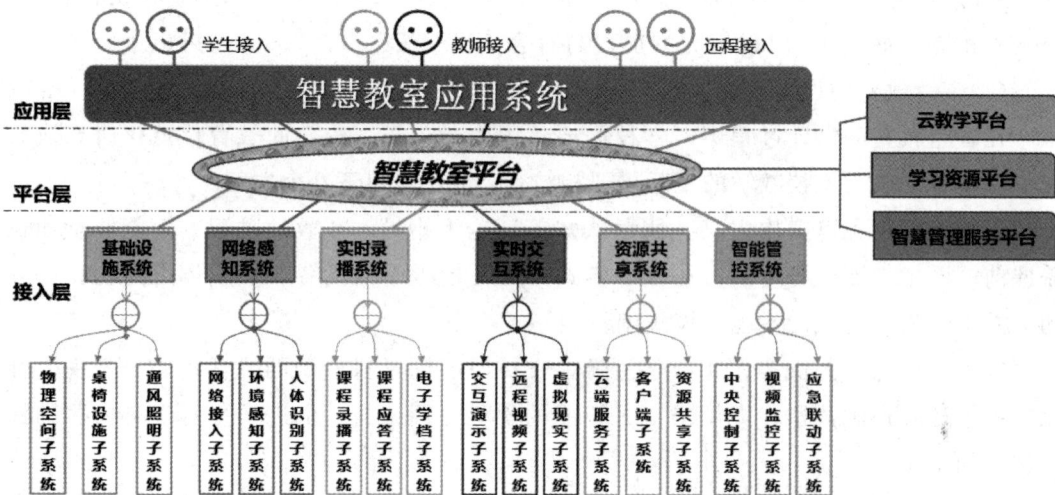

图 3-12　智慧教室的整体架构

(3)智慧教室技术方案

智慧教室的建设应紧密结合物联网技术，增强学生、教师、教室的互联度，实现物与物的感知、物与人的感知、系统间的实时感知，通过充分利用信息及通信技术，从物联化、集成化、智慧化出发，实现个性化教学，提高教学效果和学习效率。图 3-13为其技术方案拓扑图。

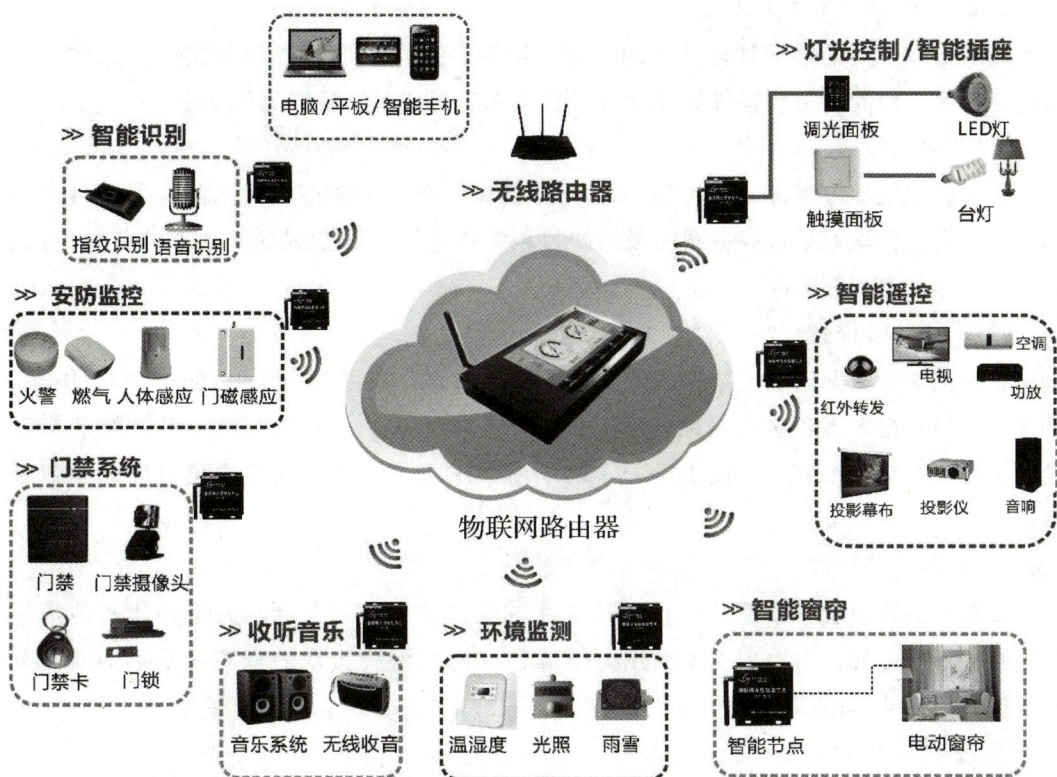

图 3-13 智慧教室的技术方案拓扑图

三、数字化学习资源

本节学习目标

通过本节的学习，应了解数字化学习资源的概念、类型及开发工具，并学会对其进行检索、交流和共享的方法。

随着我国教育信息化进程的逐步推进，数字化学习资源在教学中的应用越来越广，如果只拥有网络、多媒体教室等"硬环境"，而没有优秀的数字化学习资源"软环境"，那么巨大的"硬环境"只能是摆设，无法产生应有的教学价值。

（一）数字化学习资源概述

1. 数字化学习资源的概念

数字化学习资源指经过数字化处理，依据学习者特征进行编辑，可以在多媒体计算机上或网络环境中运行，供学习者自主、合作学习且可以共享的多媒体材料。

2. 数字化学习资源的特点

数字化学习不局限于对教科书的学习，学习者还可以通过各种形式的多媒体电子读物、各种类型的网络教程等进行学习。数字化学习资源的特点具体如下。

（1）获取的便捷性

利用数字化学习资源，学生可以不受时空和传递、呈现方式的限制，可通过多种设备、使用各种学习平台获得高质量的课程相关信息，可以实现随时随地的信息传送、接收、共享、组织和储存。

（2）形式的多样性

数字化学习资源以电子数据的形式承载信息内容，其主要呈现形式有文本、图像、声音、动画、视频等，这极大地增强了信息内容的表现力。除此之外，其友好的交互界面和超文本结构极大地方便了学习者的学习，虚拟仿真技术的应用也有助于学习者对知识的记忆与理解。

（3）资源的共享性

虽然大多数信息资源都可以具有共享性，但数字化学习资源的共享性比其他信息资源的共享性更强，主要表现为利用电子读物或网络课程实现的资源共享范围要比其他信息资源的共享范围大。

（4）平台的互动性

数字化学习资源与以往传统的学习资源相比，其最大的优势在于互动性。无论是通过网络进行学习，还是通过光盘等进行学习，其中的双向交流得到越来越多学习者的喜爱。学习者可以通过网络交流工具实现与老师或同学的互动，可以从学习软件的数据库中寻求问题的答案，还可以自行更新软件数据库。

（5）内容的扩展性

数字化学习资源的扩展性主要表现在以下两个方面。

①可操作性：数字化的学习过程既把课程内容进行数字化处理，又使共享的数字化资源融入课程教学过程，这些数字化学习内容能够被评价、修改和再生产，学习者和教师可以用多种先进的数字信息处理方式对它们进行运用和再创造。

②可再生性：经数字化处理的课程学习内容能够激发学习者自主参与学习过程的积极性，学习者不再仅被动地接收信息，而采用新颖、熟练的数字化加工方法进行知识的整合与再创造，这一过程的成果便是其学习成果；数字化学习的可再生性不仅能很好地激发学生的创造力，而且能为学生创造力的发挥提供更多的机会。

3. 数字化学习资源的类型

数字化学习资源的呈现方式包括数字视频、数字音频、多媒体软件、只读光盘（CD-ROM）、网站、电子邮件、在线学习管理系统、计算机模拟、在线讨论、数据文件、数据库等。根据学习应用和资源本身的一些特点，数字化学习资源的类型主要有多媒体素材、多媒体课件、网络课程、电子百科全书、电子期刊与书籍、教育网站等。

（1）多媒体素材

多媒体素材主要指数字化的文字、图片、动画、声音、视频等。教师可以直接将多媒体素材用于辅助讲授，或利用它们制作多媒体课件；学生则可以用它们来完成各种学习作品或作业。

（2）多媒体课件

多媒体课件指能够体现一定教与学的策略、呈现相对完整知识内容的多媒体软件，通常是由文字、图片、动画、声音、视频等各种素材集合而成的，有特定的教学对象和教学目标。多媒体课件包括单机版和网络版两大类。单机版只能在一台计算机上运行，网络版则可以在网络环境中运行。网络版的多媒体课件通常被放在服务器上，供较多人同时在线使用。

（3）网络课程

网络课程指在网络技术支持下完成课程教与学的多媒体网络教学系统。课程包括为了达到一定的培养目标所需要的全部教学内容与教学计划。教学内容不仅包括讲课、自学、实验、辅导、答疑、作业、考试等各个教学环节所涉及的内容，还包括与这些内容有密切联系的各种相关教学资源。教学计划则是预先为各个教学环节拟定的具体内容和步骤。

（4）电子百科全书

电子百科全书指利用数字化技术（如多媒体技术、计算机技术、网络技术等）进行信息存储、检索、阅读的百科全书。百科全书是按辞典形式编排，系统概述人类各个方面或某一方面知识的大型工具书，分综合性与专业性两类。综合性百科全书收集各知识领域的名词、术语、地名、事件、人物、著作等，无所不包，是知识的宝库；专业性百科全书则主要收集某一领域的知识。近几年许多百科全书都已在不同程度上实现了电子化。电子百科全书不但具有携带方便、成本低廉的优点，还可以纳入传统媒体无法纳入的信息表达形式，如动画、声音或视频。另外，电子百科全书还能够在相关的内容之间建立链接。

（5）电子期刊与书籍

电子期刊与书籍是利用各种数字化技术进行信息存储与阅读的期刊与书籍。电子期刊主要包括电子报纸、电子杂志、电子新闻及信息服务等；电子书籍则包括各种电子版的经典名著、网络教程等。

（6）教育网站

随着网络技术在教育教学中应用的普及与深入，许多教育机构建立了自己的网站，并发布自己的数据资源，包括课堂教学的各种附加材料、相关论文、学生的学习作品、网络课程视频、课件、各种教育专题和新闻等。根据网站建设者的不同，教育网站可以分为教育行政部门的教育网站、教育研究机构的教育网站、学校的教育网站、企业的教育网站、社会专业机构的教育网站及教师或学生个人的教育网站等。

4. 数字化学习资源开发工具

根据功能与特点的不同，数字化学习资源开发工具总体上可分为素材类工具、集成类工具和程序语言类工具等。

(1)素材类工具

素材包括文字、图片、声音、视频、动画等，相对应的工具则为文字工具、图片工具、声音工具、视频工具和动画工具等。

①文字工具

文字工具的主要功能是进行文字录入、编辑排版、美术字制作等。文字录入的主要方法是用键盘输入或从已有文件中复制过来，也可利用扫描仪通过光学字符识别(OCR)技术把印刷文字转换成可编辑文字。常用的文字编辑软件是 Microsoft Office Word(简称 Word)。美术字可用 Word 的艺术字功能或 Adobe Photoshop(简称 PS)软件制作。

②图片工具

图片工具主要用于完成静态图片的各种处理，包括绘制、编辑、艺术化处理等。获取图片的方法较多，常用的有数码相机拍摄、扫描仪扫描、抓图软件抓取、视频截取、网络资源下载等。

图片分矢量图和位图。矢量图是用数学方程或形式描述的画面，编辑的对象是线条，占用的空间小，且放大或缩小矢量图时图形不会失真，适用于绘制图形和三维建模。矢量图一般通过图形软件的矢量功能创建，常见的矢量图片处理软件有 Corel-DRAW、Flash、FreeHand 等。位图是由排列成图样的单个像素组成的，其编辑的对象是像素，放大或缩小位图时图形会产生失真，且占用的存储空间大，但在表现阴影和色彩的细微变化方面位图的效果更佳。加工处理位图的常用软件有 PhotoImpact、PS、Painter、Adobe Fireworks 等。

③声音工具

声音素材分为语言、音乐和声响。语言指讲话声，通常是解说；音乐指歌声、乐曲声；声响指各种自然声，如风声、雷鸣、虎啸、笑声等。教师在开发多媒体课件时，音乐、声响素材可以通过购买相应声音素材库或从网络上获取，语言则主要通过声音录制软件来录制。

④视频工具

常用的视频编辑工具有 Adobe Premiere 和会声会影(Corel Video Studio)。Adobe Premiere 是一个专业数字视频处理工具，它可以配合多种硬件进行视频捕获和输出，具有精确编辑和特技处理功能。会声会影的特点是界面直观简洁，很适合非专业人员进行视频素材编辑。另外，Windows Media Encoder 是不错的流媒体视频工具，不但可以把其他格式的视频、音频文件转化为流媒体文件，还可以通过声卡和视频捕捉卡将诸如麦克风、摄像机、录像机等外部设备捕捉的信息转化为流媒体视频文件。

⑤动画工具

Flash 是较为流行的二维动画制作工具，它采用矢量图形技术，可以使文件的数据量变得很小，并且支持 WAV、AIFF 和 MP3 声音文件的播放。ImageReady 2.0 是 PS 5.0 自带的图像处理软件，也是一个功能强大的二维动画制作工具，它能够制作 GIF 文件格式的动画。三维动画制作工具可以制作复杂的立体场景动画，制作工具有 3D Studio Max、Softimage、LightWave 3D、RenderMan、Maya 等。

（2）集成类工具

集成类工具包括演示型课件工具、交互型课件工具和网络型课件工具三种。

①演示型课件工具：Microsoft Office PowerPoint（简称 PowerPoint 或 PPT）是当前流行的演示型课件制作软件，它以幻灯片为创作单位，每张幻灯片以文本为基本内容，可以插入图片、声音、动画、视频等多媒体素材；可以在幻灯片之间设置切换方式，也可以根据需要设置各种超链接，以实现幻灯片内容之间的跳转。

②交互型课件工具：早期的交互型课件开发工具主要有 Authorware、方正奥思等，但随着信息技术和多媒体技术的发展，目前以 H5 技术开发的交互型课件工具成为研究的热点和开发的主流。

③网络型课件工具：当前比较常用的网络型课件开发工具主要是 Dreamweaver、ASP. NET 等。Dreamweaver 是操作相对简单但功能强大的专业开发和管理网站的工具。随着 HTML5 和 CSS3 的出现，网络型课件不但可以在计算机端应用，也可以迁移到如智能手机、平板电脑等移动端。

（3）程序语言类工具

①多媒体编程语言：常用的多媒体编程语言有 Visual Basic(VB)和 Visual C++ (VC++)等；VB 是可视化程序设计语言，比较容易掌握，教师利用 VB 进行多媒体课件开发时能够灵活地实现自己的创作设想；VC++也是一种可视化程序设计语言，功能比较丰富，但掌握起来相对困难些。

②网站编程语言：网站编程语言主要包括标记语言和脚本语言；超文本标记语言 (HTML)是基本的网页编辑语言，简单易学，是专业网站开发人员必备的技能；JavaScript 和 VBScript 都是客户端脚本语言，一般嵌在 HTML 文档中，通过控制 HT-ML 元素使网页显示动态特效，并可以实现客户端交互；Active Server Pages、Java Server Pages 等是服务器端脚本语言，利用它们可以实现网上测试、网上答疑、网上调查、上传文件等。

5. 数字化学习资源建设中存在的问题

在当前数字化学习资源的建设所存在的问题主要有以下三点。

(1)缺乏统一标准

数字化学习资源的建设目前主要有两个主体:一是学校或教师,二是软件公司。由于对教学资源的分类缺乏统一标准,资源建设者多从自己的认识角度出发对资源进行分类、定义,导致各种学习资源被重复开发、凌乱存放。同时,学校的信息化教学环境建设存在着"重硬轻软"现象,一些学校花费数十万元配备计算机、建设高速校园网和多媒体教室,但由于缺乏数字化学习资源,这些设备长期处于闲置状态,造成"有车无货,货无精品"的尴尬局面。另外,完全由公司开发的学习资源缺乏针对性,无法给予系统性教学有效的支持,可用性较差,在资源丰富表象的背后其实是资源匮乏的事实。教师制作的数字化学习资源在一定程度上满足了个别应用的需要,但难以实现系统化、规模化。因此,形成统一的资源建设标准是非常重要的。

(2)无法有效共享,形成"资源孤岛"

学习资源只有"流动"起来才能产生更大的价值。而事实上,大部分优秀数字化学习资源被存放在"保险柜"或"密码箱"中,只有少数人能使用,不能互联互通,形成"资源孤岛"。有些资源甚至在开发出来后一次没用就销声匿迹了。这实际上是资源管理的问题。若要消除这种现象,则一方面要加快资源建设标准的制定,另一方面要考虑采用何种管理机制才能有效管理分散存储的资源并对其进行共建共享,使优秀的数字化学习资源"流动"起来。有专家建议对分散存储的资源实施目录集中统一管理,基本思路是:为用户提供一个覆盖本地区所有教育资源站点的最新资源目录,实现本地区不同教育资源站点之间的系统互访和资源共享;在地区资源中心,通过对资源目录系统的统一维护,实现本区域内各资源站点目录的同步更新与管理;与此同时,系统还提供专用的教学搜索引擎,实现对不同资源站点资源信息的快速查询与获取;当用户需要打开某个资源时,目录系统提供重定向的功能,从而调用该资源。

(3)低水平开发,重复建设

由于资源不能共享而教学实践又需要数字化学习资源,各单位纷纷组织教师自己开发或购买资源,这就出现了对于同一教学内容有多个版本的同一类学习资源的情况。受资金和技术水平的限制,一些资源停留在低水平、重复建设的层面,造成人力、物力、财力的浪费。

为了尽快解决资源内容匮乏和重复建设问题,有人建议在一定区域内,由基层的教育行政机构(如教研室和电教馆)出面组织,采取以教师建设为主、以购买为辅、分步建设、各校共享的数学化学习资源内容建设模式。一线教师参与资源建设工作,每个教师负责几个学习单元,这样不仅可快速、系统地建设一批直接支持一线教学的优质数字化学习资源,而且可以提高教师的信息技术能力。

(二)数字化学习资源的应用

数字化学习资源非常丰富，几乎涵盖了自然科学与社会科学的各个领域，同时多媒体信息的超链接功能又把网络信息织成一张无限延伸的网。随着互联网技术的迅速发展，数字化学习资源的应用领域和服务项目也不断增多。一般来说，数字化学习资源的应用可以归纳为以下三类。

一是信息检索。万维网（World Wide Web，WWW）是一种方便用户查询或获取互联网中信息的信息组织方式，WWW 浏览器是一种用于访问互联网信息资源的工具软件。

二是信息交流。信息交流可分为非实时交流与实时交流两种。电子邮件是基于互联网的一种非实时交流手段，网络电话、腾讯 QQ 等即时通信软件则是实时交流手段。

三是资源下载。互联网上有数量众多、相互独立的公共资源服务器，存储着各种文本、图像、视频、音频信息以及计算机程序等数字化资源，人们可以通过文件传输等方式获取这些资源。

以下针对数字化学习资源的检索、交流与分享的具体工具和方式进行阐述。

1. 数字化学习资源的检索

网络的发展和广泛应用使世界范围内的信息交流、资源共享成为现实，它打破了时空的限制，拓展了人类的信息空间。因为网络上的信息缺乏统一的组织和控制，从网络上纷繁复杂、千变万化的信息中及时、准确地找到并获取自己所需要的信息并不是件容易的事情，这时就需要借助各种类型的信息检索工具。

网络检索工具指在互联网上提供信息检索服务的网站或软件工具，其检索的对象是存在于互联网信息空间中的各种类型的网络信息。

一般来说，网络检索工具可以分为目录检索和搜索引擎两大类。下面对这两类工具和提高信息检索的效率的策略进行论述。

（1）目录检索

目录检索（Subject directory catalogue）指专业人员在广泛搜集网络资源的基础上，按照某种主题分类体系编制可供检索的等级结构式目录，使用户通过该目录体系的引导找到需要的信息。

目录检索的主要优点是所收录的网络资源是经过专业人员选择和组织的，资源质量有保证，可以降低检索中的"噪声"，从而提高检索的准确性。但人工收集、整理信息需要花费大量的人力和时间，难以跟上网络信息发展的速度，所涉及信息的范围有限，其数据库的规模也相对较小。

（2）搜索引擎

搜索引擎（Search engine）使用自动索引软件来发现、收集并标引网页，建立数据库。它提供给用户一个检索页面，供用户输入检索关键词、词组或短语等检索项，然后在数据库中查找与检索项匹配的记录，按相关程度对结果排序，再将结果反馈给用户。

用户在使用搜索引擎检索时无须判断类目、归属，所以搜索引擎对一般用户而言十分方便。然而，由于人工干预过少，其检索的准确性较差，检索结果中可能会有很多冗余或虚假的信息。

搜索引擎的工作过程主要包括信息的采集与存储、加工、输出这几个步骤。

信息的采集与存储：搜索引擎一般采用自动方式来收集和存储信息，即通过被称为"网络机器人""网络蜘蛛""自动跟踪索引软件"等的智能型软件沿着互联网上的链接向前搜索，找到网页并将它们调出；搜索引擎可自动对该网页上的某个词或全部词建立索引，形成目标摘要格式文件，然后添加到网络可访问的数据库中。

信息的加工（索引的建立）：完成信息采集和存储后，搜索引擎要建立索引查询系统，这是一个同建库系统配套的子系统，建立信息索引就是创建文档信息的特征记录，使检索者能够快速地检索到所需信息，主要进行词语切分和词语词法分析、词性标注及相关的自然语言处理、建立检索项索引等处理。

信息的输出（进行相关性处理并建立索引界面）：网上信息检索的结果往往有很多，大量的结果信息使得检索者无法逐一浏览，所以搜索引擎根据文件的相关程度对结果进行排列，相关程度最高的文件通常被排在最前面；每个搜索引擎确定相关程度的方法可能不同，有概率方法、位置方法、摘要方法、分类和聚类方法等；最后，搜索引擎通过检索界面再次接收用户提交的查询请求，从而进一步查找相应的网页地址。

搜索引擎的检索功能可分为一般检索功能和特殊检索功能。

布尔逻辑检索、词组检索、截词检索、字段检索、限制检索等都属于一般检索功能。一般而言，并不是每种搜索引擎都包含搜索引擎的全部检索功能，而且每一种检索功能在不同搜索引擎中的表现也不完全相同，每个搜索引擎都有自己的特色。下面介绍一些搜索引擎中的一般检索功能。

布尔逻辑检索：常见的有"与""或""非"等，不同的搜索引擎对该功能的支持程度有所不同，在所提供的运算符号方面也有所区别，有些搜索引擎采用常规的命令驱动方式，即用逻辑运算符进行逻辑运算，有的则用符号"＋"和"－"分别代替"与"和"非"。

词组检索：将一个词组作为一个独立运算单元，进行严格匹配，以提高检索的精度和准确度，它也是一般数据库检索中常用的方法；词组检索实际上体现了邻近位置（near）运算的功能，它不仅规定检索引擎都支持词组检索，并且采用双引号来代表词组。

截词检索：常用的截词方法有左截、右截、中间截断和中间屏蔽四种，搜索引擎通常只提供右截法，而且搜索引擎中的截词符通常采用"＊"，如 educat＊相当于 education、educational、educator 等。

字段检索：字段检索是限制检索的一种，多表现为限制前缀符的形式；它往往还提供带有典型网络检索特征的字段限制类型，如主机名、域名、链接、统一资源定位符（URL）、新闻组和电子邮件限制等，这些字段限定了检索词在数据记录中出现的区域，从而控制检索结果的相关性，以提高检索效率。

搜集引擎的特殊检索功能主要有两种。一是自然语言检索，即直接采用自然语言中的字词或提问句子所进行的检索；二是区分大小写的检索，主要针对检索词中含有的人名、地名等专有名词所进行的检索。

这里介绍一个搜索引擎实例——搜狗搜索。搜狗搜索是搜狐公司于 2004 年推出的第三代互动式中文搜索引擎，是中国领先的中文搜索引擎，致力于中文互联网信息的深度挖掘，提高中国上亿网民的信息获取速度，帮助用户创造价值。搜狗搜索是全球首个百亿规模中文搜索引擎，曾创全球中文网页收录量新高。用户可直接通过网页搜索而非新闻搜索获得最新新闻资讯。导航型和信息型两种查询结果分别以 94％和 67％的准确率领先业界。其具有三大特色：一是搜索功能，包括分类提示、网页评级、站内查询、网页快照、相关搜索、拼音查询、智能纠错、高级搜索、文档搜索；二是实用工具，包括天气预报、手机号码、单词翻译、生字快认、成语查询、计算器、IP 地址；三是右侧提示，包括音乐搜索、地图搜索、股票查询、邮编查询、区号查询、楼盘查询、游戏查询、热书荐读、博客推荐等。

（3）信息检索策略

互联网上的信息资源每时每刻都在变化。为了加快获取信息的速度，避免或减少在信息检索过程中走弯路的情况，教师和学生应掌握一定的网络信息检索的策略和技巧。

①搜索引擎的选取：应了解各大搜索引擎的特点，按照自己的需求选择合适的工具；例如，百度的本土特色鲜明且生活常识类资料比较丰富，比较适合检索中文资料，其中百度文库是一个非常好的资源共享平台，收录 Word、PPT 等文档，部分文档可以免费下载，部分文档需要下载者通过上传文档来换取下载券或直接购买百度文库 VIP 会员进行下载。

②资源格式的限定：如果用户需要查找特定文件格式的资料，可以在检索词后面加上格式后缀名来限定文件类型，如 doc、ppt、pdf、xls 等；例如，若想要搜索有关唐诗的演示文稿，则在搜索框内输入"唐诗.ppt"。

③查找范围的限定：使用"site:"命令可以对搜索的范围进行限定，将搜索范围局限于某一类或某一个特定网站，如"site：edu"表示在教育网内搜索内容，其搜索结果

大多与教育有关。

④搜索内容的定位：用搜索引擎检索到所需文档并找到相关网页后，所需内容可能并没有出现在当前屏幕中，这时可以使用浏览器的查找功能进行快速定位，即按"Ctrl＋F"键，在"查找"对话框中输入关键词即可。

2. 数字化学习资源的交流与共享

如今网络交流工具有很多，有即时通信工具，如腾讯 QQ 等；邮件收发工具，如Foxmail 等；RSS 订阅工具，如周博通阅读器等；收藏夹分享工具，如 365key 等；新闻组交流工具，如在线论坛(BBS)等；个人网络日志工具，如新浪博客等。具有社会性互联特征的网络交流平台，如领英等；以媒体素材为实体对象进行社会互联应用的服务平台，如乐乎等。下面就常用的几种网络交流工具进行简要介绍。

(1)网络交流工具

①电子邮件：一种网络非实时通信手段，也是网络上应用最广泛的服务之一；电子邮件的地址被称为 E-mail 地址，它由用户名和主机域名两部分组成，中间用符号@来连接，即"用户名@提供电子邮件服务的主机域名"，如 zhangsan@zju. edu. cn；邮件服务器具有类似邮局或邮箱的功能，可以投递、存储和转发电子邮件；在递交电子邮件时，用户必须输入收信人和发信人的 E-mail 地址，当发信人给出发送邮件的指令后，邮件首先被发送到发信人所在的邮件服务器中，该服务器再把邮件拆分成一个个数据包，通过互联网逐个站点地传递至收信人邮箱所在的邮件服务器，最后由收信人到邮件服务器中取信；在此过程中还需一台域名服务器(DNS)把电子邮件地址的域名转换成相应的 IP 地址。

②在线论坛：一种在线服务，也是在网上进行沟通的主要方式；使用 BBS 就像通过一块公共的公告板讨论问题，用户可以在上面书写、发布信息或提出看法；BBS 通常按不同主题分成很多栏目，用户可以选择自己感兴趣的主题参与讨论或阅读他人的讨论；BBS 在现代远程教育中有着特别重要的作用，学生与学生、教师与学生之间的交流不再局限于书信或电话，还可以通过互联网来进行，而 BBS 在其中可以发挥很大的作用；BBS 通常通过网页浏览器访问，如要访问"北大未名 BBS"，则需在浏览器的地址栏中输入"bbs. pku. edu. cn"。

③网络电话：利用互联网实现远程语音通信的一种通信方式，原理是将模拟信号的语音数据进行压缩打包处理，通过互联网到达目的地后再进行解压，还原成模拟信号；用网络电话替代长途电话可大大降低通话成本；一般来说，网络电话可以分为三种方式，一是 PC(个人计算机)到 PC，通话双方同时利用接入互联网的计算机进行语音通话，适用的软件包括腾讯 QQ 等；二是 PC 到电话，通话时一方利用联网的 PC 和专用软件，通过 IP 电话服务器拨打对方电话，支持这种功能的软件有阿里通、Skype等；三是电话到电话，即 IP 电话模式，由服务供应商提供全套服务，通话双方不需增

添任何软、硬件设备，只需利用现有电话即可实现该网络通话。

④腾讯 QQ：腾讯公司开发的一款基于互联网的即时通信软件，支持在线聊天、视频电话、点对点断点续传文件、共享文件、网络硬盘、自定义面板、电子邮件等多种功能，并可与移动通信终端等相连。

⑤微信：腾讯公司推出的一款即时语音通讯软件，使用户可以通过手机、平板电脑或网页快速发送语音、视频、图片和文字，并提供公众平台、朋友圈和消息推送等服务；用户可以通过"摇一摇""号码搜索""附近的人"及扫二维码等方式添加好友或关注微信公众平台，也可以把内容分享给好友。

⑥视频会议系统：利用视频摄像和显示设备进行信号压缩及解码处理，通过网络在两个或多个地点之间实现的实时、交互式音视频通信的系统；可以从各种不同的角度进行分类，如根据会场节点数目可以分为点对点视频会议系统和多点视频会议系统，根据视频会议所选的终端类型可以分为桌面型和会议室型；视频会议系统突破了传统现场会议的地域限制，是计算机支持协同工作的一种典型应用系统；通过该系统，在线用户除了能够看到对方、通过语音或文字交谈、共享电子白板与其他资料，还可以进行会议现场录制；用于教学的视频会议系统通常具有四个特点，一是实时性，主播教室的多种媒体信息可以及时传输到异地的听课教室，分布在不同地域的师生如同身处一地，可以实时交流；二是交互性，主播教室的教师可以向远端学生提问，及时了解听课情况，学生也可以向主播教室中的教师提问，不同地域的师生之间还可以利用电子白板开展讨论、传递数据，实现真正意义上的交互；三是多媒体性，视频会议系统能同时提供声音、视频及其他多媒体信息，极大地丰富教学内容；四是共享性，只要接入基于视频会议系统的远程教学系统，任何人都可以在同一时间听同一门课，这使得更多人有机会接受高质量教育。

⑦网络日志：这里只强调网络日志在教育中的应用，创建网络日志的关键并不在于技术，而在于教师有足够的时间和热情去建设、维护并持续不断地丰富网络日志的内容，从而使它真正为教学、教研服务，发挥实效。

⑧维基（Wiki）：Wiki 一词来源于夏威夷语的"wee kee wee kee"，原意为"快点快点"，译为"维基"；它是一种超文本系统，一种多人协作的写作工具，同时包括一组支持这种写作的辅助工具；其站点可以由多人（甚至任何访问者）维护，每个人都可以发表自己的意见，或对共同的主题进行探讨与扩展，其写作者自然构成了一个社群；维基与其他超文本系统相比，具有可以在万维网的基础上对其文本进行浏览、创建、更改的特点，而且创建、更改、发布的代价远比 HTML 文本小；有使用方便且开放的特点，所以可以帮助人们在一个社群内共享某领域的知识，且可以调动群体智慧参与网络创造和互动，将成为 Web 3.0 时代不可逆转的一大趋势。

除了上述网络交流工具外，网络上可以用于交流和作为教育教学手段的工具还很多，如新闻组等。这些交流工具本质上只是一些技术，它们能给教育带来多大的变革、在教育教学上如何运用、运用的效果如何等，还取决于教师和学生。

（2）资源共享工具

资源共享是人们建设计算机网络与数字化资源的主要目的之一。计算机资源包括软硬件资源和数据资源。相应地，资源共享也分为硬件共享、软件共享和数据共享。硬件共享可以提高设备的利用率，避免设备的重复投资，如利用计算机网络使用网络打印机。软件资源和数据资源的共享可以充分利用已有的信息资源，避免软件的重复开发和大型数据库的重复设置。网络最大的功能之一就是资源共享，常用的共享工具有以下几种。

第一，网页浏览器。用户通过网页浏览器来浏览、下载数字资源，也可以将自己的资源用 FrontPage、Fireworks、Dreamweaver 等工具软件做成网页，供他人浏览、下载。典型的网页浏览器有以下几种。

中国知网（CNKI），网址为 http://www.cnki.net。中国知网已经发展成为集期刊、博士论文、硕士论文、会议论文、报纸、工具书、年鉴、专利、标准、海外文献等资源于一体的具有国际领先水平的网络出版平台。除检索信息外，基于海量的内容资源增值服务平台，任何人、任何机构都可以在中国知网建立个人数字图书馆，定制自己需要的内容。越来越多的用户将中国知网作为日常工作和学习的平台，其中 CNKI E-Study 是一款强大的数字化学习与研究平台，旨在为用户量身定做探究式学习工具，展现知识的纵横联系，使用户洞察知识的脉络，为用户提供各种格式文件的管理、阅读、记录笔记等一站式服务。

百度百科，网址为 https://baike.baidu.com。它是一部百科全书，不是个人博客或广告牌，不是由工作人员编写而是由网友共同创作的，如果内容有误，用户则可以单击"编辑"按钮修改。任何人都可以是百度百科的作者，均能分享所知所得。编辑百度百科的词条只需四步：发现问题，编辑词条；增删内容，修正错误；预览效果，提交词条；等待审核，版本通过。

百度经验，网址为 https://jingyan.baidu.com，是互联网上的实用生活指南。用户在这里可以找到许多经过实践检验的办法来解决现实中遇到的问题，也可以将自己的经验贡献出来让更多人受益。

百度文库，网址为 https://wenku.baidu.com。百度文库诞生于 2009 年，是百度发布的供网友在线分享文档的平台，2010 年百度文库手机版上线。百度文库的文档由用户上传，需要经过审核才能发布，百度文库平台自身不编辑或修改用户上传的文档内容。网友可以在线阅读和下载这些文档。百度文库的教育类文档包括教学资料、考试题库、专业资料、公文写作、法律文件等。用户上传文档可以得到一定的积分，下载文档可能会消耗积分。当前平台支持 doc(docx)、ppt(pptx)、xls(xlsx)、pot、pps、vsd、rtf、wps、et、dps、pdf、txt 等文件格式。2015 年 12 月百度文库发布基础教育战略，在百度文库的教育专区可以找到分类细致的基础教育各类文档。

　　第二，FTP(文件传输协议)文件传输。目前许多大学都提供文件传输服务，FTP 是一种在网络上进行文件传输的协议，主要包括文件的上传和下载。学习者可以登录 FTP 站点，下载应用软件及所需资源，也可以通过 FTP 将自己的资源上传到网络空间，让其他学习者能在网络上找到。

　　第三，共享磁盘。共享磁盘的方式可分为基于局域网的硬盘共享以及基于互联网的网盘共享和云共享。

　　硬盘共享一般用于局域网中。它的安全性差一些，但这种方式可以实现打印机、刻录机等硬件的共享。具体做法是：找到要共享的文件，然后鼠标右键单击，选择"共享"命令，单击"确定"按钮；双击桌面上的"网上邻居"或"网络"，在打开的窗口中双击"查看工作组"，即可在"××电脑"中找到该电脑共享的文件夹和资源。

　　网盘共享的一个典型实例是百度网盘。它为用户提供文件的网络备份、同步和分享服务。其空间大、速度快、安全稳固，支持教育网加速，支持手机端，网址是 https://pan.baidu.com。用户可以轻松地将自己的文件上传至网盘，并可跨终端随时随地查看和分享。

　　云共享的一个典型实例是微云，它是腾讯公司的一项智能云服务。用户可以用微云在手机和电脑之间同步文件、推送照片等，其网址是 https://www.weiyun.com。智能手机可以下载、安装、直接使用微云应用。微云网页版可以用 QQ 账号或微信账号登录。

　　第四，网络通信工具。目前常用的网络通信工具有 QQ、微信等，它们除了具有文本、语音、视频交流功能外，还具有文件传输等功能，其用户可以通过网络实现信息交换与获取，达到资源共享的目的。其典型代表有网络办公协作工具和多屏互动工具等。

　　网络办公协作工具支持资源的交流和共享，其中典型的工具有 TIM、钉钉和石墨文档。TIM 由腾讯公司出品，专注于团队沟通协作，支持云文件、在线文档、电子邮件、日程等办公功能。钉钉是中国领先的智能移动办公平台，由阿里巴巴集团开发，免费提供给所有用户。石墨文档是一款轻便、简洁的在线协作文档工具，可实现多人实时协作编辑云端文档以及 PC 端和移动端的全覆盖。

　　多屏互动工具是运用闪联、Miracast 等标准，通过 Wi-Fi 网络连接，在不同多媒体终端上(如基于 iOS、Android 等操作系统的智能终端设备以及电视、PC 等)进行多媒体(音频、视频、图片等)内容的传输、解析、展示、控制等一系列操作，在不同平台、设备上共享内容，丰富用户的多媒体生活的工具。简单来说，就是几种设备的屏幕通过专门的连接设备互相连接转换，如手机上的电影可以在电视上播放，平板上的图片可以在电视上展现，电脑屏幕的内容也可以投到电视上，这是一种新兴技术。一键投影是一款无线投影工具软件，用户只需在局域网中使手机和计算机连接同一 Wi-Fi，再安装一键投影软件，就可以实现手机屏幕投到计算机屏幕上。一键投影支持 Windows、Android、Mac OS 三大系统之间的相互投影、屏幕共享；且支持 iOS 设备投影到 Windows 设备。

第五，知识分享工具。实现知识分享的工具有很多，其中最为便捷的是二维码和 H5 分享。

二维码（Quick response code）又称 QR 码，是近年来移动设备上比较流行的一种编码方式。它与传统的条形码相比能存储更多信息，也能表示更多数据类型。二维码易识别、成本低、应用范围广，常用于记载信息。有些二维码图形可被美化。草料二维码是国内专业的二维码服务提供商，提供二维码生成、美化、印制、管理、统计等服务，帮助用户通过二维码展示信息并采集线下数据，提升管理效率。

H5 分享的一个典型工具是 PP 匠，它是一个将 PPT 文档转换成 H5 的在线平台，具有领先的转换技术，能够较好地还原 PPT 文档的效果，能兼容图形、动画、音视频、嵌入字体等。PP 匠应用于教学中则具有便捷高效、精准控制、功能延展等优势。

四、典型的数字化学习资源共享平台

本节学习目标

通过本节的学习，了解我国从精品课程到 MOOC 平台建设的历程，并通过典型课程案例具体了解其组成和功能。

随着教育信息化的发展，数字化学习资源的交流与共享平台也迅速发展，除前面提到的中国知网、百度文库、维基等外，还有很多优秀的交流与共享平台，如精品课程、MOOC 和其他优秀的平台，下面对它们进行介绍。

（一）精品课程和 MOOC

我国为了提高高等教育机构的教学质量，推进高等教育机构的教学改革，教育部先后发布了有关进行精品课程和 MOOC 的建设意见。从指导精品课程资源建设到发布有关 MOOC 建设的管理办法，这些教育政策展现了在线课程发展的趋势，即单纯的教学资源共享无法满足个性化发展与多样化终身学习的需要，只有实现教育资源的应用与教学过程的共享才能有效促进教育公平与教育教学质量的全面提高。MOOC 相较于精品课程更具开放性、交互性及完整性，但它们的本质区别主要体现在：MOOC 是教学全过程的网络化，未来将实现与学分、学位、就业的衔接，而精品课程建设的目的是优质教学资源的共享。

教育部在高等学校教学质量与教学改革工程中开展了精品课程建设工作，共组织建设了 4000 多门国家精品课程，750 多所高校的教师参与了课程建设。国家精品课程是拥有一流教师队伍、一流教学内容、一流教学方法、一流教材、一流教学管理等特点的示范性课程。

大规模在线开放课程（massive open online courses，MOOC）即慕课是从 2012 年开始由美国的顶尖大学带头陆续设立的网络学习平台，这些大学在网上提供免费课程。Coursera、Udacity、edX 三大课程平台的兴起给更多学生提供了系统学习的可能。

1. 精品课程

2003 年，教育部启动精品课程建设项目，计划用 5 年（2003—2007 年）的时间建设 1500 门国家级精品课程，并带动和促进省级和校级精品课程建设工作。《教育部关于启动高等学校教学质量与教学改革工程精品课程建设工作的通知》指出，为"深化教学改革，促进现代信息技术在教学中的应用，共享优质教学资源，进一步促进教授上讲台，全面提高教育教学质量"，启动精品课程建设工作。2011 年《教育部关于国家精品开放课程建设的实施意见》发布，强调精品视频公开课与精品资源共享课旨在普及共享优质课程资源，加强优质教育资源开发和普及共享，进一步提高高等教育质量，服务于学习型社会建设。精品视频公开课是以高校学生为服务主体，同时面向社会公众免费开放的课程与讲座。精品资源共享课是以高校教师和学生为服务主体，同时面向社会学习者的基础课和专业课等各类网络共享课程。它们都旨在推动高等学校优质课程教学资源的共建共享，着力促进教学内容更新、教学方法改革和教育教学观念转变，提高人才培养质量。

（1）精品课程建设的内容

精品课程建设是一个综合系统的工程，它利用网络进行教学与管理，相关的教案、教学大纲、实验指导、习题、参考文献目录等都要被上传至网络并免费开放；鼓励教师将授课录像、网络课件等上传至网络并开放获取权限，实现优质教学资源共享。精品课程建设包括六个方面内容：教学队伍建设、教学内容建设、教材建设、实验建设、机制建设以及教学方法和手段建设。

（2）精品课程的构成

精品课程基本由课程简介和课程资源两大部分构成。课程简介是对课程的课程定位和主要内容的概述，让学习者对课程有基本了解。课程资源包括教学课件、电子教案、教学录像、教学设计、例题习题和文献资料等。根据课程的不同情况，每一门精品课程的课程资源也略有不同。

2. MOOC

进入 21 世纪后，随着信息通信技术的日新月异、全球化的快速发展以及高等教育的日益普及，开放教育资源如雨后春笋般涌现。2001 年，美国麻省理工学院推出开放课程计划（MIT OCW），将该校课程发布到网上，供全球学习者免费学习，这成为开放教育资源启动的标志。时至今日，麻省理工学院已经把其开设的 2000 多门课程的教学材料和课件公布于网上，供全世界的学习者和教育者免费使用。2012 年，MOOC 开始大规模爆发，诞生了 Coursera、edX 和 Udacity 三大 MOOC 平台。这三大平台的课程全部属高等教育领域，并且和真正的大学一样有自己的学习和管理系统。MOOC 上的学习科目极其广泛。和传统精品课程相比，MOOC 更加注重师生互动。

（1）我国 MOOC 的发展

2013 年被认为是中国 MOOC 本土化元年，清华大学、北京大学、上海交通大学、复旦大学先后加入了国外的 MOOC 平台，学堂在线等我国本土 MOOC 平台也先后上线，中国 MOOC 开始发展壮大。2015 年，随着国内外 MOOC 的兴起，翻转课堂、混合式教学等基于 MOOC 的教学改革逐渐在教学中发挥优势。2015 年《教育部关于加强高等学校在线开放课程建设应用与管理的意见》发布，指出应主动适应学习者个性化发展和多样化终身学习需求，立足国情建设在线开放课程和公共服务平台，推动信息技术与教育教学深度融合，促进优质教育资源应用与共享，全面提高教育教学质量。

我国目前发展较好的 MOOC 平台有：中国大学 MOOC（https://www.icourse163.org），爱课程（http://www.icourses.cn/home/），网易公共课（http://open.163.com），腾讯课堂（http://ke.qq.com），学堂在线（http://www.xuetangx.com），慕课网（https://www.imooc.com），百度优课（http://youke.baidu.com），百度技术学院（http://bit.baidu.com），等等。

（2）MOOC 课程的构成

课程是定期开放的，每个学习者都可以在固定的时间内免费学习课程中的相关内容，如达到课程要求则可以申请获取证书。课程包括课程详情和课程评价两大部分。课程详情包括课程概述、课程大纲、预备知识、证书要求、参考资料等内容。具体每一章节则包括教学视频、习题等教学资源。课程评价是学习者在课程平台上对课程发表的看法和相关意见。

（3）小规模限制性在线课程（SPOC）的出现

MOOC 的迅速发展引发了一场"教育风暴"，但其在发展过程中也出现了一些问题，主要有课程完成率不高、教学模式固于传统、难以实现个性化学习、学习体验缺失、难以评估学习效果和学习成果缺乏认证六个主要问题。在 MOOC 引发的狂热消退后，一种在线教育与线下教学相结合的混合式教学模式——小规模限制性在线课程（small private online course，SPOC）出现。SPOC 是将 MOOC 的教学资源如学习资料、微视频、训练与测验、机器自动评分、站内论坛等应用到小规模的实体校园（不限于校内）的一种课程教育模式，其实质是将优质的 MOOC 课程资源与课堂教学有机结合，借助翻转课堂教学提升教学质量、变革教学结构，从而既能充分发挥 MOOC 的优势，又能有效弥补 MOOC 的短板与传统教学的不足。

（二）其他典型平台

除了前面提到的搜索引擎、社交软件、精品课程和 MOOC 等，还有其他一些典型数字化学习资源共享平台，如超星学习通、蓝墨云班课、UMU 互动学习平台、雨课堂、Moodle365 移动学习平台等。

1. 超星学习通

超星学习通是面向智能手机、平板电脑等移动终端的移动学习专业平台。用户可以在超星学习通上学习学校课程、进行小组讨论、查看本校通讯录、自助完成图书馆藏书的借阅查询、搜索下载电子资源、浏览图书馆资讯。同时超星学习通拥有图书、报纸文章及中外文献的元数据，为用户提供方便快捷的移动学习服务。

2. 蓝墨云班课

蓝墨云班课平台支持移动环境中的即时互动教学新模式，教师可以组建自己的云班课，轻松实现班级管理，开展互动教学，激发学生的自主学习兴趣。教师发布的课程信息、学习要求、课件、微视频等学习资源都可以实时传送到学生的移动设备上，学生的移动设备变成学习工具，并且教师可以跟踪与评价学生的学习情况。

3. UMU 互动学习平台

UMU 互动学习平台是知识分享与传播的平台，它基于移动互联网时代的学习方式，具有分享知识、组织互动、参与学习的功能。UMU 可被用于搭建学习平台、构建混合式学习项目、开展微课大赛、组织论坛和会议等。

4. 雨课堂

雨课堂是清华大学和清华旗下在线教育平台学堂在线共同推出的智慧学习工具，它可支持学校开展混合式教学，提供线上和线下的学习服务。

5. Moodle365 移动学习平台

Moodle365 移动学习平台的最大特点是免费开源。它是基于 Moodle 平台开发的，可以实现移动学习和混合式学习。

总结

本章小结

随着信息技术在教育领域的不断渗透，教育观念、教育资源、教育形式、课堂教学等呈现出越来越多的信息化特征，出现了以计算机网络技术为核心的信息化教学环境，并建设了供学习者进行自主学习的数字化学习资源。

本章着重介绍了随着计算机网络技术的发展而形成的四种信息化教学环境，包括多媒体网络教室、微格教学系统、虚拟仿真实验室和智慧校园，并介绍了信息化教学环境中数字化学习资源的检索、交流和共享以及典型的数字化学习资源共享平台。通过本章的学习，学习者能够了解信息化教学环境的组成与特点，认识典型的信息化教学环境的功能，并且学会数字化学习资源的检索、交流与共享。

Aa 关键术语

中文术语	英文翻译	中文解释
多媒体网络教室	Multimedia Network Classroom	又称多媒体电子教室，指专为课堂教学设计的，在由服务器、教师机、学生机组成的网络的基础上，利用多媒体技术实现教师机和学生机之间屏幕和声音的交互切换，并有强大的多媒体演示教学功能的微机教室。
目录检索	Subject Directory Catalogue	专业人员在广泛收集网络资源的基础上，按照某种主题分类体系编制可供检索的等级结构式目录，使用户能通过该目录体系的引导找到有关的信息。
搜索引擎	Search Engine	使用自动索引软件来发现、收集并标引网页，建立数据库，提供给用户一个检索页面，供用户输入检索关键词、词组或短语等检索项，帮助用户在数据库中查找出与检索项匹配的记录并按相关程度排序，再将结果反馈给用户。
微格教学	Microteaching	指借助摄像、录像设备培养学生某种技能的教学方法，由于该方法一般是在小教室中对学生的某种技能进行培训，培训时间短、规模小，故被称为微格教学或微型化教学，也被译为微观教学、微型教学、小型教学、微化教学、录像反馈教学等。

续表

中文术语	英文翻译	中文解释
信息化教学环境	Informatization Instructional Environment	运用现代教育理论和现代信息技术创建的教学环境，是信息化教学活动开展的重要条件。这种教学环境包含在信息技术条件下直接或间接影响教师"教"和学生"学"的所有条件和因素，是硬件环境、软件环境、时空环境、文化心理环境等条件和因素的集合。
虚拟仿真实验室	Virtual Simulation Laboratory	基于操作系统，集声音、图形、图像拟合、文字、动画、仿真数据采集、运算于一体的多媒体实验开发环境。
智慧校园	Smart Campus	以促进信息技术与教育教学融合、提高教学效果为目的，以物联网、云计算、大数据分析等新技术为核心技术，提供全面感知环境的智慧型、协作型、数据化、网络化的教学、科研、管理和生活一体化服务，并能对教育教学进行洞察和预测的新型校园。
智慧教室	Smart Classroom	在网络技术、富媒体技术、传感技术及人工智能技术充分发展的信息时代，教室环境应是一种能优化教学内容呈现、方便学习资源获取、促进课堂交互开展、具有情境感知和环境管理功能的新型教室，这种教室被称为智慧教室。

🔗 章节链接

这一章的内容	其他章节中有相关讨论的部分
微格教学系统	第六章"微格教学实践"部分。
虚拟仿真实验室	第五章"虚拟现实技术/增强现实技术及其教育应用"部分。
智慧校园	第五章"智慧教育的理念"部分。

应用

⚡ 批判性思考

1. 如何有效利用智慧教室的功能？在智慧教室里进行的教学是否都能算作智慧教学呢？

随着教育信息化的推进，信息化教学环境不断完善，从最初的多媒体教室到现在的智慧教室，不管是技术应用方面还是从功能支持方面都有极大的进步。那么在智慧环境中，什么样的教学活动才能被称为智慧教学活动呢？

2. 在信息化环境中，碎片化学习方式的优势和弊端有哪些？你对类似的新型学习方式有什么看法？

在数字化教学环境中，数字化学习资源层出不穷，新型的信息化学习方式也不断涌现，如混合学习、碎片化学习等。特别是基于移动设备的移动学习，成为日常人们学习的一种主要方式。面对新型学习方式，要如何处理它们所带来的问题呢？例如，如何保证知识的系统性和连贯性？在移动学习环境中如何解决学习的注意力被分散的问题？如何有效管理学习时间？

✎ 体验练习

【思考与练习】

1. 简述信息化教学环境的概念、组成、特点及功能。

2. 简述多媒体网络教室的功能和组成。

3. 简述微格教学系统的构成、功能及实施微格教学的一般步骤。

4. 简述虚拟仿真实验室的构成及其功能。

5. 简述智慧校园的构成及其功能。

6. 请检索"信息化教学环境与数字化学习资源"的相关知识，并说明你采用的具体方法和检索策略。

7. 请写出你常用的数字化学习资源的交流和共享工具，并说明其优缺点。

【实践环节】

实践主题：对本校信息化教学环境与数字化学习资源的调研

1. 实践目的

(1)深入理解信息化教学环境的类型和特点。

(2)了解所在学校信息化教学环境的建设与利用情况。

(3)了解所在学校能提供的数字化学习资源的类型。

2. 实践内容

学生以小组为单位讨论编写调查方案，教师审阅通过后，小组依据调查方案讨论研究信息化教学环境的指标并设计调查问卷。分小组进行问卷调查，收集所在学校信息化教学环境和数字化学习资源的相关数据，撰写调查报告，分析所在学校信息化教学环境和数字化学习资源的建设情况和利用情况。各小组交流调研心得，教师点评。

3. 实践要求

(1)问卷设计要科学合理，指标体系要能反映信息化教学环境和数字化学习资源的特点。

(2)活动结束后，各小组要提交调研报告。

(3)教师观察、了解学生的活动情况，并给予及时的点评和引导。

案例研究

　　为了对智慧教室有进一步的认识和理解，以下展示了某校的智慧教室建设方案。请研读案例材料，并思考以下几个问题。

　　1. 具备什么特征和功能的教室才是智慧教室？

　　2. 你还知道哪些院校有智慧教室？他们的智慧教室建设方案如何？请与案例中的建设方案进行对比。

　　3. 在智慧教室中可开展的智慧教学活动有哪些？请举例说明。

【材料内容】

智慧教室"三位一体"的建设模式[①]

　　遵循智慧教室建设的设计理念，学校利用 24 间传统教室，分两期进行了实验性建设，构建了"物理空间、资源空间、交互空间相互融合，多维度数据一体化采集与应用"的"三位一体"建设模式，力求打造一个信息技术与教育教学深度融合的示范中心。

Ⅰ. **物理空间建设**

　ⅰ. 多样化的空间环境

　　智慧教室是基于学校已有的传统教室改造而成的，不同智慧教室的空间结构、南北朝向、面积各不相同。为满足各种正式与非正式教学的要求和不同学科的学习需要，在整体设计充分体现科技化、信息化、人性化的原则下，智慧教室通过多样化的空间布局和灵活多变的桌椅组合，形成了通用型、学科专用型、研究型等多种类型，创设出简洁时尚、功能丰富、轻松友好的学习环境。

　ⅱ. 智能化教学设施

　　根据教学和教研的需求，智慧教室配备先进的教学设备设施，如具备强大电子白板功能的大尺寸多点触控液晶屏，它不仅提供常见的绘图工具，而且使教师可对任何格式的文档进行批注，实现了随处可写、随处可画功能；高性能的音视频矩阵使教学中的视频播放十分清晰、流畅；一体化自动录播设备能智能识别教师行为和学生行为，根据预设的跟踪分析逻辑触发跟踪信号，自动进行场景切换，生成教学视频资源；人脸识别系统可用于课堂点名以及学生个体的学习状态和行为分析；视觉分析系统则对课堂学习人数、课堂抬头率、教师移动和板书行为等进行识别，生成课堂行为数据分析报告并

---

　　① 贺占魁、黄涛：《高校智慧教室的建设理念、模式与应用展望——以华中师范大学为例》，载《现代教育技术》，2018(11)。

进行可视化呈现。

ⅲ. 基于物联网的环境管理

智慧教室对教室环境进行实时监测，根据监测数据智能控制相应的设备，以改善教室环境，营造舒适的学习氛围；如通过自动控制空调、加湿器、除湿机、空气净化器、照明设备、窗帘等调节教室的温湿度和光照强度，改善空气质量（如降低 PM2.5、二氧化碳的浓度）等；同时，通过配备控制面板及应用软件，使教师可以根据不同教学场景的需求预先设定环境与教学设备的运行状态并进行组合联动控制，从而一键开启特定教学模式（如讲授模式、观影模式、小组讨论模式、自定义模式等）所需的设备，构建适宜的学习环境；还可以远程集中监控所有教室，并提供教室环境和设备的使用报告。

Ⅱ. 资源空间建设

ⅰ. 与云课堂结合的教学

智慧教室作为云课堂平台的物理端，与云课堂平台实现对接。教师在云课堂平台上不断建设、积累、更新课程相关的学习资源，并在课程空间中分享给学生，教师和学生在智慧教室中也可以方便地获取丰富的学科工具和教学资源，实现线下课堂与线上课堂的有机结合。智慧教室教学系统通过云课堂平台自动获取用户的基础信息、课程信息，并将行为记录等信息与之关联。用户可通过移动端应用软件进行消息推送、视频点播、在线测试等。

ⅱ. 备课授课一体化

备课授课一体化系统能整合多种教学资源，提供常见的课件设计模板，快速生成课件，以思维导图的方式组织课堂教学活动。教师于课前通过备课系统完成的课件会自动传至云课堂平台，学生可随时随地获取相应的资源进行预习、听讲、完成作业和测验等。

ⅲ. 基于课堂场景自动生成教学资源

课堂场景自动生成系统能够真实记录课堂场景，完整还原教师讲解、课件播放、学生听课、答疑、讨论等各个环节的教学情况。生成的高清音视频课件经教师审核后，可被上传到云课堂平台，供学生在线查看、复习，实现教学资源的不断丰富和充分共享。该系统还提供实时对外直播功能，经授权的其他学习者可远程同步听课。

Ⅲ. 交互空间建设

ⅰ. 课堂教学智能交互

通过大尺寸多点触控液晶屏、专属平板电脑和自带设备等，教师可灵活组织课堂形式，进行师生、生生之间的全方位互动，如学生终端控制、文件发送、随堂测试、手写板书、主客观题互动、图像互动、即时讨论、小组互动等。除直接操作触控液晶屏外，教师还可利用课堂助手进行屏幕同步控制、课堂交互控制、课件展示控制和资源实时推送等。

ⅱ."1＋N"形式的互动

"1＋N"形式指"1 间主课堂和 N 间辅课堂"，主课堂和辅课堂之间教学内容的流畅互动可实现多课堂同上一节课，并可邀请课堂外专家通过互联网接入课堂。"1＋N"形式的互动实现了基于互联网思维的移动授课和师生互动的课堂形态，支持多形态的课堂教学，为以学生为中心的翻转课堂、研讨课堂提供了适宜的移动教学环境。

ⅲ. 云平台虚拟社区交互

在线上虚拟学习社区——云平台虚拟社区中，学生以课程为单位被组织起来，可查询课程信息和资源，通过发帖或即时聊天的方式与其他课程成员交流、互动，在线提交课内外作业并得到教师的及时批改与反馈。通过云平台虚拟社区，学生可以在学习过程中随时随地提出问题，教师和其他学生都可以有针对性地进行解答，从而营造良好的学习氛围，实现学习资源的合理配置和学生之间的思维碰撞。

Ⅳ. 多维度数据一体化采集与应用

ⅰ. 系统整合与数据交换

为加强物理空间、资源空间、交互空间的一体化建设，实现面向个体和整体的教育教学全景视图，学校组织技术力量自行开展系统集成工作，开发数据接口，将已建成的云课堂平台、教务管理系统与新建成的智慧教室录播系统、备授课系统、交互系统、电子班牌等进行无缝对接，以实现各种教学信息、学习资源、使用数据等在系统间的顺畅流转，如教务管理系统发布的排课信息、通知公告等被实时推送至各电子班牌，录播系统生成的视频资源被自动上传至云课堂平台的教师教学空间。在智慧教室的一体化架构下，用户的各种教学和学习需要得以"一站式"满足。

ⅱ. 数据采集、挖掘与学习分析

应用眼动仪、人脸识别、动作捕捉、视觉分析、物联网监测等新技术和新设备，智慧教室对教师和学生在线上线下多环境、课前课中课后全阶段的教与学行为数据，智慧教室环境监测数据，以及教学仪器设备运行使用数据，进行伴随式、全景化自动采集，生成智慧教室教学运行的数据库，并进行用户画像和用户行为分析，为教学管理、教学指导、教育监测评估和智能决策等提供支持；可以实时获取学生的学习状态信息，生成应对策略，调整教学内容和教学节奏；也可基于整体和个体的学习过程统计分析，梳理学生的知识结构，寻找学习盲点，设计个性化学习方案；还可对教学全流程数据进行深入挖掘，形成用户的个人数据中心，进行教学的智能诊断和资源的定向推送。

拓展

☕ 补充资料

1. 教育部关于发布《中小学数字校园建设规范（试行）》的通知［EB/OL］.（2018-04-16）［2019-04-15］. http：//www. moe. gov. cn/srcsite/A16/s3342/201805/t20180502 _ 334759. html.

为深入贯彻落实党的十九大精神，积极推进"互联网＋"行动，提升中小学校信息化建设与应用水平，推动信息技术与教育教学的深度融合，切实加快全国教育信息化进程，以教育信息化支撑和引领教育现代化，服务教育强国建设，教育部特制定《中小学数字校园建设规范（试行）》。

2.［英］劳伦斯·伯克. 数字化学习案例研究：如何颠覆传统并提高效率［M］. 王一舟，译. 哈尔滨：黑龙江教育出版社，2017.

此书为英国"年度教师"劳伦斯·伯克倾力打造，国际著名教育家、教育顾问海伦·怀特博士提供全新的技术支持，深刻地探讨了科技手段对学习效果的附加价值，以全新的视角揭开技术教学的秘密，直击数字化环境中现代教育的重要话题——学习者如何在数字时代取得成功。此书通过分享教育工作者应用技术教学和学生运用技术自主学习的日常案例，讨论如何为在数字时代成长的学生提供多种高效的学习方法以帮助他们取得学业上质的飞跃。

3. 韩锡斌，刘英群，周潜. 数字化学习环境的设计与开发［M］. 北京：中央广播电视大学出版社，2012.

此书是首部系统论述数字化学习环境的专著，理论梳理的逻辑性强，对研究成果的阐述系统全面；从三个角度系统梳理了与数字化学习环境相关的文献，从三个方面阐明了数字化学习环境的理论和方法问题；面向真实问题，研究活动深入教育信息化实践，研究成果得到了300多所院校实践的检验，研究问题具备专一性和完备性。

4. 韩锡斌，杨娟，周潜. 数字化学习环境的应用与评价［M］. 北京：中央广播电视大学出版社，2015.

此书是《数字化学习环境的设计与开发》的姊妹篇，较为全面地阐述了数字化学习环境应用与评价的主要问题，旨在对研究者和教学从业人员在数字化学习环境方面有所帮助。

在线学习资源

第四章

信息化教学设计
与评价

本章概述

    教学设计作为实践性很强的科学技术在教育技术学科中占据着核心位置。随着信息技术的飞速发展，如何在信息化教学环境中进行教学设计这一问题显得尤为突出。本章介绍了教学设计的相关内容，介绍了基于问题的信息化教学设计、基于项目的信息化教学设计及翻转课堂信息化教学设计的内涵、基本原则、基本方法和案例，以及信息化教学评价的特点、原则、类型、过程和方法设计。

结构图

本章学习目标

了解教学设计的基本过程及信息化教学设计的特点；掌握基于问题、基于项目以及翻转课堂的信息化教学设计的内涵、基本原则及基本方法，能够设计相应的教学方案；了解信息化教学评价的特点、原则、类型、过程，能够运用信息化教学评价的方法进行信息化教学活动的评价。

学前深思

教学设计及信息化教学设计的特点、内容及其过程是什么？基于问题的、基于项目的和翻转课堂的信息化教学模式是怎样的？如何实施信息化教学评价？

一、教学设计

本节学习目标

通过本节的学习，能够阐述教学设计及信息化教学设计的内涵、特点及过程。

（一）教学设计概述

教学设计（Instructional design，ID），通常也被称为教学系统设计（instructional system design，ISD），是以系统科学、心理学和传播学的理论为基础，运用系统分析论的观点和方法，对教学过程所涉及的要素、环节及其相互关系进行科学分析、描述、计划或规定，为所需的教学活动制定具体、可行、可操作的方案或程序，以找出最佳解决方案的一种理论和方法。也就是说，教学设计是运用教学理论、学习理论等人类研究成果来系统规划教学活动的过程，目的是促进教学效果的整体最优化。

正如前面所介绍的，依据系统论的观点，教育可被看作一个系统，该系统分为内外两个系统。教育外系统指教育与社会、与人的关系，内系统指教育系统内部诸多要素之间的关系。教育内系统包含教学、指导、管理等子系统，教学子系统是其中重要的子系统。教学设计就是教师在开展教学活动之前，在系统论、教学论、学习论的指导下所制定的教学活动的流程规划，其主要任务是对教学过程中的各要素和各环节（如教师、学生、教学资源、教学过程、教学评价等）进行系统分析，并合理组织各要素，以释放出最大能量，形成最佳配合状态，实现整体效果最优化，创建最优教学活动模式，以此来指导教学实践过程。国内外对教学系统设计的理解主要有过程说和技术说两种。

1. 过程说

过程说在我国的影响较大，主要有以下几种定义。美国学者肯普将其定义为"运用系统方法分析、研究教学过程中相互联系的各部分的问题和需求，在连续模式中确定解决它们的方法步骤，然后评价教学成果的系统计划过程"。[1] 史密斯和雷根的定义是："教学设计指运用系统方法，将学习理论与教学理论的原理转换成对教学资料和教学活动的具体计划的系统化过程。"[2]我国学者何克抗的定义是："运用系统方法，将学习理论与教学理论的原理转换成对教学目标（或教学目的）、教学条件、教学方法、教学评价等教学环节进行具体计划的系统化过程。"[3]

2. 技术说

侧重于实际应用层面的技术说主要有以下几种定义。梅瑞尔的定义为："教学是一门科学，而教学设计是建立在这一科学基础上的技术，因而教学设计可以被认为是科学型的技术。"[4]鲍嵘则将教学设计定义为："一种旨在促进教学活动程序化、精确化和合理化的现代教学技术。"[5]

（二）教学设计的基本过程

教学设计过程既是一个科学的系统化过程，也是一个创造性过程。只有掌握了教学设计的基本过程，教师才能有效地实现教学目标。一个完整的教学设计过程通常有六个阶段，即前期分析、教学目标的阐明和评价试题的编制、教学策略的设计、教学设计方案的编制、教学设计的形成性评价、修改教学。

1. 前期分析

前期分析指在教学设计开始前诊断教学过程中涉及的相关要素，对它们的基本情

---

[1] 何克抗、林君芬、张文兰：《教学系统设计（第2版）》，4页，北京，高等教育出版社，2016。
[2] 何克抗、林君芬、张文兰：《教学系统设计（第2版）》，4页，北京，高等教育出版社，2016。
[3] 何克抗、林君芬、张文兰：《教学系统设计（第2版）》，4页，北京，高等教育出版社，2016。
[4] 何克抗、林君芬、张文兰：《教学系统设计（第2版）》，4页，北京，高等教育出版社，2016。
[5] 何克抗、林君芬、张文兰：《教学系统设计（第2版）》，4页，北京，高等教育出版社，2016。

况进行摸底、分析。前期分析主要包括学习需要分析、学习任务分析、学习者分析和学习背景分析。

学习需要分析指运用系统方法找出学习者当前的学习状态与期望其所达到的状态之间的差距，从而确定学习者的学习需要，并在此基础上阐明教学目标。

学习任务分析是系统教学设计中最为关键的分析步骤，目的是帮助学习者了解学习结果类型，为教学设计者确定教学内容提供基础依据。

学习者分析和学习背景分析是为了判断学习者的学习准备状态，包括学习者的心理、生理、社会背景、知识、技能、学习动机与学习风格等方面的起点水平以及学习者的个体差异。

前期分析可以为教学目标的制定、教学策略的选择、教学的实施提供充分的依据，使教学设计工作更具有针对性，从而确保教学工作的科学化。

2. 教学目标的阐明和评价试题的编制

在前期分析的基础上教学目标可以被阐明。在实际教学过程中，教学目标需要结合实际情况被不断明确、具体化。清晰明确的教学目标不仅有利于教学策略的选择、教学过程的掌控，而且有利于评价试题的编制。评价具有诊断性和导向性，对整个教学活动的实施与教学结果极为重要。

3. 教学策略的设计

教学策略是依据教学资源和前期分析提供的信息，为达到特定的教学目标而设计、制定的教学实施方案。教学策略的设计主要包括对教学活动过程、教学内容和顺序、教学方法、教学组织形式和学习方式、教学媒体的设计。

(1)教学活动过程

教学活动过程就是为完成预期的教学任务、达到教学目标，通过讲授、讨论、实践等多种方式推进教学活动的进程。

(2)教学内容和顺序

对教学内容和顺序的设计指对教学内容各组成部分的选取和次序排列，它决定"教什么""先教什么，后教什么"，即各个具体教学目标及其次序安排。

(3)教学方法

这里的教学方法主要指与教学媒体使用有关的方法，目的是帮助教师和学生共同有效地达成教学目标。海涅克等人概括了十类与选择、利用教学媒体相关的教学方法，具体如下。

①呈现法(Presentation)：信息源可以是教材、录音带、录像带、电影、教学人员等。

②演示法(Demonstration)：指导者可以利用 PPT、教学视频等方式进行演示或播放。

③讨论法(Discussion)：包括学生间、师生间思想和观点的交流，该方法可以用于教学过程中的任何阶段，既可用于小组教学，也可用于集体授课。

④训练和实践法(Drill and practice)：学生通过一系列设计好的实践练习，提高对新技能的熟练程度或更新已有的技能。

⑤个别指导法(Tutorial)：指导者通过面谈、计算机等形式呈现内容，提出问题，要求学生回答或分析问题，并给予适当的反馈，直到学生达到了预设的能力水平。

⑥合作学习法(Cooperative learning)：学生们不仅可以通过讨论文本或观看媒体资料进行合作学习，也可以通过制作媒体作品进行合作学习。

⑦游戏法(Games)：在寓教于乐的学习环境中，学生遵循一定的规则，努力达到具有挑战性的教学目标。

⑧模拟法(Simulation)：学生面对按比例缩小的真实事物的模型进行实践活动，该方法的成本和风险都较小。

⑨发现法(Discovery)：学生通过归纳或探究进行学习；通过试误的方式解决问题，通过亲身参与更深刻地理解所学的内容。

⑩问题解决法(Problem solving)：学生面对真实世界中的问题，并在解决问题的过程中扮演主动角色。

(4)教学组织形式和学习方式

这两者是相辅相成的，只有使两者匹配，才能最大限度地调动学生的积极性和主动性。在教学活动中，教学组织形式是丰富多样的，根据学生学习方式的不同可以把教学组织形式分为三种类型：班级授课、分组教学和个别化教学。

①班级授课：把年龄大致相同的学生编成固定班级，由教师按照固定的课程表和统一的进度，以课堂讲授的方式为主，分科对学生进行教育。

②分组教学：把学生按一定的标准(能力、兴趣、愿望等)编入不同的学习小组来进行教学，目的为以最佳的教学方式使学生进行多元化的学习，使教学更好地适应学生的特点和需求。

③个别化教学：采用灵活的方式，注重学生的个体化差异和个性发展。

(5)教学媒体

教师依据教学任务的内容、教学目标以及学生的特点，选择存储和传播相应教学信息并能参与教学活动的载体，通常包括传统媒体(如挂图、纸质教材等)、电声媒体、投影媒体、视频媒体及计算机网络媒体。

4. 教学设计方案的编制

教学设计方案既是系统教学设计工作的总结，也是实施教学的依据。教学设计方案编制的形式有多种，文本式和表格式是最为常用的两种形式。

5. 教学设计的形成性评价

教学设计的评价一般是形成性评价，主要用于评价教学设计方案、教学过程和教学成果的价值。评价的目的是获得关于教学设计成功或失败的反馈信息，以便及时修改完善教学设计。教学设计的形成性评价从前期分析时就开始了，贯穿整个设计过程。

6. 修改教学

根据教学设计评价收集到的反馈信息，教师找出学生无法完成学习任务的原因和教学中存在的问题，从而对教学设计方案进行修改，以提高教学设计方案的质量。修改教学不仅针对实际教学存在的问题本身进行修改，还包括对前期分析、教学目标的阐明、教学策略的设计等其他所有环节的修改完善。

（三）信息化教学设计

信息化教学是在信息化环境中教育者与学习者借助现代教育媒体、教育信息资源和教育技术方法进行的教与学的双边活动。信息化教学不仅包括在传统教学的基础上对教学媒体和手段的改变，而且包括以现代信息技术为基础的整体教学体系的一系列改革。信息化环境中的教学由"知识本位"向"能力本位"转变。

1. 信息化教学设计概述

信息化教学设计是在传统教学设计的基础上发展起来的，该概念由上海师范大学黎加厚教授首先提出。信息化教学设计就是运用系统方法，以学为中心，充分利用现代信息技术和信息资源，科学地安排教学过程的各个环节和要素，以实现教学过程的最优化的过程。其特点包括：以信息技术为支撑，应用信息技术构建信息化环境，获取、利用信息资源，支持学生的自主探究式学习；以现代教育教学理论为指导，强调教学内容的时代性和丰富性，注重培养学生的信息素养；以新型教学模式的构建为核心，重视学生主体作用的发挥，通过基于资源的、基于协作（合作）的、基于研究（探究）的、基于问题解决的自主学习方式建构学习意义，培养学生的创新精神、实践能力和综合能力，并使他们最终成为具有信息处理能力的主动的终身学习者。

简单地说，信息化教学设计就是在信息化教学环境中的教学设计。与传统的教学设计相比，信息化教学设计更充分地利用信息技术和信息资源，科学地安排教学过程中的各个要素，为学生提供良好的信息化条件，以促进教学效果的提升。其目的在于培养学生的信息素养、创新精神、实践能力和综合能力。理解信息化教学设计时应注意以下几点。

第一，在教与学两个要素中，信息化教学设计更关注学的方面，注重对学生学习能力的培养。教师应作为学习的促进者、指导者，帮助、引导和评价学生的学习进程。

第二，信息化教学设计充分利用各种信息资源（包括信息化学习情境和信息化学习环境）来支持学生的学习。

第三，信息化教学设计将任务驱动和问题解决作为学习和研究活动的主线，在相关的情境中教授学习策略和技能。

第四，信息化教学设计更加强调协作，这种协作不仅是学生之间、师生之间的协作，还包括教师之间和更大范围的人们之间的交流与协作。

第五，信息化教学设计充分运用信息技术来设计科学的学习评价指标体系和评价方法。

2. 信息化教学设计的特点

信息化教学设计与传统的教学设计相比，有以下几个突出特点。

(1)强调以学生为中心

信息化教学设计最重要的理论基础是建构主义理论。信息化教学设计的主要任务是运用信息技术提供丰富的信息资源，创建一个以学生为中心的开放式学习环境，让学生在这样的环境中进行意义建构，强调学生是学习活动的主体。信息化教学设计尊重每个学生的个体差异，强调学生进行自主设计式学习，不同学生可以根据自己的兴趣和能力选择适合自己的学习内容和学习方式，在相应时间和空间里进行学习，以达到最好的学习效果。

(2)基于开放的教学模式和教学环境

进行信息化教学设计时，教师要采用开放的系统思维方式，基于开放的教学模式和教学环境，思考整个教学过程，以克服传统教学设计相对封闭、线性思维的缺点；让学生在开放的学习环境中按照自己的学习需要，利用丰富的信息资源进行自主化学习，探索和解决问题，改变以往封闭、被动、填鸭式的教学方式。

(3)以问题、任务为驱动

问题或任务是学习目标的情境化体现，教师要以课程的大概念为背景，围绕一个完整的问题或任务设计、安排教学，让学生成为问题(任务)情境中的角色，促使学生学习相关知识，激发学生创新思考，以培养学生解决问题和完成任务的能力。

(4)强调协作学习

协作学习可促进师生之间、教师之间、生生之间的感情交流和智慧交流，减少犯相同错误的概率，扩大视野，增进彼此之间的感情。

(5)强调学习内容的综合性

信息化教学有利于内容更具综合性的交叉学科的单元学习和专题学习。在信息化教学设计中，教师可组织交叉学科的专题学习，将支持某一专题学习的不同学科或不同单元的学习资源整合为一体，使信息资源具有更大的多维性和综合性。学生可根据自己的需要和兴趣选择学习资源、学习方式，或选择不同的学习方向。这种灵活性、综合性的学习有利于挖掘学习主体的潜能，发展学生的创造性。

（6）反馈调节与学习评价的及时性

信息化教学设计要求对教学过程进行迅速、及时的评价。教师根据收集到的实时信息对学生的学习做出及时的评价和反馈，学生通过反馈及时了解自己的学习情况并做出相应的学习策略调整，以实现对学习过程的监控和调节。同时，网络化教学评价系统可促使学生养成自我反思和自我评价的良好习惯，提高学生学习评价和反馈调节的效率。

（7）教学周期的单元性

教学单元是按某章、某节或某一个主题来组织的相关学习内容。信息化教学设计依据教学单元内容确定学时，给学生足够的时间。学生主动通过研究型、资源型学习，广泛收集、深入挖掘信息，在获得认知、情感方面发展的同时提高信息素养。

（8）要求师生具备一定的信息技术素养

信息化教学设计的目的是使学生充分利用信息技术和信息资源进行基于任务、基于合作、基于研究的学习，这就要求师生必须具备一定的信息技术素养，否则就会在信息的海洋中迷失方向。只有当师生的信息技术素养达到相应的水平，信息化教学设计才能被广泛应用且卓有成效。

（9）教学评价的多元性

评价在本质上是一种通过协商形成的心理结构，是评价者和被评价者通过协商进行共同心理建构的过程。信息化教学评价秉持价值多元化的理念：一是评价主体多元化，主体可以是教师、学生、家长、社会人士等；二是评价标准多元化，对教师的教和学生的学设定不同的标准；三是评价方式的多元化，包括诊断性评价、形成性评价、总结性评价等方式。

二、基于问题的信息化教学设计

本节学习目标

通过本节的学习，能够阐述基于问题的信息化教学设计的内涵、基本原则和基本方法，并能够设计基于问题的信息化教学。

基于问题的学习（Problem-based learning）这一教学模式于 20 世纪 60 年代末由美国神经病学教授巴罗斯在加拿大麦克马斯特大学首创，最初用于医学教育，后逐渐应用于其他行业如商业、建筑、法律、工程等的教育，并日益受到中小学教育改革实践的重视，目前已成为国际上较流行的教学模式。

（一）基于问题的信息化教学设计的内涵

1. 什么是问题

问题指在一定情境中人们在满足某种需要或完成某一目标时所面临的未知状态。

问题解决指人们为处理问题情境而产生的一系列认知加工活动，是有机体对问题情境的适当的反应过程。

问题可分为良构问题与劣构问题。良构问题有统一的标准答案，如方程式的解、电路中电压与电流的关系、光合作用的条件等。教学内容中的良构问题是不适合基于问题的学习的。劣构问题则相反，往往有多种解决方案，如让学生做天气预报或做某个巧妙的机械装置，学生的解决方案会五花八门。劣构问题来源于日常生活或是对真实场景的模拟，对问题缺乏明确的界定，问题的构成存在不可知的部分，难以确定哪些规则和原理是解决问题所必需的，难以确定解决问题的方法和步骤，需要通过尝试不同的解决方案以寻找最佳的解决办法。

2. 基于问题的学习

基于问题的学习指把学习置于复杂且有意义的问题情境中，让学习者在彼此协作、解决问题的过程中获得隐含于问题的知识，发展思维能力、解决实际问题的能力以及自主学习能力，同时培养学习者的创新意识和合作精神的教学模式。

3. 基于问题的学习的三个基本要素

想要完成一个合理有效的基于问题的信息化教学设计，就必须了解基于问题的学习的各要素的性质和特点。基于问题的学习有三个基本要素，分别为选取与设计问题、团队协作和学生的反思，其对象、基础与特点如表 4-1 所示。

表 4-1　基于问题的学习的基本要素

要素	对象	基础	特点
选取与设计问题	教师	源于现实生活，贴近学生熟悉的社会环境。	教师是学习活动的指导者或学生的榜样。 教师鼓励、激发学生思考，使学生持续参与。 教师监控和调整任务的难易程度，调控小组的驱动力，使学习顺利进行。
团队协作	学生之间	主动参与，积极建构。	学生是主动解决问题的行动者。 学生分小组讨论和交流，通过不断地补充、修订加深对当前问题的理解。 学生进行投入的学习与积极的意义建构。
学生的反思	问题		反思是一种元认知，能够发展学生的思维能力，并帮助学生懂得如何学习，培养其终身学习能力。 问题是学生处世的挑战和动机。

4. 信息化环境中基于问题的学习的优势

信息化环境能为学习者提供丰富的资源，为学习者实现探索式学习、发现式学习创造有利条件，学习者的学习积极性与主动性也会获得极大提高。因此，在信息化环境下进行基于问题的学习相较于传统环境有很大的优势，具体如表 4-2 所示。

表 4-2　两种环境的对比

教学方面	传统环境	信息化环境
问题情境	教师只能靠语言描述问题，较抽象，不易想象，容易使学生产生理解上的困难。	可以通过各种技术形象地呈现问题情境，有助于学生理解问题和融入情境。
资源范围	资源单一，只能依靠课堂提供的文字、图片或模型等。	资源丰富，可以通过各种软件形象地呈现问题情境。
学习社群	局限于小组成员或班级成员。	学生可以与身处不同地区的学习伙伴探讨问题。
评价效果	教师扮演科学家等多种角色；若教师不具备相关素养，则评价效果不佳。	学生可以与多个教师乃至相关专家联系，评价更专业，效果更好。

(二)基于问题的信息化教学设计的基本原则

教师在进行基于问题的信息化教学设计时应遵循以下基本原则。

1. 以学习者为中心

在基于问题的学习中，学习者是问题解决者和意义建构者，教师必须让他们承担有关自己的学习和教育的责任，并培养他们独立自主的精神。教师为学生设计真实的任务和问题情境，提供学习资源，引导学生进行学习，并监控整个学习过程，使教学计划被顺利地执行。

在基于问题的学习中，教师扮演一种"认知教练"的角色，并在问题解决的过程中慢慢隐退。在活动开始之前，教师为学生提供问题情境并准备相关资源；在问题解决过程中，教师协助和指导问题解决，支持学生的学习。

2. 基于真实情境的问题

劣构问题往往没有规则和稳定性，具有一定的真实性和复杂性。基于问题的学习中的问题应是劣构问题，源于现实世界或真实情境。问题对学习者有一定的挑战性，通过解决真实情境中的问题，学习者能够将知识运用于实际问题的解决中。

3. 实现高水平的学习

学生面对劣构问题，需要在原有经验和知识的基础上来分析、解决问题。在问题解决的过程中，教师应鼓励协作与讨论，重视学生对学习内容和过程的反思，发展学生解决问题的能力和高级思维能力。

(三)基于问题的信息化教学设计的基本方法

1. 设计模式

基于问题的信息化教学设计模式如图 4-1 所示。主要步骤包括问题设计、学习资源设计、学习活动设计以及学习评价设计。

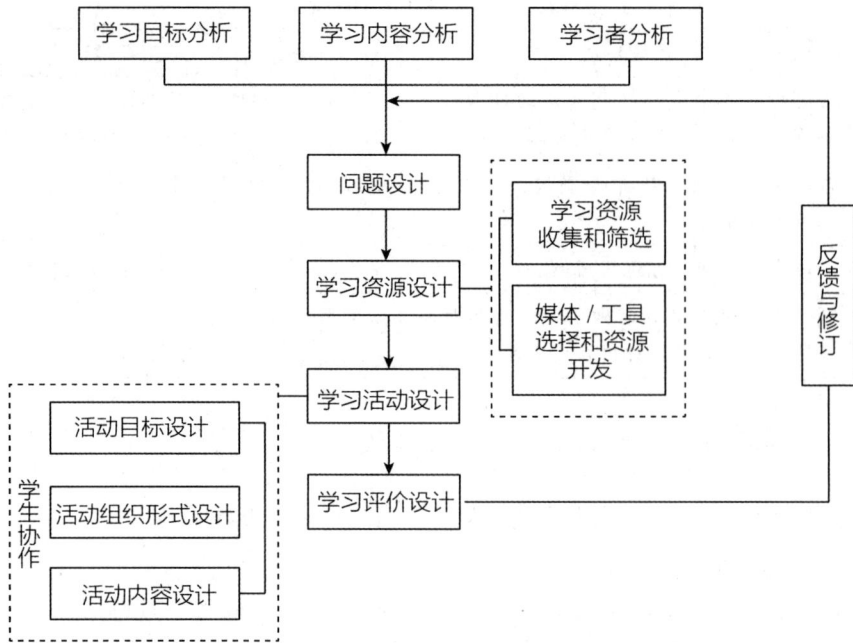

图 4-1 基于问题的信息化教学设计模式图

2. 问题设计

学习目标是教学活动的出发点和最终归宿，它能为学生的活动指明方向。教师应当对课本中的知识点进行透彻的分析，根据学习者在认知、情感和学习风格等方面的特征，结合学习者的已有经验，选择适合学生进行自主学习、与学生的实际生活联系紧密、能促进学生个性发展的内容，并对知识点进行适当扩展，以适应不同学生的学习需要。由于基于问题的教学以解决现实生活中的实际问题的逻辑顺序为主线，而不以学科知识的逻辑结构为主线，问题设计则成为教学内容设计的核心，是凝聚、汇集和激活学生知识技能的触发点。

基于问题的学习的启动和推进都是通过问题实现的，问题是学习的基础。要设计一个良好的学习问题需要注意以下两个方面。

第一，基于问题的学习中的问题应是劣构问题。问题是复杂的、面向过程的，没有固定解决方法和唯一正确的答案，需要学生在解决问题的过程中进行判断和决策。

第二，学习的相关主题应是反映真实世界的问题。教师对问题的开发和设计应基于学生的经验和真实的情境，并使问题描述能够被学习者或学习小组理解，以便让学习者通过问题解决的过程掌握一定的知识、学习解决问题的方法。

3. 学习资源设计

明确了问题后，教师就要通过各种渠道收集相关的学习资源并进行合理筛选，通过已有的信息化资源为学习者创建一个良好的学习环境。这个环境应是一个可以反映真实世界的环境。

4. 学习活动设计

基于问题的教学是以学生活动为主线的，它由一系列活动构成，一般包括活动目标设计、活动组织形式设计和活动内容设计。

5. 学习评价设计

在评价阶段，教师要引导学习者总结在整个解决问题的过程中的体会或收获，反思存在的不足。评价主要包括学生对自己的评价、对其他小组成员在解决问题中的表现的评价，以及教师对学生小组协作或独立完成的作业所做出的总结与评价。在活动的最后，师生要共同进行总结性评价，为下次教学的改进提供依据。

基于问题的学习是一种新型教学模式，符合开放教育和终身学习的理念，强调学生个性化学习特点，具备多种优势，体现出强大的生命力。实践证明，基于问题的学习转变了学生的学习观念，是一种可行的教学模式，操作性强，不仅可以提高学生运用知识的能力，而且可以让学生学会学习，为终身学习打下基础。因此，教师要合理利用该模式进行有效教学。

(四) 基于问题的信息化教学设计的案例

下面展示的"数学与游戏"教学设计方案是一个基于问题的教学设计方案，涉及数学、体育、信息技术、研究性学习、社会实践等领域，适合小学五年级和六年级的学生，旨在让学生在玩游戏的过程中学习数学，体会数学与生活的密切联系，调动学生学习数学的积极性，充分感受数学的美妙，领悟数学的魅力。

1. 主题选择及问题设计

学生的数学学习内容应当是现实的、有意义的、富有挑战性的，这些内容要有利于学生主动地进行观察、猜测、实验、验证、推理与交流等数学活动；认识到现实生活中蕴含着大量的数学信息，数学在现实世界中有着广泛的应用；面对实际问题时，能主动尝试从数学的角度运用所学知识和方法寻求解决问题的策略；面对新的数学知识时，能主动寻找其实际背景，并探索其应用价值。基于以上考虑，教师选择了"数学与游戏"这一主题，并设计了以下问题。

(1) 基本问题

此主题下的基本问题为：数学是怎样运用于生活中的？

(2) 单元问题

① 游戏需要数学吗？

② 游戏中的哪些问题需要用数学知识来解决？

③ 能否用已掌握的数学知识自编一个新的数学游戏？

（3）内容问题

①你能向大家介绍一种数学游戏吗？

②你发现了哪些能在游戏中获胜的策略？

③你准备运用哪些数学知识来创编数学游戏？

④你是否愿意把你创编的数学游戏介绍给大家？

2. 学习目标

（1）数学学习目标

①知识技能目标：尝试从数学的角度出发，在游戏中找到获胜的策略；运用已有的数学知识自创一种新的数学游戏。

②过程性目标：在玩游戏的过程中初步体验数学与生活的密切联系。

③情感目标：在游戏中充分感受数学的美妙，领悟数学的魅力，提高学习的兴趣。

（2）信息技术应用目标

①会使用 PowerPoint 制作演示文稿。

②会利用网络搜集相关资料。

③会建立自己的"作品引用记录"，形成初步的版权意识。

3. 学生分析

五年级和六年级的小学生思维活跃，活泼好动，喜欢尝试新事物，对游戏很感兴趣；已掌握了小学数学中的基本运算及运算技巧，能解决生活中简单的数学问题；能够利用网络查找需要的信息，具备操作电脑的基本能力。

4. 教学准备

教师应安排 2 周的教学时间，参考五年级、六年级的数学教材，准备多媒体网络教室。

5. 教学与学习过程

（1）活动的提出（1 课时）

①创设情境："六一"儿童节到了，班级将组织一个游戏节。

②布置任务：准备一个自己最喜欢的数学游戏并介绍给大家；尝试运用已掌握的数学知识自编一个新的数学游戏。

（2）活动的开展（1 周）

①游戏节活动（1 小时）：学生分小组介绍一个最喜欢的数学游戏的玩法，小组评选出"小组最喜欢的数学游戏"，每个小组玩一玩最喜欢的数学游戏，小组讨论"游戏中需要运用数学知识吗？""在游戏中获胜的策略有哪些？"把小组自创的数学游戏介绍给大家。

②上网查询相关信息，根据所获取的信息制作电子演示文稿(1周)。

(3)活动的反馈(1小时)

①全班交流，根据演示文稿的评价标准，师生、生生间互相评价，对作品质量以及学习过程做出评价。

②评选"我们最喜欢的原创数学游戏"。

(4)活动的延伸(1周)

①全班交流，根据评价标准，师生、生生间互相评价，提出创造性建议或改善性建议，进一步修改完善游戏。

②全班交流讨论基本问题：数学是怎样运用于生活中的？

6. 案例点评

"数学与游戏"首先让学生介绍各自小组最喜欢的游戏及玩法，评选出"小组最喜欢的数学游戏"，大家一起玩游戏。然后在此基础上，学生自编自创数学游戏，并制作出演示文稿进行展示、交流。这一过程让学生在游戏中学习数学，体会数学与生活的密切联系。案例的问题框架设计合理，过程完整、充实，具有较强的可操作性，但还需在教学实践中不断完善。

三、基于项目的信息化教学设计

本节学习目标

通过本节的学习，能够阐述基于项目的信息化教学设计的内涵、基本原则和基本方法，并能够设计基于项目的信息化教学。

基于项目的学习(Project-based learning)源于杜威提出的"做中学"的教育理念，后来逐渐被教育研究人员发展为"项目学习"教学法。近年来，该教学法受到教育信息化领域的关注。它以学生为中心，改变了以课堂讲授为主的教学方式，是信息时代培养学生解决复杂问题能力的较理想选择，并与21世纪技能培养等概念联系在一起，在全球范围内得到广泛推广。

(一)基于项目的信息化教学设计的内涵

1. 基于项目的学习的概念

虽然基于项目的学习的实践已开展多年，但目前仍没有统一的定义。马卡姆等人认为，基于项目的学习是学生围绕复杂的、来自真实情境的主题，在精心设计任务、活动的基础上，进行较长时间的开放性探究，最终建构起知识的意义并提高自身能力的一种教学模式。① 所罗门认为，基于项目的学习活动往往围绕着具有一定挑战性的项目主题展开，主题的选定往往来自真实的环境，依托某一学科理论，并在活动过程中体现多学科交叉的思想。② 这两个定义具有一定的代表性，它们将基于项目的学习看作一种教学模式、教学思想、教学方法，强调了学生在真实世界中综合运用多学科知识解决问题的能力，在问题解决中促进学习。

国内学者对基于项目的学习也提出了各自的看法，黎加厚认为基于项目的学习是以学习、研究学科的概念和原理为中心，学生通过参与一个活动项目的调查和研究来解决问题，从而建构起自己的知识体系并能运用到现实社会中的一种学习模式。③ 柯清超认为，基于项目的学习是一种以学生为中心的教学模式，是学生从真实世界中的基本问题出发，围绕复杂的、来自真实情境的主题，以小组的形式进行周期较长的开放性探究活动，完成一系列诸如设计、计划、问题解决、决策、作品创建及结果交流等学习任务，并最终实现知识建构与能力提升的一种教学模式。④

基于项目的学习翻转了布卢姆的目标分类学，它用高阶的学习包裹低阶的学习；不是由低到高逐阶学习具体内容，而是从创造性认知要求开始，让学生在驱动性问题所产生的强大内动力的推动下去创造一个真实的产品。在与产品互动的过程中，学生主动识记、理解为完成这一产品所需要的知识，提升能力与素质。

2. 基于项目的学习的特征

基于项目的学习包含了多种课程形态，如基于问题的学习、探究式学习、STEAM学习以及研究性学习，但不管是何种形态，大都基于情境学习的理论假设，即认为学生在解决真实世界的问题中学得最好。但是，各种形态在项目化的程度上是有差异的。真正意义上的跨学科项目化学习不是一种点缀，也不是学科拼盘或学科实践活动，而是学生通过对真实且有意义的问题进行探讨，运用类似于真实的成年专家(如科学家、作家、历史学家)解决问题的方式，像认知学徒一样参与学习的过程。

根据达林·哈蒙德和克拉斯等人的界定，基于项目的学习主要包含以下五个要素。

第一，真实的驱动性问题。驱动性问题包含有价值的内容，以真实世界中的情境作为锚点，让整个项目活动连贯、一致。

第二，学生在真实情境中对驱动性问题展开探究。类似于学科专家的研究过程，学生在探究过程中学习和应用学科思想。在这一过程中，十分重要的是如何采集证据、使用证据、做客观的描述并利用证据进行推论和解释。

① Thom Markham, *Project Based Learning Handbook*, Boston, Buck Institute for Education, 2003.

② Gwen Solomon, "Project-Based Learning: a Primer," *Technology & Learning*, 2003(1), pp. 20-30.

③ 黎加厚：信息技术课程改革与实践，http://wenku.baidu.com/view/279eeeef5335a8103d2205a.html, 2018-02-25。

④ 柯清超：《超越与变革：翻转课堂与项目学习》，129 页，北京，高等教育出版社，2016。

第三，学生经常用项目化小组的方式进行学习。教师要发展学生的合作能力，要组织基于证据的集体交流与讨论。

第四，学生运用各种工具和资源解决问题。

第五，学生最终产生可以公开发表的成果。产品是知识建构的外在表现，学生在创造产品的过程中重构他们的理解。真实学习发生的过程是非线性的，学生理解力的发展状况需要通过产品表现出来。通过这些产品，教师可以评估学生提出问题的能力、设计能力、收集和处理信息的能力等。学生的产品将他们的个人理解与思维可视化。[①]

3. 基于项目的学习与基于问题的学习的相同与不同之处

在教育实践领域中，基于问题的学习与基于项目的学习是两个很接近的教学模式，它们的英语首字母缩写都是 PBL，在教学理念上也有很多相同之处，国外有学者建议把基于问题的学习作为基于项目的学习的一种特例，即基于问题的学习是把基于项目的学习中的"项目"定义为要解决的一个问题。基于项目的学习与基于问题的学习具有很多相同点：聚焦于解决开放性的问题或任务；强调知识与技术的真实应用；促进学生 21 世纪技能的发展；强调学生独立自主学习与探究；教学比传统课堂需要更长时间（跨课时、跨单元），知识更加综合化。但两者也有一些差异，如表 4-3 所示。

表 4-3 基于项目的学习与基于问题的学习的差异

方面	基于项目的学习	基于问题的学习
教学内容	开放、多学科的整合知识。	大部分为单一学科，也有多学科的整合知识。
教学时间	时间较长，需要数周或数月完成一个项目。	教学时间较短（但比传统课堂长）。
学习方式	多样化的学习步骤。	按照预设的步骤进行学习。
学习产出	具体的作品、表演等。	有形或无形的解决方案、解决思路。
学习情境	大部分是真实世界的问题、任务、预设等。	常常使用案例、虚构的情景或虚构性问题等。

(二)基于项目的信息化教学设计的基本原则

基于项目的学习强调从以教为中心向以学为中心转变，在进行基于项目的信息化教学设计时，教师应遵循以下基本原则。

1. 教学内容主题化

在基于项目的学习中，教师需要提供一个驱动性主题（问题），用于组织和激发学习活动。学生利用所学知识围绕该主题展开实践探究，解决项目中的问题，并在此过程中建构起新的知识体系，掌握一定的技能。

---

① 张悦颖、夏雪梅：《跨学科的项目化学习："4＋1"课程实践手册》，6页，北京，教育科学出版社，2018。

2. 学科知识综合化

基于项目的学习整合了一系列相关学科的基本知识、研究方法及当前社会的综合问题，其目标是培养学生解决综合性、实践性问题的能力，这与传统的教学目标形成了鲜明的对比。在基于项目的学习中，学习者需要运用多门学科的知识，单纯依靠某一门学科的知识是无法完成活动任务的。

3. 学习活动实践化

基于项目的学习强调活动的实践性。基于项目的学习让学生依据自己的需要、动机、兴趣进行参与、体验和研究，学生在实践中提高获取信息、加工信息和处理信息的能力。学生实践的内容丰富多彩，他们面对的是源于生活的真实且具体的问题，不是单纯而抽象的某个学习问题。实践的方式也多种多样，学生可以利用多媒体和网络等技术，通过实践体验、创造想象等多种途径来解决问题，如调查采访、分析计算、实验探究、撰写报告等。

4. 学习过程协作化

在基于项目的学习中教师应为学生提供协作学习的机会，鼓励学生以各种形式开展合作。在这种学习活动中，学习者们往往需要达成一致的意见，对学习任务进行合理分工，并适时地进行协商和讨论。这一过程可加强学习者之间的相互协作和理解，有利于培养其团队精神和人际交往能力。此外，除了学习者之间的协作交流，教师、学习者及其他相关人员组成一个学习共同体，为完成任务共同努力。

5. 学习方式个性化

基于项目的学习面向每一位学生的个性发展，尊重每一位学生发展的独特需要。它强调学生在活动过程中所产生的丰富多彩的学习体验及个性化、创造性的表现。基于项目的学习的一个重要原则是学生根据自身兴趣来选择学习的主题和内容，从确定选题、收集资料、制作作品、答辩到展示成果的整个过程都是学生自主决策、自主完成的，这有助于培养学生的自我导向能力。

6. 学习评价多样化

学生的实践内容不同，所得的实践结果亦各不相同，因而评价的方式、内容也应有所不同。

7. 学习产出成果化

基于项目的学习强调在活动结束后有一系列学习成果产生。学生根据不同的活动内容，从不同的角度，形成不同形式的成果。成果既可以是研究论文，也可以是数据调查报告，还可以是歌舞、小品、绘画等。

（三）基于项目的信息化教学设计的基本方法

1. 基于项目的学习的步骤

基于项目的信息化教学设计应针对基于项目的学习的各个步骤做出计划与安排。基于项目的学习的步骤主要包括选定项目、制订计划、活动探究、制作作品、交流成果、评价活动，如图 4-2 所示。

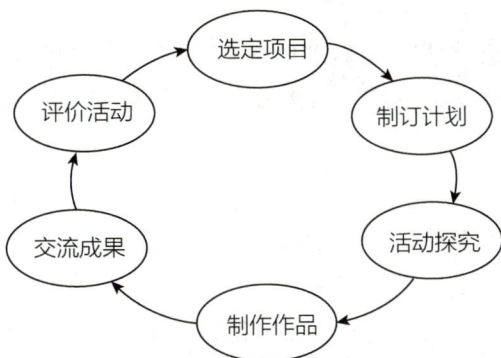

图 4-2　基于项目的学习的步骤

2. 项目主题的论证与选定

项目的主题是基于项目的学习的核心部分。教师在进行教学设计时可以根据课程标准、学习者的情况等来确定基于项目的学习的主题。项目主题要符合以下要求：让学生解决真实的问题，要反映出学科的核心知识，要涉及多学科的知识，要让学生的多种能力有所提高，要有助于学生建构自己的知识体系。

3. 项目驱动问题的确定

项目驱动问题就是把项目主题和课程结合在一起所形成的一个重要的、有意义的问题。它能激发学生参与项目的兴趣，并帮助学生和教师在基于项目的学习中集中精力以达成确定的目标。项目驱动问题是开放性的，要求学生运用高级思维，并要求他们对信息进行整理、综合分析和批判性评价，不是仅凭"是"或"不是"就能够回答的。项目驱动问题要直指某个科目或主题的核心内容，要与课程标准的内容保持一致；也可以是现实生活中的两难问题，这类问题会激发学生的兴趣。

4. 基于项目的学习的评价

基于项目的学习的评价不同于传统教学的评估，它主要强调学生知识的掌握和能力的提高。真实性评价和表现性评价是较常采用的两种方式。真实性评价是检验学生学习成效的一种评价方式，要求学生运用所获得的知识和技能去完成一项真实世界中的或模拟真实世界的很有意义的任务。表现性评价有助于测查学生的高级思维能力以及综合运用所学知识解决实际问题的能力；能激发学生的学习动机，使学生为终身学习打好基础。

(四)基于项目的信息化教学设计的案例

下面展示的"十二生肖"综合实践活动课的教学设计方案遵循了基于项目的学习的理念,让学生通过绘画、涂色、剪纸、多媒体等多形式表现十二生肖,是艺术、科学、信息技术等多学科的融合,其目的是培养学生多学科知识的综合应用能力。

1．确定项目主题

十二生肖是中华民族传统文化的重要内容,围绕十二生肖有许多有趣的故事。十二生肖可以整合科学、语文、美术、信息技术等学科的知识,有利于学生对多学科知识进行综合应用。

2．活动目标

①了解十二生肖的外形特征,加深对十二生肖的了解。

②掌握简笔画中点、线、形的画法。

③学会用简单的线条和基本的几何图形来表现十二生肖,掌握绘制简笔画的方法。

④了解十二生肖各部分的颜色特征,为十二生肖涂色,培养学生的审美感。

⑤了解剪纸,掌握剪纸的基本技能,完成部分生肖的剪纸作品。

⑥能够利用网络搜索信息,能够制作图文并茂的演示文稿。

3．活动主体与时间

活动主体为小学三年级学生。整个活动过程需要五课时。在第一课时,学生了解部分生肖的故事,了解它们的外形特征;在第二课时,学生掌握简笔画中点、线、形的画法,学会用简单的线条和基本的几何图形来表现十二生肖,掌握绘画技能;在第三课时,学生了解十二生肖身体各部位的颜色特点,为其涂色;第四课时,学生了解剪纸,掌握剪纸的基本方法,完成部分生肖的剪纸作品;第五课时,学生在机房利用多媒体展示自己的作品,并由教师和学生评价作品。

4．活动准备

①师生讨论,根据学生的意愿和兴趣确定研究活动主题。

②教师收集有关十二生肖的图片、剪纸、动画片、故事、谜语等。

③学生收集整理十二生肖的相关资料。

④学生收集、阅读有关十二生肖的故事。

⑤师生准备相关工具,包括学生进行活动时用到的铅笔、绘画图纸、尺子、粉笔、橡皮、彩纸、剪刀、胶棒、彩笔等。

5．活动过程

(1)第一课时

教师播放视频及演示文稿,使学生了解十二生肖的外形特征,激发学生的兴趣。

①通过讲故事的方式了解生肖排序：教师将学生分组，将准备好的印有生肖排序故事的材料发给各小组，各小组组长组织学习；学生选出代表为大家讲述生肖排名的故事，学生了解排名的由来。

②观看视频了解十二生肖的主要特征：教师播放视频，学生通过观看视频知道十二生肖是哪十二个动物，能够描述喜欢的动物的外形特征，对所学内容产生兴趣。

③观看多媒体课件：教师利用课件展示十二生肖的素材照片，每出现一个生肖图片，教师引导学生模仿其典型特征，加深学生对十二生肖特征的理解。

(2)第二课时

学生掌握简笔画点、线、形的画法，学会用简单的线条和基本的几何图形来表现十二生肖，训练绘画本领。

①兴趣导入：教师给出一些十二生肖谜语让学生猜，并和学生一起简单描述十二生肖的长相、特点。

②简笔画基础练习：学生学习画简笔画，先学习画点，再学习画线，最后学画形，即用简易的方法将点和线结合成形；教师在黑板上为学生演示点、线、形的画法，学生仿照教师的示范完成。

③描述十二生肖的特征：教师将学生分为四个小组，每组负责描述三种生肖的特征，学生小组讨论交流，各小组派代表向全班介绍一种生肖的特征。

④画一画：教师按照简笔画的绘图要领画出鸡、兔、蛇等动物的简笔画，帮助学生解决绘画中遇到的问题，学生在练习本上画出这几个生肖，教师给予反馈。

图 4-3 呈现了学生的活动过程，图 4-4 展示了部分学生的简笔画作品。

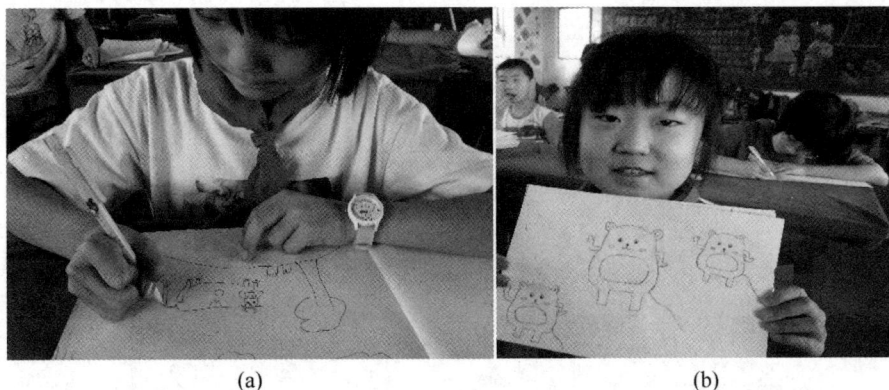

(a)　　　　　　　　　　　　(b)

图 4-3　学生的活动过程

图 4-4　部分学生的简笔画作品

（3）第三课时

学生了解十二生肖各部分的颜色特征，为十二生肖涂好颜色（此环节由学生自由发挥）。

①描述十二生肖身体各部位的颜色特征：教师按照上一课时的分组，重新给每小组分配三个生肖，小组积极讨论交流生肖身体各部位的颜色特征，展示交流成果。

②为生肖上色：教师指导学生涂色，鼓励学生大胆想象，合理使用颜料、彩笔等涂色工具为所选的生肖涂色；学生发挥想象，按照生肖身体各部位的颜色特征涂色；小组派出代表展示自己的作品，图 4-5 呈现的是部分学生的涂色作品。

图 4-5　部分学生的涂色作品

（4）第四课时

学生了解剪纸，掌握剪纸的基本技能，完成部分生肖的剪纸作品。

①情景引入：活动热身，做小游戏"正话反做"，奖励表现突出的学生，并由此引入活动主题；对参与活动的小组均发放奖品，奖品为精美的十二生肖剪纸作品；这一环节一方面为学生提供实物剪纸作品进行欣赏，另一方面鼓励学生积极表现，以引起学生对剪纸的兴趣。

②了解剪纸：引导学生说出剪纸的概念、使用场合和使用时间；概念——剪纸，又叫剪画，是一种艺术，给人视觉上美的体验；场合与时间——春节、端午节等节日时常出现剪纸，窗花、动画片、装饰物等都有剪纸元素，剪纸是很受国人欢迎的传统手工艺，在国外很难看到；剪纸的作用——装饰、美化、点缀、表达情感；剪纸的特点——简洁有序、美观、对称、点线结合。

③剪纸活动：第一步是初探剪纸，教师指导学生剪出各种形状，了解剪纸的细节与规律，如小孔形状常用于表现人或动物的眼睛，小月亮形状常用于表现口、眉、人或动物的眼睛，柳叶形常用于表现枝叶和花朵，锯齿纹常用于表现花瓣、水波浪、浪花等，之后教师演示剪五角星的步骤，传授五角星的画法与剪法；第二步是创新剪纸，教师要求学生根据兔子的各种特征想一想如何剪兔子剪纸，将上一课时涂好颜色的兔子简笔画拿出来，学生在教师的帮助下练习兔子剪纸，之后学生设计制作剪纸作品，且组内作品各不相同，每有一个作品则奖励一个小星星，计入组成绩，小组选出一个作品，全班评选出优秀作品并分为一、二、三等奖，分别奖励三个、两个、一个小星星并计入组成绩。

图 4-6 呈现了部分学生的剪纸作品。

图 4-6　部分学生的剪纸作品

（5）第五课时

学生制作演示文稿，在多媒体上展现自己的生肖作品。

①教师指导学生使用 PPT，帮助学生学会可能用到的功能，如插入生肖图片、插入艺术字等。

②学生学会使用 PPT 中简单的功能，制作演示文稿，在多媒体上展现自己的生肖作品。图 4-7 是部分小组的演示文稿作品。

图 4-7 部分小组的演示文稿作品

6. 活动评价

教师为"十二生肖"活动设计了评价表(如表 4-4 所示),对于学生创作的作品从绘画、涂色、剪纸、演示文稿几方面进行评价。学习的过程主要从分工情况、参与程度、完成情况、合作情况、作品质量等方面进行评价。

表 4-4 "十二生肖"活动评价表

指标	内容	评价		
		优 (5 分)	良 (3—4 分)	中 (1—2 分)
分工情况	小组分工是否明确,任务是否被合理分配给小组的每一位成员。			
参与程度	是否所有小组成员都积极参与,小组成员是否有效地扮演自己的角色。			
完成情况	能否有效地利用课堂时间,能否在教师规定的最后期限之前完成任务。			
合作情况	小组成员是否表现出较好的倾听能力和领导能力,小组成员能否通过讨论的方式共享观点和想法,成员之间能否相互帮助、相互尊重。			
作品质量	绘画的质量是否令人满意。			
	涂色的质量是否令人满意。			
	剪纸的质量是否令人满意。			
	演示文稿的质量是否令人满意。			

7. 活动应用效果分析

"十二生肖"综合实践活动历时一个多月,大部分学生喜欢此次综合实践活动的主题,他们对了解有关生肖的知识的积极性比较高。他们掌握了剪纸技巧和绘画技巧,所有学生都完成了自己的作品,部分学生审美水平较高,创作的作品充满童趣、创意十足。绝大多数学生能自主完成任务,部分学生上课时有走神、不专心的现象,需要在教师的提醒与指导下才能完成任务。大部分学生学会了如何做一个好搭档。学生非常期待教师为他们安排下一个主题的综合实践活动课。但教师认为学校给综合实践活动课安排的课时较少，学校不够重视这类课程，学校应该提升综合实践活动课程教师的专业能力。对于这次综合实践活动，教师们给予了很高的评价，认为其主题选择符合学生的特点，能激发学生的兴趣，方案设计具体，组织安排有序，在今后应持续开展。

8. 案例点评

"十二生肖"综合实践活动是一项基于项目的学习活动，其成果是学生绘制、裁剪以及运用 PPT 制作出来的十二生肖作品。学习内容整合了科学、语文、美术、信息技术等多学科的知识，学习过程强调学生动手实践、利用网络查找所需要的信息、自主学习以及合作学习的能力，有利于学生实践能力及信息素养的提升。这一教学设计在三年级的综合实践课中得到了实施，取得了较好的教学效果，此案例对于小学开展综合实践课具有借鉴作用。

四、翻转课堂信息化教学设计

本节学习目标

通过本节的学习，能够阐述翻转课堂信息化教学设计的内涵、基本原则和基本方法，并能够设计翻转课堂的信息化教学。

翻转课堂起源于美国，伴随网络技术的发展不断发展并走向全球，受到教育界的广泛关注。翻转课堂作为一种给全球教育界带来变革性影响的新型教学模式，在教育信息化、全球化的今天具有鲜明的时代特征。

(一)翻转课堂信息化教学设计的内涵

1. 翻转课堂的内涵

传统的教学过程通常包括知识传授和知识内化两个阶段。知识传授是通过教师在课堂中的讲授来完成的，知识内化则需要学生在课后通过作业、操作或实践来完成。而翻转课堂颠覆了这种传统的教学形式，其知识传授是在信息技术的辅助下在课下完成的，而知识内化则是在课堂上通过教师的帮助与同学的协助来完成的。随着教学过程的颠倒，课堂学习过程中的各个环节也发生了变化。教师与学生之间、学生与学生之间的互动探究在翻转课堂里是一种常态，包括问题的答疑、知识的运用等。这样的课堂是一个知识碰撞、灵感迸发的地方。学生由原来被动的知识学习者变为主动的知识学习者，从而实现良好的学习效果。教师在课前主要帮助学生对要学习的知识进行理解，在课中引导学生完成知识的内化。这就是所谓的颠倒课堂即翻转课堂教学模式的内涵。

2. 翻转课堂教学模式的特点

与传统课堂教学模式相比，翻转课堂教学模式具有以下三个鲜明特点。

第一，颠覆教学理念。翻转课堂强调以学生为中心，做到真正意义上的因材施教，强调学生的个性化学习以及教师的针对性指导。

第二，重构学习流程。学生的学习过程被重构，知识获取是在课前进行的，知识内化是在课堂上通过互动来完成的。

第三，重塑师生角色。与传统课堂不同的是，翻转课堂的学生是主动内化知识的自主学习者，教师是学生学习的指导者、资源的提供者、课堂活动的组织者，负责个性化指导和答疑解惑。

(二)翻转课堂信息化教学设计的基本原则

1. 以学生为主体的原则

由于教学过程完全颠倒，翻转课堂中教师与学生的角色和地位发生了质的变化。首先，由于在翻转课堂中学生获取知识的主要渠道是教师制作的教学视频和各种网络资源，这就意味着教师由知识的传授者变为教学活动的组织者，教师不再是传授知识的绝对主体，转变为在学生知识内化阶段如在探究讨论和完成作业过程中给予学生个性化指导的指导者，确保每个学生都能对所学知识吸收掌握。其次，在翻转课堂中，学生可以自定步调，自主安排学习的时间和速度，可以反复观看教学视频，学生由知识的被动接受者变为主动探究者，是知识意义的主动建构者。同时学生在课堂上有了更强的参与性、协同性和主动性，不再像原来那样独立地完成任务。因此，翻转课堂的信息化教学设计应以学生为中心，将学生看作认知的主体。

2. 课堂互动交流的有效性原则

在进行翻转课堂信息化教学设计时，教师对课堂互动交流应有准确的定位和深入的理解，不能简单地认为提问等同于交流、交流越多越好，而忽略课堂交流的质量。教师应该根据学生的课前知识掌握情况，提出有针对性的探究问题，同他们一起展开讨论，以确保课堂互动交流的有效性。

3. 激发学生主动探究的原则

由于信息技术的飞速发展，信息及知识累积速度加快，没有人可以在课堂中学到所有相关知识。因此，与其单纯地让学生学习知识，教师不如教会学生如何学习，培养学生自主学习的能力，为学生的终身学习打好基础。

(三)翻转课堂信息化教学设计的基本方法

1. 设计模式

尽管信息化环境中的教学方法有多种，但无论教学方法如何，信息化环境中的教学设计所关注的基本点是一致的，翻转课堂信息化教学设计也是如此。其教学设计模式如图 4-8 所示。

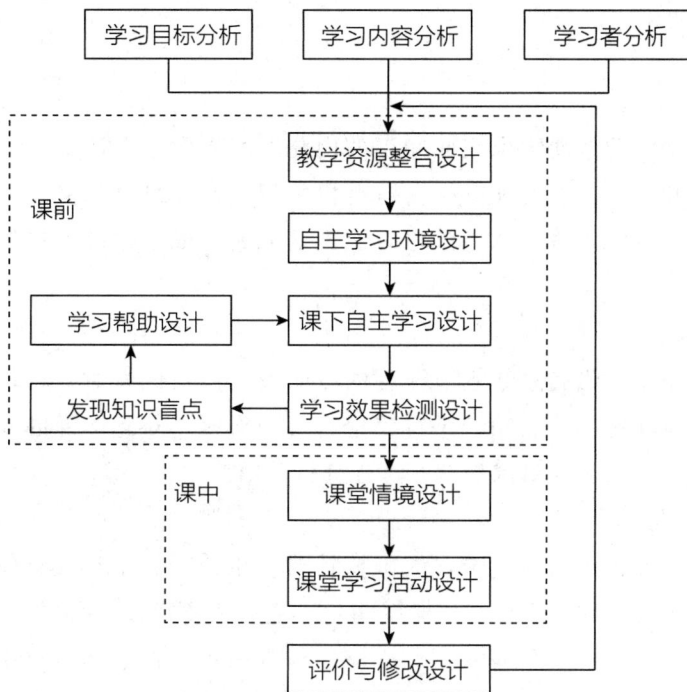

图 4-8 翻转课堂信息化教学设计模式

2. 课前

（1）教师资源准备

教师根据学生要学习的内容上传课件资料到资源平台，供学生学习。教师一般将资源分为基本资源和扩展资源两个等级，供不同基础的学生使用。其中，微视频的制作是资源准备的核心内容。根据每节课的课程目标，教师一般可以为学生准备 1—3 个微视频，每一个微视频只介绍一个知识点或呈现一个案例。教师可以利用一些视频制作软件来进行微视频的录制与后期制作；制作完成后，将视频和其他电子资源上传到平台，方便学生下载观看。资源准备完成后，教师要将课前学习任务明确地告知学生，并在学生自学完成后统计学生的问题，及时了解学生的自学情况。

（2）学生课下自主学习

学生要充分理解教师安排的任务，学习教师准备好的微视频内容，有能力的同学可以浏览学习扩展资源。学生完成自主学习后进行自我测评。学生要总结自己学到的知识及存在的问题，并将问题反馈给小组长，小组长将问题汇总后反馈给教师。这种方式最大的好处就是可以实现个性化学习，学生可以根据自己的情况选择资源，自定学习时间。

（3）教师课堂准备

教师根据学生的学习状况、知识掌握程度及在学习过程中遇到的疑难问题，准备上课所需要的课件。

3. 课中

（1）开展课堂活动

教师设计教学活动帮助学生完成知识的内化，解决学生在课前学习时遇到的疑难问题，巩固所学知识。教师安排任务或提出相关问题，小组合作完成。学生可以充分利用这段时间和学习伙伴讨论自主学习时遇到的问题，或根据教师布置的任务发表自己的观点。

（2）学习成果交流

首先由几个小组的代表总结本节课程的收获及已解决的疑难点，然后教师针对各个小组出现的重点问题与重点知识进行集中解答与讲授，对整节课的知识进行系统化梳理，引起学生的注意，并对课程学习过程进行总结。

（3）课程评价与反馈

评价与反馈是课程的最后环节，教师要针对学生个人、小组及整体对课程进行评价，重视评价的多元性和公平性，以激励为主。之后教师可以引导学生进行课后复习。同时，教师应注意培养学生积极探索、交流协作的精神，在潜移默化中提高学生的自学能力和问题解决能力。

（四）翻转课堂信息化教学设计的案例

下面展示的"分数的基本性质"教学设计方案是一节实验课的翻转课堂信息化教学设计方案，内容选自人教版《义务教育课程标准实验教科书数学》五年级上册，主要讲授分数的基本性质，即分数的分子或分母同乘以或除以一个不为零的整数，分数的大小不变。案例采用翻转课堂的教学模式，学生在课前利用微课和学习单学习相关内容并进行练习，课上教师总结学生课前学习中出现的问题，开展需学生动手或亲身体验的活动，并让学生分小组开展利用计算机进行设计的操作活动，课后布置拓展性任务。

1. 教材内容分析

（1）教材分析

"分数的基本性质"是小学五年级数学的教学内容，这部分内容是在学生已经认识了分数的基础上进行教学的。通过前面的学习，学生已经能够辨认和区分所学的平面图形。此节课旨在使学生通过探索过程，初步理解分数的基本性质，并能运用分数的基本性质把一个分数化成指定分母或分子而大小不变的分数。

（2）教学重难点

教学重点是让学生在探索中理解分数的基本性质。教学难点是分数的基本性质的探索过程。

2. 教学目标

(1)知识与技能目标

学生理解和掌握分数的基本性质，能应用分数的基本性质把一个分数化成指定分母或分子而大小不变的分数。

(2)过程与方法目标

学生通过观察、比较、发现、归纳、应用等过程，探究分数的基本性质，初步学习归纳概括的方法。

(3)情感态度与价值观目标

学生进入积极主动的情感状态，体验互相合作的乐趣。

3. 学习者特征分析

学生在三年级上学期已经初步认识了分数，知道分数各个部分的名称，会读、会写简单的分数，会比较分子是 1 的分数和同分母分数的大小，还学会了简单的同分母分数的加、减法，在本学期又学习了因数、倍数等概念，为学习本单元知识打下了基础。另外，本单元的知识概念较为抽象，该阶段学生的抽象逻辑思维在很大程度上还需要直观形象思维的支撑。因此，在数学教学中化抽象为具体、直观对于顺利开展教学是十分必要的。

4. 教学策略选择与设计

(1)探究式学习策略

通过图形的拼组感知图形之间的联系。在课前，教师给出递进式的探究任务，提供探究资源，学生利用资源自主探究；在课上，学生展示探究成果，互相评价。

(2)个性化学习策略

基于课前学习，课上学生进行个性化练习。教师针对学生课前学习的情况编制个性化练习，学生根据分组进行个性化练习并交流反馈。

(3)翻转课堂教学策略

教师先让学生课前进行探究学习，课上再进行归纳总结。学生课前拼组图形，课上反馈拼组情况，教师引导学生汇报交流，为学生答疑解惑，并归纳总结。

5. 教学环境及资源准备

(1)云平台资源

教师上传微课及课前学习单至云平台。

(2)微课

教师制作并上传"分数的基本性质"微课视频，微课的教学设计如表 4-5 所示。

表 4-5 “分数的基本性质”微课教学设计

项目	内容
微课名称	分数的基本性质。
设计思路	通过一个介绍分数的来历的小视频引入主题，激发学生的学习兴趣；利用学生喜欢的动画形象美羊羊、喜羊羊、懒羊羊来创设问题情境——谁吃的蛋糕多；微课的主体部分为分析、解决这一问题，得出分数的基本性质；最后让学生做几个练习题，检查学习结果。
教学目标	(1)能够说出分数的基本性质，把一个分数化成指定分母或分子而大小不变的分数。 (2)能够将一个分数化为最简分数。 (3)能够说出一个分数表示的含义。
教学重难点	分数的基本性质的理解及应用。
教学过程	(1)导入：小视频引入主题，展现分数的来历，激发学习兴趣。 (2)问题情境：美羊羊、喜羊羊、懒羊羊分别吃了一块蛋糕的 1/2、2/4、4/8，懒羊羊说自己吃得最多，它说得对吗？ (3)分析问题，明确 1/2=2/4=4/8，得出分数的基本性质。 (4)做练习，检验学习效果。
制作工具	PowerPoint，Camtasia Studio 8。

(3)课前学习单

学习单包括学习指南、课前小测、学习收获、学习困惑四部分内容，具体如图 4-9 所示。

★ 学习指南

1. 请同学们从云平台上下载“分数的基本性质”微课进行学习。
2. 微课学习中要做好笔记。
3. 完成下面的课前小测验。
4. 将你在学习中的收获及困惑记录下来，和大家分享交流。

★ 课前小测

1. 分数的____和____同时乘以或除以____（____除外），分数的大小不变。
2. 填空

$\frac{1}{3}=\frac{(\ )}{15}$　　$\frac{20}{24}=\frac{5}{(\ )}$　　$\frac{4}{5}=\frac{8}{(\ )}=\frac{(\ )}{25}$

3. 约分

$\frac{4}{6}$　　$\frac{9}{12}$　　$\frac{10}{15}$　　$\frac{12}{36}$　　$\frac{35}{21}$

★ 学习收获

通过课前学习，你有什么收获？

★ 学习困惑

在课前学习中你有什么困惑？请记录下来。

图 4-9　课前学习单

6. 教学过程

"分数的基本性质"的教学过程如表 4-6 所示。

表 4-6　"分数的基本性质"教学过程

阶段	学习步骤	学生活动	教师活动	资源
课前	准备。	通过云平台下载微课和学习单。	将微课和学习单上传到云平台。	云平台、微课、学习单
	课前学习。	完成课前学习单并上传到云平台。	批改学生的课前学习单，并归纳学生遇到的问题。	云平台、微课、学习单
课中	课前学习情况总结。	分享课前学习情况，探究分子与分母的联系。	根据学习反馈，提出针对性问题，让学生进行讨论。	多媒体教室
		小组内讨论课前学习困惑。	引导学生以小组为单位汇报本组的学习困惑。	多媒体教室
		在教师的引导下答疑解惑。	引导全班一起探讨分数的约分与变化。	多媒体教室
	课堂活动，折叠正方形纸片，比较每份的大小，认识分数的性质。	动手完成以下操作： 1. 把一张正方形纸对折，涂色表示它的 $\frac{1}{2}$； 2. 继续对折，每次找出一个和 $\frac{1}{2}$ 相等的分数，并用等式表示出来； 3. 尝试多种图形进行折叠。	巡回指导。	多媒体教室
	课堂活动，计算出参加团体操表演的人数，加深对分数性质的理解。	根据计算结果完成举手、起立等动作。	学校将召开运动会，班里将选拔一些同学参加团体操表演： 1. 请 1/3 的男生举手； 2. 请 2/5 的女生起立。	多媒体教室
	课堂练习。	完成课后练习题。	巡回指导。	多媒体教室
	联系生活，开拓思维。	小组合作，在计算机上完成以下任务： 1. 有一块 10cm×10cm 的台布，由 2cm×2cm 的小方块组成，请用红、黄、绿 3 种颜色涂色，并标明每种颜色小方块所占的比例； 2. 尝试用多种颜色涂色，设计漂亮的台布，标明每种颜色小方块所占的比例。	巡回指导。	画图软件
	小组作品展示。	每个小组派代表展示作品。	组织评价。	多媒体教室
课后	布置任务，拓展延伸。	登录云平台，阅读关于分数约分的课外知识。	引导学生登录云平台，学习分数约分的课外知识。	云平台
		找出生活中用到分数的例子，尝试进行比较。	引导学生进行观察、比较。	云平台

7. 案例点评

在"分数的基本性质"翻转课堂信息化教学设计中，教师在课前利用微课及学习单传授知识，课上教学活动丰富，与教学内容紧密相关，有让学生动手、体验的活动，有让学生完成练习题的活动，还有利用计算机设计台布的活动。微课设计紧扣分数的性质这一主题，重点突出，过程生动，能够吸引学生的兴趣，较为成功。案例还需在教学实践中进一步改进完善。

五、信息化教学评价

本节学习目标

通过本节的学习，能够阐述信息化教学评价的特点、原则、过程及方法，并能将信息化的评价方法应用于教学过程。

教学评价可以引领学习行为，信息化教学评价应着眼于促进学生素质的全面发展，改变以往只注重总结性评价的方式，坚持形成性评价和总结性评价并重的原则，使教学评价成为学生认识自己、激励自己的教育方式和教师改进教学的反馈方式。

（一）信息化教学评价的特点

信息化教学评价指依据信息化教学理念（包括教育目标、人才观、教学模式等），运用一系列评价手段对信息化教学的效果进行评估的活动。信息化教学评价的特点主要体现在其与传统教学评价的区别上，具体为以下几点。

1. 评价目的不同

传统的教学评价侧重于评价学习结果，目的是给学生定级或分类。传统的教学评价是判断性的，通常包含根据外部标准对某种努力的价值、重要性和优缺点的判断，并依据这种标准对学生学到的与没有学到的进行判断。而在信息化教学中，评价是基于学生的表现和学习过程的，评价学生应用知识的能力，关注的重点不再是学到了什么知识，而是在学习过程中获得了什么技能，这种评价通常是建议性的。

2. 评价标准的制定者不同

传统评价的标准是根据教学大纲或教师、课程编制者等人的意图制定的，对学生群体的评价标准是相对固定且统一的。而信息化教学强调学生的个别化学习，学生在如何学、学什么等方面有一定的自主权，教师则起到督促和引导的作用。因此，在信息化教学中，评价的标准往往是由教师和学生根据实际问题以及学生先前的知识、兴趣和经验共同制定的。

3. 对学习资源的关注不同

在传统教学中，学习资源往往是固定、单一的，如教材和辅导材料，因而往往忽视对学习资源的评价，只有在教材和辅导材料等成为产品时才会有评价。而在信息化教学中，学习资源十分丰富，选择适合学习目标的资源不仅是教师的重要任务，也是学生终身学习所要获得的必备能力之一。因此，对学习资源的评价也是信息化教学评价中重要的一环。

4. 所关注的学生的技能不同

在传统的教学评价中，学生的角色是被动的，他们通过教师的评价被定级或分类，并从评价的反馈中认识自己的学习是否达到预期目标。然而，在信息化社会中，人们面对的是不断更新的知识，依赖他人对自己的学习进行评价是不可能的。因而，作为一个合格的终身学习者，自我评价也是一项必备技能，培养学生的这种技能是信息化教学的目标之一，也是评价工作的任务之一。

5. 评价与教学过程的整合性不同

在信息化教学中，培养自我评价技能本身就是教学目标之一，评价具有指引学习方向、在教学过程中给予激励的作用。只有有了评价的参与，学生才有可能实现预期的学习结果。评价是镶嵌在真实任务中的，评价的出现是自然而然的，是一个进行中的、嵌入的过程，是整个学习不可分割的一部分。评价在传统教学和信息化教学中的位置分别如图 4-10 和图 4-11 所示。

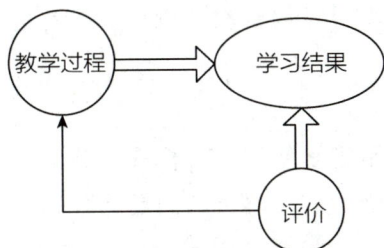

图 4-10　评价在传统教学中的位置　　　　**图 4-11　评价在信息化教学中的位置**

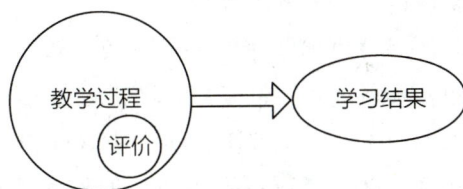

上述传统教学评价与信息化教学评价的区别可被整理为表 4-7。应该指出的是，虽然信息化教学评价与传统教学评价有种种不同之处，但在应用上并不是对立的。

表 4-7　传统教学评价与信息化教学评价的区别

项目	传统教学	信息化教学
评价目的	重知识，重结果。	重过程，重能力。
标准制定	依据教学大纲。	依据教与学的实际情况。
对资源的关注	往往忽视。	强调，重视。
所关注的学生技能	忽视学生的自我评价能力。	重视学生的自我评价能力。
与教学过程的整合性	评价独立于教学过程。	评价是教学过程的重要组成部分。

（二）信息化教学评价的原则

在信息化教学中，以下这些评价原则是达到评价目的进而实现整个教学目标的基本要求。

1. 在教学前提出预期目标

在信息化教学中，学习的任务往往是真实的，而学生又具有较大的自主权和控制权。为避免学生在学习过程中走入迷途，在教学开始前，教师通过提供范例、制定评价量规、签订契约（后面将对此给予详细介绍）等方式使学生对自己要达到的目标有一个明确的认识。

2. 评价要基于学生在实际任务中的表现

在信息化教学中，教师要尽可能地从真实世界中选择挑战性问题，并在评价时关注学生在实际任务中所表现出来的提问的能力、寻求答案的能力、理解的能力、合作的能力、创新的能力、交流的能力和评价的能力。评价的重点要放在如何使学生的这些能力得到发展和提高上，而不要放在判断学生的能力如何上。

3. 评价是随时且频繁进行的

信息化教学中的评价是一个进行中的、嵌入的过程，它应该随时且频繁地进行，目的是衡量学生的表现与教学目标之间的差距，进而及时调整教学策略，或者引导学生调整他们的学习方法或努力方向。

4. 学生承担评价进程和质量的责任

想要发展自我评价能力，则需要给学生机会去制定和使用评价标准，使他们在思考和反思中发展自身技能。学生应该知道如何回答诸如需要解决的问题是什么、怎样才能知道自己已经取得了进步、如何才能得到提高、怎样才能达到优秀之类的问题。教师应尽可能鼓励学生进行自评或互评，使他们承担评价的进程和质量的责任。

（三）信息化教学评价的类型

信息化教学评价是依据既定的教学目标，运用科学的方法，针对信息化教学设计方案、教学过程和教学成果所进行的价值判断。它作用于信息化教学活动的各个方面，是信息化教学工作的一个重要组成部分。信息化教学评价有多种分类标准。

1. 按评价基准分类

按评价基准，信息化教学评价可分为相对评价和绝对评价。

（1）相对评价

相对评价指在评价对象的集合中选取一个或若干个体为基准，然后把各个评价对象与基准进行比较，确定每个评价对象在集合中所处的相对位置。利用相对评价可以了解学生的总体表现和学生之间的差异，比较评价对象学习成绩的优劣。其缺点是基准会随着评价对象的不同而发生改变，容易使评价标准偏离教学目标。

（2）绝对评价

绝对评价指在评价对象的集合之外确定一个标准，这个标准被称为客观标准，把评价对象与客观标准进行比较，从而判断其优劣。客观标准一般是教学大纲及根据教学大纲确定的评判细则。绝对评价的优点是评价标准相对客观；缺点是评价标准的制定和掌握容易受评价者的原有经验和主观意愿的影响，也不易分析学生之间的学习差异。

2. 按评价功能分类

按评价功能，信息化教学评价可分为诊断性评价、形成性评价和总结性评价。

（1）诊断性评价

诊断性评价也被称为前置性评价或教学前评价，发生在教学活动前，主要用于把握、了解学生的现状、特点。诊断性评价的特点是能对学生的诸多情况进行摸底测试，找出影响教学效果的因素，从而选择适合学生学习和发展的策略。

（2）形成性评价

形成性评价也被称为过程性评价，发生在教学过程中。通过对教学过程的评价，教师及时、准确地掌握教学过程中的问题，了解阶段性教学成果和学生学习的进展情况等，以及时调整教学设计，改进、完善教学。形成性评价较为频繁，可以在每堂课、每个学习单元或每个小节结束时进行，用来了解教学进程中阶段性目标的完成情况，及时分析原因，找到改进办法。形成性评价注重教学过程中的测试，对于提高教学质量很有意义。

（3）总结性评价

总结性评价也被称为事后评价、后置评价、结果性评价，是发生在教学活动结束后的，是为掌握最终的活动成果而做出的结论性评价，如学期末的学生考试、教师考核，目的是检验教学活动是否达到要求。总结性评价侧重于教与学的结果，以此结果对评价对象所取得的成果做全方位鉴定并划分等级，对整个教学方案的有效性做出判断。

上述三种评价的不同之处，可被整理为表4-8。

表 4-8　诊断性评价、形成性评价和总结性评价的比较

项目	诊断性评价	形成性评价	总结性评价
评价时机	在单元、学期或学年教学活动开始前。	在全部教学活动的过程中。	在学期、学年或全部课程结束后。
评价作用	进行教学准备。	了解学习效果。	评定学业成绩。
评价目的	了解学生特征，安排教学活动。	调整教学方案，改进教学过程。	检验学习结果，预测后继学习能力。
评价方法	观察了解，专项调查。	经常性检测，作业分析，日常监测。	考试，考核，总结。

续表

项目	诊断性评价	形成性评价	总结性评价
评价重点	认知、情感和素质。	认知能力。	学习结果。
评价手段	摸底测验，学籍档案，调查分析等。	平时作业，单元测试，日常观察等。	期末测验，年终考试，学业考试等。
评价内容	学生的智能基础，生理和心理特征等。	课程和单元教学目标的实现情况。	课程和学科教学目标的实现情况。

3. 按评价分析方法分类

按评价分析方法，信息化教学评价可分为定性评价和定量评价。

(1)定性评价

定性评价是对评价对象做质的分析，运用分析和综合、比较和分类、归纳和演绎等逻辑分析的方法，对评价所获得的数据、资料进行思维加工。

(2)定量评价

定量评价是从量的角度，运用统计分析、多元分析等数学方法，从复杂纷乱的评价数据中得出规律性结论。

(四)信息化教学评价的过程

信息化教学强调学生的主体地位，学生在教学过程中的表现是不断变化的，这就要求教学评价的过程是一个动态的过程。尽管针对不同评价对象的评价方式有很大不同，但一般都会经过准备、实施、评价结果的处理与反馈三个阶段。

1. 准备阶段

做好评价的准备工作是实施评价的基础，是保证评价工作取得成效的重要前提。这个阶段要确定评价对象、评价者及评价目标，主要工作包括组织准备、人员准备、方案准备以及评价者和被评价者的心理准备。

(1)组织准备

组织准备指成立专门的评价领导小组，有时为了进行自我评价也可在内部建立评价小组。

(2)人员准备

人员准备主要指组织与评价有关的人员学习评价相关理论、文件要求和评价标准，做好评价工作的知识与技能准备。

(3)方案准备

方案准备主要指评价的组织者根据评价目标，在教学评价实施前制定关于教学评价的对象、内容、范围、方法、手段和预期结果的纲领性文件。

（4）评价者和被评价者的心理准备

在评价的准备阶段，评价者和被评价者会出现一系列心理现象，这些心理现象不仅会影响评价者与被评价者之间的关系，还会影响评价的效度和信度，因此需要进行有效的调控。

2. 实施阶段

实施阶段是实际进行评价活动的阶段，它是整个信息化教学评价活动的中心环节，也是信息化教学评价组织管理工作的重点。这个阶段的主要任务是运用评价方法和技术收集各种评价信息，并在整理评价信息的基础上做出价值判断，同时对评价者和被评价者的心理进行调控，以保证评价工作的顺利进行。这一阶段的主要任务包括以下几个方面。

（1）收集评价信息

评价信息是进行评价的客观依据，是做出科学结论的必要条件。人们可以根据先前制定的评价方案，利用相应的方法、工具和技能收集所需要的评价信息。

（2）整理评价信息

收集到的评价信息通常需要审核和归类。审核指对评价信息的有效性进行判断，即判断信息是不是评价对象的真实反映；归类指根据评价信息的共同点进行归纳分类，以降低信息的杂乱和无序程度。

（3）分析处理评价信息

在分析处理评价信息的过程中，需要注意的问题有以下几个：首先，要掌握评价标准及其具体要求；其次，应使用事先确定的方法来处理评价信息，针对评价结果要给出明确的等级或分数；再次，对评价者的测量或观察结果要进行认定、复核。

（4）做出综合评价

做出综合评价指将分项评价的结果汇总整合综合评价的结果。它要求评价者根据汇总整合的评价结果对评价对象做出准确、客观的定量或定性的评价结论，并形成评价意见。

3. 评价结果的处理与反馈阶段

评价结果的处理与反馈直接关系到信息化教学评价功能的发挥，关系到评价目标的达成，并影响信息化教学的质量。它主要包括以下几方面的内容。

（1）评价结果的检验

一方面，要检查评价程序中的每个步骤，检查评价者是否全面、准确地实施评价方案；另一方面，要运用统计检验方法对评价结果进行统计检验。

（2）分析诊断问题

评价的目的不是简单地对评价对象进行等级评定，而是为了有效地促进教与学，因此需要对所收集的资料进行细致分析，对被评价者的学习情况进行系统评价，以帮助其找出存在的问题和解决问题的途径。

(3)撰写评价报告

评价报告一般包括三大部分，即封面、正文和附件。

(4)反馈评价结果

评价结果被反馈给评价对象，为评价对象改善学习过程提供参考依据。反馈评价结果的方式有多种，如座谈会、书面报告等。

(5)评价工作的总结

这是提高评价工作水平和质量的必要步骤，其实质是对信息化教学评价的评价，对信息化教学评价工作做出价值判断。

(五)信息化教学评价的方法设计

信息化教学评价主要关注的是学习过程，应在传统评价方法的基础上使之尽可能满足信息化教学的要求。为了使评价更有效，可以引入一些有效的评价方法或工具，如评价量规、学习契约、范例展示、电子学档、概念图、评估表，协助信息化教学评价。

1. 评价量规

评价量规是一种结构化的量化评价标准，一般从与评价目标相关的多个方面详细制定评价指标，具有操作性好、准确性强的特点。随着教育信息化的发展，越来越多的学习任务是以非客观的方式呈现的。在评价学生的学习时，应用评价量规可以有效降低评价的主观随意性，不但可以教师评，而且可以学生自评或同伴互评。如果评价量规被事先公布，则可以对学生的学习起到导向作用。此外，让学生学习自己制定评价量规也是很重要的一个评价方法。表4-9展示了针对专题学习网站的评价量规。

表4-9　专题学习网站评价量规

结构指标	单项指标	指标内涵描述	权重	该指标得分	加权得分
技术性	版面设计	简洁，美观，能激发学生兴趣。	9%		
	导航操作	导航清晰明了，易于操作。	9%		
	交互性	有合理多样的交互方式，反馈及时，对学习有所帮助。	12%		
内容性	学习内容	内容组织结构合理、科学、准确，深度广度适中。	15%		
	素材资源	素材资源丰富，教学资源典型，具有代表性。	15%		
学习性	模块划分	模块划分合理，功能齐全。	8%		
	学习评价	提供适当有效的评价方式，题目丰富，针对性强。	12%		
	学习效果	效果明显，优于传统的教学模式。	20%		

2. 学习契约

　　学习契约也被称为学习合同，是学习者与帮促者(专家、教师或学友)之间的书面协议或保证书。这种评价方法源于真正意义上的契约或合同。由于学习契约允许学习者控制自己的学习进程，从而最大限度地满足了学习者的个别需要。同伴辅导学习契约的样例如图 4-12 所示。由于学生自己参与了契约的签订，了解了预期的工作任务，他们则可以在较长时间内根据契约的内容来评价自己的学习，保持积极的自律，维持学习动机与学习热情。当然，学习契约不一定要给学生很大自由度，教师完全可以根据需要通过制定相对客观的学习指标制成自觉式学习契约，如图 4-13 所示。

```
                        同伴辅导学习契约
    被辅导者姓名：_____    辅导者姓名：_____
    辅导专题：_____
    被辅导者
    •关于数学你打算学到什么？是某一方面的知识，还是学习数学的方法？
    •你觉得什么样的辅导形式更适合你？
    •你在怎样的环境中学习最有效？
    辅导者
    •你打算在何时何地进行辅导？
    •你打算给被辅导者布置什么类型的作业？
    •你如何评价被辅导者的学习情况？
    被辅导者签名：_____        日期：_____
    辅导者签名：_____          日期：_____
```

图 4-12　同伴辅导学习契约

```
                        自觉式学习契约
    学生姓名：_____    学号：_____    日期：_____
    学习主题：_____
    学习目标
    •研究酒的产生和消费。
    •研究酒文化的发展变化。
    学习活动
    •阅读 7—10 本有关酒和酒文化的书籍，并撰写研究综述。
    •参观中国酒水制造企业，如杏花村汾酒厂。
    •根据你的调查写一篇 8000 字左右的论文。
    学习者签名：_____
```

图 4-13　自学式学习契约

3. 范例展示

范例展示就是教师在布置学习任务时，向学生展示符合学习要求的学习成果范例，以使学生清楚了解学习预期。例如，在信息技术课上，在进行网站制作教学前教师可以展示各种优秀的网站作品案例，从而一方面在网站主题的选择和技术的实现上对学生起到引导和启发作用，另一方面通过范例展示使学生对所学的知识有一个感性的认识并能对自己完成的作品有一个预期。科学的范例展示不但可以取代拖沓冗长或含糊不清的解释，使学生更易达到学习目标，还可以对学生日后的独立学习起到潜移默化的引导作用，使他们在必要时通过各种途径寻找可参考的范例来确定自己的努力方向。

4. 电子学档

电子学档指在信息化环境中，运用信息手段表现和展示学习者在学习过程中的学习目的、学习活动、学习成果、学习业绩、学习付出、学业进步以及对学习过程和学习结果的反思的集合体。其主要内容包括学习作品以及有关学习参与、学习选择、学习策略、学习自省等的材料，可用于现代学习活动中对学习和知识的管理、评价、讨论、设计等，主要由学习者本人在他人（如教师、学伴、助学者等）的协助下完成。电子学档的内容和标准选择等必须体现学习者的参与。

电子学档可以展现学生多方面的表现，每个学生都能通过电子学档发现自己在学习上不断进步，会对改进自己的学习状况产生兴趣，进而对学习任务产生责任感，主动探索如何规划自己的学习进程和评估自己的学习效果。实际上这是一种基于学习者真实作品或表现的过程性评估方式，学习者本身就是评估的主体。

电子学档的制作与完成使学生获得极大的成就感和进一步学习探究的动力，学习同伴间的比较也会激发一种潜在的竞争意识和热情，营造一种合作互动的学习氛围。电子学档也可以提供自我反省的依据，学生可以审视自己的学习与工作，通过反省来制定下一步的学习目标，通过比较来了解自己的改变和成长。

电子学档应包括的元素有：学习目标、材料选择的原则、教师和学生共同选择的作品范例、教师的反馈与指导、学生的自我反省、清晰合适的作品评价量规、标准和范例。在完成电子学档时，教师和学生还必须收集以下重要材料：选择的内容、学生的参与情况、选择材料的标准、判断材料优劣的标准、清晰且合适的作品评价标准和量规、学生自我反思的依据。

5. 概念图

概念图也被称为思维图、心智工具，它是用来组织和表征知识的工具。换言之，概念图是一种语义网络的可视化表示方法，是人们将某一领域内的知识元素按其内在关联建立起来的可视化语义网络。它通常将某一主题的有关概念置于圆圈或方框中，然后用连线将相关的概念和命题连接起来，并在连线上标明二者之间的意义关系。在概念图中，方框表示的是概念，如植物、动物等。概念间的关系则以标名的箭头线段表示，箭头的方向表示发展的层次。概念图的四个要素是：概念（concepts）、命题（propositions）、交叉连接（cross-links）和层级结构（hierarchical frameworks）。概念是感知到的事物的规则属性，通常用专有名词或符号进行标记。命题是对事物现象、结构和规则的陈述，在概念图中，命题是两个概念之间通过某个连接词语而形成的意义关系。交叉连接表示不同知识领域的概念之间的相互关系。层级结构有两个含义：一是同一知识领域内的结构，即同一知识领域中的概念依据其概括性水平的不同分层排布，概括性最强、最一般的概念处于图的最上层，从属的则放在其下层，具体的事例位于图的最下层；二是不同知识领域间的结构，即不同知识领域的概念图之间可以进行超链接，某一领域的知识还可以通过超链接展现相关的文献资料和背景知识。图 4-14 展示了关于细胞器分工的概念图。概念图作为一种评价方式，能探查学生内部的认知结构，并对学习的过程和结果进行评价。

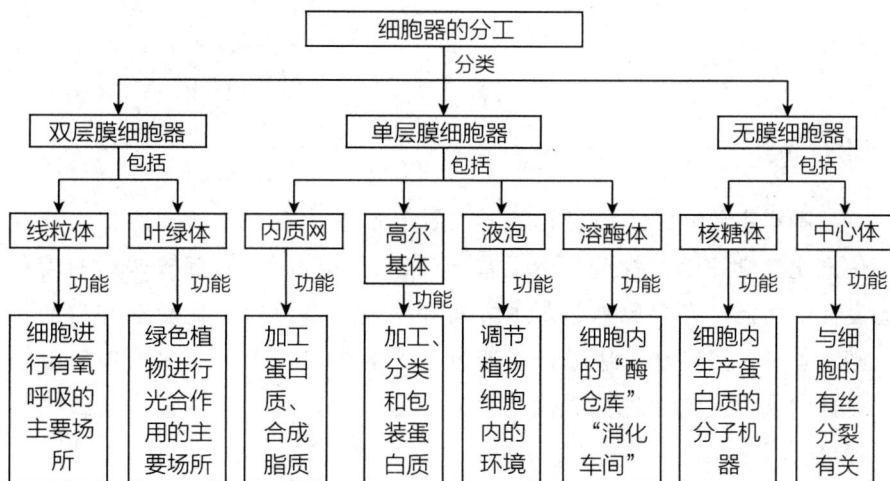

图 4-14　概念图实例：细胞器的分工

6. 评估表

　　评估表是根据问题或评价条目组织而成的表单，适当的评估表可以帮助学习者通过回答预先设计好的问题来产生某种感悟，有效地启发学生的反思，从而增强他们的自主学习能力，达到提高学习效果的目的。图 4-15 展示了一个评估表实例。学习者在按照这一评估表的要求逐一回答问题的过程中，会领悟到应该从哪些方面评价多媒体课件，从而掌握评价多媒体课件的方法，明白如何设计优秀的多媒体课件。

多媒体课件评估表

教学目标、内容和策略

1. 课件是用什么工具制作的？ _____

2. 课件是否符合教学目标？ _____

3. 教学内容的组织结构是否合理？ _____

4. 课件是否有利于学生参与、培养学生的学习能力？ _____

系统设计特色和用户界面

1. 课件的版面设计是否简洁、美观？ _____

2. 课件是否提供丰富多彩的图像和影像？ _____

3. 文字数量是否适当？字形是否合理？ _____

4. 课件的可操作性如何？ _____

图 4-15　评估表实例

总结

本章小结

　　本章主要介绍了信息化教学设计、信息化教学设计的典型模式及案例和信息化教学评价，着重介绍了基于问题、基于项目及翻转课堂的信息化教学设计的内涵、基本原则、基本方法和案例，以及信息化教学评价的特点、原则、类型、过程和方法设计。通过本章的学习，学生能深入理解信息化教学设计的基本流程和评价方法，并能学以致用，对信息化教学实践进行设计和评价。

Aa 关键术语

中文术语	英文翻译	中文解释
教学设计	Instructional Design	运用系统方法，将学习理论与教学理论的原理转换成对教学目标(或教学目的)、教学条件、教学方法、教学评价等教学环节进行具体计划的系统化过程。
信息化教学设计	Informatized Instructional Design	运用系统方法，以学为中心，充分利用现代信息技术和信息资源，科学地安排教学过程的各个环节和要素，以实现教学过程的优化。
基于问题的学习	Problem-Based Learning	把学习置于复杂且有意义的问题情境中，学习者在彼此协作、解决问题的过程中，获得隐含于问题的知识，发展思维能力、解决实际问题的能力以及自主学习能力，同时培养学习者的创新意识和合作精神。

续表

中文术语	英文翻译	中文解释
基于项目的学习	Project-Based Learning	一种以学生为中心的教学模式，学生从真实世界中的基本问题出发，围绕复杂的、来自真实情境的主题，以小组形式进行周期较长的开放性探究活动，完成一系列诸如设计、计划、问题解决、决策、作品创作以及结果交流等学习任务，并最终实现知识建构与能力提升。
翻转课堂	Flipped Classroom	源自美国的新型教学模式，将传统的教学过程进行了翻转，知识传授在信息技术的辅助下于课下完成，知识内化则在课堂中在教师的帮助与同学的协助下完成。
信息化教学评价	Informatized Teaching Evaluation	根据信息化教学理念（包括教育目标、人才观、教学模式等），运用系列评价技术手段对信息化教学效果进行评估量化的活动。

章节链接

这一章的内容	其他章节中有相关讨论的部分
信息化教学	第一章"教育信息化发展现状"部分。
翻转课堂、微课	第一章"未来教师及其教育技术能力"部分。
教学设计	第二章"学习理论对教育技术的启示"部分以及第六章"微格教学教案"部分。

应用

批判性思考

1. 信息化教学设计强调对学生合作能力的培养，在信息化环境中，如何设计教学中的小组合作学习？如何选取合作学习的主题、内容？如何组织过程？如何保证合作学习的效果？

2. 传统的以测试为主的评价方式更多考查学生对知识的记忆与理解，信息化教学评价倡导多元化评价方式，以此促进学生的综合实践能力与创新精神的培养。在教学中，如何将传统的评价方式与信息化评价方式相结合，从而充分发挥评价的作用，促进学生的全面发展？

体验练习

【思考与练习】

1. 什么是信息化教学设计？

2. 简述基于问题的信息化教学设计的基本原则。

3. 简述基于项目的信息化教学设计的模式。

4. 简述基于项目的学习与基于问题的学习的差异。

5. 简述翻转课堂信息化教学设计的基本方法。

6. 信息化教学评价的主要方法有哪些？

7. 你认为信息化教学设计与传统教学设计相比有哪些不同？

8. 对于本章中提供的教学设计案例，你有没有更好的设计方案？

【实践环节】

实践主题：针对中小学某学科某个单元的内容设计一个信息化教学方案

1. 实践目的

(1)了解信息化教学设计的特点和基本过程。

(2)掌握信息化教学设计的方法和过程。

(3)能够完整设计一个信息化教学方案。

2. 实践内容

5 人左右为一个小组，针对中小学某学科某个单元的内容自选主题，设计一个信息化教学方案。各小组先熟读本章基于问题、基于项目、翻转课堂的信息化教学设计的模式及案例，然后通过网络或图书馆收集更多信息化教学设计的案例进行学习、研究，再设计自己的方案。各小组汇报自己编写的信息化教学方案，其他小组的成员运用本章中关于信息化教学评价的相关原则和方法进行讨论和评价。

3. 实践要求

(1)自行分组，每个小组推选一位代表进行汇报发言，其他小组进行评价。

(2)在设计过程中教师强调信息技术手段在教学中的应用。

(3)教师观察、了解学生的活动情况，并给予及时点评和引导。

🔍 案例研究

开学没多久就是中秋节了，在小学五年级综合实践活动课教学中，一位教师开展了基于项目的学习，选定的项目主题是"探究中华传统节日中秋节"。下面是其教学设计方案。请研读该方案，与传统的单科教学进行比较，并思考以下问题。

1. 在本案例中，教师设计了哪些教学活动？如何组织这些活动的开展？对于学生参加活动的情况是如何进行评价的？

2. 你认为本案例有哪些亮点？形成这些亮点的原因是什么？

3. 你认为本案例中还有哪些不足之处？应该如何改进？

"探究中华传统节日中秋节"教学设计

Ⅰ. 基本信息

所教学科：综合实践	涉及学科：语文、数学、计算机、音乐	
对应教材：校本教材	年级：五年级	
所需时间：1个月	课时数：4课时	学时数：8学时

Ⅱ. 项目主题

选定的主题为：探究中华传统节日中秋节。

Ⅲ. 学情分析

小学五年级学生对于周围事物有了一定的分辨能力，能够通过一些手段进行调查取证。他们对节日市场有一定的认识，有购买节日相关产品的经验。五年级的学生运用网络查找资料、进行市场调查的能力较强，绝大多数学生都能够完成。经过一年多综合实践活动课的锻炼，他们已经能够小组合作开展简单的研究活动。

Ⅳ. 课程标准及学习目标

ⅰ. 课程标准

综合实践活动应引导学生在实践学习中获得积极体验和丰富经验，培养其问题意识，使其体验并初步学会分析与解决问题，激发创新精神、实践能力和较强的社会责任感。本次课程的选题源于学生的日常经验，调查的内容贴近学生的生活。他们能够通过小组合作亲身实践、获得资料。通过课堂上的汇报展示，学生们交流获得的资料，提高合作探究与解决问题的能力。

ⅱ. 21世纪技能

本次课涉及的21世纪技能有：能运用正确的推理来理解事物；能做出复杂的选择和决定；能理解系统之间的相互联系；能界定、分析和整合信息，以解决问题和回答问题（批判性思维与问题解决能力）；能够用口头和书面的方式清楚有效地表达设想和观点；能展现与不同团队有效合作的能力；有灵活性，为了达到共同的目标愿意做出必要的妥协；能协同工作，共同承担责任（交流与合作技能）；能有效地获取有用信息，能批判性地评估信息，能准确、有创意地使用信息处理所面对的问题或事件（信息素养）；合理使用数码技术、通信工具和网络来访问、管理、整合、评估及创建信息，在知识经济中发挥自身能力（信息技术素养）。

ⅲ. 学习目标

知识目标：了解中华传统节日相关产品市场中的问题，认识中华传统节日所蕴含的传统节日文化的重要性，明确合理消费的习惯。

能力目标：小组思考中秋节的遗留问题，开展调查研究，掌握搜集整理资料的方法，通过亲身实践获得研究成果，采用不同的形式进行展示，提高合作探究与解决问题的能力；通过师生、生生间的交流，提高口头表达能力与自主分析评价的能力。

情感态度与价值观：通过课题小组的集体探究，增强团队意识和团队合作精神；对中秋节后的问题进行深入探究思考，提高合理消费意识，增强对社会健康发展的责任感；在活动过程中，能够倾听他人的观点，能够与他人合作，懂得尊重他人。

Ⅴ．框架问题

核心问题：如何传承中华民族的文化？

驱动问题：中国人为什么要过中秋节？各地区人们如何过中秋节？如何过一个快乐且有意义的中秋节？

内容问题：中秋节剩下的月饼去哪儿了？中秋节是怎么来的？各地区有什么中秋节习俗？为什么中秋节要吃月饼？造成月饼价格差异的主要原因有哪些？市场上有哪些物美价廉的月饼？

Ⅵ．活动流程

下图展示了此次活动的流程。

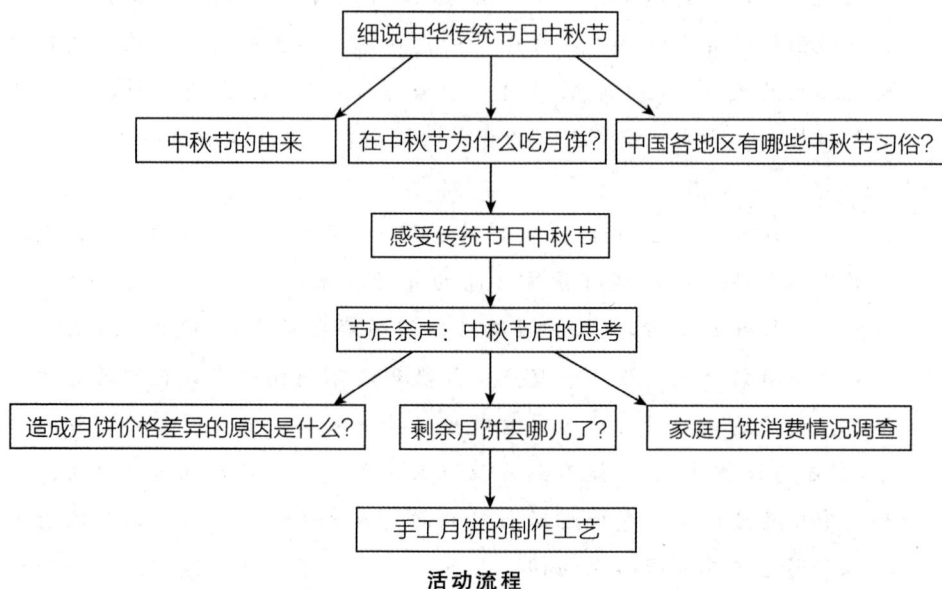

活动流程

Ⅶ．活动过程

此次综合实践活动共 8 学时，以小组合作的形式，主要开展了以下几方面的活动。

第一，以"细说中国传统节日中秋节"为大主题，学生分成三个小组，各小组确定并研究适合本组的探究小主题。

第二，分组汇报各自的研究内容，第一组细说中秋节的起源，讲关于中秋节的故事；第二组细说中秋节的习俗，包括中秋节为什么要吃月饼、除了吃月饼还有什么中秋节习俗、不同地区的人如何过中秋节、古代人是怎样过中秋节的等问题，展示搜集的中秋节资料；第三组介绍 2018 年月饼市场的情况，包括月饼的种类、月饼的价格、月饼的口味。

第三，各小组针对市场上月饼价格差异较大的问题，深入开展市场调查，分析超市月饼价格差异的原因，提出过度包装的问题；思考每年超市里剩余的月饼是如何被处理掉的，并通过上网搜集信息及实地调查寻求答案，通过调查问卷的形式，了解同学们家庭月饼消费情况。

第四，学生分组制作手工月饼。

Ⅷ. 评价方案

ⅰ. 评价时间线

教师在教学中及时给予学生评价，课中小组进行组员互评，后期教师采用评价表评价，下图展示了评价时间线。

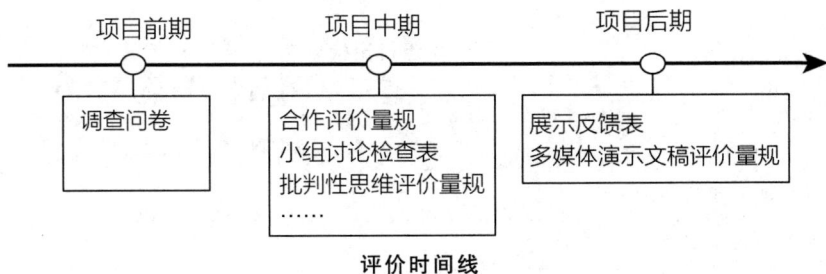

项目前期	项目中期	项目后期
调查问卷	合作评价量规 小组讨论检查表 批判性思维评价量规 ……	展示反馈表 多媒体演示文稿评价量规

评价时间线

ⅱ. 评价工具

在项目前期向学生发放调查问卷，具体如下。

家中月饼的由来为？（　　）

A. 自己做　　　　　　B. 自己买　　　　　　C. 别人赠送

今年中秋节你家吃的是哪一种月饼？（　　）

A. 铁盒装月饼　　　　　　　　　　B. 纸盒装月饼

C. 独立塑料袋装月饼　　　　　　　D. 散装月饼

你认为盒装月饼与散装月饼的区别是：_____。

月饼盒在中秋节过后是如何被处理的？（　　）

A. 及时丢掉　　　　　　　　　　B. 放一段时间再丢掉

C. 一直没有处理　　　　　　　　D. 生活中再利用

如何再利用月饼盒？_____。

在项目中期和后期采用的过程性评价量规如下所示。

合作评价量规

指标	级别			
	优	良	中	差
贡献	总积极参与讨论，为小组做贡献，接受并完成了所有要完成的任务，帮助小组确定任务，带领小组实现目标。	参与小组的讨论，为小组做贡献，完成了分配的任务，帮助小组确立和实现目标。	有时需要鼓励才能完成分配到的任务，在确立目标和实现目标的过程中需要得到帮助。	不参与，没有完成分配到的任务，阻挠小组确定目标，并使小组远离要实现的目标。
倾听	在听与说之间表现得很平衡。一直关注他人的感受和观点。	能听他人阐述。对他人的感受和观点比较在意。	有时会听他人阐述。有时会考虑到他人的感受和观点。	不听他人阐述。有时不顾及他人的感受和观点。
问题解决	积极地和小组成员一起解决问题。帮助小组做出合理的决定。	提供解决问题的建议。帮助小组做出决定。	有时会提供解决问题的建议。有时会帮助小组做出决定。	选择不参与解决问题或做出决定。有时给小组带来麻烦。

小组讨论检查表

指标	表现（总是/有时/很少）	举例
提出新的想法和方向		
发现并共享资源		
贡献论据和观点		
总结讨论要点		
使复杂的想法简单化		
帮助确定优先考虑的事情与建立时间线		
通过提出不同的观点激发讨论热情		
帮助分配任务		
态度友好地质疑那些不太合理的想法		
帮助小组找到合理的、理由充分的决策		

批判性思维评价量规

指标	级别			
	优	良	中	差
识别信息	能找到学习内容中最重要的信息。	通常能找到最重要的信息。	有时候会将重要的观点与不重要的细节混淆。	通常不能区分什么是重要的信息，什么是不重要的信息。
评价资源	使用不同的策略，认真地思考，判断资源是否可信。	使用一些判断资源的策略。	在他人的帮助下，使用一些判断资源的策略。	很少思考使用的资源是否可信。
推论	利用自己的知识进行推理，依据信息得出结论，检查推论是否正确。	利用自己的知识得出结论，依据信息进行推论，通常会检查推论是否正确。	在他人的帮助下，依据信息进行推论，有时推论没有很好的理由支撑。	很难做出推论。
独立学习	学习新思想和概念。	试着学习一些新思想和概念。	如果有他人鼓励，会尝试学习一些新思想和概念。	通常对已有的知识很满意，不愿了解更多的信息。
沟通	在发言或文章中，能就一个主题清楚地解释自己的观点，并给出充分的理由。	能解释自己的观点并给出一些理由。	通常可以解释自己的观点并给出至少一个理由。	无法解释自己的观点。

展示反馈表

要点	反馈	
	亮点	改进建议
学习		
实施		
评价		
技术整合		

多媒体演示文稿评价量规

指标	级别			
	优	良	中	差
主题	有题目。发言使主题变得重要且有意义。	有题目。发言使主题变得重要。	有题目。但有些发言脱离了主题。	看起来有主题，但很多发言脱离了主题。
结论	综合自己的经验和知识进行研究，主题突出且结论有意义。	综合自己的经验和知识进行研究，得出自己的结论。	试图得出自己的结论，但有一些逻辑不清晰、证据不可靠的情况。	很少得出自己的结论，即使有结论也是没逻辑的。
重要观点	围绕几个简明扼要的观点组织演示文稿，综合发现的最重要信息来支持主题和结论。	围绕几个简明扼要的观点组织演示文稿，支持主题。	在演示文稿中有几个主要观点，但较冗长且信息不全。	在演示文稿中没有明确的主要观点。
多媒体特征	有效地使用了与主题相关的图形、视频、音频或其他多媒体方法与听众沟通，营造氛围。	使用一些图形、视频、音频和其他多媒体方法，强调、支持主要观点。	使用图形、视频、音频和其他多媒体方法，但弱化了主要观点。	没有使用图形、视频、音频或其他多媒体方法，有些方法还模糊了主要观点。

拓展

🍵 补充资料

1. 汪琼．翻转课堂教学法 1.5[Z/OL]．(2018-11-19)[2019-03-21]．http：//www. icourse163. org/course/PKU-1001967013.

中国大学 MOOC 上的"翻转课堂教学法 1.5"是由北京大学数字化学习研究中心设计的 MOOC 课程，介绍了开展翻转课堂教学需具备的五个方面的知识，帮助学习者认识翻转课堂教学法、布置自主学习任务、制作优质教学视频、组织课堂学习活动、实施翻转课堂。课程理论讲解清楚有条理、结构性强，并提供丰富的真实案例，使学习者通过"做中学"掌握知识与方法。课程对于实施翻转课堂教学法具有很强的指导作用，强烈推荐参与学习。

2. 纪方，梁一凡，束旭等．走进项目学习[Z/OL]．(2019-03-05)[2019-03-21]．http：//www. icourse163. org/course/icourse-1001556011.

中国大学 MOOC 上的"走进项目学习"由北京教育学院团队开发，课程按照项目学习的实施流程讲授了四个方面的内容，包括项目学习概述、项目的主题和学习目标、项目的框架问题与活动设计、项目的评价策略，帮助学生组织项目任务和活动。课程注重实践创新和教学实效，立足于各学科的课程标准，强调开发学生的高阶思维能力，关注学生21世纪技能的培养，设计的探究性活动，强调学生将学科知识应用于生活中，能引发学生的学习兴趣及高阶思维。课程对于实施项目学习法具有很强的指导作用，强烈推荐参与学习。

🖥 在线学习资源

第五章

智慧教育及其
关键技术

本章概述

　　随着教育信息化的发展，智慧教育出现并成为教育信息化的高端形态。本章在梳理智慧教育的概念、特征、关键技术的基础上，对虚拟现实技术/增强现实技术、云教育和教育大数据进行了详细介绍。

结构图

○ **本章学习目标**

　　通过本章的学习，掌握智慧教育的概念、特征、关键技术，了解智慧教育下教育教学的创新与变革；掌握虚拟现实/增强现实的概念、关键技术、特征；掌握云计算的概念、特点、关键技术和分类；了解云教育在国内外的发展现状和云教育实践，以及教育大数据在我国的应用。

○ **学前深思**

　　培养 21 世纪的信息型智慧人才的需要使我们开始关注智慧教育，它是教育信息化的高端形态。什么是智慧教育？其对教育教学有什么样的创新和变革？支持智慧教育实现的关键技术的发展现状和趋势如何？

一、智慧教育的理念

◎ **本节学习目标**

通过本节的学习，理解智慧教育的概念及其关键技术，并了解智慧教育下教育教学的创新与变革。

　　智慧教育是教育信息化的高端形态，在全球范围内受到了越来越多的关注。基于信息技术与教育的深度融合，智慧教育实现了全球教育资源的无缝衔接，也突破了时间和空间的限制。智慧教育驱动了教育理念和模式、学习理念和方式、教育制度和人才培养、教育管理和教学评价的创新与变革。推行智慧教育有助于实现教育由信息化向智能化的整体飞跃，是教育在信息时代的深化与提升，是培养 21 世纪的信息型智慧人才的需要。

(一)智慧教育概述

1. 智慧教育的概念

　　智慧教育思想最早由哲学家提出，在哲学视角下，智慧教育的出发点和归宿是唤醒、发展人类"智慧"。印度著名的哲学家克里希那穆提在其著作《一生的学习》中从智慧的高度解读了教育，认为真正的教育要帮助人们认识自我，消除恐惧、唤醒智慧。近年来，国内外对于智慧教育的关注越来越多，但由于不同领域、不同行业的人对智慧教育的关注点不同，对其概念的解释尚未统一。

政策层面上，当前有很多国家将智慧教育作为推动教育现代化的重要举措，并颁布了相关的国家教育政策。例如，韩国教育科学技术部于 2011 年 10 月发布了《推进智慧教育战略》，提出智慧教育是一种自我指导的、激发动机的、灵活定制的、资源丰富的和技术沉浸的教与学。我国在《国家中长期教育改革和发展规划纲要（2010—2020年）》中虽然没有明确提出智慧教育的概念，但强调了要将现代信息技术与教育全面深度融合，以信息化引领教育理念和教育模式的创新，充分发挥教育信息化在教育改革和发展中的支撑与引领作用。

学术层面上，国外对智慧教育的研究多数集中于技术方面，其研究大部分是针对智慧学习环境、智能教学系统、智慧教室、智能教育应用等展开的，很少涉及对智慧教育概念的研究。国内的研究成果相对丰富，但未达成统一的认识。哈斯高娃等提出智慧教育是依托计算机和教育网，全面深入地利用以物联网、云计算等为代表的新兴技术，重点建设教育信息化基础设施，开发和利用教育资源，促进技术创新、知识创新，实现创新成果共享，提高教育教学质量和效益，全面构建网络化、数字化、个性化、国际化的现代教育体系，推动教育改革与发展的历史进程。[①] 靖国平认为智慧教育的概念有广义和狭义之分，提出了广义的智慧教育就是帮助人们建立完整智慧体系的教育方式。[②] 祝智庭提出的智慧教育概念是利用适当的信息技术来培养智慧型人才和落实智慧教育的理念。[③] 杨现民认为智慧教育是依托新一代信息技术所打造的教育信息生态系统，旨在提升现有数字教育系统的智慧化水平，实现信息技术与教育主流业务的深度融合，促进教育利益相关者的智慧养成与可持续发展。[④] 也有学者认为智慧教育是全面深入地应用新一代信息技术，构建智慧学习环境，研发和应用智能化教育系统，提高教学的效率和水平。[⑤]

产业层面上，作为教育信息化产业的领导者和智慧教育产业的重要推进者，戴尔、海尔和新华三等知名企业根据各自对智慧教育概念的理解，主要致力于教育平台和系统应用的研究。戴尔持续助力中国教育信息化的发展，通过教育管理信息化、教学信息化和科研信息化的专业解决方案从两个方面帮助教育提升生产力：一是建立互联互通平台，通过云计算、数字图书馆等改善整体教育环境；二是通过与高校的深入合作推动高校科研创新。海尔借全国教育信息化成果展，推出了基于 Chrome OS 的 U＋智

①⑤　哈斯高娃、张菊芳、凌佩等：《智慧教育（第二版）》，17—18 页，北京，清华大学出版社，2017。

②　靖国平：《从狭义智慧教育到广义智慧教育》，载《河北师范大学学报（教育科学版）》，2003(3)。

③　祝智庭：《以智慧教育引领教育信息化创新发展》，载《中国教育信息化》，2014(9)。

④　杨现民、余胜泉：《智慧教育体系架构与关键支撑技术》，载《中国电化教育》，2015(1)。

慧教育终端，使智慧教育生态圈更加完善。新华三提出了智慧教育方案，旨在实现市级的教育资源整合与教育数字服务平台搭建，教育行政部门可利用服务平台实现网络化协同办公和教育数据的采集分析，并实现全面监督；学校可通过公共服务平台构建独立的数字化校园环境，以提升管理水平和管理效率，同时降低学校的信息化建设资金投入和专业管理人员的人力投入；教育者和被教育者可通过公共服务平台便捷、低成本地获得优质的教育资源和创新的教育服务，促进教育公平，实质性地提升教学质量和教育管理水平。星辰天合和戴尔联合推出了"飞云系统"对象存储解决方案，可以帮助教育机构大幅度降低课件、多媒体等教育资源的采购成本与运维成本，并无缝对接公有云，实现教育应用的"云原生"转型。海尔国际智慧教育以"硬件＋应用＋内容"为核心，聚焦"下一代课堂"解决方案，提供了以互动课堂、录播课堂、MOOC等为核心的翻转课堂，以VR/AR为核心的沉浸课堂，以STEAM为核心的创课课堂等全方位的课堂解决方案。

基于以上可以看出，智慧教育不断将物联网、云计算、大数据、移动互联网、人工智能、虚拟现实等新一代信息技术手段与教育理念和实践融合，构建网络化、数字化、智能化的学习空间、学习生态及现代教育模式和系统，旨在促进教育利益相关者的智慧养成与可持续发展，推动教育的创新与改革。

智慧教育的概念主要包括以下三方面的内容。

第一，智慧教育是新一代信息技术与教育理念和实践的不断融合，是一个渐变和永不停息的动态发展过程。智慧教育采用的手段是移动互联网、大数据、云计算和物联网等先进的信息技术，将先进的信息技术与教育结合，用"互联网＋教育"的形式推动教育的发展和变革。

第二，实现智慧教育的途径是运用先进的信息技术打造网络化、数字化、智能化学习空间，包括智慧终端、智慧教育云、智慧教室、智慧校园等；营造一个智慧化的学习环境，受教育者可以在智能学习空间内进行泛在学习、个性学习、情境学习和群智学习；建设相应的教学系统，进行智慧教学、智慧管理、智慧评价、智慧科研和智慧服务。

第三，智慧教育的目标是使其利益相关者——学生、教师、家长、管理者、社会公众等都可以从中受益，开展和接受高效、实时、灵活、快速的智慧化教育，最终推动教育的创新发展与变革。

2. 智慧教育的特征

智慧教育的本质就是通过教育信息化的手段来实现教育信息与知识的共享。智慧教育首先是信息技术的深度融合，其次是教育资源在全球范围内的无缝整合，最后是教与学的高效契合，最终实现目标。

(1)信息技术的深度融合

智慧教育是教育信息化发展的最新阶段，它最大的特点就是对移动互联网、大数据、云计算和物联网等先进的信息技术的应用，并将其与教育融合。智慧教育的核心技术特征可以概括为"3I"，即一体化(integrated)、智能化(intelligent)和交互化(inter-active)。

智慧教育的一体化具体体现在环境融合、平台共享、终端切换、设备连接和情景匹配等方面。环境融合是通过增强现实等技术实现智慧教育物理环境和虚拟环境的融合，教育者和被教育者可以在虚拟环境和实体环境之间随意切换，这突破了传统教育纯物理环境的局限，实现了环境的一体化融合。平台共享指在跨级、跨域的教育服务平台之间实现数据的共享和系统的集成，各平台之间的信息可以高效共享与反馈，使教育平台一体化运作。终端切换指学习者的多个学习终端之间可以同步学习数据，学习过程实时迁移，随意切换，实现教育终端一体化。设备连接指支持多终端连接到教育信息系统，获取学习资源和数据，实现设备连接一体化。情景匹配指通过技术支持特定学习情景的社群，获取学习者的学习过程信息，自动匹配学习社群并提供支持，实现情景一体化。

智慧教育的智能化具体体现在智能感知、智能管控和智能视窗等方面。智能感知是智慧教育的底层技术，它指根据所采集的数据为用户提供相应的服务，即安装在各类物体上的智能传感器采集数据，数据与网络互联，从而对设备运行、教学环境以及学习者的状态等进行感知，以实现人与物、物与物间智能化获取、传输与处理信息。智能管控指基于标准协议实现信令互通，进而实现对环境、资源、管理和服务的智能管控，具体包括对物理场所的环境指标进行动态调节，记录、汇聚和分析各类数据，以及辅助管理者准确快速地诊断和解决问题、科学调度教育资源、调整教育机构布局、分配教育经费，等等。智能视窗指智慧教育中观摩、巡视、监控、管理的用户可视化界面，通过视窗可以查看智慧教育应用系统的运行状态，为用户提供最优化的系统建议。

智慧教育的交互化具体指人与人之间的交互、人与物之间的交互和物与物之间的交互。教育活动的本质就是交互，智慧教育则是一种全面的交互，实现了教师与学习者之间、不同学习者之间不受时间地点限制的交流与互动；用户还可以通过语音、动作等更加便捷的方式与系统或物体进行交流与互动；系统也可以根据学习者的需要和喜好，为其推送个性化学习信息、资源和服务，实现人与物之间的智慧交流和互动；系统和应用也可以记录用户的教育学习全过程，并根据数据进行分析，为管理者和决策者提供支持。

(2)教育资源的无缝整合

21世纪是知识经济的世纪，智慧教育要培养的不再是一般意义上的普通公民，而是具有国际视野和创新思维的世界公民。优质教育的触角已经伸向了世界的各个角落，即使在贫穷、落后的国家，学生也可以通过互联网学习最优质的课程，接受最先进的教育。在世界知名大学的努力推动下，开放教育资源（Open Educational Resource，OER）运动和慕课运动席卷全球。国内外互联网企业也在不断探索在线教育模式，商对客（B2C）、线上到线下（O2O）和个人与个人（C2C）等商业模式快速发展。云计算改变了教育资源平台建设、存储、共享与应用的模式，实现了全球优质教育资源的无缝整合与无障碍流通，使得世界各地的学生和社会公众可以随时获取任何适合自己的教育资源。全球优质教育资源的无缝整合与共享是智慧教育的重要特征之一，是突破教育资源地域限制的大智慧，有助于缩小世界教育鸿沟，提升欠发达国家和地区的教育质量。

在教育资源平台建设方面，智慧教育开始从产品层面向服务层面转变。2012 年，教育部在《教育信息化十年发展规划（2011—2020 年）》中提出了"三通两平台"的建设，"两平台"之一就是教育资源公共服务平台。该平台旨在为各类教育资源的汇聚与共享提供支撑，为教育资源建设与应用的衔接提供服务，为课堂教学、学生自学提供交流与协作服务。智慧教育的资源平台不再仅是企业提供的商业平台，而发展出一种大规模的服务平台，支持更多的用户使用。

在教育资源存储方面，单纯的存储功能已拓展为集资源存储、共享、应用、创新为一体的功能集合。我国传统的网络数字教育资源存在资源利用率低、资源分布不合理、低水平重复建设、使用效果不佳的状况。但在智慧教育阶段网络教学已经普及，学生已经习惯在线学习，资源平台的建设也有了政策的支持，建成了大规模的教育云资源平台。智慧教育的资源存储功能也发展得更为全面，在存储的基础上增加了共享、应用和创新的功能，以更好地为用户服务。

在教育资源共享方面，由用户主导生产内容的理念正在落实。智慧教育是一种支持按需学习的教育模式，用户可以自主选择学习内容。因此，教育资源共享方面也体现了按需供给的理念，教育资源的共享内容主要由用户决定。智慧教育的资源云平台建设越来越全面，通过对用户学习过程数据的获取与分析，量化用户对教育资源的具体需求，进而有针对性地共享教育资源，由用户主导教育内容的理念也得以进一步落实。

在教育资源应用方面，资源大多不再是传统的、静态的文本与图像，而是开放的、动态的移动学习资源、微课资源、慕课资源等。教育资源的应用具体表现为通过优质的教学系统和课程将教育资源全面系统地整合，以受教育者更容易消化吸收的方式，将教育资源按需推送给相应的用户群体。教育资源的有效应用是提升智慧教育教学效果的重点，也是智慧教育创新和发展的关键。

（3）教与学的高效契合

新一代信息技术的应用为采用多种教与学方式提供了可能，智慧教育视域下的教与学也表现出了崭新的特征。教与学是教育的主体业务，智慧教育的教与学有着高效契合的特点，主要表现在实时教学、高效互动和科学分析这三个方面。

智慧教育的实时教学指教学资源可被实时获取，教与学突破了时空的限制，并且实现了真正意义上的自主教学。智慧教育可以实现便捷地从网络上获取海量优质教育资源，丰富教学内容，开拓学生视野。智慧教育的环境不再是传统的封闭空间，在线教育提供了虚拟教学环境，教与学可以随时随地发生，实现了按需教学的泛在学习。传统教学中，学生只能在学校内学习教师指定的内容，学习的自主性很低，而在智慧教育环境中，学生可以自己决定学习的时间、地点和内容，管理自己的学习计划，选择自己喜欢的课程，自由地与教师、同学交流。

智慧教育的高效互动指在信息技术的支持下实现师生之间、生生之间、用户与系统设备之间的交流互动。师生之间的交流互动突破了学校这个教育环境，在虚拟教学环境中师生可以随时随地交流，学生还可以选择自己感兴趣的课程，通过在线课程、社交网站、学习社群等方式和课程教师互动。学生之间也不再受学校、年级和班级的限制，可通过在线学习认识更多志同道合的学习伙伴，就自己感兴趣的问题进行实时讨论交流。在线课程还可以记录用户的学习过程，学生可以看到自己及好友的学习过程或学习笔记，有助于其拓宽学习思路，进行更深入的交流。智慧教育还实现了人与物之间的互动，即用户和系统设备之间的交互。用户可以通过操作或自身的语言、动作与系统设备交流，这为教学提供了更加自然和智能的学习环境，使教与学更加便捷和高效。

智慧教育的科学分析指教学信息的跟踪分析和教学的科学管理。智慧教育可以对学生学习状态的数据进行跟踪，通过统计分析给出学生学习状态的具体信息，科学分析学生的学习过程和效果，辅助教师教学，使教学评价从依据经验主义走向依据数据，使教学质量评估更加全面、科学。传统的教学分析大多基于学生平时学习的过程性记录和几次大型测试的成绩，不具有足够的说服力；而且分析的内容也有局限性，不能做到全面、具体分析。大数据技术通过全面采集各种教育数据，进行科学统计分析与数据挖掘，可以为教育决策（经费分配、学校布局等）提供数据支持，提高教学管理的科学性。在线教育模式的发展也可以精简教育管理的流程，对教学材料信息可以进行数据化管理，网络信息检索也相对便捷，大大提高了教育管理的效率。

（二）智慧教育的关键技术

智慧教育的建设与可持续发展离不开先进技术的创新应用，其中，云计算、物联网、大数据、泛在网络、人工智能、虚拟现实/增强现实、定位技术、语义网络等是最为关键的应用技术。

1. 云计算：增强教育资源与教育服务的共享性

云计算在智慧教育体系中的应用主要集中在教育资源(硬件、平台、软件、学习资源)的共享上，可以有效解决我国教育信息化进程中重复投资、信息孤岛等"顽疾"。此外，云计算还可以用于打造基于云的学习环境，学生通过电子书包等终端随时随地享受云端的各种学习服务。学习者的学习过程数据也被及时存储到云端，确保学习数据不丢失，为学习分析提供数据支持。"三通两平台"作为教育信息化重大工程，充分应用云计算技术搭建了国家教育资源公共服务平台和国家教育管理公共服务平台。其中，国家教育资源公共服务平台于2012年12月28日正式开通上线试运行。教育部"中国学术会议在线"平台和"基于网络的双课堂教学应用试点示范项目"也都采用了云计算技术。

2. 物联网：拓展教育数据的采集渠道和方式

物联网指通过各种信息传感设备，实时采集用于满足物体或过程的监控、连接、互动等各种需要的信息，与互联网信息等结合形成的一个巨大网络。其目的是实现物与物、物与人、所有物品与网络的连接，方便识别、管理和控制。教育领域的物联网应用刚起步，物联网技术可以从课堂教学、课外学习和教育管理三方面为教育提供支持，优化教育环境，丰富教学资源，改善学习方式，节省管理成本，提高管理效率。如无锡的物联网教育应用项目"感知生长"使学生可以远程观察植物的生长，并可智能调节环境参数以改善植物生长过程。除此之外，物联网技术还可以发挥以下优势。

(1)学生体质健康监测

通过为学生佩戴监测传感器，可以持续获取学生的体温、心率、血压等动态体征数据，构建全国性或区域性的学生体质健康数据库。

(2)学习情境数据采集

运用传感器并结合定位技术，可以实时捕获学习者的学习地点、时间、内容、状态、环境信息等学习情境信息，用于个性化推送学习资源、活动、工具和服务。

(3)拓展课外教学活动

可以开展基于物联网的科学教育实践活动，将先进的测量技术、传感技术与现代教学理念结合，支持学生的正式学习、户外学习和区域合作性学习，鼓励学生亲身体验、探究各种科学现象，培养其探究精神和创新能力。

(4)教育安全监控与危险快速处理

基于物联网、视频监控等技术构建校园安防系统，实时、全面监控校园安全情况，跟踪每个学生的进校、离校信息，准确定位危机发生地点，快速处理校园危险事件。

(5)教学设备管理

学校的教室设备、会议室设备、实验器材等布置分散，信息透明度小，管理难度大，通过给这些设备粘贴频射识别标签或传感器，可以有效监测设备的工作状态，进行统一管理和调度。

3. 大数据：提高教育管理、决策与评价的智慧性

大数据技术是一系列数据收集、存储、管理、处理、分析、共享和可视化技术的集合，通过对全数据的采集、存储和分析，发现已知变量间的相关关系，进而实现有效的科学预测。美国普渡大学的"课程信号"项目是国际知名的大数据教育应用典型案例之一，该项目通过"课程信号"平台全程采集、汇聚学生课程学习的数据，根据成功预测算法分析学生课程学习的成功概率，教师从而进行针对性的反馈，推荐学习资源，最终提高学生的学习成功率。近年来，国内一些高校也已经开始应用大数据技术辅助教育教学管理，如华东师范大学利用预警系统跟踪学生的餐饮消费数据，消费额低于警戒值的系统就发出短信慰问，确定学生是否有经济困难、是否需要帮助。清华大学对学生成长类数据进行分析，追踪学生在大学四年的各种数据，观察其成长路径。高校也可以对毕业时很优秀的学生进行数据追溯，根据分析结果不断完善人才培养机制与模式。此外，大数据技术还可以在以下几个方面发挥优势。

(1)教育舆情监测与剖析

互联网的开放性为广大师生提供了自由发表观点的空间和机会，通过大数据技术可以准确把握师生群体的言论动向，快速预测教育舆情，并对舆情产生的原因进行深层剖析。

(2)教育信息化与现代化发展水平评估

大数据技术可全面、动态、持续采集各方数据，对国家或地区的教育信息化与现代化发展现状进行准确评估，同时自动诊断薄弱环节，全面推进教育信息化与现代化事业发展。

(3)教育机构布局与教育经费调整

通过全面采集全国或区域范围内教育机构的分布数据，学生入学、退学、转学数据，教育经费投入数据，等等，并依据科学的评估模型，可以调整下一阶段的教育机构布局、教育经费投入和分配等政策。

(4)学生的发展性评价

持续跟踪、采集学生成长过程中的各种数据，进行全面、系统的统计分析和数据挖掘，为学生提供更加科学、全面的发展评价报告。

(5)基于大数据的科学研究

动态采集科研所需数据，对大规模科研信息进行分析处理，发现其内在关联性，预测科研发展趋势，提高科研效率和科研结果的可信度。

4. 泛在网络：增强教育网络与多终端的连通性

泛在网络是通信网、互联网、物联网的高度协同和融合，可实现跨网络、跨行业、跨应用、异构多技术的融合和协同。泛在网络使信息空间与物理空间实现无缝对接，

其服务以无所不在、无所不包、无所不能为基本特征，帮助实现在任何时间、任何地点，任何人、任何物都能顺畅地通信，都能通过合适的终端设备与网络进行连接，获得前摄性、个性化的信息服务。泛在网络是智慧教育系统全面连通、无缝访问的基础。泛在图书馆是泛在网络技术在教育领域应用的典型代表。区别于一般的数字图书馆，泛在图书馆将数字资源、先进移动技术与泛在网络环境进行优质高效整合，为用户构建一个触手可及的泛在网络环境和易于识别、掌握、获取知识的信息共享环境，确保用户在尊重知识产权的前提下，通过各种学习终端获取所需的图书资源。在智慧教育环境中，泛在网络技术的有效应用将大力推进"三方连通"：学习、生活与工作的连通；学校教育、家庭教育和社会教育的连通；手机、平板电脑、个人计算机、学习机、电视等各种终端设备的连通。

5. 人工智能：促进教育的智能化、个性化、精准化发展

人工智能是计算机科学的一个分支，它试图了解智能的实质，并生产出一种新的能以一种与人类智能相似的方式做出反应的智能机器，该领域的研究包括机器人、语言识别、图像识别、自然语言处理和专家系统等。人工智能是一门研究和开发模拟和拓展人类智能的理论方法和技术手段的新兴科学技术。人工智能对于推动教育发展改革和教学现代化进程起着越来越重要的作用。人工智能主要在以下方面发挥优势。

(1)提高教育信息素养

通过人工智能教育，可以提高学生信息获取、加工、管理、呈现与交流等能力，以及对信息和信息活动的过程、方法、结果的评价能力。人工智能将知识表达成计算机可以直接处理的"信息库"，使用"计算机的智能"来模拟人类专家或"人类智能"，对知识进行快速、精确、自动、科学的处理。人工智能对知识信息进行了智能化管理，即对知识信息进行形式化表示、自动化推理，实现智能化教学或创造。

(2)提高教与学的思维能力

人工智能技术可以让学生在体验、认识人工智能知识与技术的过程中获得对非结构化、半结构化问题解决过程的了解，从而达到培养学生多角度思维的目的。对人类专家解决复杂问题的思路的模拟有助于提高学生的分析、思维与判断能力。

(3)提高教学的质量和效率

人工智能应用于教育中可以有效提高教学的质量，因为通过计算机向学习者展示大量图文并茂的信息和数据可以加强学习者的感性认识，为学习者理解和掌握所学知识提供了方便。另外，人工智能应用于教育中也可以提高教学效率。计算机可以帮助教师完成一些常规性教学设计，让教师把更多的精力用于学与教的过程和行为，大大提高教学效率。

(4)提高教学的个性化和交互性

智能代理和智能教学系统的应用为教学过程的个性化、交互性奠定了技术基础。

智能代理技术可以主动、高效地从网络信息空间中发现并收集用户所需信息，有助于解决使用单一关键字匹配查询、搜索而引起的信息检索精确度较低等问题。师生双方在教与学过程中的知识选取效率得以提高，交互学习和自主学习能力得以加强，学生也可以使用智能代理技术进行搜索以查询有效知识。智能教学系统的应用满足了师生对个性化教学与学习的需求，师生可以通过教学系统进行一系列互动。

6. 虚拟现实/增强现实：增强教学交互与虚拟空间的体验性

虚拟现实/增强现实作为高新技术，能帮助教师优化教学过程，解决传统教学中的高成本、高风险、低复用率等问题，具有仿真性、超时空性、可操作性强等优势，在有效降低教学成本与风险的同时，加强学生的技能熟练程度，提高教学效率。目前，国内一些虚拟现实技术提供商已纷纷推出教育领域的虚拟现实产品，如虚拟仿真实验室、虚拟现实教学平台、三维虚拟校园、虚拟展馆、虚拟课件等。很多高职院校开始探索增强现实技术与各学科实验教学的融合，通过对实验教学的各个环节进行真实的模拟仿真，节约现实教学资源，促进学生的实践操作能力。

虚拟现实和增强现实技术还可以用于增强电子书开发、实验模拟和虚拟空间构建，除此之外，还可以在如下方面发挥优势。

（1）教学内容的增强演示

通过增强现实技术可以将较为抽象、难以观察到的如位置导航和物体结构（几何形状、化学粒子、生物细胞、地形地貌、人体内部结构）等以仿真模拟的形式进行演示，给予学习者形象直观的感知体验。

（2）体感教育游戏

用户可以采用自然的交互方式参与游戏，这符合当前国际上流行的具身认知理论，可以大大增强学习的刺激性和体验感。

（3）残障人士学习与康复训练

虚拟现实和增强现实技术能够提供自然的信息交互方式（体感交互、语音交互等）和逼真的学习场景，为残障人士提供更多学习机会；也可以在虚拟三维场景中引导残障人士进行心理和动作康复训练，可以唤醒其有缺陷的神经元参与运动，加快康复的进程。

7. 定位技术：感知位置信息，提高教育服务的针对性

定位技术是一种应用广泛的高科技技术。目前常见的定位技术主要有位置测量装置（PPD）定位、全球定位系统（GPS）定位、蓝牙定位、无线网络（Wi-Fi）定位、通用分组无线服务（GPRS）或码分多址（CDMA）移动通信技术定位等。20 世纪 90 年代末，随着信息技术和通信技术的发展，人们对于导航定位技术的要求也不断提高，希望能够出现小终端、高精度、多功能的定位服务，以满足不同领域、不同场合的定位需求，从而诞生了"基于位置服务"（location based services，LBS）的概念。目前，LBS 的应用

无处不在，在教育领域 LBS 也得到了广泛应用。如在国内，新生可以用 LBS 定位技术快速了解学校各个机构的具体位置，从而快速适应新的学校生活。在美国东北部和中西部地区，LBS 平台在寒冷的冬季把校车所在位置发送给等待校车的人们，以减少等待时间。此外，LBS 定位技术还能协助校园中进行的紧急救援行动，对于需要援助的用户进行快速定位，安保人员快速赶到现场，处理险情。LBS 除了位置导航、紧急救助、信息查询等功能，还可以在教育领域的如下几个方面发挥优势。

（1）学习资源适应性推送

根据学习者所处的位置，分析潜在的学习需求，进而推送更加适合学习者的个性化学习资源。

（2）促进协作学习

学习者遇到问题、百思不得其解时，可以发布求助信息，通过 LBS 技术使附近的学习伙伴、学科专家等可以及时获取该求助信息，并及时响应，进行学习指导。

（3）保障人身安全

LBS 不仅可以协助校内紧急救援服务，还可以对在校外进行教学、科研活动的广大师生、科研人员进行实时定位跟踪，保证其安全。

8．语义网络：促进教育资源的共享性和智能性

语义网络的核心思想是对现有万维网上的资源（如 HTML 页面）附加能被机器所理解的语义，使互联网成为一个通用的信息交换媒介。简单地说，语义网络是对当前万维网的扩展，其中的信息被赋予明确的含义，可以使人与计算机更好地协同工作。与现在以 HTML＋XML（可扩展标记语言）文档为主构成的全球广域网相比，语义网络由于强调对网络资源附加可供机器理解和处理的语义信息，一方面使得资源提供的信息更精确；另一方面使得对这些资源的大规模重用和自动处理成为可能，这也是实现未来智能型网络的数据基础。

由于语义网络技术在知识表示、信息共享、智能推理上的优势，目前其主要应用在自适应系统开发、学习资源管理与共享、适应性资源配送和个性化学习内容推荐、语义检索、智能答疑等方面。

（三）智慧教育下教育教学的创新与变革

智慧教育是教育发展的趋势，它使教育活动跨越了传统模式中的制度、形式、机构和时空的边界，形成了一种新型教育形态，对教育产生了深刻影响。

1．教育理念和模式的创新与变革

智慧教育体现了以学生为中心的大教育观理念。智慧教育是以学生为中心的教育，智慧教育的基础支撑系统是为了学生能有统一的身份认证，学习的过程和数据能高效地保存和同步。智慧教育对教学物理环境的改善和对虚拟环境的建设是为了给学生提

供更好的学习空间和场所，用增强现实技术拓展学生的学习视野。智慧教育对教育资源系统的建设是为了给学生提供最全面、系统的学习资源，并将资源分类整合，便于学生查阅与应用。智慧教育管理系统通过大数据分析和可视化管控，对教育管理信息进行动态监管并提供智能决策支持，从而实现对学生的学习过程和结果的科学分析与管理。智慧教育的服务系统是为了保障每名学生都有良好的学习系统，排除和处理系统在运作过程中的问题，为学生提供智慧化的教育服务。智慧教育体现了大教育观的理念，不仅在时间上打破了学前、小学、中学、大学及成人教育之间的壁垒，还在空间上将家庭教育、学校教育和社会教育融为一体。通过智慧校园和在线教育等学习场所的建立，使物理学习环境和虚拟学习环境相互融合，连接学习社区和个人空间，使学校不再是唯一的学习场所，时间、地点和环境不再是学习的约束条件，构建开放式终身教育体系。

智慧教育追求的是技术与教育相融合的新型教学模式，包括O2O模式、一对一模式和沉浸式教学模式等。智慧教育最大的特征就是信息技术与教育的深度融合。O2O模式是源于互联网思维的一个词，在教育模式中则代表线上和线下教育行为的整合，即学生除了在学校进行线下学习，还可以通过在线教育进行线上自主学习。教师可以根据学生线上的学习情况进行教学指导，并通过系统反馈给学生。在智慧教育的学习过程中，学生可以自主选择喜欢的教师，并与之进行一对一的交流和互动，实现有针对性地按需学习。沉浸式教学模式是以虚拟现实、人工智能和机器人为核心技术的智慧教育新模式，让学生身临其境地学习、理解和运用知识。2017年1月，国务院印发的《国家教育事业发展"十三五"规划》里就强调了要推动学校网络仿真实训环境的建设，这是在政策层面对沉浸式教学模式的肯定与推动，以虚拟现实为代表的"沉浸式教育"正逐渐成为未来教育和体验式学习的新标杆。

2. 学习理念和方式的创新与变革

智慧教育关注的是学生的学习需求，其学习理念是支持学生的个性化和持续性学习。传统教育为学生的各个阶段都设置了培养目标，同一阶段的学习内容都是预设的，学生很少有个性化学习的机会。在信息化的21世纪，智慧教育的学习理念之一是个性化学习。大数据和云计算为智慧教育云平台提供了全球性、系统性和开放性的教育资源，学生可以通过各种终端按需获取学习资源，这颠覆了传统教育的学习内容和学习方式的局限性。在全国范围内，从基础教育到高等教育，不少学校开展了个性化学习相关项目的研究与实践，MOOC、翻转课堂、微课等教学模式走进了学生的学习生活。智慧教育的另一个学习理念是持续性学习，包括学习时间和学习内容的持续性。传统教育是以学校教育为主的，而智慧教育建设了虚拟的教学环境，学生可以随时随地联网学习，不受学校教学时间的限制。网络学习使学生的学习时间碎片化，在线学习提供了随时开放的学习环境。在学习内容上，智慧教育通过云教育系统整合了全球的教育资源，学生可以就感兴趣的内容进行持续性学习，不用被学校的教学安排束缚，不用被教育阶段目标捆绑。智慧教育的个性化学习和持续性学习理念也推动了终身学习的发展。

在个性化学习和持续性学习理念的推动下，智慧教育的学习方式也发生了巨大转变：变基于网络的学习为基于云的移动学习和泛在学习，变被动学习为主动学习，变机械学习为探究发现学习。智慧教育的学习方式可以被概括为泛在学习、定制学习和众创学习。在线教育推动了教育资源、课程和平台在全球的大规模扩展、整合和共享；MOOC 的出现使成千上万的人可以在网上自主获取优秀的教学资源；泛在学习实现了跨越不同领域的学习，融合了正式学习与非正式学习、线上学习和线下面对面授课，覆盖了不同学科、不同场所、不同社会文化，定制学习是互联网支持下的个性化学习概念，即针对个体学习者特定的学习需求、学习基础、学习风格以及文化背景来提供一系列有针对性的教学方法和技术支持服务；个性化学习的目标是为学生提供自主选择合适的学习策略和进度的机会；众创学习指大众利用网络、移动设备、加工工具和可穿戴设备，把创新想法转化为产品，在具身认知活动中掌握知识，促进学习的实践活动。

3. 教育制度和人才培养模式的创新与变革

智慧教育追求教育系统的整体创新和变革，教育制度和人才培养模式的创新和变革是其重要支撑。建立能充分发挥各类教育机构整体功能的教育制度是培养卓越人才的基础。《教育大辞典》中给出的教育制度的定义是："一个国家中各种教育机构的体系，包括学校制度即学制和管理学校的教育行政机构体系。"[①]智慧教育通过将信息技术运用于教育管理体系，促进了管理体制、工作流程和办学体制的创新，也为招生考试制度的创新奠定了基础。智慧教育通过统一门户、统一身份认证、统一接口和统一数据中心等基础支持服务的完善，用大数据和云计算实现学生档案和学籍信息的自动升级，对学生信息、学习数据进行跟踪记录，有助于解决"高考移民"、控辍保学、转学不规范、择校、留守儿童管理困难等问题，在一定程度上实现教育的相对均衡，促进教育制度公平。目前，智慧教育虽没有引起教育制度大规模的变革，但教育部已经提出了"三通两平台"体系的建设，为教育制度的创新和发展奠定了基础。

智慧教育以人的个性和全面发展为终极目标，尊重学生的个性差异，注重学生综合素质的培养。传统的基础教育多以学生的全面发展为目标，要求学生德智体美劳兼顾，忽视学生的个性化发展。而智慧教育所打造的教育云平台使学生可以随时通过网络学习自己感兴趣的内容，拓展了学习的渠道，丰富了学习资源。在信息技术的支撑下，智慧教育可以支持个性化人才培养。智慧教育从基础教育阶段就鼓励分层教育和

①　顾明远：《教育大辞典·增订合编本（上）》，1892 页，上海，上海教育出版社，1998。

个性教育，既培养通才，也培养专才和拔尖人才。另外，智慧教育采用动态开放的模式，探索多方协商、学校和社会其他机构合作的培养机制。智慧教育倡导为学生提供多样化的学习途径选择，学生可以通过学校教育、网络课程、培训机构和企业实践培养等多种方式，丰富自己的理论储备和实践经验。智慧教育挣脱了传统教育的束缚，让学生自由地选择学习的内容、方式、时间和地点，以此来培养具有创新思维和实践能力的个性化人才。

4. 教学管理和评价的创新与变革

教学管理是管理者依据一定的教育思想，遵循教学规律和管理规律，对教学过程进行计划、组织、指挥、协调、控制，以实现教育目标的过程。智慧教育的发展对教学管理的创新和变革提出了新要求，要求教学管理从"机控人管"变为"智慧管控"，从"非实时监控"到"实时监控"。

智慧管控可借助信息技术对学生学习过程的相关数据进行采集，通过大数据和云计算对数据进行分析，发现数据背后的教学规律和管理规律，并把这些规律进行归纳和整合，将其应用到教学管理中，为教学管理决策提供全面、及时、准确的数据及分析支持，提高决策和管理的科学性，避免数据不全或数据分析不当所造成的决策失误。

实时监控指对教学情况进行实时的数据采集、存储和分析，并实时、准确地记录学生每次测试的情况，对学生的成绩进行横向、纵向的对比，并形成报告。教学管理部门可根据教育云平台反馈的报告直观地了解各学校、各班级乃至学习者个体的最新成绩水平，为教育管理部门摸清各种教学水平的情况提供可靠的数据来源。教学管理人力资源配置发生变革，借助网络管理平台可大大提高办公效率，教学管理的方法也出现相应的变革，管理条例和制度借助网络信息平台变得更规范化、直观化、标准化。

教学评价是教学过程中的重要环节，是对教师的教和学生的学的过程及结果做出客观的衡量和价值判断的过程。智慧教育中的教学评价充分发挥信息技术的优势，从依据经验转向依据数据，提高教学评价的质量和效率。教学评价涉及的范围很广，包括教学目的评价、课程设置评价、教材评价、教法评价、教学环境评价、教学管理评价、教师工作评价、学生评价等。智慧教育中的教学评价可以利用教育云平台的优势，为教学评价所涉及的方方面面都建立相应的评价档案库，采集和反馈教学过程中各方面的相关数据，用数据说话。如成都七中育才学校在教学评价方面探索使用智慧评价模型，在数学学科的教学评价中实现了对班级成绩、个人成绩、知识点、试题、认知层次和学习力等类别的智能化分析，并自动生成班级和个人学习诊断报告。智慧教育中的教学评价方式是对传统教学评价的创新和变革，是标准化考试评价体系变革的前奏。

二、虚拟现实技术/增强现实技术及其教育应用

🎯 **本节学习目标**

通过本节的学习，认识、理解虚拟现实技术和增强现实技术的概念及关键技术，了解教育应用现状和典型的三维虚拟现实平台教育实践。

虚拟现实技术是运用计算机对现实世界进行全面仿真的技术。因为它能够创建与现实社会相似的环境且能满足学习媒体的情景化及自然交互性的要求，所以其在教育领域有着极其广阔的应用前景。在信息化社会人类的交流开始采用新的方式、进入新的领域，将实现"文字—二维图像—三维图形—虚拟现实"的转变。

增强现实技术是虚拟现实技术的进一步发展，增强现实技术利用计算机产生的附加信息来对用户看到的现实世界进行增强，它不会将用户与周围环境隔离开，而是将计算机生成的虚拟信息叠加到真实场景中，从而实现对现实的增强，用户看到的是虚拟物体和真实世界的共存。如能将虚拟现实技术/增强现实技术运用于当前的现代化教育教学，效果可能是超乎想象的。

(一)虚拟现实技术/增强现实技术概述

1. 虚拟现实/增强现实的概念

(1)虚拟现实的概念

虚拟现实的概念是1989年由美国的拉尼尔提出来的，又称为"灵境"或"幻真"。作为一项尖端科技，它涉及了众多学科的高新技术，集计算机技术、传感技术、仿真技术、人工智能、显示技术、网络并行处理技术等于一体，通过计算机创建一种虚拟环境，通过视觉、听觉、触觉、嗅觉等感观使用户产生和现实一样的感觉。具体地说，虚拟现实是以计算机技术为核心的现代高科技所生成的逼真的视、听、触觉一体化的特定范围虚拟环境。用户借助必要的设备，以自然的方式与虚拟环境中的对象进行交互、相互影响，从而产生如同在真实环境中的感受和体验。尽管该环境并不真实存在，但它作为一个逼真的三维环境让我们感觉仿佛置身其中。用户会产生身临其境的感觉，并可实现与该环境的直接交互。将这种技术应用于学习过程，学生便不再被动地看、听和接受所提供的内容，而能够以各种形式参与事件的发展变化过程，在事件的变化过程中扮演某种角色。同时，学生的行为可影响事件的发展方向，使学习像生活、像游戏。另外，教师也可以在虚拟环境中扮演某些角色，与学生共同协调学习，形成和谐、互动、合作的教学关系。

(2)增强现实的概念

增强现实是一种将真实世界的信息和虚拟世界的信息"无缝"集成的新技术，它把

在现实世界的一定时间和空间范围内很难体验到的实体信息（视觉信息、声音、味道、触觉信息等），通过科学技术模拟仿真后再进行叠加，将虚拟信息应用到真实世界，从而为人类感官所感知，实现超越现实的感官体验。

（3）虚拟现实与增强现实的联系

增强现实与虚拟现实两者间的联系非常密切，它们均涉及计算机视觉、图形学、图像处理、多传感器技术、显示技术、人机交互技术等领域，其相似点有很多，具体如下。

①两者都需要计算机生成相应的虚拟信息。虚拟现实的场景和人物全是虚拟的，它把人的意识带入一个虚拟世界，使其完全沉浸在虚构的数字环境中。增强现实的场景和人物一部分是虚拟的，一部分是真实的，它把虚拟信息带入现实世界。

②两者都需要用户使用显示设备。虚拟现实和增强现实都需要用户使用头盔显示器或类似的显示设备，才能将计算机产生的虚拟信息呈现在用户眼前。

③用户都需要与虚拟信息进行实时交互。不管是虚拟现实还是增强现实，用户都需要通过相应设备与计算机产生的虚拟信息进行实时交互。

（4）虚拟现实与增强现实的区别

虽然增强现实与虚拟现实有密不可分的联系，但二者的区别也很明显，主要体现在以下三方面。

①对于沉浸感的要求不同。虚拟现实系统强调用户在虚拟环境中的完全沉浸，强调将用户的感官与现实世界隔离，使其沉浸在一个完全由计算机构建的虚拟环境中，如图5-1所示。与虚拟现实系统不同，增强现实系统不仅不将用户与现实环境隔离，而且强调用户在现实世界的存在，致力于将计算机产生的虚拟环境与真实环境融为一体，从而增强用户对真实环境的理解，如图5-2所示。

图 5-1　虚拟现实环境

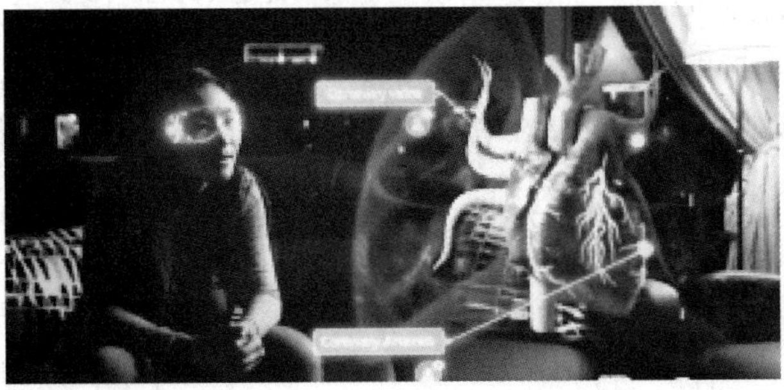

图 5-2　增强现实环境

②对于系统计算能力的要求不同。虚拟现实系统要求计算机构建整个虚拟场景，并且用户需要与虚拟场景进行实时交互，系统的计算量非常大；而增强现实系统只是对真实环境的增强，不需要构建整个虚拟场景，只需要对虚拟物体进行渲染处理，完成虚拟物体与真实环境的融合，对于真实场景无须进行太多处理，这大大降低了计算量和成本。

③侧重的应用领域不同。虚拟现实系统强调用户在虚拟环境中感官的完全沉浸，利用这一技术可以模仿许多高成本的、危险的真实环境，因而主要应用在娱乐和艺术、虚拟教育、军事仿真训练、数据和模型的可视化、工程设计、城市规划等方面。增强现实系统是利用附加信息增强用户对真实世界的感官认识，因而其应用侧重于娱乐、辅助教学与培训、军事侦察及作战指挥、医疗研究与解剖训练、精密仪器制造与维修、远程机器人控制等领域。

总之，增强现实相比于虚拟现实，其优势主要在于较低的硬件要求以及无须依赖强大的计算机设备。而虚拟现实的实现不仅需要较多硬件设备的支持，同时还依赖于人工智能、图像处理等各种技术。增强现实与虚拟现实的应用场景不同，两种技术都有很大的市场潜力。

2. 虚拟现实的关键技术

虚拟现实的关键技术通常包括实物虚化、虚物实化和高性能计算处理技术三个主要方面。

实物虚化是现实世界空间向多维信息化空间的一种映射，主要包括基本模型构建、声音跟踪、空间跟踪、视觉跟踪和视点感应等关键技术，这些技术使生成虚拟世界、虚拟环境获取用户操作的检测和操作数据成为可能。对这几种技术的具体阐述如下。

第一，基本模型构建技术。它是应用计算机技术生成虚拟世界的基础，它将真实世界的物体在相应的三维虚拟世界中重新构造，并根据系统需求保存其部分物理属性。例如，对气象数据进行建模从而生成虚拟环境的气象情况（阴、晴、雨、雾等），或模拟车辆在柏油路、草地、沙地和泥地上行驶时的不同情况等。

第二，声音跟踪技术。它利用不同声源的声音到达某一特定地点的时间差、相位差、声压差等信息进行虚拟环境的声音跟踪。

第三，空间跟踪技术。它主要通过头盔显示器、数据手套、数据衣等常用交互设备上的空间传感器，确定用户的头、手、躯干或其他操作物在三维虚拟环境中的位置和方向。

第四，视觉跟踪与视点感应技术。它使用视频摄像机、周围光或跟踪光在图像投影平面不同时刻和不同位置上的投影，计算被跟踪对象的位置和方向。

虚物实化指确保用户在虚拟环境中获取同在真实环境中一样或相似的视觉、听觉、力觉和触觉等感官认知的关键技术。纹理和光照修饰可以使一个虚拟物体变得逼真，但更困难的是通过一种较为简便可行的方法，使虚拟的场景、虚拟的人物也能具有真人、真物、真景那样的特征。让参与者产生沉浸感的关键因素除了视觉和听觉感知外，还有用户在操纵虚拟物体时所感受到的虚拟物体的反作用力，从而产生触觉和力觉感知。力觉感知的实现主要为计算机通过力反馈手套、力反馈操纵杆对手产生运动阻尼，从而使用户感受到作用力的方向和大小。触觉反馈主要是通过振动触感、气压感、电子触感和神经、肌肉模拟等方法来实现的。美国波士顿动力学公司开发了一个名为 DI-Guy 的虚拟现实软件工具，在 DI-Guy 的支持下，系统开发者能用一些很简单的命令给虚拟物体、虚拟人物、虚拟场景赋予某种"仿生"的特征。例如，模仿运动员时可以区分体操、田径、垒球、足球、排球、篮球运动员不同的体型和运动节奏；模仿现场时可以产生烟雾、火光、云雾的效果。

高性能计算处理技术主要包括：数据转换和数据预处理技术，实时、逼真图像生成与显示技术，多种声音的合成与声音空间化技术，多维信息数据融合、数据压缩以及数据库的生成，包括命令识别、语音识别以及手势和人的面部表情信息检测等在内的模式识别，分布式与并行计算，以及高速、大规模的远程网络技术。

3. 增强现实的关键技术

增强现实的关键技术主要包括显示技术、三维注册技术、标定技术、人机交互技术等。

（1）显示技术

人类从周围环境获取的信息中的 80% 是通过视觉获取的，因此，显示技术在增强现实的关键技术中占有非常重要的地位。要想把虚实融合后的效果逼真地展示出来，必须要有高效率的显示技术。目前，根据显示设备的不同，增强现实的显示技术可分为头盔显示器显示技术、手持显示器显示技术、投影式显示技术三类。

①头盔显示器显示技术。增强现实中的头盔显示器是透视式头盔显示器，包括两种：视频透视式头盔显示器和光学透视式头盔显示器。视频透视式头盔显示器显示技

术的实现原理如图 5-3 所示。[1] 它首先将摄像机拍摄的真实世界的视频图像送入视频图像叠加器，然后与场景生成器生成的虚拟图像叠加，从而实现虚实场景的融合，最后通过显示系统将虚实融合后的场景呈现给用户。光学透视式头盔显示器的显示原理如图 5-4 所示。[2] 它通过在用户的眼前放置一个光学融合器完成虚实场景的融合，再将融合后的场景呈现给用户。光学融合器是部分透明的，用户透过它可以直接看到真实的环境。光学融合器又是部分反射的，用户头上戴的监视器可通过反射在融合器上产生虚拟的图像。利用光学融合器的反射原理，用户能够看到虚拟图形和真实场景融合后的画面，这个画面是没有经过图像处理的。

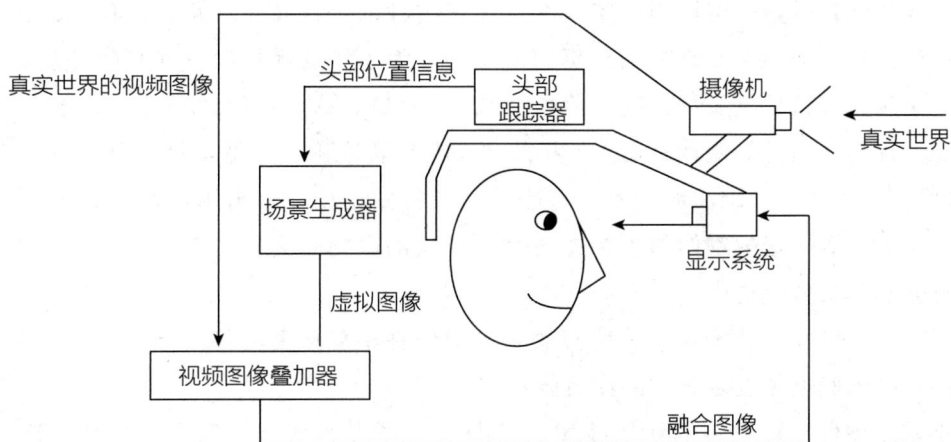

图 5-3　视频透视式头盔显示器原理图

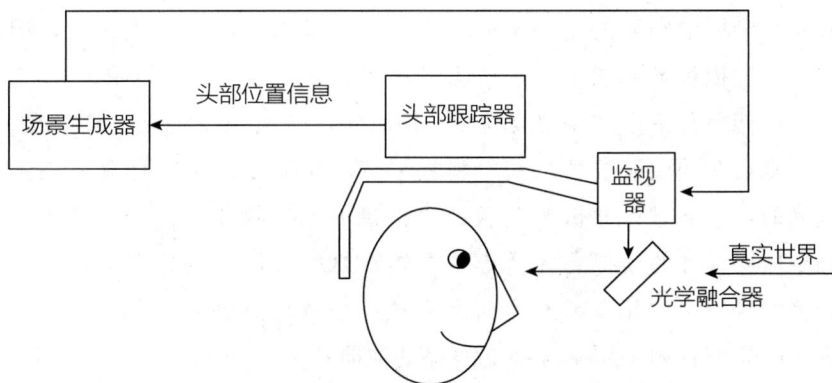

图 5-4　光学透视式头盔显示器原理图

②手持显示器显示技术。手持显示器与头盔显示器不同，它是一种平面液晶显示器。目前智能手机、平板电脑等移动设备为增强现实的发展提供了良好的开发平台。

---

①②　娄岩：《虚拟现实与增强现实应用基础》，249 页，北京，科学出版社，2018。

这些智能终端具有内置摄像头、内置 GPS 和内置传感器，同时具有清晰度较高且较大的显示屏，体积小，携带方便，普及性很强。虽然手持显示器克服了头盔显示器的缺点，避免了佩戴头盔所带来的不适感，但是它的沉浸感有待提高。

③投影式显示技术。投影式显示技术把由计算机生成的虚拟信息直接投影到真实场景中进行增强。它基于图像折射的原理，使用某些光学设备，实现虚实场景的融合。这种技术适用于大学或图书馆，可以为一群人同时提供增强现实信息，能够将虚拟的数字信息显示在真实的环境中。

（2）三维注册技术

三维注册技术是决定增强现实系统性能优劣性的关键技术。跟踪定位技术的优劣直接影响虚拟图像能否准确叠加到真实环境中，为了实现虚拟信息和真实环境的无缝结合，必须将虚拟信息显示在现实世界中的正确位置，这个定位过程就是注册。

三维注册的目的是使计算机摄像机的姿态与位置准确，使虚拟物体能够被正确"放置"在真实场景中。三维注册技术通过跟踪摄像机的运动计算出用户当前的视线方向，根据这个方向确定虚拟物体的坐标系与真实环境的坐标系之间的关系，最终将虚拟物体正确叠加到真实环境中。

目前，三维注册技术可以分为三类：基于硬件跟踪设备的注册技术、基于视觉跟踪的注册技术和基于混合跟踪的注册技术。

①基于硬件跟踪设备的注册技术。早期的增强现实系统普遍采用惯性、超声波、无线电波、光学等传感器对摄像机进行跟踪定位，这些技术在虚拟现实应用中已经得到了广泛的发展。这类跟踪注册技术虽然速度较快，但大多采用一些大型设备，价格昂贵，且容易受到周围环境的影响，如超声波式跟踪系统易受环境噪声、湿度等因素的影响，因而无法提供增强现实系统所需的精确性和轻便性。基于硬件跟踪设备的注册技术几乎不可能单独使用，通常与视觉注册方法结合起来以实现稳定的跟踪。

②基于视觉跟踪的注册技术。基于视觉跟踪的注册技术是在计算机视觉技术的基础上发展起来的，它通过计算机发现摄像机拍摄的真实物体图像的特征点，并根据这些特征点确定所要添加的虚拟物体及虚拟物体在真实环境中的位置等。其目的是获取虚拟物体在真实场景中的位置，并实时地将这些位置信息输入显示模块。近年来，国际上增强现实的研究普遍采用基于视觉跟踪的注册技术。

③基于混合跟踪的注册技术。基于混合跟踪的注册技术指在一个增强现实系统中采用两种或两种以上的跟踪注册技术，以此来实现各种跟踪注册技术的优势互补。综合利用各种跟踪注册技术，可以扬长避短，实现精度高、实时性强、稳健性强的跟踪注册。三种注册技术的比较如表 5-1 所示。

表 5-1　三种注册技术的比较

注册技术	原理	优点	缺点
基于硬件跟踪设备的注册技术	根据信号发射源发出的和感知器获取的数据求出物体的相对空间位置和方向。	系统延迟小。	设备昂贵，对外部传感器的校准较难，且受设备和移动空间的限制，系统安装不方便。
基于视觉跟踪的注册技术	根据真实场景图像反求出观察者的运动轨迹，从而确定虚拟信息的位置和方向。	不需要特殊硬件设备，注册精度高。	计算较复杂，造成系统延迟大；大多数采用非线性迭代，造成误差难控制、稳健性不强。
基于混合跟踪的注册技术	通过硬件跟踪设备定位用户的头部运动位置，同时借助视觉跟踪方法对配准结果进行误差补偿。	算法稳健性强，注册精度高。	系统成本高，系统安装烦琐，移植困难。

（3）标定技术

在增强现实系统中，虚拟物体和真实场景中的物体的对准必须十分精确。如果用户观察的视角发生变化，虚拟摄像机的参数则必须与真实摄像机的参数保持一致，同时还要实时跟踪真实物体的位置和姿态等参数，不断地对参数进行更新。在虚拟对准的过程中，增强现实系统中的内部参数（如摄像机的相对位置和方向等参数）始终保持不变，因此需要提前对这些参数进行标定。一般情况下，摄像机的参数需要通过实验与计算才能得到，这个过程被称为摄像机定标。换句话说，标定技术就是确定摄像机的光学参数、集合参数、摄像机相对于世界坐标系的方位及与世界坐标系的坐标转换。

计算机视觉的基本任务是摄像机获取真实场景中的图像信息，其原理是通过对三维空间中目标物体几何信息的计算来实现识别与重建。增强现实系统往往将三维虚拟模型作为模型信息来与真实场景叠加融合，在三维视觉系统中，三维物体的位置、形状等信息是从摄像机获取的图像信息中得到的。摄像机标定所包含的内容涉及相机、图像处理技术、相机模型和标定方法等。用于测量的摄像机标定技术是应用系统中至关重要的一项技术。计算精度取决于标定精度，测量的精度决定着三维重建的精度。

（4）人机交互技术

人机交互技术是衡量增强现实系统性能优劣的重要指标之一。增强现实技术的目标之一是实现用户与真实场景中的虚拟信息之间的自然交互。增强现实系统需要通过跟踪定位设备获取数据，以确定用户对虚拟信息发出的行为指令，对其进行解释，并给出相应的反馈结果。目前增强现实应用系统常使用以下三种方式实现用户与系统之间的交互。

①基于传统硬件设备的交互。键盘、鼠标、手柄等是增强现实系统最早使用的交互设备，用户可以利用鼠标、键盘选中图像坐标系中的某一个点，如单击场景中的某个空间点来加载虚拟物体，并对该点上的虚拟物体做出旋转、拖动等操作。用户通过

执行相应的命令或菜单项来实现交互。

②手势或语音交互。基于手势的交互方式是近年来人机交互发展的主流方向，在这种交互方式中，手势成为人机交互接口，计算机捕捉到的各种手势、动作成为输入。这种交互方式更加直观、自然。例如，用户在虚拟试衣镜前可借助手势选择不同的衣服进行搭配，微软 Hololens、苹果智能语音助手 Siri 和 Google Now 也都运用手势和语音交互技术。

③其他交互技术。还有一些借助特别工具，如数据手套、定位笔等。麻省理工学院的"第六感"和微软公司的 Omnitouch 开发了一项便携式投影互动触摸技术。这项技术将操作菜单等可交互操作的画面投影到某一平面上，如用户拨打电话时，键盘被直接投影到左手，用户用右手按键盘就能完成拨号，非常方便。

4. 虚拟现实技术的基本特征

虚拟现实技术具有以下三个基本特征，被称为"3I"。

交互性（Interactivity）：参与者对虚拟环境内物体的可操作程度和从环境中得到反馈的自然程度。

沉浸感（Immersion）：又称为临场感，用户感到作为主角存在于模拟环境中的真实程度。

构想性（Imagination）：又称想象性，用户沉浸在多维信息空间中，依靠自己的感知和认知能力全方位地获取知识，发挥主观能动性，寻求解答，形成新的概念。

虚拟现实的"3I"特性不仅为概念设计、构思可视化、工程实验模拟、真实场景再现等生产实践提供了方法和广阔的想象空间，而且在一些操作及演示性较强的教学过程中具有较高的实用价值。例如，工程制图课程教学的主要目的是培养学生空间构型和图解空间几何问题的能力，将虚拟现实的交互性应用于工程制图的教学，可以比传统教学更好地培养学生的空间构型能力。

虚拟现实技术追求的目标是使人们不再仅能从以定量计算为主的结果中得到启发、加深对事物的认识，而有可能在定性和定量综合集成的环境中获得感性和理性的认识，进而使人们能深化概念认识，产生创意和构想。人们主动地寻求、探索信息，并非被动地接收，因而更具有创意。

5. 增强现实技术的基本特征

（1）虚实结合

增强现实技术是在现实环境中加入虚拟对象的技术，它可以把计算机产生的虚拟对象与用户所处的真实环境完全融合，从而实现对现实世界的增强，使用户体验虚拟和现实融合所带来的视觉冲击。其目标是使用户感受到虚拟物体所呈现的时空与真实世界是一致的，做到虚中有实，实中有虚。虚实结合中的"虚"指用于增强的信息，它可以是在融合后的场景中与真实环境共存的虚拟对象，观察者可以看到虚拟重构出的物体，还可以看到真实环境的场景信息；增强的信息也可以是真实物体的非几何信息，如标注信息、提示等，如借助增强现实技术在真实环境中获得天气信息、时间信息以及与各个建筑物的距离等信息。

（2）实时交互

实时交互指实现用户与真实世界中的虚拟信息间的自然交互。用户可以使用手势来控制 3D 模型的移动、旋转，或者通过语音、眼动、体感等更多的方式与虚拟对象进行交互。

增强现实中的虚拟元素可以通过计算机的控制实现与真实场景的互动融合。虚拟对象可以随着真实场景物理属性的变化而变化，增强的信息不是独立出来的，而是与用户当前的状态融为一体的。也就是说，不管用户身处何地，增强现实都能够迅速识别现实世界的事物，在设备中进行合成，并通过传感技术将可视化信息反馈给用户。

（3）三维注册

三维注册指将计算机生成的虚拟物体信息合理地叠加到真实环境中，以确保用户得到精确的增强信息。简单来说，三维注册就是确定计算机生成的虚拟物体在真实环境中的位置和方向，相当于虚拟现实系统中的跟踪器，主要强调虚拟物体和现实环境的对应，维持正确的定位和对准关系。计算机首先得到用户在真实三维空间中的位置信息，然后根据得到的信息实时创建和调整虚拟信息的呈现位置，当用户位置发生变化时，计算机则要实时获取变化后的位置信息，再次计算出虚拟信息应该出现的正确位置。

6.虚拟现实系统的分类

典型的虚拟现实系统主要由人、虚拟环境、传感器件、作用器件和虚拟环境发生器组成，常见的虚拟现实系统主要有四种。

（1）桌面式虚拟现实系统

桌面式虚拟现实系统指操作者活动在真实世界，通过计算机屏幕或液晶投影来观看虚拟世界，并通过鼠标、键盘、三维鼠标等输入设备与之进行交互。桌面式虚拟现实系统基于普通的计算机系统，综合计算机图形技术、人机交互技术和仿真技术等，用屏幕来呈现与客观世界类似的环境。在桌面式虚拟现实系统中，操作者会因受到周围现实环境的干扰而缺乏沉浸感，是一种初级的虚拟状态，但其成本相对较低，在各领域的应用较为广泛。

（2）沉浸式虚拟现实系统

沉浸式虚拟现实系统指操作者活动在可被人感知的虚拟世界中，操作者和真实世界是隔离的，即看不到、感受不到真实世界。沉浸式虚拟系统是一个比较复杂的系统，操作者必须头戴头盔、手戴数据手套等传感跟踪装置才能与虚拟世界进行交互。由于这种系统可以将操作者的视觉、听觉与外界隔离，因而可排除外界干扰，使其全身心地投入虚拟现实。这种系统的优点是操作者可完全沉浸于虚拟世界，缺点是系统设备价格昂贵，难以推广普及。

（3）增强式虚拟现实系统

增强式虚拟现实系统指将虚拟世界直接叠加在人所感知的真实世界上，即虚拟世界直接与人感知到的真实世界融合在一起，操作者在一个亦真亦假的世界中活动，操作亦真亦假的事物。这类技术相对来说比较复杂，特别是虚拟世界与真实世界在空间上的对准。但这类系统有广泛的应用前景，如外科医生应用该系统进行外科手术，医生可以将三维虚拟图像与病人患病部位的实际图像进行对比、判断，提高手术的成功率。由于增强式虚拟现实系统中传感器技术的精确性有限，这种技术在目前的实际应用中还有一定的局限性。

（4）分布式虚拟现实系统

分布式虚拟现实系统指在多个地理位置的相互独立的用户通过计算机网络实时链接在一起，共同分享一个虚拟空间，一起体验虚拟环境，从而使虚拟用户共享虚拟经验。多个虚拟现实平台联网以构成分布交互系统，从而适应学习环境中群体的虚拟技术需求，能够更加符合实际地进行学习交互的系统分析和评估。目前，分布式虚拟现实系统主要应用于远程虚拟会议、虚拟医学会诊、虚拟战争模拟等领域。

7. 桌面虚拟现实系统开发技术介绍

随着虚拟现实技术的发展，虚拟现实系统的开发方式越来越多，以下对常见的桌面虚拟现实系统的开发技术进行介绍。

（1）虚拟现实建模语言

虚拟现实建模语言（Virtual Reality Modeling Language，VRML）是一种面向万维网、面向对象的三维造型语言，并且是一种解释性语言。VRML 是多媒体技术和三维图形通用的文件格式，其在网络上传输的是模型文件，传输量远小于视频图像。用户可以通过实时渲染技术体验三维场景模型并与之进行互动。它解决了三维图形在网络上的实时渲染对带宽的要求较高的问题，同时提供了构建新一代用户界面的可能性，因此，VRML 是针对互联网的具有较好发展前景的一项技术。

（2）Java3D

Java3D 是 Java 语言在三维图形领域的扩展，它是一组应用编程接口（API）。利用 API，编程人员可以编写出各种计算机辅助教学软件、基于网页的三维动画及三维游戏等。编程人员只需要调用这些 API 进行编程，而客户端只需要使用标准的 Java 虚拟机就可以浏览 Java3D 的应用程序，Java3D 具有不需要安装插件的优点。

Java3D 对底层的图形库 Direct3D 和 OpenGL 进行了封装，用于实现基于万维网的三维应用程序和三维图形显示的 Java 编程接口，具备从网络设备编程到三维几何图形编程等各方面的功能。在效率方面，Java3D 采用高效的流水线方式，可以并行着色，并可以对着色过程进行优化，自动利用硬件的加速功能，还能对场景进行预编译以提高效率。

（3）Cult3D

Cult3D 是 Cycore 公司推出的一个面向电子商务的交互三维软件，主要用于应用程序的交互三维渲染。Cult3D 的文件体积小，在带宽较低的情况下也能很好地传输。它支持多重阴影效果、双线性滤镜和贴图，并采用先进的压缩技术，创建的物体模型具有逼真的效果。Cult3D 支持当前主流的浏览器，采用基于 Java 的内核，可实现各种级别的交互行为。Cult3D 由三个部分组成：Cult3D Designer、Cult3D Exporter 插件和 Cult3D Viewer 浏览器插件。

（4）Viewpoint

Viewpoint 是由 Viewpoint 公司提出的 Web3D 解决方案。它基于 XML 语言的构架使其可以很好地和浏览器、数据库进行通信，还可以内嵌到多个软件中使用。Viewpoint 在结构上可分为两个部分：一是对场景参数和交互进行描述的基于 XML 的 MTX 格式文件；二是存储三维数据和贴图数据的 MTS 格式文件。Viewpoint 生成的文件非常小，而且它的三维多边形网格结构具有流式传输性伸缩性，非常适合在网络上传输。另外，它使用流式播放技术，用户可以边下载边观看，用户还可以对该物体进行旋转、缩放等控制。Viewpoint 主要应用于物品展示、产品宣传和电子商务领域。

（5）QTVR

QTVR(Quick Time Virtual Reality)是苹果公司 Quick Time 技术的延伸。它是基于图像建模机制的虚拟现实技术。它不需要几何造型，只需通过一个自动的三脚架和一个数码相机拍摄一组照片，然后采用 QTVR 对这些照片进行无缝衔接，即可完成三维物体、三维空间的造型；用户操纵键盘、鼠标即可对三维造型进行全方位观看。

QTVR 的优势在于它具有良好的压缩技术，所生成的文件支持流媒体技术，同时还支持开发标准 HTTP、RTP 及 RTSP；支持连续的缩放和平移，还可以跳到指定的点，利用帧作为旋转对象的索引。目前的图像压缩技术对硬件要求不高，采用 QTVR 创建的虚拟环境对客户端的要求比较低。

对以上几种技术的比较如表 5-2 所示。

表 5-2 桌面虚拟现实系统开发技术比较

比较项目	VRML	Java3D	Cult3D	Viewpoint	QTVR
表现方式	三维	二维、三维	三维	三维	360°全景图
交互性	高	高	高	中	低
传播速度	中	中	快	快	快

比较项目	VRML	Java3D	Cult3D	Viewpoint	QTVR
客户端要求	高	高	中	中	低
技术难度	较高	高	中	高	低
软件难度	需掌握 VRML 语言，较难	需要一定的编程基础，入门难	可视化操作，较容易	可视化操作，较容易	可视化操作，较容易
开发效率	中	低	较高	高	高
网页运行	VR 播放器	Java Applet	Cult 3D 播放器	Viewpoint Media Player	Quick Time 播放器
浏览器插件	需要	不需要	需要	需要	需要
三维造型特点	基于三维建模	基于三维建模或图像	基于三维建模	基于三维建模	基于图像

8. 增强现实系统开发技术介绍

增强现实技术正在改变我们观察世界的方式，下面介绍几个增强现实系统的开发工具。

（1）Vuforia

Vuforia 是创建增强现实应用程序的软件平台，在全球被广泛使用，拥有 32 万多名注册开发人员。市面上基于该平台开发的应用程序还有 400 多款，提供了一流的计算机视觉体验。开发人员可以通过 Vuforia 轻松地为任何应用程序添加先进的计算机视觉功能，使其能够识别图像和对象，或重建现实世界中的环境，使用其 SDK（软件开发工具包）可为移动设备和数码眼镜构建 Android、iOS 和 UWP（Universal Windows Platform，即 Windows 通用应用平台）应用程序。目前的最新版本为 6.2 版，支持微软的 Hololens、Windows 10 设备、Google 的 Tango 传感器设备以及 Vuzix M300 智能眼镜等。Vuforia 支持的平台包括 Android、iOS、UWP。

（2）Wikitude

Wikitude 提供了一体式增强现实 SDK，支持可扩展的 Unity、Cordova、Titanium 和 Xamarin 框架，可以构建基于位置、标记或无标记的增强现实体验，可开发适用于智能手机、平板电脑、智能眼镜的增强现实应用程序。Wikitude 功能强大，最主要的功能包括：即时跟踪、扩展跟踪、图像识别、基于位置的服务、3D 增强、云识别等。Wikitude 支持的平台有 Android、iOS 等。

（3）ARToolKit

ARToolKit 是一个免费的开源 SDK，开发者可以完全访问其计算机视觉算法，也可以自主修改源代码以适应自己的特定应用。ARToolKit 支持的平台有：Android、iOS、Linux、Windows、Mac OS 等。

（4）Kudan

Kudan 提供了富有创造性的、先进的计算机视觉技术，以及可用于 AR/VR、机器人和人工智能应用程序的最佳视觉同步本地化和映射跟踪技术。Kudan SDK 平台是唯一可用于 iOS 和 Android 的高级跟踪无标记 AR 引擎，可提供良好的图像识别、较低的内存占用、较快的开发速度和无限数量的标记服务。它使计算机能够获取、处理、分析和理解数字图像，以及映射其 3D 环境、对象和了解其位置，适用于 iOS、Android、Unity 跨平台游戏引擎。Kudan 支持的平台包括 Android 和 iOS。

（5）XZIMG

XZIMG 提供了可自定义的 HTML5、桌面、移动和云解决方案，目的是从图像和视频中提取智能信息。XZIMG 提供了增强面部解决方案，可用于识别和跟踪基于 Unity 的面孔；提供了增强视觉解决方案，用 Unity 识别和跟踪平面图像。XZIMG 的一个典型应用是虚拟眼镜，用户可以尝试戴上虚拟眼镜，并实时查看戴上后的效果。XZIMG 支持的平台有 Android、iOS、Windows、WebGL。

（二）虚拟现实技术/增强现实技术在教育中的应用现状

1. 虚拟现实技术在教育中的应用现状

在教育领域中运用虚拟现实技术是教育技术发展的一个飞跃，学习方式产生重大的转变：学习者可以通过自身与虚拟环境的相互作用来获得直接经验，以此代替传统的以教育者讲授知识为主的获取间接经验的学习方式。在教育领域的实践中，虚拟现实技术的应用主要体现在以下几个方面。

（1）模拟训练

模拟训练系统的开发是虚拟现实技术在教学中最成功的应用案例之一。因为空间探索和军队战备训练需要花费高昂的费用，且这些领域需要极高的安全性与可靠性，所以虚拟现实技术最早应用在这些领域。随着社会的进步，虚拟现实技术也延伸到医学教学、汽车驾驶以及电器维修等需要培养各种操作技能的领域。

（2）科学研究

国内许多高校都开展了虚拟现实方面的研究工作。其中北京航空航天大学建立了虚拟现实技术与系统国家重点实验室，曾经为我国自行研制的歼-8 战斗机研制了虚拟现实飞行模拟器；浙江大学计算机辅助设计和图形学国家重点实验室也开发了桌面虚拟建筑环境实时漫游系统，在虚拟规划、虚拟设计应用方面做了大量研究工作；哈尔滨工业大学、清华大学、西安交通大学、上海交通大学、北方工业大学、西北工业大学、安徽大学等也对虚拟现实进行了广泛的研究，使得我国在虚拟现实基础理论研究方面硕果累累。

（3）虚拟实验室

利用虚拟现实技术建立各种虚拟实验室的发展前景广阔，尤其在物理、化学、生物等需要实验的学科中。创建虚拟实验室可以不用购买真正实验室所需要的昂贵设备，减少教育部门的实验开销，而教学的效果也能基本接近运用实验仪器设备进行实验所达到的效果。利用虚拟实验室，学生可以足不出户做各种各样的实验，获得与真实实验一样的体会，从而丰富感性认识，加深对教学内容的理解，避免真实实验或操作所带来的各种危险。虚拟实验室是协作式虚拟环境（Collaborative Virtual Environments，CVE）中的一种，高级的 CVE 系统甚至能模拟真实实验室中学生之间以协作方式为主的、共同完成的学习任务。中国科学技术大学开发的物理虚拟实验平台被认为是我国第一个物理虚拟实验室，华中科技大学也建立了互动型数字逻辑虚拟实验教学平台，这为国内其他学校在虚拟实验室的开发与应用上起到了示范作用。

（4）仿真虚拟校园

虚拟校园是利用虚拟现实技术创设的虚拟校园场景，是虚拟现实技术与网络教育最早的具体应用，如早在 1996 年基于 VRML 开发的"天津大学虚拟校园"，在"天津大学虚拟校园"中，教务处管理学习者资料，图书馆提供学习资料查询，教学大楼提供教室让学习者上课。虚拟校园让没有去过天津大学的人也能够领略这所历史悠久的著名大学。随着网络教育迅猛发展，国内一些高校开始逐步推广虚拟校园模式，包括浙江大学、上海交通大学、北京大学、西南交通大学等。目前虚拟校园的功能以浏览为主，随着网络教育的深入，人们需要一个完整的虚拟校园体系，真实、互动、情节化的特点是虚拟现实技术独特的魅力。新技术必将引起教育方式的变革，促进全方位的教育变革。

2. 增强现实技术在教育中的应用现状

增强现实技术在教育领域的发展稍显逊色，但随着技术的发展，教育领域关于增强现实技术的研究成果越来越多，发展空间巨大。目前，增强现实技术在教育领域的应用主要体现在以下几个方面。

（1）实物展示

实物展示主要通过三维仿真方式展示实物或商品模型。摄像头识别相应的纸质识别码后，以三维模型方式在显示屏上展现虚拟的实物，学习者可在现实环境中与虚拟的实体互动。在理工科类课程中，借助增强现实技术，学习者能直观地观察设备结构和零件内部构造，快速、准确地掌握设备工作的原理。例如，为了使学习者清楚解释物理学中磁场的概念，可借助增强现实技术和体感技术，将肉眼不可见的磁场可视化；在学习分子、原子的结构，观察化学反应过程中原子位置的空间变化时，可以借助增强现实技术展现虚实融合的操作实验，使学习者虽然身处真实世界，却能够对虚拟出来的微观世界中的分子、原子进行操作。

(2)仿真教学

仿真教学主要指通过计算机模拟真实的自然现象或社会现象，模拟仿真后再将虚拟的信息叠加到真实世界中，使学习者可以模拟某一角色进行技能训练的一种教学方法。这种教学方法可以为学习者提供近似真实的训练环境。增强现实的技术优势使界面设计、知识呈现与师生交互具有十分突出的表现力，使学习者在与学习环境交互的过程中体会事物发展与变化的过程，使其获取的信息资源更加多元，信息的呈现更加直观、全面，让学习者能够从多个方面体验到知识的形成与传递过程，调动学生学习的积极性与主动性。例如，利用增加现实技术开发的演示系统可以帮助学生体验与理解日食、月食的形成过程与原理，这种形象直观的教学方式提高了课堂教学的效率，激发了学生主动参与课堂的学习兴趣。

(3)技能训练

技能训练指学习者借助增强现实技术强大的真实沉浸感和交互性成为虚拟学习环境的参与者，如飞行员和航天员通过模拟仓进行飞行、降落或遇到险情时应急处理的训练；外科医生使用增强现实手术室系统进行模拟医疗训练(包括虚拟病人、手术团队和医疗设备等)；在一些理工科设备故障维修课程的教学中，学生戴上增强现实智能设备，可以学习练习拆卸零件，这种交互方式区别于鼠标、键盘操作，更自然，更接近做真实实验的感觉；利用增强现实技术可以生成三维虚拟的人体器官和骨骼，外科医生用真实的手术工具在虚拟人体上进行手术训练，并且在训练过程中可以对医生的操作进行实时互动跟踪，从而提高训练的效果。

(4)古迹复原和数字化遗产保护

古迹和文化遗产是人类文化的宝贵财富。增强现实技术可以实现对各种工艺流程的模拟，再现人们当时生产、建设及制作的活动场景，并让学习者参与其中，充分感受、感知，更好地理解各种文化的奥秘和精髓。例如，Tinaj AR 是一个基于增强现实的应用程序，采用基于视频的多标记增强现实技术，通过虚拟陶瓷碎片解释陶器的形成过程。

(三)三维虚拟现实平台教育实践

1. 典型的三维虚拟现实平台简介

应用虚拟现实技术开发的三维虚拟现实平台能够营造逼真、直观的学习环境，让学生沉浸于虚拟世界中，进行实时观察、交互、参与、实验、漫游等活动，面对枯燥难懂的知识学生以"身临其境"的方式来感受和体会，被动灌输的学习方式变为主动式和兴趣式的学习探索。这种情景化的学习过程可以使学生获得更深层次的学术知识和思维技巧，而且关于学生行动和言论的详细数据也可通过后台被自动收集，为学生评估提供了依据。无论是从学生学习过程的体验来看，还是从形成性、诊断性评价来看，三维虚拟学习环境都可以为学生提供满足其个人需要的指导。当前国内外已存在一些比较优秀的三维虚拟现实平台，如国外的 Second Life、Active Worlds、Wonderland、Google Earth、OpenSim 以及我国的 Hipihi 等平台。

（1）Second Life

Second Life 是由美国林登实验室（Linden Lab）开发的一个基于互联网的三维虚拟平台。该平台发布于 2003 年，现已成为最受欢迎的虚拟世界之一，可以说 Second Life 在一定程度上成为虚拟世界的代名词。通过林登实验室开发的客户端程序，用户可以创建自己的虚拟化身，参与虚拟世界中的各种探索和社交活动，制造和交易虚拟产品及服务。Second Life 提供了三维建模工具和林登脚本语言（Linden Scripting Language，LSL），巧妙融合了联网游戏和在线虚拟社区的诸多概念，创造了一种新型网络空间。它为信息时代的学习、教育提供了积极的、沉浸式的数字化游戏式学习环境。一些跨国公司和国际著名媒体机构，如阿迪达斯、戴尔、星巴克、丰田、日产、德豪国际会计师事务所、太阳计算机系统、美国有线电视新闻网、路透社、英国广播公司等都在这一虚拟世界创建了自己的虚拟公司。此外，在 Second Life 创建的虚拟大学迄今已达400 多所，而且这一数字在不断增长，包括剑桥大学、哈佛大学、斯坦福大学、纽约大学、芝加哥大学、英国开放大学在内的 200 多所国际著名高校都在 Second Life 中创建了自己的虚拟校园，或在这一虚拟环境中开设远程在线课程，如图 5-5 所示。仅在英国，已有四分之三的高校正在开发 Second Life 课程或校园，以开展远程教学。虚拟世界的教育应用快速增长，未来的正规和非正规教育将突破传统教室围墙。

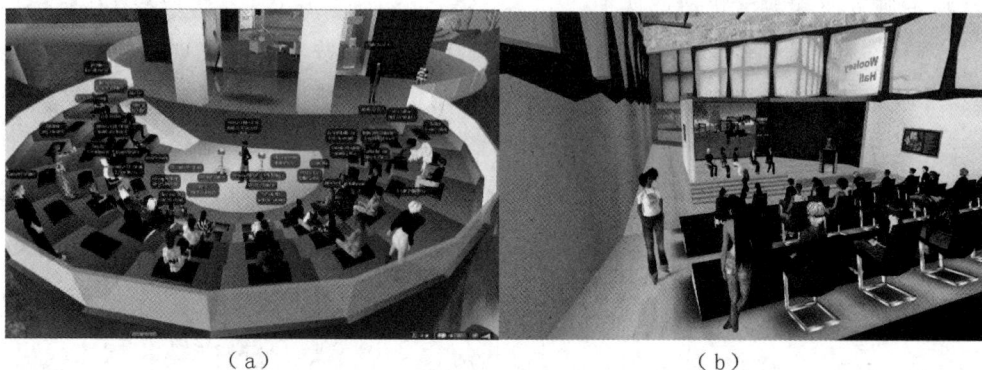

（a） （b）

图 5-5 Second Life 中开设的远程在线课程

（2）Active Worlds

Active Worlds 是最早使用动态在线三维虚拟世界的应用软件。Active Worlds 的拥有者在 1999 年创造了动感世界教育宇宙 AWEDU（Active Worlds Educational Universe），用于创建教育创新支持环境，其中包括近 100 个独立拥有、创造且保持更新的虚拟化教育世界。AWEDU 可以让教师即便是初学者，在三维环境中快速构造和定制一个虚拟世界。开发者可使用软件中提供的各种对象，并赋予对象一些交互属性，通过行动和事件触发器便捷地在三维环境中进行交互。AWEDU 中已经有很多优秀的教育案例，包括对新用户的非正式培训以及将 AWEDU 作为大学课程的远程教育环境，如哈佛大学的 River City。在这个环境中，学生可通过虚拟世界获取一些知识和经验。研究认为，Active Worlds 创造的情景化环境让学习者变得更加投入，促进了学习者进行协作、交流和实践。在 Active Worlds 中创建的虚拟世界界面如图 5-6 所示。

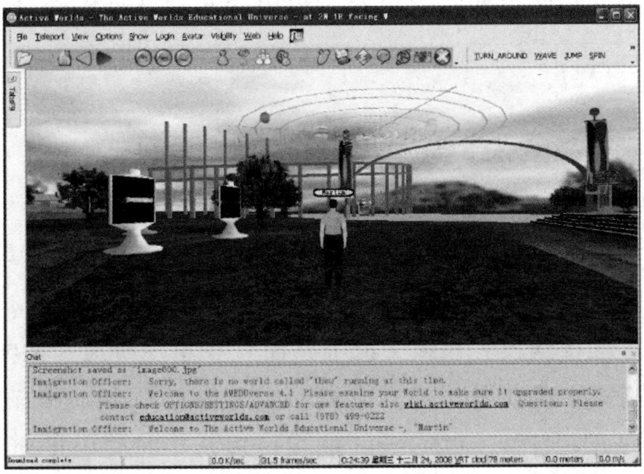

图 5-6　Active Worlds 的虚拟世界界面

（3）Wonderland

Wonderland 是太阳计算机系统公司（Sun）主持开发的三维协作虚拟世界的开源工具包。在这个世界里，用户可以进行高质量的音频通话，也可以分享在线应用程序并协同创作，如共同浏览万维网网页、共同操作完成一个 OpenOffice 文档等。它的目标是建构一个协作环境，使用户可以通过多种方式协作，在桌面程序上分享和协同工作。2008 年，埃塞克斯大学、俄勒冈大学、圣保罗学院、新媒体联盟和 Sun 联合在 Wonderland 服务器上发布了一个预研项目——Education Grid，其目标是向教育工作者提供端到端的包括教育环境、游戏、资产与模拟的生态系统。

（4）Google Earth

Google Earth 是一款免费的卫星影像浏览软件，它以各种分辨率的卫星影像为原始数据，信息直观清晰，并且具备强劲的三维引擎和超高速率的数据压缩传输，还整合了谷歌的本地搜索、地图标注、GPS 导航等多项服务，为用户提供便捷、免费的通用服务。用户在网上既能鸟瞰世界，也能在虚拟城市中任意游览，甚至可以将所经过的线路以漫游的方式进行录像和回放，实现模拟旅行。新版 Google Earth 可以让用户探索神秘的太空和海洋，欣赏火星图片，观看地球表面发生的变化。Google Earth 的上述特点使得其在地理教学领域有着广泛的应用前景。地理教学研究包罗万象，上至浩瀚无垠的太空，下至深不可测的海底，还有各国概况与民风民俗，以及一些立体几何计算知识。学生单纯依赖自己已有的视野见闻和知识储备是难以学好地理的。Google Earth 能使地理概念更加直观、易懂，更容易为学生所接受。教师只需要给予引导与支持，让学生自己去学习、探索，就能让学生学到相关的知识，调动学习兴趣，达到提高学生实践能力的目的。而且 Google Earth 具有运动定位的特点，也可以自由翻转，将平面变为立体、静止变为运动、抽象变为具体、单一变为丰富，能加强学生对地理规律的认识，并将知识性、时代性、实用性和趣味性结合，是培养地理学习兴趣的好工具。

（5）OpenSim

OpenSim(Open Simulator)，是一个遵循 BSD(伯克利软件套件)开源协议的分布式虚拟环境，功能类似于 Second Life，基于该平台开发者可创建虚拟的三维世界。该平台允许基于不同网络通信协议的客户端访问，允许任何公司和个人构建自己的服务器，并基于此开发特定领域的应用系统，目前已有很多用户和商家开发出了商业应用。它不仅支持用户浏览、三维建模、在线交流等，而且在角色扮演、教学互动、团队协作、远程学习等方面都有很大的优势。而且它是一个开源的平台，具有高度的可扩展性和基于脚本技术的二次开发特性。OpenSim 能在短短几年时间内迅速发展并得到广大用户和商家的支持，不仅因为它是开源平台，更重要的是其系统结构采用的是插件式体系结构，该结构可以在运行时根据用户的配置动态加载相应的模块，并且可以便捷地融入第三方开源组件。

表 5-3 展示了以上几种三维虚拟现实平台的比较。

表 5-3　三维虚拟现实平台的比较

平台	流行程度	是否开放源代码	用户所拥有的能力	图形绘制能力	其他
Second Life	用户最多，最流行。	部分开源，最终将完全开源。	强，且用户能自行编写建模和行为脚本。	较强，支持三维空间视频播放。	
Active Worlds	第一个应用于学习的平台，但现在用户较少。	不开源。	较弱，只具备基本的漫游和简单的交互功能。	较弱。	
Wonderland	新项目，用户较少。	完全开源。	强，支持协同操作，取决于二次开发者提供给用户的能力。	强，支持三维空间视频播放。	
Google Earth	Google 公司开发的产品，用户较多。	不开源，但提供 API 接口。	弱，主要针对程序开发者。	较强，但只有部分功能可进行三维展示。	仅限用地理领域，但应用前景无限。

续表

平台	流行程度	是否开放源代码	用户所拥有的能力	图形绘制能力	其他
OpenSim	用户较多。	开源。	强，具有很强的可扩展性，支持用户进行二次开发。	较强，图形美观。	

2.Second Life 在教育领域的应用实践

Second Life 在教育领域的应用呈现出以下特点。

(1)学科教学种类呈现多样性

Second Life 广泛应用于语言学、天文学、医学、商业、文学、艺术设计、生物学、历史、生态与旅游等多个领域，它提供的逼真环境和创造工具适合师生低成本地进行各类学科的教学活动，同时丰富的沉浸体验能够为教与学创造更多的机会。2007 年，由美国布法罗研究基金赞助的 VF(虚拟时间)项目就是将服装设计专业中的计算机辅助设计(CAD)课程引入虚拟世界，帮助服装设计专业的学生将平面设计作品转换为三维表现形式，获得三维虚拟体验。虚拟世界在支持语言学习及跨文化研究方面的潜力已经得到认可，美国密歇根州立大学和英国南安普敦大学已经在 Second Life 里开设语言课程，English Village、Avatar English 是 Second Life 中受关注度较高的英语学习区域。语言学习是在模拟真实世界的不同语言应用场景中进行的，如市场、银行、电影院等，学生可以使用文本，也可以借助 Skype 等语音聊天系统，以角色扮演的方式与教师交谈互动。学生还可以通过虚拟图书馆获取丰富的网络学习资源，如音频文件、课程资料等。这种语言学习的新方法得到了学生的积极反馈。

(2)教学实践形式呈现多元化

①虚拟课堂。西班牙 IE 商学院是第一所在 Second Life 中开设虚拟课堂的商学院，其学生体验到虚拟课堂的独特价值，他们不再像真实课堂中那样紧张，一些害怕在真实课堂中发言的学生在虚拟世界中变得非常有表现欲。另外，Second Life 提供的高度个性化工具让他们能够向同伴传达个性化信息，这让他们充满好奇心和想象力。Second Life 创造的这种"临场感"能够帮助学生增强内部学习动机，提高完成复杂任务的能力。

②远程教学。在远程教学中，教师和学生在时空上是分离的，师生之间存在着心理空间和物理空间的交互影响距离，而 Second Life 中师生的虚拟化身，以及表情、语言和动作的交互能够有效缩短交互影响距离。远程教学被认为是 Second Life 中最具发展潜力的教学实践方式，哈佛大学的法学院和进修学院联合在 Second Life 中开设课程 CyberOne，注册的学生可以通过 Second Life 进行视频听讲、讨论、演讲等。新媒体联盟是由世界上超过 55 个国家的 200 多所大学、学院及其他研究机构组建的国际性组

织，其成员可以在 Second Life 的会议厅进行授课，包括直播或录制的演讲、学生报告等。美国培训与发展协会也在 Second Life 中建立了一个"小岛"联系协会，这是一种与更广范围的人群进行沟通和交流的新方法。

③教学实验。Second Life 是对自然世界的模拟，并配备了气象和重力系统，因而具有强大的展示自然和物理学现象的功能。例如，美国国家海洋与大气管理局在 Second Life 中发布了一个用于展示各种与气象有关的现象的站点，向公众普及天气、大气变化及人类行为如何相互影响的知识。Second Life 也是一个适合进行各种社会学、心理学实验的环境。例如，斯坦福大学的虚拟人类交互实验室的心理学家在 Second Life 里做过一个实验，发现那些外表迷人的虚拟化身会进入陌生人周围 1 米之内的区域，而那些长相普通的虚拟化身则与陌生人保持近 2 米的距离。也就是说，虚拟化身的长相会直接影响到一个人在虚拟世界里的自信，而这种自信可以延展到真实世界。

④技能训练。Second Life 具有很强的仿真功能，可以模拟各种技能训练环境，学生在虚拟环境中进行技能训练可以获得接近于在真实环境中的体会与感受。例如，美国田纳西州立大学医学院让医学继续教育系的医生们到 Second Life 中进行虚拟应诊，让医学院的学生熟悉就诊的各个环节。通过 Second Life 中的虚拟化身，学生有机会体验手术室的工作过程，接触生命垂危的虚拟患者。Second Life 中丰富、便捷的人际交互渠道为商业管理、社会服务类课程的实训也提供了机会。例如，香港理工大学酒店及旅游业管理学院在 Second Life 中建立了三个用于教学实训的"小岛"，并在岛上构建了一个虚拟校园，学生在这个虚拟环境中与他人进行接触和交流，扩大社交范围，提升沟通技巧。

⑤虚拟图书馆。为了增加和读者接触的机会，很多图书馆在 Second Life 中建立了自己的服务区域，用户可以像在现实生活中那样走进图书馆，身临其境地享用图书馆内的资源。2006 年，著名的联合图书馆系统在 Second Life 上租赁了一小栋楼房，开办了一间小巧的虚拟图书馆，探索为其旗下 200 多个各种类型的会员图书馆在 Second Life 上建立虚拟家园的可能性和现实性。2007 年，Second Life 图书馆正式成立，目前这个图书馆已经拥有十几个岛屿。越来越多的大中小学、非营利机构、企业正在 Second Life 中创建他们自己的图书馆。

（3）教学活动设计呈现创造性

用户在 Second Life 中的创造物可以得到所有权保护，这无疑激发了参与者的创作热情，促使他们发挥最大的才能来建设这个庞大的虚拟世界。休斯敦大学在 Second Life 中开设了"资本和设计"课程，这是一门经济设计课程，涉及商业运营的现实模型设计，Second Life 中的虚拟经济和各类顾客为学生提供了一个现实模拟的机会。学生在虚拟市场中设计并运营自己的企业，实验各自的新想法，在错误中进步且不用顾虑任何现实风险。在"校园：青少年第二人生"项目的 EdBoost 学习中心，学生学习程序设计的实验平台就是 Second Life，他们利用 Second Life 脚本语言学习创建镶嵌于 Second Life 环境中的能活动（如移动、爆炸、发射）的有趣对象，如当人碰到门时门可以打开，自己设计和构建摩托车并让它行驶，等等。这种创造性的学习大大激发了学生学习程序设计的兴趣，使其计算机编程能力得以提高。很多大学和研究机构在 Second Life 中开展项目，鼓励学生进行创作与研究。例如，麻省理工学院开展 Second Life 物品设计竞赛项目，哈德斯菲尔德大学开展"教育与职业发展"项目，等等。

Second Life 作为传统教学环境的一个补充，为丰富教学提供了新的机会。首先，Second Life 为教师和学生提供了一个高度互动的、有效替代面对面交流的沟通方式，这种沟通方式借助 Second Life 平台及其内嵌的多样化工具，大大增加了教师和学生沟通的时间和空间。其次，Second Life 促进教育工作者形成一种较强的协同意识，塑造一个具有较强共享和合作精神的在线社群。再次，Second Life 鼓励创新，制定了一系列保护知识产权的政策，这种机制极大地激发了参与者的创造性，建模工具与脚本语言为学生创作提供了条件。最后，虚拟化身的应用有助于学生对虚拟化身产生认同感，进而以身体在场的意识指导自己的行为，这种控制感和视觉感官的刺激可大大提升学生的使用体验，使学生更容易沉浸其中。

目前，大多数 Second Life 教育应用仍处在探索和实验阶段，未来还需要教育工作者继续探索并评估其教育价值、教与学的有效性。Second Life 提供的这种"以学生为中心"的自主学习环境对学生的自主学习能力提出了更高的要求，而且如何在虚拟环境进行教学活动设计、如何开发虚拟学习资源、如何对学生的学习进行控制等问题也是新的挑战。

三、云教育

🎯 本节学习目标

通过本节的学习，能理解云计算的基本概念、关键技术及分类，并能了解关于云计算的国内外发展现状和我国云教育的典型应用实践。

随着云计算技术在教育领域的运用，云教育成为当下一个热议话题。要发展好云教育，则首先要对云教育的本质特征、优势劣势及当前国内外云教育的发展实践有充分准确的认识。

（一）云计算概述

1. 云计算的定义

作为新兴产业中的标志性事物，云计算在近几年的影响力巨大，但目前学界和业界并没有给出云计算的明确、统一的定义。人们从不同的观察角度，结合自身的产品、技术、应用，给出了不同的定义。

（1）学术界的看法

关于云计算的定义，学术界主要有以下几种看法。

网格计算之父伊安·福斯特认为，云计算是一种大规模分布式计算的模式，其推动力来自规模化所带来的经济性。在这种模式下，一些抽象的、虚化的、可动态扩展的、被管理的计算能力、存储、平台和服务汇聚成资源池，通过互联网按需交付给外部用户。①

著名的加州大学伯克利分校的一篇技术报告指出，云计算既指通过互联网交付的应用，也指在数据中心中提供这些服务的硬件和系统软件。②

美国国家标准与技术研究院认为云计算是一种对互联网技术（IT）资源的使用模式，是为共享的可配置的计算机资源提供无处不在的、方便的、随需的网络访问。③

中国网格计算、云计算专家刘鹏给出如下定义：云计算将计算任务分布在大量计算机构成的资源池中，使各种应用系统能够根据需要获取计算力、存储空间和各种软件服务。④

（2）互联网技术厂商的看法

互联网技术厂商在云计算的定义方面也有着不同的看法。

国际商业机器公司（IBM）认为，云计算是一种新型计算模式，它把 IT 资源、数据、应用作为服务，通过互联网提供给用户。云计算也是一种基础架构管理的方法论，大量的计算资源组成 IT 资源池，用于动态创建高度虚拟化的资源来使用。

谷歌母公司 Alphabet 董事长埃里克·施密特博士认为，云计算把计算和数据分布在大量的分布式计算机上，这使计算力和存储获得了很强的可扩展能力，并方便用户通过多种接入方式接入网络并获得应用和服务。⑤

前谷歌大中华区总裁李开复认为，所谓云计算，就是以公开的标准和服务为基础，以互联网为中心，提供安全、快速和便捷的数据存储和网络计算服务，让互联网这片"云"成为每一个网民的数据中心和计算中心。⑥

在以上对云计算的理解和定义中，我们可以发现这样的共识：首先，从技术角度来说，云计算不是一项新技术，而是一种计算理念或计算模式，其次，它是基于分布式处理、并行计算、网格计算等发展的，同时通过这些技术获得实现。我们可以这样

---

① Ian Foster, Yong Zhao, Ioan Raicu, et al. , "Cloud Computing and Grid Computing 360-Degree Compared," 2008 Grid Computing Environments Workshop, Austin, 2008.

② Michael Armburst, Armando Fox, Rean Griffith, et al. , "A View of Cloud Computing," *Communication of the ACM*, 2010(4), pp. 50-57.

③④⑤ 孟蕾：《云计算对 ERP 供应商业模式的影响》，硕士学位论文，中央民族大学，2017。

⑥ 吕蕊、沈玉琳、马尧等：《浅议云计算模式下 ERP 系统发展》，载《兰州工业高等专科学校学报》，2011(4)。

比喻：服务提供者把计算能力(或虚拟空间)作为商品，使用者像日常用电一样取用它们，十分方便，并按使用情况进行计费。所不同的是，虚拟空间是通过互联网进行传输的。

2. 云计算的特点

云计算作为互联网领域的一种全新模式受到了广泛关注，并拥有巨大的商业潜力，这主要是因为云计算的一些特点得到了大家的肯定。云计算的特点主要有七点，具体如下。

(1)超大规模

企业私有云一般拥有成百上千台服务器，这种超大的规模能让"云"赋予用户前所未有的计算能力。

(2)虚拟化

云计算支持用户在任意位置使用各种终端获取应用服务。

(3)可靠性强

"云"采用了数据多副本容错、计算节点同构可换等措施来保障服务的可靠性，使用云计算比使用本地计算机更可靠。

(4)通用性强

云计算不针对特定的应用，在"云"的支撑下可以构造出千变万化的应用，同一个"云"可以同时支撑不同的应用运行。

(5)可扩展性强

"云"的规模可以动态伸缩，满足应用和用户规模增长的需要。

(6)按需服务

"云"是一个庞大的资源池，云可以像自来水、电、煤气那样计费，用户可以按需购买使用接口。

(7)极其廉价

由于"云"有特殊容错措施，因而可以采用极其廉价的节点来构成云。"云"的自动化集中式管理使大量企业无须负担高昂的数据中心管理成本。

3. 云计算的关键技术

云计算系统运用了许多技术，其中编程模式、虚拟化技术、数据存储技术、数据管理技术、云计算平台管理技术、大规模多租户技术等是最为关键的技术。

(1)编程模式

严格的编程模式使云计算环境下的编程十分简单。以谷歌的 MapReduce 为例，它是谷歌开发的一个针对大规模群组中海量数据处理的 Java、Python、C＋＋编程模型，是一种简化的分布式编程模型和高效的任务调度模型，用于大规模数据集(大于 1TB)的并行运算。它包括两个函数：Map 把一个函数应用于集合中的所有成员，然后返回一个基于这个处理的结果集，而 Reduce 把从两个或多个 Map 中通过多个线程、进程或独立系统并行执行处理的结果集进行分类和归纳。即便不是同时在同一个系统，这两个函数也可以并行运行。

（2）虚拟化技术

虚拟化是一个广义的术语，指计算元件在虚拟的基础上而不是在真实的基础上运行，是一个简化管理、优化资源的解决方案。这种把有限的、固定的资源根据不同需求进行重新规划以达到最大利用率的思路，在 IT 领域叫作虚拟化技术。虚拟化技术可实现软件应用与底层硬件的隔离，它包括将单个资源划分成多个虚拟资源的裂分模式，也包括将多个资源整合成一个虚拟资源的聚合模式。虚拟化技术根据对象可分为存储虚拟化、计算虚拟化、网络虚拟化等，计算虚拟化又可分为系统级虚拟化、应用级虚拟化和桌面级虚拟化。

（3）数据存储技术

云计算系统由大量服务器组成，同时为大量用户服务，因此云计算系统采用分布式存储的方式存储数据，用冗余存储的方式保证数据的可靠性。云计算系统中广泛使用的数据存储系统是谷歌的 GFS 和海杜普团队开发的 HDFS。

（4）数据管理技术

云计算需要对分布的、海量的数据进行处理、分析，因此，数据管理技术必须能够实现高效地管理大量的数据。云计算系统中的数据管理技术主要是谷歌的 Big Table（BT）数据管理技术和海杜普团队开发的 HBase。

（5）云计算平台管理技术

云计算资源规模庞大，服务器数量众多并分布在不同的地点，且同时运行着数百种应用。有效地管理这些服务器，保证整个系统提供不间断的服务是巨大的挑战。云计算系统的平台管理技术能够使大量的服务器协同工作，方便地开展业务部署和开通，快速发现和处理系统故障，通过自动化、智能化的手段实现大规模系统的可靠运营。

（6）大规模多租户技术

多租户技术或称多重租赁技术，是一种软件架构技术，它探究并实现在多用户的环境中共用相同的系统或程序组件，且仍能确保各用户间数据的隔离性。在共用的数据中心，以单一系统架构提供面向多客户端的相同及可定制化服务，并实现不同租户间应用程序环境的隔离以及数据的隔离，这种需求使多租户技术成为云计算系统的一项关键技术。

4. 云计算的分类

根据不同的标准，云计算有不同的分类。

（1）按服务类型分类

按照服务类型，云计算可以分为基础架构即服务、平台即服务和软件即服务。

①基础架构即服务(Infrastructure as a Service，IaaS)。IaaS 也称基础设施云，位于云计算三层服务的最底层，也是云计算的狭义定义所覆盖的范围，IaaS 层提供的是基本的计算和存储能力。以计算能力的提供为例，其提供的基本单元就是服务器，包含中央处理器(CPU)、内存、存储、操作系统及一些软件。为了能让用户定制自己的服务器，需要有服务器模板技术参与，即将一定的服务器配置与操作系统和软件进行绑定，并提供定制的功能，服务供应的好坏直接影响用户的使用效率及 IaaS 系统的运行和维护成本。目前提供 IaaS 服务的企业有亚马逊、Rackspace、Dropbox、AT&T、Softlayer、GoGrid、VMware、中国电信等。

②平台即服务(Platform as a Service，PaaS)。PaaS 也称平台云，位于云计算三层服务的中间层，通常也被称为"云计算操作系统"。它提供给终端用户基于互联网的应用开发环境，包括应用编程接口和运行平台等，并支持应用从创建到运行整个生命周期所需的各种软硬件资源和工具。在 PaaS 层面，服务提供商提供的是经过封装的 IT 能力，或者说是一些逻辑资源，比如数据库、文件系统和应用运行环境等，通常按照用户使用或登录情况计费。目前提供 PaaS 服务的代表企业有微软、谷歌、红帽、脸书、阿里巴巴、百度、腾讯。

③软件即服务(Software as a Service，SaaS)。SaaS 也称应用云，位于云计算三层服务的顶层，是最常见的云计算服务。应用云为用户提供标准万维网浏览器可直接使用的应用。服务供应商负责维护和管理软硬件设施，并以免费或按需租用的方式向最终用户提供服务。SaaS 提供一个完整的开发及运行平台，包括应用设计、应用开发、应用测试和应用托管，因此客户不需要购买硬件和软件就能够创建、测试和部署一些非常有用的应用和服务。SaaS 的运用使客户不用担心安装和维护软件的时间和技能问题，并且可以通过按使用付费的方式来降低软件许可证费用。SaaS 服务提供实时运行软件的在线服务，常见的应用领域包括客户关系管理(CRM)、社交网络、电子邮件、办公软件、办公自动化系统等，代表企业如 Salesforce、GigaVox、谷歌、雅虎、八百客。

(2)按服务方式分类

按照服务方式，云计算可分为公有云、私有云以及混合云。

①公有云

公有云也称公共云，通常指第三方提供商为用户提供的能够使用的云。公有云由提供商运行，为用户提供各种各样的 IT 资源。云提供商可以提供从应用程序、软件运行环境到物理基础设施的 IT 资源安装、管理、部署和维护服务。用户通过共享的 IT 资源达到自己的目的，并且只需为自己使用的资源付费，通过这种比较经济的方式获取自己所需的 IT 资源服务。公有云最大的意义在于其能够以低廉的价格提供有吸引力的服务，创造新的业务价值。公有云作为一个支撑平台，还能够整合上游的服务提供者和下游的用户，打造新的价值链和生态系统。

②私有云

私有云也称专属云，指企业和其他社团组织不对公众开放的为本企业或社团组织提供云服务（IT 资源）的数据中心。与传统的数据中心相比，云数据中心可以支持动态灵活的基础设施，降低 IT 架构的复杂度，使各种 IT 资源得以整合、标准化，并且可以通过自动化部署提供策略驱动的服务水平管理，使 IT 资源能够更好地满足业务需求的变化。相对于公有云，私有云的用户完全拥有整个云中心设施，可以控制应用程序的内容和运行范围，决定使用云服务的权限。业界比较主流的四个私有云解决方案包括：IBM 的 CloudBurst、虚拟计算环境联盟的 Vblock、惠普的 CloudStart 以及甲骨文的 Exalogic Elastic Compute Cloud。

③混合云

混合云是公有云和私有云两种服务方式的结合。出于安全和控制的考虑，并非所有企业信息都能被放置在公有云上，大部分应用云计算的企业会选择公有云和私有云相结合的使用办法。企业可以利用公有云的成本优势，将非关键的应用运行在公有云上；同时将安全性要求较高、关键性较强的主要应用运行在内部私有云上。用户可以通过一种可控的方式部分独自拥有，部分与他人共享。

（二）云教育的发展现状

云计算在教育领域的应用日益为人们所重视，下面介绍一下云教育在国外和国内的发展现状。

1. 国外云教育的发展现状

（1）英国

①英国高等教育基金委员会资助项目。2011 年，英国高等教育基金委员会（HEF-CE）决定提供 1250 万英镑的资助，用以开发计算共享服务，使各高校通过共享云计算基础设施和应用来提高工作效率和资金利用率。2012 年，该项目推出了四项基于云的新工具，以帮助研究人员更有效地管理数据，包括：牛津大学开发了包含"数据库即服务"的虚拟基础设施 ViDaaS，使跨学科的研究人员可创建、编辑、搜索和共享在线数据库的软件；莱斯特大学开发了生物医药基础设施软件服务套件 BRISSKit，该套件能够为英国国家医疗服务体系和大学研究小组的联合研究提供样本和匿名病患数据支持；南安普顿大学开发了智能研究框架 SRF，它可用于基于云的电子实验室数据管理，同时支持简易语义的协作；牛津大学还开发了数据流，它提供了一个综合性的工具套件，能通过简化兼容数据存储库创建和数据提交的步骤来管理和长期保存项目的数据。

②威斯敏斯特大学。威斯敏斯特大学的前身是皇家理工学院，是采用云计算技术的英国大学之一。威斯敏斯特大学在一项对学生电子邮件应用服务的调查中发现，有

96％的学生选择将学校提供的邮箱的邮件自动转发到第三方服务商提供的邮箱中。这项调查激起了该校对应用云服务的兴趣，最后由谷歌为其提供免费的电子邮件、短信、无广告的学生和教职工共享日历等服务。同时，谷歌的电子邮件系统能让用户保留原有的域名，还提供了一套共享的电子文档应用程序，方便小组讨论时学生之间的联系。谷歌为学生提供了 7.3G 的存储容量，使学生有足够的网络空间去存储图片、视频等较大文件。另外，威斯敏斯特大学使用谷歌邮箱的成本几乎为零，而若在内部系统提供类似的存储容量则需要花费 100 万英镑左右。谷歌还为校方提供了个性化邮箱用户名选择，改变了用学号作为用户名的传统、死板的方式。此外，学生还能利用移动设备连接到谷歌平台，查收邮件和远程存储文件十分方便。学生毕业之后依旧可以继续使用谷歌的相关服务，包括邮箱服务和以前存储的学校课程文件。

（2）美国

美国作为教育发达、IT 技术先进的国家，率先将云计算运用在教育领域，其在云教育方面展开了一定的探索并积累了一些经验。

①格雷汉姆小学。2010 年，美国 SIMtone 公司与北卡罗来纳州的格雷汉姆小学合作，开始了学校云计算计划。SIMtone 公司推出的通用云计算服务能为学校 600 名师生提供虚拟电脑桌面。在 SIMtone 公司的教育云计算项目中，普通旧电脑通过浏览器访问 WebSnap 入口接入其通用云计算服务平台，而较新的电脑（能运行 Windows XP 或以上）则通过终端虚拟机软件 SoftSnap 接入云服务。这个云服务项目满足了师生日益增长的数字化学习需求，为大家提供了高性能的计算环境，同时节省了学校给每位学生都购买一台电脑所需要的巨额花销。

②美国大学中的云计算。为了引导学术界更多地投入云计算领域，2007 年，谷歌与 IBM 合作，开始将云计算带入多所大学中，为这些大学计算机专业的学生和研究人员提供硬件、软件和服务支持，促进产生新的软件开发方法，帮助高校学生获得相关云应用编程方面的技能，帮助他们应对未来大规模互联网应用的挑战。较为典型的例子有以下五个。第一，亚利桑那州立大学的跨学科运用。亚利桑那州立大学是谷歌在线办公软件的最大用户，6.5 万名亚利桑那州立大学学生均拥有谷歌邮箱服务账号，不仅能保障安全且节约了系统维护资金。亚利桑那州立大学提出了跨学科的研究方法，即安排商学院、生物学专业、政治学专业的学生与计算机科学专业的学生一起研究云计算的开发应用问题，这个做法得到了谷歌的肯定。第二，华盛顿大学的在线服务。华盛顿大学提供给校友一个新的在线服务——使用微软的 Exchange Lab 电子邮件系统。它的优势体现在：比普通电子邮箱更安全，能有效处理内部和外部的威胁；手机或电脑端都可接受服务；对学生和校友免费；配置了 10GB 的邮箱存储空间，同时支持 20MB 的邮件大小；支持 25 种语言；共享地址簿和日历信息，且可查看其他用户的日程安排等。第三，哈佛大学医学院基因研究。哈佛大学医学院的个体化医疗实验室开

始使用亚马逊的简单存储服务(S3)和弹性计算云(EC2)，可以根据医院病人的特征创造出不同基因的虚拟患者，来代表大量现实中的病人，研究人员可以通过"临床角色"或病人的仿真体对临床和基因数据进行分析。同时，云计算使身处任何地点的研究人员都可以通过访问这个实验室来进行科学研究。第四，卡耐基梅隆大学的图像处理服务。卡耐基梅隆大学利用云计算处理不同的图像，提供照片共享服务，并开发出云计算的多种应用。这仅是卡耐基梅隆大学的云计算项目之一，该校在云计算领域的研究仍一直处于上升趋势。2008年10月该校就曾获得35万美元的资助用于发展云计算技术。第五，马里兰大学的云计算课程：马兰里大学云计算项目的带头人吉米·林博士于2008年春季首次开设云计算课程，他的核心思想是让研究生和本科生一起探索研究开放的问题。学生通过开发云计算应用来进行电子邮件分析、图像处理技术、机器翻译及生物序列的研究。

(3)新加坡

2009年新加坡教育部对外宣布，将与NCS公司和谷歌公司合作，把云计算科技引入学校。

①引进谷歌Google Apps平台。到2009年年底，新加坡已有350所学校的3万多名教职员统一使用Google Apps平台。该平台为教师提供更充足的电子邮箱储存量和更丰富的互联网功能，大大提高了教师的工作效率。这些功能包括70亿字节的电子邮箱存储库、即时通信、记事安排等。新平台建立在分散式云计算系统上，具有一定的伸缩性，日后可以增加容量，也可以很容易地改进，无须重新设计整个系统。

②新加坡理工学院的云计算中心SPE3C3。新加坡理工学院电力与电子工程云计算中心(SPE3C3)在2011年正式启用，该校也因此成为亚太地区第一家使用最新云计算技术"武装"学生的教育机构。SPE3C3为学院的教师和学生提供随需应变的、可扩展的虚拟计算和存储服务，支持复杂的项目和研究工作。SPE3C3由新加坡理工学院与IT行业领先厂商思科、思杰和NetApp合作开发建设。学生通过云可以获得教学资源、实验室实验资料、课外作业、讲义和课程资源，从而扩展了课堂的边界。

(4)日本

2010年日本明治大学和日立公司联手在全球范围内推广云计算系统，以便师生使用各种软件和服务，并节省相关费用。明治大学安装的是美国北卡罗来纳州立大学开发的名为"VCL"的云计算系统。学校师生只需上手边的电脑连接互联网，就能直接使用中央服务器提供的软件。回到家里，他们可以通过个人电脑享受到和在学校里相同的服务。

此外，日本51所国立高等院校的55个校区合作搭建了图书馆云平台系统，共享各校的藏书和电子资料。日本政府也制订了数字教科书发展计划，总务省在推行"未来学校推进项目"的过程中，委托内田洋行公司在西日本进行了实验，建设了内田教育云服务系统，向 200 个地区提供服务。

2. 我国云教育的发展现状

目前，我国已建成了、正在建设或正在规划着一些教育云平台，包括网上已经开通的教育云平台、IT 厂商与投资企业合作的云教育规划、教育部门建设的区域性云平台。云教育已经成为我国创新教育发展的一个重要方向。

(1)企业教育云平台

①阿拉丁云教育学习系统

2009 年，阿拉丁开始打造云教育平台，将多年积累的优秀教学方法与云教育平台结合起来，致力于给热爱 IT 的人们提供学习可行的解决方案。人们可以以访客的身份登录云教育学习系统，体验阿拉丁教育关于 CCNA(Cisco 认证网络支持工程师)和 CCNP(Cisco 认证网络高级工程师)的公开课，也可以注册成长期有效的账户，获得培训学习的第一手资料。

②知好乐教育云：知好乐教育云是在教育部基础教育课程教材发展中心"基于网络的双课堂教学应用试点示范项目"的支撑下，依托知好乐教育搭建的个性化网络服务平台；该平台创设了不受时空限制的虚拟课堂，充分发挥虚拟课堂与现实课堂整合的优势，知好乐教育云端服务包括课程资源共建共享、"双课堂"创新教学应用、师资培训、教育管理和评价、家校互通、个性化应用服务定制等。

③国云科技教育云：国云科技股份有限公司是中国领先的云计算全面解决方案与服务提供商。国云科技教育云旨在以云计算技术推进教育均衡发展，促进教育内容、教学手段和方法的现代化；教育云平台是以云计算技术构建的基于城域网的云教育公共服务平台，其中数字校园是基于 SaaS 模式的中小学教育管理平台，包括成绩管理、内部即时通信、学生成长记录、教师绩效管理、校本资源平台等功能模块；教育云盘则是国内首家基于教育资源共享的分布式存储平台，该存储平台采用的是 Dropbox 技术，提供可同步本地文件的网络存储在线应用，是支持学校、学科、年级、个人数据分级存储和共享的大型教育城域网存储平台，此外，国云科技终端及操作系统是以云终端设备为核心的校园私有云解决方案，尤其适合电子教室、电子阅览室、校园办公环境、校园文化电子墙的建设。

④龙芯教育云：龙芯教育云是由龙芯科技支持的专用于教育领域的云计算平台，主要由教育云管理平台、交互式学习网站——学龙网、资源共建共享系统、多媒体互动教学系统、电子书包系统、教育信息化管理系统这六大系统组成；针对教师用户，龙芯教育云平台提供了教务管理、在线备课、资源中心、交流中心等课前服务，多媒体互动教学系统、录播系统等课堂服务，以及考试评测、家庭作业、学习报告、在线答疑、一对一家教等课后服务；针对学生用户，云平台提供了课堂听讲、课后测验、家庭作业、单元测验、名校名师、资源中心等传统型学习功能模块，个性化自主学习、

答疑中心、电子图书馆等自主探究型学习功能模块，以及快乐益智、心理健康、生理健康、成长足迹等社会型学习功能模块；云平台也为家长用户提供了子女成绩报告、行为分析、家教信息、家长交流、家校通功能，同时电子书包还为家长提供了监控管理、通信等功能。

⑤华师京城教育云：华师京城依托中央电教馆、教育部教学仪器研究所、华东师范大学等研发单位，通过与思科、英特尔、微软、明基等企业合作，打造了华师京城教育云平台；它的特点非常突出，首先是覆盖范围广，其将基础教育领域的全部参与者和利益相关者都"收纳"进来，幼儿园及中小学教师、学生、家长、班级、学校、地方教育行政管理部门，都被纳入平台的服务范围，提供指导与评价，并做好反馈与监控等；其次是资源含量足，云平台提供的资源信息覆盖中小学各年级、各学科，包括供教师备课、学生学习使用的大量权威视频课件及其他高科技助学产品。

(2)学校云教育现状

以"政府主导，学校配合"的方式开展的教育云建设已在一些城市陆续展开，为云教育在全国获得更广泛的认可和运用打下了一定的基础。

①上海中小学"云课堂"：从 2012 年起，上海闵行区有 40 多所学校开始"云课堂"试验，利用平板电脑的超容量建立了一个庞大的学习资源库，里面有大量的教案、习题、图片、音频、视频以及有趣的游戏型互动课程；同时每个学生都拥有一份电子学习档案，答题率、错题点、学习困惑等能够被及时地反馈记录，自动生成日、周、月诊断单，方便教师进行分层教学和个性化指导。

②上海中学教育云：2011 年，上海中学教育云平台项目通过验收，该项目由华为公司打造，是华为公司在教育领域开展的第一个云计算项目；该平台替代了台式电脑，将学校国际部多媒体教室、图书信息中心、教室办公楼等多个场所紧密相连，桌面云支持基于 Windows 操作系统的日常教学与阅读需求。

③华东师范大学云协作平台：2012 年，华东师范大学实训中心率先搭建完成先进的协作云平台，目前该平台已经通过专家的验收；该平台可以实现云中教学、云中协作、互动课堂、教学协作、在线教育、远程教育、师生档案管理等功能，以先进的通信与协作技术突破时空限制与技术壁垒，实现教育资源的大范围共享，促进教育均衡发展。

④国家开放大学教育云：国家开放大学以现代信息技术为支撑，依托国内外高水平 IT 企业，整合原中央广播电视大学与地方广播电视大学的各种教育资源，采用云计算技术构建远程教育云平台，使各级各类电大分校的计算机网络连接成片，将教学资源存储于云端，便于有效剔除重复内容，增加教学资源总量。

（三）云教育实践

各国云教育的发展基本都是由 IT 厂商的云计算技术推动的，特别是一些大型的 IT 企业，它们积极主动地与政府部门、教育机构及学校合作，推动了地区性云教育的发展，为云教育的"全面开花"奠定了基础。

1. 联想教育云

联想教育云是以联想自主研发的虚拟云终端系统为核心，整合电子教室、电子阅览室、电子白板教育、行政办公等教学应用的数字化校园整体解决方案。该方案利用先进的云计算技术实现了高效、安全的终端管理，显著提升了学校教育信息化水平和教学效果，有力推动了中小学教育教学改革。

作为联想教育云解决方案的核心，联想虚拟云终端系统由管理服务器、联想虚拟云终端系统管理中心、云服务器集群、微软展示虚拟化关系型数据库服务（RDS）、联想云终端等组成，通过对桌面、应用、用户数据进行统一的管理、存储和计算，并向云终端交付 Windows 虚拟桌面/应用的云计算服务，从而实现高效安全的终端管理，同时大幅降低了对终端产品的配置要求。联想云终端能耗仅为 7W，是普通台式电脑的 3％，并采用无风扇设计，实现了零噪音，且联想云终端比普通台式电脑使用的不可回收材料少 90％。

应用联想虚拟云终端系统后，用户能在任何位置通过各种设备访问托管的桌面，上课不用固定在教室进行，教学方式可以更丰富灵活，从而有效提高教学的灵活性和响应速度。

2. 思科教育云

思科教育云解决方案分为三步：首先是校园网络，其次是教育区域网，最终实现全国云教育。基于这一思路，思科提供了一系列产品和各种不同层次的解决方案。在网络领域，思科是传统的优秀企业；在云计算层面，思科有先进的刀片服务器；在应用层面，思科在教学上通过其远程教学方案、虚拟体验平台等实现了真正的互动教学。思科教育云方案旨在全面提升学校的信息化水平，提供优质的网络体验，为教师和学生搭建高效沟通的平台，进一步加快数字化教育新时代的到来。

思科教育云平台主体包含思科的云平台接入终端、交换机及后台数据中心。其与华师京城互动教学系统相结合，配合电子白板、短焦投影仪、网络摄像机及音响系统等设备，形成一整套班级数字化教学系统，用于满足校园网搭建、学校内班级互联及区域内学校互联的需求，实现远程互动式教学、区域内教学资源共享和统一管理，构建起优质高效、安全可靠的数字化校园和区域教育信息网络。

3. IBM 教育智能云

IBM 教育智能云计划旨在通过与高校合作设计云服务，帮助高校更好地处理各种问题，包括分析学生注册留校情况、管理资金援助和校园安全。它提供的新服务包括三部分。

（1）教育决策管理

它可帮助管理者和教师判断最可能成功的或可能面临问题的学生，以更有效地申请资助，并满足资助活动所要求的资助时机和类型。

（2）虚拟计算实验室云服务

它提供增强的服务和工具，实现校园私有云或混合云与 IBM 的智能云相连接。IBM 已向多家教育机构提供了虚拟计算实验室开源软件平台。

（3）学术研究合作与分析

IBM 已与美国罗德岛大学开展合作研究，利用基于云的分析和社会媒体工具来帮助研究人员更容易地发现资助机会，确定合作者，并找到最新发布的、与其研究领域相关的研究发现。这些研究也帮助科研人员快速发现相关资源，对研究项目进行规划、管理，并评估研究进展。该学术研究合作和分析系统依赖于非结构化的信息管理架构来分析文本研究数据。

4. 微软云教育

微软公开的教育云总体建设目标为：建设统一的、整合的、交互的省级或市级教育基础信息数据库，整合各方教育数据和信息；整合现有教育部门的资源与业务流程；建立或完善教育公共服务平台基础门户，实现教育服务应用单点登录，实现所有教育应用的统一访问；建设教育资源运营体系和管理平台；建立面向学校、教师、学生、家长等的教育服务体系，实现基于角色的自助服务。根据区域教育信息化的现状及发展目标，微软教育区域云服务可以分为三个阶段：教育基础信息数据库的建设，教育资源的优化整合，教育资源的服务提供。微软教育云的案例包括苏州市的教育在线、微软公司的 Live@edu 和高雄市的千里云。

苏州市的教育在线是以微软 SharePoint 和 System Center 云计算管理平台为基础建立的教育公共服务平台基础门户，其构建了服务管理的基础网络，搭建了服务应用的管理平台，整合了现有教育部门的资源与业务流程，建设起教育资源运营系统。

Live@edu 是微软公司向全球的教育机构提供的基于云计算平台的、免费的、领先的校园沟通协作平台，包括专业机构邮箱服务 Outlook Live、Office 在线服务和大容量网络硬盘 Skydrive。通过和微软的合作，目前国内已有超过 30 所高校、中小学和区域教育管理机构以零成本获得了灵活可靠且更安全的邮件、即时通信和交流协作服务。

高雄市的千里云是高雄市教育部门与微软共同打造的教育云，旨在让位于高雄各地的教师、学生与家长进行协同学习与教学资源分享，让位于偏僻乡镇的学校获得更多学习资源，也能让跨地域的师生相互交流，缩短学习差距。

5. 惠普云教育

(1)融合基础设施

惠普融合基础设施致力于帮助学校扩展网络带宽，提高校园网络的灵活性和可靠性，支持更多学生使用网络，以应对爆炸性的数据增长。

2011年，美国哥伦布州立大学、北佛罗里达大学和坦帕大学三所大学选择惠普融合基础设施解决方案来改善其教育项目，管理供学生和教师使用的在线信息，更好地满足其对数据带宽的需求。

(2)资助"点对点的云端教育系统"

2010年，惠普宣布台湾中正大学获选为惠普总部第三届年度创新研究计划教育领域云端运算服务赞助对象。台湾中正大学获得的高额研发资助金主要被用于"点对点的云端教育系统"研究计划，用以购置设备并进行教学研究，协助台南地区多所高中打造云端数字学习环境，并由此带动台湾学术研究水平的提升。

6. 谷歌云教育

谷歌是云计算的先行者，对云教育实践起到了极大的推动作用。

(1)"谷歌101"计划

2006年，谷歌高级软件工程师克里斯托弗·比塞格利来在华盛顿大学推广"谷歌101"计划，即利用自己20%的时间开展一门课程，引导学生进行云系统的编程开发。第二年其他大学院系也要求参与这一计划，之后"谷歌101"计划发展为由IBM和谷歌两家公司共同支持的一项重大计划。2008年谷歌又与清华大学、台湾大学、台湾交通大学开展了云计算项目的研究。

(2)谷歌协作平台

谷歌为广大用户设计并提供了众多免费服务，其中谷歌协作平台与谷歌邮箱(Gmail)、谷歌文档及谷歌日历组成了谷歌套件。

谷歌协作平台是谷歌套件中最常被使用的服务之一，它的特点主要包括：一键式创建，设置人性化，自由设置权限，一站式服务，免费服务。谷歌协作平台在课堂教学方面的优势是非常明显的，如通过在线文档，用户可以随时随地进行Word文档的在线编辑、PowerPoint演示文档的在线制作以及Excel电子表单的在线统计，还可以和共享作者共同进行修改完善。谷歌文档也是一个网络硬盘，用户可将文件上传至此以实现资料的云端存储备份，还能通过共享权限设定实现多用户文档资源的网络共享及协作编辑，真正实现协作式学习。

无论是作为一种新技术，还是作为一种新业务形式或商业模式，云计算展现了提供低成本超级计算服务的可能性。云计算的出现表明当前互联网的发展进入了一个新的阶段，也是一个新的契机。云计算对教育领域产生的影响也将是重大而深远的，云计算今后将如何影响教育的发展，如何充分发挥云计算在教育领域的特点和优势，对这些问题我们还需要充足的时间在实践中进行探索与验证。

四、教育大数据

🎯 **本节学习目标**

通过本节的学习，在了解教育大数据的概念、特点及其体系结构的基础上，掌握大数据在智慧教育中的应用模式。

大数据技术在教育领域的广泛应用引起了教育变革，提高了教与学的有效性，促进了教育的普惠化和个性化，引导了教育评价的理性化，增强了教育决策的科学性，完善了教育质量监督体系，加速了智慧教育生态圈的构建等。

（一）教育大数据概述

1. 教育大数据的概念

教育大数据（big data in education）是大数据的一个子集，特指教育领域的大数据。目前还未有学者对教育大数据进行明确的概念界定。所谓教育大数据，指在整个教育活动过程中所产生的以及根据教育需要所采集的一切用于教育发展并可创造巨大潜在价值的数据集合。

首先，教育大数据的"教育"指"大教育"，具有全员（从全日制学生到全体公民，面向所有人）、全程（从学前教育到终身教育，服务各个教育阶段）、全方位（家庭、学校、社会"三位一体"的教育，无处不在的教育，虚实融合的教育）的特点。

其次，教育大数据有四大来源：一是在教学活动过程中直接产生的数据，如课堂教学、考试测评、网络互动等；二是在教育管理活动中采集到的数据，如学生的家庭信息、学生的健康体检信息、教职工基础信息、学校基本信息、财务信息、设备资产信息等；三是在科学研究活动中采集到的数据，如论文发表、科研设备运行、科研材料采购与消耗等记录信息；四是在校园生活中产生的数据，如餐饮、上机上网、复印资料、健身、洗浴等记录信息。

再次，教育大数据要能服务教育的发展，具有教育目的性，并非盲目地囊括一切数据。教育活动过程中也会有大量无意义的噪声数据，因而需要根据教育应用的目的进行数据过滤与整理，为后期深度挖掘与分析做准备。

最后，教育大数据之"大"并非指数量之大，而强调"价值"之大，即能从繁杂的教育数据中发现相关关系、诊断现存问题、预测发展趋势，发挥教育大数据在提升教育质量、促进教育公平、实现个性化学习、优化教育资源配置、辅助教育科学决策等方面的重要作用。

2. 教育大数据的特点

教育数据产生于教育的每一个环节，如教育环境设计、教育实验场景布置、学习场景变化、教学过程、考试评测、教育管理和决策等。另外，还有源于不同方面的辅助教育决策的多样化数据，如学生上网行为数据、学生用餐数据等。随着教育信息基础设施不断完善，各种信息化软件工具、资源与系统渗透到教育业务的方方面面，教育数据规模与日俱增。这些围绕教师和学习者的由教育和其他相关活动产生的海量数据被统称为教育大数据。教育大数据与传统教育数据的区别主要表现在以下几方面。

(1)数据更具实时性

传统数据采集一般采用人工采集的方式，由专门的人员对群体数据进行周期性、阶段性采集，数据的实时性较差，如学生整体的学业水平、身体发育与体质状况、社会性情绪和适应性的发展、学习满意度等数据的延迟。而大数据具有高度个性化的表现特征，它更关注每一个学生的微观表现，如学习过程的轨迹以及学习中的情绪表现等，这些个性化数据在每时每刻发生的动作与现象中产生，传感设备对此进行实时的、不间断的采集，因此教育大数据具有很强的实时性。

(2)数据颗粒度更细

传统数据多来自阶段性、针对性的评估活动，大都采用主观打分式问卷调查，颗粒度比较粗。而大数据往往来自过程性的、即时性的行为与现象记录，如某个学生在一道题上停留了多久，在不同学科课堂上开小差的次数，向多少同学发起主动交流，与教师和其他学生的互动频率等，这些技术型观察采样数据的颗粒度会比较小。只有对这些数据进行分析，才能解答教育过程中的许多疑问，如：课堂应该如何调整才符合学生的心理特点？所教的课程是否吸引学生？怎样的师生互动方式更容易被学生接受？

(3)数据真实性更强

传统数据一般是在被测评者(教师、学习者等)知情的情况下获得的，这种数据获取过程往往带有一定的刻意性和压迫性，如考试或问卷调查，学生承担着压力，使数据存在偏差，真实性和准确性受到影响。而在大数据时代，教育数据获取过程可以通过观测技术与设备辅助，不影响学生的日常学习与生活，采集的数据会更自然、真实。

(4)数据处理难度更大

教育大数据的规模大且结构复杂，需要运用云计算、分布式、可视化等技术对数据进行处理和展现，技术处理难度较大。例如，一个学生完成九年义务教育过程中的可供量化分析的传统教育数据，包括个人与家庭基本信息、学校与教师相关信息、各科各门的考试成绩等，一般不会超过 10KB，且多为结构化数据，统计分析相对简单。而大数据分析则是另一个层面的技术，如在一节 45 分钟的普通中学课堂中，通过视频技术获取的一个学生的全息数据的大小为 5—6GB，其中需要归档分析的量化数据的大小为 50—60MB，且大多是非结构化数据，需要通过专业的算法、模型和海量数据存储等大数据技术进行处理。

（5）数据决策性更强

传统数据多用于诠释宏观、整体的教育状况，对教育政策决策有一定的影响，但由于实时性不强、颗粒度较粗等，其对决策的支撑力度不足。随着技术的发展，人们对于"数据"的理解更为深入，许多以往未曾重视或缺乏收集手段的信息，现在都可以作为数据被记录和量化分析，通过对学生、教师和课堂状况等个体的、微观的数据进行分析，明确较为准确的宏观情况，以调整教育行为并实现个性化教育。

（6）数据安全问题更突出

相较于传统数据，隐私和安全是教育大数据面临的头号难题。比起其他的消费类型信息，教育数据特别是学生信息更加敏感，家长和其他教育活动参与者对此也越来越关注，担心学生的数据会被非法窃取用于其他用途。例如，数据分类属性如果忽略了个人隐私或带着某些敏感标识，则容易令家长或学生难以接受。

（二）教育大数据技术体系

近年来，随着大数据的推进与发展，教育大数据的处理与分析已经成为推动教育改革与发展的驱动力。教育大数据从数据源到分析挖掘，再到最终体现价值，一般需要经过三个主要环节，包括教育数据采集、教育数据处理、教育数据分析与展现。根据教育大数据处理的一般流程，同时结合教育业务的特点，所构建的教育大数据技术体系逻辑框架如图 5-7 所示。[①] 该框架从下往上依次是教育数据采集层、教育数据处理层、教育数据分析与展现层以及教育数据应用服务层。通过数据传输结构，数据采集层将采集到的各类教育数据传输给数据处理层，并通过数据整合、存储形成教育数据平台，基于该教育数据平台，分析与展现层可实现教育数据的可视化展现和大数据的分析与挖掘，并将分析结果通过数据接口传输给应用服务层。在该框架中，安全与监控贯穿整个流程，以确保教育数据在各个环节的安全性和可控性。标准与规范是整个框架的基础，以保障各个环节之间以及整个系统的教育数据融通与共享。

教育大数据涉及一系列关键技术，包括教育数据的自然采集、教育数据的分布式存储、教育数据的安全管理、教育数据的无缝流转与大规模共享、教育数据的深度挖掘，以及学习分析等。考虑到采集、存储、安全等技术和其他领域有一定的共通性，这里仅介绍教育大数据处理的三项重点技术：教育数据挖掘、学习分析和数据可视化技术。

1. 教育数据挖掘

教育数据挖掘（Educational data mining，EDM）是一个新兴的研究领域，主要指通

---

① 杨现民等：《互联网＋教育：中国基础教育大数据》，50 页，北京，电子工业出版社，2017。

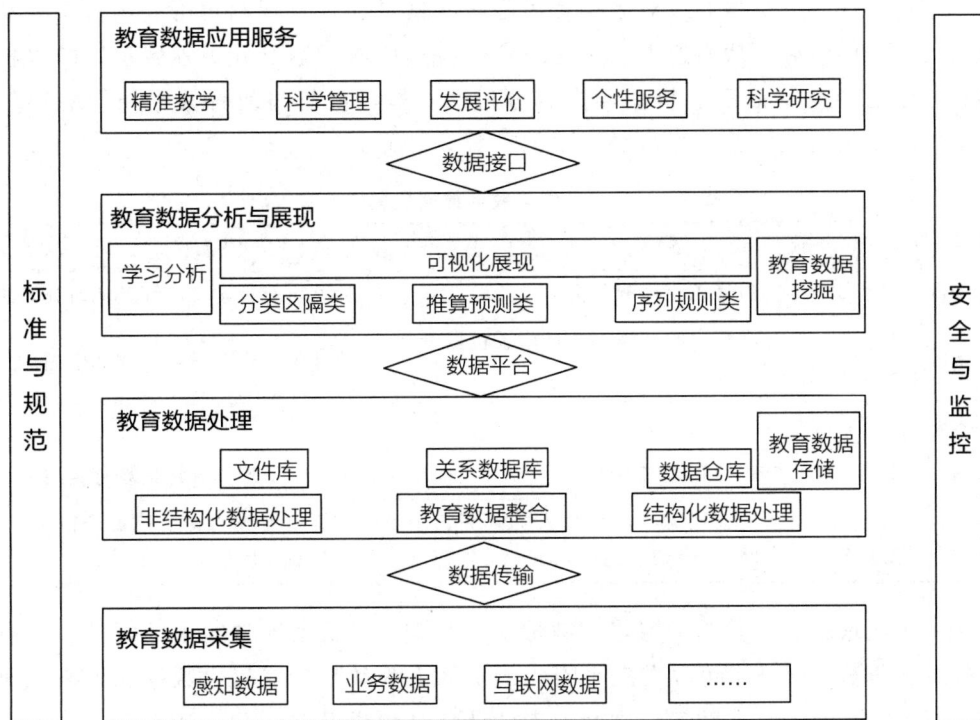

图 5-7　教育大数据技术体系的逻辑框架

过各种技术将教育系统的数据挖掘出来，理解学生是如何学习的。EDM2008 会议论文集在其前言中对"教育数据挖掘"的描述是："教育数据挖掘是一个将来自各种教育系统的原始数据转换为有用信息的过程，这些有用信息可为教师、学生、家长、教育研究人员以及教育软件系统开发人员所利用。"[①]

　　教育数据挖掘可协助软件系统向学习者推荐个性化的学习资源、学习任务、学习活动及学习路径；辅助教师更好地调整和改进教学策略，重构教学计划，完善课程设计与开发；帮助管理者进行更科学的管理决策。

　　教育数据挖掘的过程与数据挖掘的过程基本一致，主要包括数据准备、数据预处理、数据挖掘及模式解释四个关键步骤。教育数据挖掘常用的分析方法包括统计分析与可视化、聚类、预测（决策树、回归分析、时序分析）、关系挖掘（关联规则挖掘、社会网络分析），文本挖掘。

　　2. 学习分析

　　学习分析（Learning analytics）由 2013 年的《地平线报告》提出，且立即受到教育行业的重视。学习分析与教育数据挖掘密切相关，可被视为大数据在教育领域应用的关

[①]　魏顺平：《教育数据的挖掘、分析、应用》，载《中小学信息技术教育》，2013(10)。

键技术之一。学习分析是通过对数据背后隐藏的信息加以发现和理解并进行有效利用（干预、预测）的研究，从而追求最大的教育效益。目前，学习分析领域常用的分析方法包括网络分析法、话语分析法和内容分析法。学习分析与教育数据挖掘的比较如表 5-4 所示。

表 5-4　学习分析与教育数据挖掘的比较[①]

维度	学习分析	教育数据挖掘
历史来源	学术分析、行为分析、预测分析。	计算、心理学方法和其他研究方法。
学科来源	信息科学、社会学、心理学、统计学、机器学习、数据挖掘。	统计学、机器学习、数据挖掘。
数据来源	教育管理和服务、教与学。	教与学。
目的	创建直接影响教育实践的应用。	检测学习理论、评估教育实践。
技术方法	预测、集群、关系挖掘、精细化人类判断、用模型发现、社会网络分析、社会/关注点元数据。	预测、集群、关系挖掘、精细化人类判断、用模型发现。

学习分析最核心的问题是构建能满足学习跟踪、评价及改进需求的行为分析模型和数据挖掘算法。该技术可以在三个不同的层面上为教育发展提供数据和策略方面的支持。在微观层面，它有助于识别学习者的处境并提供及时干预，让学习者了解自己的学习习惯并获得改进建议。在中观层面，它可以改善管理决策和组织资源分配，通过及时的信息传递和迅速的反应提升组织效率。在宏观层面，它具有促使现有教育系统、学术体制和教育模式创新的能力。

3. 数据可视化技术

数据可视化（Data visualization）技术指运用计算机图形学和图像处理技术，将数据转换为图形或图像，在屏幕上显示出来，并进行交互处理的理论、方法和技术。数据可视化是一种通过可视化发现、解释并理解大型数据库中所存在的规律的方法。可视化数据分析是一个新兴领域，它融合了统计、数据挖掘和可视化技术，使每个人都能够筛选、展示和理解复杂的概念与关系成为可能。数据可视化技术主要用来协助发现大型异构和动态数据集中的规律、趋势和联系，使分析者更容易理解各类数据。例如，学习元平台（learning cell system，LCS）通过对资源与资源、用户与资源以及用户与用户之间三种关系的计算分析，生成可视化的社会认知网络，使学习者快速掌握整个知识体系的同时，也能方便地与相关领域专家、知识贡献者建立联系。

（三）大数据在智慧教育中的应用模式

大数据为教育的科学创新提供了支撑和保障，为核心教育业务提供了智慧支撑。

---

①　杨现民等：《互联网＋教育：中国基础教育大数据》，54 页，北京，电子工业出版社，2017。

目前，大数据在智慧教育中主要有五大应用模式，分别是驱动教育政策科学化、驱动教育评价体系重构、推动区域教育均衡发展、助推学校教育质量提升及促进师生个性化发展。

1. 教育大数据驱动教育政策科学化

传统教育数据的采集渠道和数量相对有限，大多通过调查进行统计分析，反映的是过去某个时间段的教育发展状况。这种方式得到的数据很难具备伴随式的动态调整功能与阶段性的趋势预测功能，不利于为国家教育政策的制定提供科学支持。相对而言，大数据具有数据海量化、途径多元化、挖掘深度化、视角综合化等优势，有利于发现教育领域中同类数据本身的特征、不同数据之间的联系及数据与外在影响因素的相互作用。它既可以全面观察宏观情况，又可以深刻剖析微观情况，易于构建更为系统化的教育发展模型，以推动国家教育政策制定与调整的科学化。而且建立在大数据基础上的教育决策还能增强民众对教育政策的理解力和支持力，使得教育政策的制定和实施都更为科学化。①

全国中小学生学籍数据辅助教育决策是这一应用模式的典型例子。2014 年 1 月我国中小学生学籍信息管理系统联网试运行，学生学籍号的发放标志着全国中小学生学籍信息管理系统进入新的应用阶段。该系统在中小学招生入学、学籍注册、学籍档案管理、学籍异动、升级、毕业、成长记录等方面发挥着日益重要的作用，学生"终身一人一号"电子学籍管理办法为持续性记录每个学生的学业表现与全面发展情况提供了制度保障。为确保以学生身份信息为核心的基本数据的准确性，该系统在完成首次信息采集后，还利用公安部人口信息管理系统以及国家人口基础信息库，对学生数据进行核查对比，给全部信息准确无误的学生核发全国唯一的专属个人学籍号。2015 年该系统支持了 3689 万名学生毕业、1.25 亿名学生升级、3795 万名新生入学、691 万名学生转学等工作；其中网上转学这一项工作为全国学生家庭节省了近 43 亿元花销。除了节省经费外，该系统还可以监测学生上学考勤情况、随迁子女流动情况，控制义务教育学生的无序流动等。这些数据的建立、调用、对比和分析有助于提高义务教育的经费管理、资源管理、招生就业和教育规划水平。

2. 教育大数据驱动教育评价体系重构

教育评价是在系统、科学、全面地收集、整理、处理和分析教育信息的基础上对教育价值做出判断的过程。从微观层面看，教育评价的目的在于指引学生的发展方向，对学生的学习情况进行客观的总结，对教师的教学质量进行评估；从宏观层面看，教育评价的目的在于促进教育改革，提高整个国家的教育质量②。《国家中长期教育改革和发展规划纲要（2010—2020 年）》也指出，要改进教育教学评价，根据培养目标和人才

---

①② 杨现民等：《互联网＋教育：中国基础教育大数据》，139 页，北京，电子工业出版社，2017。

理念，建立科学、多样的评价标准；开展由政府、学校、家长及社会各方面参与的教育质量评价活动；做好学生成长记录，完善综合素质评价；探索促进学生发展的多种评价方式，激励学生乐观向上、自主自立、努力成才。

相较于传统的教育评价，大数据的发展使教育评价向客观性评价、伴随性评价、综合性评价和智能化评价发展，为学生的自我发展、教师的教学反思、学校的质量提升等多方面提供基于数据分析的实证支持，如图 5-8 所示。[①] 由大数据支持的教育评价一方面能够减轻教师的工作负担；另一方面采用统一标准进行评价的做法能在一定程度上提升评价的准确性。

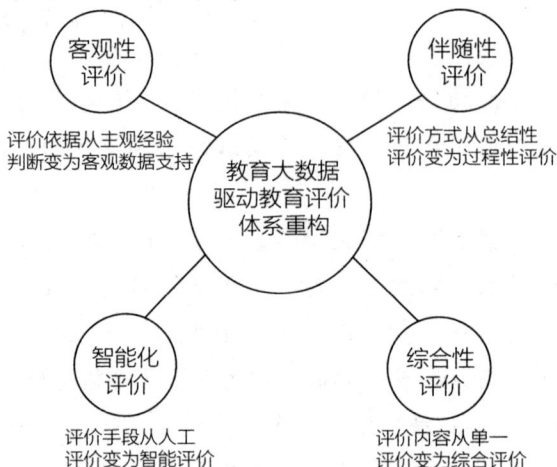

图 5-8　教育大数据驱动教育评价体系重构

北京市丰台师范学校附属小学使用的 iExam 系统就是一种利用教育大数据技术的智慧课堂评价。该系统用智能评价手段评估学生的学习状况，可以根据教学目标快速组卷出题，实现即时练习、考试与成绩分析。教师进行单元整体教学研究，把所有知识点变成检测点，针对检测点进行命题，并按照题目的难易程度进行标注。例如，在五年级口算测试模块中，教师规定百位数、十位数、是否有小数等口算条件后，系统就可以随机生成数量不等的测试题目推送给学生；学生提交答案后，教师可以在检测屏中看到学生的答题情况，系统用绿色条表示正确的答案，用红色条表示错误的答案，线段的长度表示学生用了多长时间来完成题目。智能化的评价手段使学习情况一目了然，系统可以快速统计每道题的正确率，这样教师就可以很清楚地了解班级学生的整体掌握情况，判断教学设计是否合理。智能化的评价手段不仅为教师节省了大量时间，也能帮助学生了解自己的学习情况，实现教与学效率的大幅提升。

---

① 　杨现民等：《互联网＋教育：中国基础教育大数据》，147 页，北京，电子工业出版社，2017。

3. 教育大数据推动区域教育均衡发展

教育公平是社会公平的重要基础，具有起点公平的意义。区域教育均衡发展是我国教育事业发展面临的重大现实问题。要缩小地域发展差距，就必须缩小教育差距、促进教育公平，这样才能使区域发展更均衡、社会更和谐。应用大数据技术能够准确把握区域教育的发展动态和影响其均衡发展的关键因素，从教育资源、教育机会、教育质量等方面推进区域教育均衡发展，也有助于不同区域根据自身环境条件、经济状况及发展需要形成各具特色的区域教育发展路径，如图 5-9 所示。①

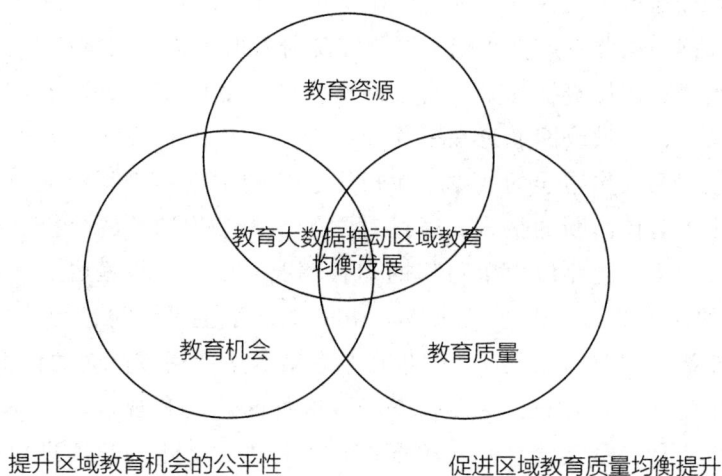

图 5-9　教育大数据推动区域教育均衡发展

例如，甘肃省利用大数据精准开展招生扶贫工作。甘肃省多个行政部门相互配合，利用大数据、移动互联网技术以及省市县乡村五级互联互通的扶贫网络，建设了精准扶贫大数据管理平台，全方位、全过程监管扶贫情况和扶贫成效。随着大数据平台的建设与应用，甘肃省根据扶贫大数据分析结果，明确了扶贫对象、需要资助的最低程度及时间段，为贫困家庭幼儿免除了学前教育保教费，为贫困家庭接受中职教育的子女和在省内就读高职院校的子女免除学费和书本费，为贫困家庭就读中职学校的子女提供每学年的助学金，为考上高职院校的贫困家庭子女提供生源地的信用助学贷款。

4. 教育大数据助推学校教育质量提升

学校教育发展的均衡是区域教育均衡发展的高级阶段。无论是幼儿园、小学、初中还是高中，学校在办学过程中不仅要提升教育决策能力、校园管理能力、学校教学质量，还要尊重师生的个性，为教师发展和学生成长提供良好的环境，以人的发展为目标，促进学生的全面个性化发展和教师的专业发展。随着各种智慧教学与管理平台

---

① 杨现民等：《互联网＋教育：中国基础教育大数据》，157 页，北京，电子工业出版社，2017。

的不断涌现，大数据对学校教育的变革作用不断凸显。大数据技术持续跟踪、采集学生成长过程中的各种数据，进行全面、系统的统计分析和数据挖掘，为每个学生提供相应的学习和成才机会。大数据技术可以对教师专业发展情况进行分析，总结教师的教学优势与不足，协调优秀师资的交互与流动，促进教师专业发展。大数据能对学校历史与实时数据进行挖掘，分析学校特色、生源特征、资源优势等，制定符合学校自身的特色发展方案，在提升学校管理质量和教学质量方面具有独特优势。大数据技术将各种教育装备与互联网连接起来，实现智能化识别与定位、实时监控管理及对比分析，对学校的安全运行状况进行实时监控并及时预警，打造平安和谐校园。

例如，批改网是由北京语言智能协同研究院研发的英语作文批改系统。在 2015 年北京市初中生英语写作比赛活动中，批改网共收到学生作文 30087 篇，覆盖北京市 16 个区县的 457 所学校。批改网通过在线作文批改，收集了有关学生英语写作的基本句式、单词使用频率和写作错误的数据，生成了包括初中生英语写作平均句长、错误分析以及班级和个人写作诊断的报告；通过对学生作文平均句长的分析，绘制出平均句长分布图，直观显示不同年级学生写作的句长情况。论断分析报告显示，平均句长为 10—15 个单词的比重最大，达到 42.97％；初三年级学生平均句长为 10—25 个单词的比重大于其他年级。批改网也统计出学生在某一话题中使用较高频的词汇，生成词云，从侧面反映出学生的个人喜好、生活状态、对事物的态度和观点。另外，批改网对学生作文的错误也进行了分类统计，从单词、句子和语法等不同角度进行错误归纳，指出常见的错误和典型案例，生成数据报告。教师可以通过自己班级学生的学号获取班级诊断报告，学生也能够获取自己的个人诊断报告。

5. 教育大数据促进师生个性化发展

学生和教师是教育领域人才培养的两大核心主体。教育信息化带领学校教育从大众化走向个性化，大数据技术则扩大了教师和学生个性化成长的可能。个性化发展的前提首先是个体能真正认识自己，知道自己的优势、不足、兴趣、偏好、风格、知识缺陷、能力缺陷、发展目标等；其次是最适合个体发展的环境、资源、活动、工具、服务等外部条件。大数据的最大优势便是让学生和教师认识真实的自我，同时通过学习行为、教学行为数据的深度挖掘与分析，为其推送最合适的学习资源与学习路径。

大数据可以记录学生个体成长的轨迹和行为，判断其学习需求与问题，预测其学习结果，改善学习积极性与学业表现，制定个性化生涯规划，满足不同阶段学生的成长需要。教师也可以借助大数据技术提供更有针对性的教导，并能看到自己的教学行为、教学习惯、教学风格的变化和专业成长，认识到自己在教学中的优势和问题，发挥自己的个性和智慧，实现科学理性的个性化专业发展。教育大数据对师生个性化发展的作用如图 5-10 所示。[①]

---

① 杨现民等：《互联网＋教育：中国基础教育大数据》，178 页，北京，电子工业出版社，2017。

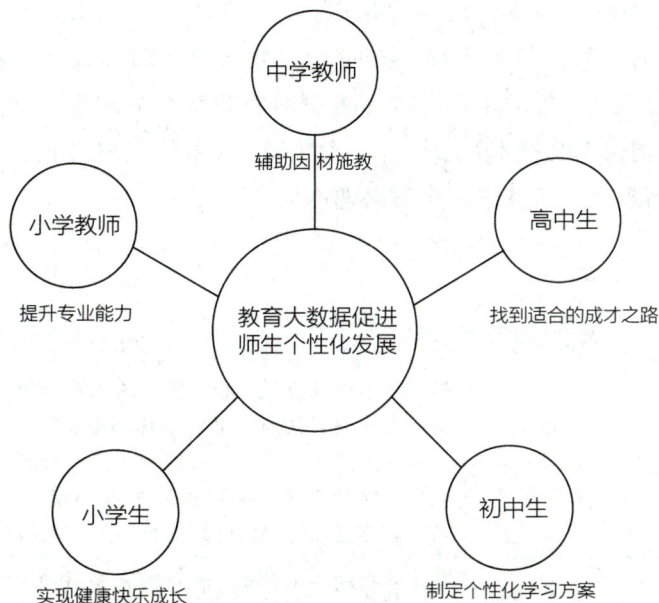

图 5-10　教育大数据促进师生个性化发展

　　一个典型的案例是百度大数据辅助智慧选择学校及专业。其原理就是通过对全国几千所高校的几十项指标下的海量数据进行整合分析，呈现不同学校的异同，帮助学生准确找到最适合自己的学校。百度利用大数据技术分析工具，对历年高考后大学搜索关键词、大学排名、专业排名等原始数据进行深度挖掘分析，并从报考难度和报考热度两个维度画出了全国多所大学的"大学报考图谱"；此外，还从专业热度和难度两个维度画出了不同高校不同专业的"专业报考图谱"，为学生和家长在高考志愿选择方面提供了支持。

总结

本章小结

　　教育信息化发展的高端形态是智慧教育，这是培养 21 世纪人才的内在需求。智慧教育的实现离不开新技术的支撑，随着科学技术的不断发展，新技术层出不穷，如何将这些新技术应用于教育领域，使其促进教育教学变革、加快教育现代化的进程，逐渐成为教育技术领域研究人员关注的焦点。近年来，虚拟现实/增强现实技术、云计算、大数据等新兴技术被广泛应用于教育领域，它们极大地促进了智慧教育的发展。

　　本章主要介绍了智慧教育的概念、特征及其对教育教学的影响，重点讨论了虚拟现实/增强现实技术、云计算、大数据等新技术的概念及其在教育领域的应用现状，特别讨论了三维虚拟现实平台 Second Life 的教育实践和国际知名 IT 企业的云教育实践，同时对大数据的应用模式及案例进行了详细阐述。通过本章内容的学习，学习者可对智慧教育的理念有初步的了解，对虚拟现实/增强现实技术、云计算、大数据等新技术有初步的认识，视野更加开阔，对新理念、新技术的学习兴趣增强。

Aa 关键术语

中文术语	英文翻译	中文解释
分布式虚拟现实系统	Distributed Virtual Reality System	指在多个地理位置的相互独立的用户通过计算机网络实时地链接在一起，共同分享一个虚拟空间，一起体验虚拟环境，从而使虚拟用户共享虚拟经验。多个虚拟现实平台联网以构成分布交互系统，从而适应学习环境中群体的虚拟技术需求，能够更加符合实际地进行学习交互的系统分析和评估。
教育大数据	Big Data in Education	是大数据的一个子集，特指教育领域的大数据。目前还未有学者对教育大数据进行明确的概念界定。所谓教育大数据，指在整个教育活动过程中所产生的以及根据教育需要所采集的一切用于教育发展并可创造巨大潜在价值的数据集合。
数据可视化	Data Visualization	指运用计算机图形学和图像处理技术，将数据转换为图形或图像，在屏幕上显示出来，并进行交互处理的理论、方法和技术。
虚拟现实	Virtual Reality	又称为"灵境"或"幻真"。作为一项尖端科技，它涉及了众多学科的高新技术，集计算机技术、传感技术、仿真技术、人工智能、显示技术、网络并行处理技术等于一体，通过计算机创建一种虚拟环境，通过视觉、听觉、触觉、嗅觉等感观，使用户产生和现实一样的感觉。具体地说，虚拟现实是以计算机技术为核心的现代高科技所生成的逼真的视、听、触觉一体化的特定范围虚拟环境。
云计算	Cloud Computing	将计算任务分布在大量计算机构成的资源池中，使各种应用系统能根据需要获取计算力、存储空间和各种软件服务。
桌面式虚拟现实系统	Desktop Virtual Reality System	指操作者活动在真实世界，通过计算机屏幕或液晶投影来观看虚拟世界，并通过鼠标、键盘、三维鼠标等输入设备与之进行交互。
增强式虚拟现实系统	Enhanced Virtual Reality System	指将虚拟世界直接叠加在人所感知的真实世界上，即虚拟世界直接与人感知到的真实世界融合在一起，操作者在一个亦真亦假的世界中活动，操作亦真亦假的事物。
增强现实	Augmented Reality	是虚拟现实技术的进一步发展，增强现实技术利用计算机产生的附加信息来对用户看到的现实世界进行增强，它不会将用户与周围环境隔离开，而是将计算机生成的虚拟信息叠加到真实场景中，从而实现对现实的增强，用户看到的是虚拟物体和真实世界的共存。

章节链接

这一章的内容	其他章节中有相关讨论的部分
虚拟现实技术	第三章"虚拟仿真实验室"部分

应用

批判性思考

1. 如何正确认识技术在智慧教育发展中的作用？

在智慧教育发展中存在着两种论调：一种是鼓吹技术的"唯技术论"，另一种是排斥技术的"自然主义"。"唯技术论"者只强调技术的效率和功能，将技术应用和教育发展的关系简化为一种因果关系，企图利用强大的技术功能来影响和改变教育，却忽视了技术运用和教育发展的其他因素，极易导致教育发展中的技术"异化"，威胁人在教育中的主体地位。与此形成对比的是，排斥技术的"自然主义"者沉迷于"田园式"的艺术化教学风格，刻意强化传统教育方式和教学手段的作用，而否定信息技术的教育价值。你是如何看待以上两种论调的？技术在智慧教育发展中的作用到底是什么？你是如何看待技术的？

2. 教育与智慧的关系、智能化与智慧教育的关系是怎样的？

当前，智慧教育领域内智慧校园、智慧课程、智慧教室、智慧管理、智慧资源、智慧平台等的建设声势浩大，相关的理论与实践研究成果也不断涌现，但人们在认识智慧教育时存在着迷茫和不解。我们现在谈智慧教育，那么原来的教育是否智慧？智能化与智慧化之间是什么关系？你对以上问题是如何认识的？谈一谈你的思考。

体验练习

【思考与练习】

1. 什么是智慧教育？它的特征是什么？
2. 智慧教育的关键技术有哪些？
3. 什么是虚拟现实技术和增强现实技术？
4. 虚拟现实系统分为哪几类？
5. 桌面虚拟现实系统的常见开发技术有哪些？

6. 简述虚拟现实技术和增强现实技术在教育中的应用现状。

7. 请比较典型的三维虚拟现实平台。

8. 什么是云计算？

9. 简述云教育在国内的发展现状。

10. 简述大数据在智慧教育中的应用模式。

【实践环节】

实践主题：新技术在教育中的应用案例分析

1. 实践目的

(1)了解智慧教育的概念以及对教育教学的影响。

(2)了解智慧教育涉及的新技术(如云计算、大数据、虚拟现实、增强现实等)的相关概念及其在教育中的应用现状。

2. 实践内容

学习者分为三个小组，分别以虚拟现实技术/增强现实技术在教育中的应用案例、云计算技术在教育中的应用案例、大数据技术在教育中的应用案例为主题，通过网络或图书馆收集相关信息，并对其进行分析，撰写研究报告。

各组将自己的研究报告在课堂上进行汇报，教师进行点评和补充。

3. 实践要求

(1)自行分组，每个小组推选一位代表进行汇报发言，其他小组进行评论。

(2)各小组成员围绕自己的主题在课堂上发表观点。

(3)各小组共享观点和资源，形成讨论。

(4)教师观察、了解学生的活动情况，并给予及时点评和引导。

🔍 案例研究

2014 年上海市发布了《2014 上海基础教育信息化进程蓝皮书》，其中提到技术与教育的相互渗透及其呈现的八大特征，请研读以下材料，并思考下面两个问题。

1. 蓝皮书中提到了哪些新技术？近几年又有哪些新技术应用于教育中？请详细了解。

2. 新技术的发展对教育教学效果会产生什么影响？

《2014 上海基础教育信息化进程蓝皮书》(选摘)

在漫长的人类历史上，教育发展和进步往往靠名垂史册的教育大家在理论层面的建树来引领趋势。而今，"技术"自身走出了附属或辅助的角色，第一次走上教育改革的最前台，推动着一场更为深刻的变革。技术与教育的相互渗透，正呈现八大结构性特征。

特征一：教材多媒化。利用多媒体，特别是超媒体技术，使教学内容的表现变得结构化、动态化、形象化。

特征二：资源全球化。互联网已成为全球最大的信息资源库，其中蕴藏着丰富的教育资源，无论教育者还是学习者都可方便地享用。

特征三：教学个性化。利用人工智能技术构建的智能导师系统能够根据学生的不同特点和需求进行教学和提供帮助。

特征四：学习自主化。利用信息技术支持自主学习成为必然发展趋势。事实上，超文本、超媒体之类的电子教材等网络学习资源已经为自主学习提供了极其便利的条件。

特征五：任务合作化。当前国际教育的发展方向，就是要求学生通过合作方式完成学习任务。通过计算机合作的网上合作学习，在计算机面前合作的小组作业和计算机扮演同伴角色等形式，信息技术在支持合作学习方面起着极其重要的作用。

特征六：环境虚拟化。教学活动可以在很大程度上脱离物理空间时间的限制。现在已经涌现出一系列虚拟化的教育环境，包括虚拟教室、虚拟实验室、虚拟校园、虚拟学社、虚拟图书馆等，由此带来的必然是虚拟教育。

特征七：管理自动化。计算机管理教学包括计算机化测试与评分、学习问题诊断、学习任务分配等功能。最近的发展趋向是在网络上建立电子学档，利用电子学档可以支持教学评价的改革，实现面向学习过程的评价。

特征八：系统开放化。系统开放化主要体现在内容开放、结构开放和功能开放这三方面。其中，内容开放指能通过超链接实现本地资源与远程资源无缝连接，内容空间可无限扩展扩张；结构开放指可利用构件化技术，允许随时更新教育内容和扩充教育系统的能力；功能开放是提供全面的教育服务，能够支持按需学习、适时学习与弹性学习。

拓展

补充资料

1. 哈斯高娃，张菊芳，凌佩等. 智慧教育(第2版)[M]. 北京：清华大学出版社，2017.

此书汲取了近年来智慧教育发展的新理念、新技术、新方案，致力于构建一个相对完整和前沿的智慧教育理论体系。

2. 何克抗. 关于教育技术学逻辑起点的论证与思考[J]. 电化教育研究，2005(1)：3-19.

此文依据逻辑起点五个方面的质的规定性（即本质特征），对教育学与教育技术学的逻辑起点做了严格的论证，指出教育技术学的逻辑起点是"借助技术的教育"。在此基础上，作者对教育技术领域的若干热点问题做了较深入的思考与评述。

3. 祝智庭，贺斌. 智慧教育：教育信息化的新境界[J]. 电化教育研究，2012(12)：5-13.

此文对智慧和智慧教育的概念进行了论述，智慧教育是经济全球化、技术变革和知识爆炸的产物，也是教育信息化发展的必经阶段。智慧教育是教育信息化的新境界、新诉求，它需要以智慧学习环境为技术支撑、以智慧学习为根本基石、以智慧教学法为催化引导，智慧教育也面临着许多机遇和挑战。

4. 高源，刘德建，黄真真，等. 虚拟现实技术促进学习的核心要素及其挑战[J]. 电化教育研究，2016(10)：77-103.

此文介绍了虚拟现实技术的定义、发展历程与应用现状、基本特点及其心理体验，并回顾了与该技术相关的各类学习理论以及关于主要的教育应用形式及其教学效果的实证研究结果；在分析相关研究和应用案例的基础上，提出了虚拟现实技术有效促进学习的三大核心要素及十大挑战。

5. 梁迎丽，刘陈. 人工智能教育应用的现状分析、典型特征与发展趋势[J]. 中国电化教育，2018(3)：24-30.

大数据、并行计算和深度学习驱动人工智能技术飞速发展，并重塑着教育形态。对人工智能教育应用现状与发展趋势的研究有助于推动技术与教育的深度融合发展。此文从技术发展的角度回顾了人工智能的发展历程，概述了人工智能发展史上的三次浪潮，揭示了人工智能的三大要素与驱动力，阐述了人工智能在教育领域中的四大具体应用形态，分析了人工智能教育应用的五大典型特征，并指出其未来的发展趋势，最后归纳并构建了人工智能与教育的融合创新发展体系，旨在为我国人工智能与教育的融合发展提供理论指导。

6. 邬旭丹. 对智慧教育热的冷思考[J]. 基础教育参考，2018(12)：3-5.

智慧教育旨在依托现代技术，培养21世纪的智慧型人才。但在其发展过程中出现了"唯技术论"和排斥技术的"自然主义"两种倾向。此文提出应将智慧教育作为未来教育信息化发展的一个重要方向，并通过实现"智"与"慧"的深度融合来走出发展误区。

7.陈琳，杨英，孙梦梦．智慧教育的三个核心问题[J].现代教育技术，2017（7）：47-53.

教育与智慧的关系、智能化与智慧教育的关系以及智慧教育的时代走向，是事关智慧教育发展方向并迫切需要明确的三个核心问题。此文针对这三个核心问题进行了探讨并得出结论：智慧是教育的本源，知识、能力和创新是智慧教育的力量之源，且智慧教育具有时代性，其发展空间无限；智能化不等于智慧化，两者之间存在着智能化助推智慧化、智慧化引导智能化的共轭关系；智慧教育将朝着更高、更快、更广、更长、更远、更大、更先进的"七更"方向前进。

🖥 在线学习资源

本章概述

　　本章系统地阐述了课堂教学技能中的导入、强化、语言沟通、提问、讲解、媒体运用、观察、学习支架建构、组织教学、结束技能以及对教学技能的评价，具体介绍了各种技能的类型和实施策略，详细分析了微格教学的教案、实施过程和评价。

结构图

本章学习目标

了解各种课堂教学技能，理解各种课堂教学技能的概念，掌握各种课堂教学技能的策略与操作方法；掌握微格教学教案的编写方法，熟悉微格教学技能的实施过程和评价类别。

学前深思

一名合格的教师应该具备哪些教学能力？课堂教学技能的种类和具体操作方法有哪些？如何在信息技术环境中开展微格教学实训？

信息化条件下学习方式发生了怎样的变革？未来教师应如何面对时代的要求？

一、课堂教学技能

🎯 **本节学习目标**

通过本节的学习，主要掌握课堂教学技能的十大类别和具体的操作策略，了解评价各种技能的方法和类型。

学生良好的学习动机和热切的求学意愿大多需要教师通过一定的教育措施才能被激发出来。在教育措施的众多组成要素中，课堂教学技能是最活跃、最能体现教师主体性的。课堂教学技能是教师实施课堂教学的基本技能。以教学过程为线索，课堂教学技能主要包括导入、强化、语言沟通、提问、讲解、媒体运用、观察、学习支架建构、组织教学、结束十大部分。

（一）导入技能

导入技能指教师在一个新的教学内容或教学活动开始时，运用创设问题情景的教学方式引起学生注意、激发学生兴趣、明确学习目标、形成学习动机的一类教学行为。导入技能是教师的心智技能和动作技能相互配合、共同作用的一种教学技能。导入技能首先要求教师能通过分析教学内容、教学目标和学生情况设计相应的问题情境，然后能够在课堂中恰当地开展所设计的导入活动，引起学生学习新课程或新内容的兴趣。导入是教学过程中的重要环节，导入技能是一项基本教学技能。导入技能广泛应用在各种类型的课堂教学中，并经常与提问、观察、讲解等教学技能整合应用。

1. 导入的类型

（1）直接导入

直接导入是教师直接阐明学习目标、要求及本节课的教学内容和安排，通过简短的语言叙述、设问等引起学生的关注，使学生迅速进入学习情境的导入方法。这种导入能使学生迅速定向，对本节课的学习形成一个总的概念，认识基本轮廓。

（2）经验导入

经验导入是以学生已有的生活经验、已知的素材为出发点，教师通过生动且富有感染力的讲解或提问导入新课的方法，通常在新内容与学生的已有经验既有联系又有区别时被选用。这种导入方法使学生产生一种亲切感，能引起学生的求知欲，引导学生动脑思考。

（3）旧知识导入

旧知识导入是根据知识之间的逻辑联系，找准新旧知识的连接点，在旧知识的基础上发展深化，从而引出新的教学内容，实现温故知新的方法。教师通常通过对旧知识的复习、提问、练习等活动引入新情景，使学生发现问题、明确学习任务。这种导入使学生感到新知识并不是陌生的，促使其将新知识纳入原有的认知结构，降低了学习新知识的难度，引导学生参与学习过程。旧知识导入通常在新内容与学生的旧知识既有联系又有区别时被采用。

（4）实验导入

实验导入是教师通过实物、模型、图表、幻灯片、投影、电视等教具进行实验演示，或让学生自己动手实验，引导学生观察，将已知实验现象或知识经验与新现象对比，从而创设问题情境，提出新问题，自然地过渡到新课学习的导入方法。这种方法通常在学生缺乏理解新知识所需要的感性经验，或这些感性经验在生活中虽可获得但没有引起充分的注意和思考，再或者学生的理解需要借助鲜明的表象时采用。实验导入有利于形成生动的表象，使学生由形象思维过渡到抽象思维，因而在小学各年级和中学理科教学中运用较广。

（5）直观导入

直观导入是在讲授新课题之前，教师先引导学生观察或观看实物、样品、标本、模型、图表、幻灯片、电视片等来引起学生的兴趣，并从观察或观看中提出问题，创设研究问题的情境的导入方法。学生在直观感知中产生疑问，进而产生学习新知识的强烈心理需要。

（6）故事、事例导入

故事、事例导入是通过生活中的常见事例、有关新闻以及历史上关于认识自然与社会的故事设置问题情景的导入方法。学生一般都爱听故事，一些科学性、哲理性很强的故事更受学生欢迎。各学科的发展史中都有许多动人的故事，如科学家的趣闻轶事、某些公式原理的发现过程及一些发明创造的诞生等。教师从中选取一些适当的片段讲给学生听，不仅有助于激发学生学习本学科的兴趣，还可以引起学生思维能力的培养。

（7）设疑、悬念导入

设疑、悬念导入是教师巧设带有启发性的悬念和疑问，使学生产生认知冲突，唤起学生的好奇心和求知欲，激起学生解决问题的愿望的导入方法。

（8）情境导入

情境导入就是运用语言、设备、环境、活动、音乐、绘画等各种手段，创设一种符合教学需要的情境，以激发学生兴趣、启发学生思维，使学生处于积极的学习状态的导入方法。苏霍姆林斯基说："任何一种教育现象，孩子们越少感到教育者的意图，它的教育效果就越大，我们把这条规律看作教育技巧的核心。"[1]情境导入法如果运用得当，则会使学生沉浸于情境，在潜移默化中受到教育、获得知识。

2. 导入的策略

教师要明确导入教学的目的，无论采用何种导入方式，都应使设置的问题情境指向教学目标，服务于教学任务和目的，围绕教学和训练的重点；不要让导入内容游离在教学内容之外，而要使导入成为学生实现学习目标过程的一个必要且有机的组成部分。

教师对导入问题情境的设计要与学生的年龄及思维特点相适应，尽量选取学生身边的各种场景，使导入的内容与新课的重点联系紧密。如果导入内容与教学内容脱节，那么不论导入设计得多么别致精彩，都不可能产生好的教学效果。

积极的思维活动是课堂教学成功的关键，富有启发性、趣味性的导入能引导学生发现问题，引起学生解决问题的强烈愿望，创造愉快的学习情境，促使学生自主进入探求知识的状态，起到抛砖引玉的作用。教师在设计问题情境时要根据教学目标、内容和学生的情况选择学生身边的、能引起学生好奇心的、学生感兴趣的材料。

导入的时间要适宜，导入仅是一个"引子"，而不是内容铺开的讲授，故导入时间不宜过长，一般以 2—5 分钟为宜。

---

① 苏霍姆林斯基：《帕夫雷什中学》，22 页，北京，教育科学出版社，1983。

(二)强化技能

强化技能是在课堂教学过程中，教师依据操作性条件反射的心理学原理，针对学生的反应采用各种肯定或奖励的方式，使学习材料的刺激与教师所期望的学生反应之间建立起稳固的联系，帮助学生形成正确的行为，促进学生思维发展的一种教学技能。简单地说，强化技能是教师在教学中的一系列用来引起和增强学生恰当反应、保持学生学习力量的行为。

1. 强化的类型

(1)语言强化

语言强化是教师运用口头或书面语言评论的方式对学生的反应或行为做出某种判断、表达某种态度，或提供线索引导学生使他们的理解在客观实际中得到证实的强化方法。

(2)动作强化

动作强化是教师运用身体动作对学生在课堂上的行为表现表达自己的态度和情感的强化方法。点头示意、微笑、期待的目光、专注的神情等身体动作若运用恰当，则能起到"此时无声胜有声"的评价效果。

(3)标志强化

标志强化是教师运用各种象征性标志、奖赏物对学生的成绩或行为予以肯定和鼓励的强化方法。这种强化能使学生获得成就感，能更有效地激起学生的学习热情。对年龄较小的学生来说，这种看得见、摸得着的鼓励所留下的印象更深刻，激励的时效更长久。

(4)活动强化

活动强化是教师安排一些特殊的活动，作为对学生在学习中的参与和贡献的奖励，使学生在活动中不断巩固正确的行为，实现自我强化的强化方法。

(5)内在强化和外在强化

内在强化，也被称作自我奖励，指一个行为的出现是由于受到来自学习者自身的奖励的刺激(如愿望、兴趣、对社会规范/规律的自觉认可等)。

外在强化指一个行为的出现是由于受到来自学习者个体以外的奖励的刺激(如夸奖、奖品等)。

(6)正强化、负强化和自然消退

正强化，又称积极强化，指当人们采取某种行为时，能从他人那里得到某种令其感到愉快的结果，这种结果反过来又成为促使人们重复此种行为的力量。

负强化，又称消极强化，指由于某种不符合要求的行为引起了不愉快的后果，人们对该行为予以否定。

自然消退，又称衰减，指对原先某种行为的强化的撤销。由于在一定时间内没有得到强化，此行为将自然减少直至消失。

(7)连续强化和间歇强化

连续强化是组织行为学中强化程序的一种，指每当理想行为出现就给予强化。通过这种强化可以使个体快速学习新行为，但习得的行为也会快速消失，如表扬和恭维。

间歇强化是不一定每次都对理想行为进行强化(或补偿)的强化法。在间歇强化下学习也能发生，但学习发生所需要的时间比连续强化长；一旦学习发生，其消退所需要的试行次数也较多，即消退阻抗较大。这是学习理论中的一个争论点，学者曾对此进行了许多实验研究。

(8)小组强化和定向强化

在全校范围内，每个班级都是一个集体；在班级范围内，每个小组也是一个集体。小组强化有助于学生形成良好的行为准则和道德规范，使学生之间互相模仿、互相影响，进一步促进学生的社会化。

定向强化，又称部分强化。学生在回答教师问题时，经常回答不完整或有一部分回答正确；在完成教师布置的作业时也很难完全正确。即使这样，学生也需要受到表扬，教师要肯定他们的付出，鼓励他们不懈努力。教师对学生回答正确的部分应给予肯定和表扬，同时要提醒学生深入考虑问题，多动脑，进一步努力思考。

2. 强化的应用要点

(1)目标明确

在运用强化技能时，教师应根据教学目标，有目的、有选择地对学生的反应进行强化。在课堂教学中，教师不必对学生所有的正确反应都给予强化，应当对与达到教学目标有密切关系的正确反应予以强化。

(2)提供机会

在课堂教学中，教师要给学生提供表现自己、做出反应的机会，这样教师才能看到学生的反应并对其中正确的部分予以强化。在具体操作中教师可采取提问、让学生做习题或对其他同学的反应做出评价等方式给学生做出反应的机会。而且教师还要给学生一定的思考时间，当学生的表达不太清楚时，可进一步询问他想要说什么或做什么，让学生充分表达自己的意图。

(3)客观、态度真诚

教师在对学生的反应做出判断后，要表明自己的态度，对学生的反应进行强化，这是教师应用强化技能的外在表现。教师的表达应当清晰明确，态度真诚，要使学生知道教师肯定的是他的哪些行为。

(4)即时有效

教师对学生的反应要进行迅速、准确的判断。所期望的学生行为一旦出现，教师就应抓紧时机给予奖励，力求有效强化。当教师一时不能对学生的行为做出准确判断时，就不要武断地评论。教师应该给学生充分表现自己的机会，从积极探索、勇于回答问题、敢于发表自己的观点等角度进行强化。强化有效的前提是恰当、可靠，对强化时机的把握对提高强化的有效性也是很重要的。当期望的某种行为已经相当稳固，教师就要逐渐减少强化的次数，最终只偶尔给予强化。这种间歇强化在保持已养成的行为方面比连续强化更有效。

（5）注意强化的个别性和多样性

学生在年龄、性别、性格等方面存在差异，学生个体对强化方式的喜好也是不同的，教师应针对学生的特点，有差别地、灵活地采用适合学生的强化方式。教师在进行强化时还应注意变换方式，如果教师反复使用单一强化物，那么该强化物对学生的激励作用就会减弱直至消失。

（6）促进内在强化

在教学中，学生的尝试活动既受到来自教师和学生集体的赞赏等外在强化的影响，也受到证实预想的愿望等内在强化的影响。年龄较小的学生更多受教师或家长态度的影响，但随着年龄的增长和知识的增加，学生渐渐更倾向于在预想与客观事实的一致性上得到强化。

（7）慎用负强化

在课堂教学中，对于批评和惩罚教师应采取非常慎重的态度。对于认识性的反应错误，教师应多从自己身上找原因，不能埋怨学生笨，将自己的不满情绪发泄到学生身上。对于学习中的认识问题教师不应采取批评或惩罚的方法，更不能讽刺和挖苦学生。

（三）语言沟通技能

语言沟通技能指教师在与学生的交往中，运用语言情感手段，通过倾听、反馈、交换观点与意见，实现师生间的理解、信任、尊重、接纳、合作及共识的达成，营造和谐的学习氛围，形成良好的人际关系的一类教学行为。

1. 语言沟通的类型

课堂教学中的沟通方式有很多，通常可以归纳为情感沟通、认知沟通、群体沟通和个体沟通四个类型。

（1）情感沟通

赞科夫说："教学一旦具有触及学生的情绪和意志，触及学生的精神需要，这种教学就能发挥高度有效的作用。"[①]脑科学研究表明，每个人不但有一个"理智的大脑"，还

---

① 赞科夫：《教学与发展》，36页，北京，人民教育出版社，1985。

有一个"情感的大脑"。人的脑干具有调节生命的基本功能，它自身虽然无法进行思维与学习，但自脑干发展出情绪中枢，在情绪中枢之上又发展出思维中枢，这一部位被称为"新皮质"，包裹在大脑的最外层。也就是说，人脑是在情绪中枢的基础上慢慢发展出思维中枢的。情绪具有影响思维的强大功能，这也是思维往往难以与情感抗衡的原因。

皮亚杰的建构主义学习理论认为，知识不是通过教师的传授得到的，而是学习者在特定情境中，在特定情绪的推动下，借助于必要的学习资料，经过自己的感悟、理解而获得的。第斯多惠说："教育的艺术不在于传授本领，而在于激励、唤醒和鼓舞。"[①]苏霍姆林斯基说："没有欢欣鼓舞的心情，学习就会成为学生沉重的负担。教学语言如果没有情感的血液的流动，就会苍白无力、索然寡味，学生对知识的感悟就会迟钝。"[②]因此，在课堂教学中，教师与学生沟通情感、建立良好的人际关系是开展有效教学的关键点。

(2)认知沟通

教师帮助学生建构知识体系是课堂教学的重要任务之一。教师与学生进行认知沟通是课堂教学的主要内容。当代建构主义理论为有效开展教学活动提供了理论支持。

建构主义学习观认为世界是客观存在的，但对于世界的理解和赋予其的意义是由个体自己决定的。我们以自己的经验为基础来建构现实或解释现实，每个人的经验世界是由自己的头脑创建的。由于每个人的经验以及对经验的信念不同，每个人对外部世界的理解也迥然不同。学习不是教师把知识传递给学生的过程，而是学生自己建构知识体系的过程。学生不是简单、被动地接收信息，而是主动地建构知识的意义，这种建构无法由他人代替。

建构主义教学观认为教学不能无视学习者已有的知识经验，不能只简单、强硬地从外部对学习者进行知识的"填灌"，而应当把学习者原有的知识经验作为新知识的生长点，引导学习者从原有的知识经验的基础上生成新的知识经验。教学不是知识的传递，而是知识的处理和转换。教师不应仅是知识的呈现者，也不再是知识权威的象征。教师应该重视学生对各种现象的理解，倾听他们当下的想法，思考他们这些想法的由来，并以此为据引导学生丰富或调整自己的解释。教学应在教师的指导下以学习者为中心，既强调学习者的主体作用，也不忽视教师的主导作用。教师的角色从传统的传递知识的权威转变为学生学习的辅导者，成为学生学习的高级伙伴或合作者。教师是意义建构的协助者、促进者，而不是知识的提供者和灌输者。学生是学习信息加工的主体，主动进行意义建构，而不是知识的被动接收者和灌输的对象。简言之，教师是

---

① 第斯多惠：《德国教师培养指南》，55 页，北京，人民教育出版社，2001。
② 苏霍姆林斯基：《给教师的建议》，38 页，北京，教育科学出版社，1984。

教学的引导者，学习和探索从以教师为主转向以学生为主，学生最终实现独立学习。

（3）群体沟通

群体教学是课堂教学的主要组织形式，教师要掌握与全体学生沟通的技巧，唯有如此才能顺利地完成课堂教学任务。

群体沟通指组织中两个或两个以上相互作用、相互依赖的个体，为了达到某一特定目标而组成集合体，并在此集合体中进行交流的过程。群体是两个或两个以上的个体为了达到共同的目标以一定的方式联系在一起、进行活动而形成的。群体有一些特点：成员有共同的目标，成员对群体有认同感和归属感，群体内有结构和共同的价值观，等等。群体具有生产性功能和维持性功能。群体的价值和力量在于其成员在思想和行为上的一致性，而这种一致性取决于群体规范的特殊性和标准化的程度。群体规范具有维持群体、评价和引导成员的思想和行为、限制成员的思想和行为的功能。

（4）个人沟通

课堂教学是群体教学，面向的是由学生个体组成的群体。但学生的态度、认知经验、认知水平都不是一致的，所以教师不但要面向全体学生开展教学，还要善于抓住学生个体的特点进行有针对性的教学。在群体教学活动中抓住时机与学生个体进行沟通，是拉近师生心理距离、培养师生感情和提高教学效果的重要手段。

2. 语言沟通的策略

沟通技能的形成具有"识""能""智"的特点。教师与学生之间有效沟通的策略具有智慧性特征，只有有效运用沟通策略，教师才能使自己的沟通技能纯熟，才能使沟通具有灵活性和创造性，才能在教学实践中发挥沟通应有的实效性。语言沟通的策略主要有以下七点。

（1）真诚、爱心是沟通的前提

如果教师不爱自己的学生、不爱自己的事业，那么教师与学生沟通的效果和质量必然受到消极影响。苏霍姆林斯基说："一个好的教师意味着什么？首先意味着他是一个热爱学生的人，感到跟学生交往是一种乐趣。他相信每个学生都能成为好人，善于跟他们交朋友，关心学生的快乐和悲伤，了解学生的心灵，时刻都不忘自己也是个学生。"[1]

（2）同理心是沟通的基础

同理心指在人际交往过程中体会他人的情绪和想法，理解他人的立场和感受，并站在他人的角度思考和处理问题的能力，即人同此心、心同此理。同理心是教师与学生沟通的基础。在师生相处中，如果教师能够用同理心理解学生的感受、态度，并有效地将这种理解传递给学生，教师就会得到学生的尊敬和支持，从而产生满足感。如

---

[1] 苏霍姆林斯基：《帕夫雷什中学》，42 页，北京，教育科学出版社，1984。

果教师不能或不愿意用同理心与学生沟通，那么沟通的结果必然会受到消极影响。同理心可以营造良好的沟通氛围，是开启学生心智世界的钥匙，是教育产生效能的前提。

（3）依据团体动力学理论实现沟通

能够创造自己的心理优势并强烈地影响其他成员，这被称为"团体动力"。教师要善于依靠班级的团体优势影响个人，要避免某些不良团体动力对学生造成的消极影响。

（4）沟通要把握尺度和分寸

沟通要因人因事而异，面对机灵的学生、功课较差的学生、善于帮助教师的学生、活泼好动的学生、思维灵活的学生时，教师选用的沟通方式不能是相同的。教师与学生的沟通是创造性的教学行为，教师不能因循守旧，期望可以采用某一固定模式进行沟通。教师要做到因材施教，一把钥匙开一把锁，沟通手段不能千篇一律。

（5）沟通需要教育机智

教育机智意味着教师在教学中运用恰当的应变力和组织力。日本著名教育实践家斋藤喜博认为，教育机智是在教学展开过程中时时刻刻对学生的反应做出相应的决断和组织的力量。在他看来，"洞察"学生的反应与教师对学生反应做出的"呼应""瞬间的决断"是绝对不能被分开论述的。教师必须对洞察到的学生的具体情况（发言、思路、联想、沉默、焦虑、困惑、挫折、争论、提议）加以整理、辨析、提高和升华。教育机智是造就"通向未来"的教学能力的工具。①

（6）融情是沟通的灵魂

赞科夫认为，教学一旦触及学生的情绪和意志，触及学生的精神需要，这种教学就能发挥高度有效的作用。无数教学实践证明，教师的教学情感性是打开学习者心灵的钥匙。

（7）语言准确生动

教师在与学生沟通时语言要生动，表情要亲切自然，精神要饱满，声音要洪亮；用肯定的语言激励学生；态度真诚，情绪积极。教学实践证明，教师若使用这样的沟通语言，学生则能精神振奋、积极学习、求知欲强，喜欢接近教师并喜欢提问，善于联想和想象，表现出活跃的思维。

（四）提问技能

提问技能是教师提出问题并对学生的回答做出反应，以了解学生的学习状态、启发思维，使学生理解和掌握知识、发展能力的一类教学行为。教师要想掌握提问技能，就要掌握提问的构成要素，掌握提问的过程。

提问技能不是单纯的心智技能或动作技能，而是二者相互配合、共同作用的一种

---

① 姜英敏、于帆：《斋藤喜博"互动教学论"及其实践意义》，载《比较教育研究》，2015(11)。

教学基本技能。提问技能的心智技能包括教师能够根据教学目标、教学内容和学生情况设计不同层次、类型的问题，并能够在课堂中选择恰当的提问时机、回答问题的对象和方式(学生单独回答、全体回答、小组讨论)，能够根据学生对问题的回答进行正确的反馈和引导。提问的动作技能包括教师在课堂上提出问题时的语气、表情、停顿、手势、走动等行为。

1. 提问的类型

根据学生回答问题时所要进行的认知过程的六个维度，可以将课堂提问分为记忆型提问、理解型提问、应用型提问、分析型提问、评价型提问和创新型提问六类。

(1)记忆型提问

记忆型提问要求学生回忆或再现所学知识，是考查学生对概念、字、词、公式、法则等基础知识的记忆情况的提问方式，是一种简单的、低层次的提问。这些要求学生回忆或再现的问题能够激发学生最低层次的认知加工过程。知识的记忆对有意义的学习和问题的解决是非常重要的。

在记忆型提问中教师经常使用的提问动词有：说出、写出、辨认、选择、识别、匹配、分辨、识记。

提出这种类型的问题时，教师最好能把问题放在一个有意义的学习情境中，让学生在更复杂的认知环境中运用这些知识，使学生更好地记忆并重现这些知识。

(2)理解型提问

理解型提问要求学生通过对已学过的知识进行回忆、解释、举例、分类、概括、推论、比较或说明等将知识重新组合，对学习材料进行内化处理，并组织语言将处理结果表述出来。与记忆型提问相比，学生需要进行更多的思维活动。

在理解型提问中教师经常使用的提问动词有：读(图、表)，回答，解(什么样的问题)，举出(例子等)，得出(什么样的结论)，叙述，阐述，比较，解释，转换，预测，推理，总结，分类。

当主要教学目标在于促进知识保持时，记忆层级的目标则被强调；当教学目标在于促进知识迁移时，教学重点则为从理解到创造的认知过程。在基础教育目标中，理解是最大的一个类目。

(3)应用型提问

应用型提问要求学生把所学的概念、规则和原理等应用于问题情境，通过一定的程序或步骤解决问题。应用型提问与理解型提问的区别在于，应用型提问只给出问题情境或学习任务，由学生自己去选择所需要的概念、规则或原理来解决问题；而理解型提问是学生用问题给出的概念、规则或原理来完成任务。

在应用型提问中，教师经常使用的提问动词有：发生、应用、运用、解决、执行、实行、施行。

应用型提问使学生既可以通过解决具体问题巩固学过的知识，也可以学习、探索新领域的知识。学生思考回答这类问题时不仅要理解相关知识的内涵，还要具有选择和运用已掌握的知识来解决问题的能力。

（4）分析型提问

分析型提问要求学生分析知识的结构因素，弄清概念之间的关系或事件的前因后果，最后得出结论。问题的形式一般是给出结果，要求学生找出产生这种结果的原因，以"为什么"为主要特征。学生必须能辨别问题所包含的条件、原因、结果及它们之间的关系。学生仅靠记忆并不能回答这类问题，必须进行认真思考，加工、组织、解释和鉴别材料，寻找根据，只有这样才能解决问题，这属于高级认知问题。分析型提问对于学生掌握知识和发展思维能力有非常重要的作用，是所有学科的一个重要认知过程。

在分析型提问中，教师经常使用的提问动词有：对比，比较，分析（作者的意图是什么、为什么、有哪些因素、什么原理、什么关系），陈述（主要的观点、主题、假设、证据、是什么），找出类型，得出（结论），论证，证明。

（5）评价型提问

评价型提问要求学生运用准则或标准对观念、作品、方法、资料等做出价值判断，或者进行比较和选择。学生需要运用所学内容和各方面的知识与经验，并融合自己的思想、感受和价值观念，进行独立思考，才能回答此类问题。它要求学生能提出个人的见解，形成自己的价值观，对评价提问的回答要运用一种高级思维形式。在进行评价型提问前，教师需要帮助学生形成正确的价值思想观念，或给出判断评价的标准，作为进行检查或判断的依据。

在评价型提问中教师经常使用的提问动词有：批判、判断、评价、分级、评估、辩护等。常用的句式有：你的标准是什么？哪个更重要？哪个更具有道德性？哪个更可靠？有什么失误或不一致之处？

（6）创新型提问

创新型提问是为了培养学生的求异思维能力，要求学生发现知识之间的内在联系，并在此基础上把教材内容中的概念、规则等重新组合。它是开放性的，正确答案不止一个，并且通常不可能预测正确答案。这种问题要求学生运用想象力，通过创造性思考形成独特的答案，而这种独特性并不是异想天开，它要求答案既能顾及事实之间的基本联系，又要摆脱简单回忆所学知识的束缚。这种提问可以激发学生的想象力和创造力。

在创新型提问中教师经常使用的提问动词有：预见、创作、总结、产生、计划、设计、构建、开发、生产、提议、发明、建构。

2. 提问策略

(1)设计问题的策略

首先，创设问题情境，把问题与学生的生活经验、制造的悬念和矛盾等结合起来，创设生动、富有情趣的问题情境。其次，循序渐进，难易适度。再次，问题的量要适中。

(2)提出问题的策略

首先，营造良好的课堂氛围。教师通过态度、语言等营造出民主、和谐、融洽的课堂氛围，使学生的情绪处于最佳状态，促使学生积极主动地思考问题。其次，确保学生的主体性，鼓励学生提出问题，将提问和对话相结合，激发学生的参与欲望和表现热情，并且要关注每一个学生。再次，把握提问的时机，要选择恰当的提问时间以及合适的回答者。最后，提问方式灵活多样，直问、曲问、诱导提问、反问、追问等多种方式交叉进行。

(五)讲解技能

在教学技能研究中，讲解技能被定义为：教师根据教学内容的特点和学生的认知规律，利用口头语言，并配合手势、板书和各种教学媒体等，阐释事实，揭示事物本质，引导学生思维发展，指导学生学习的教学行为方式。教师要想对讲解进行设计和实施，就必须明确其构成要素(具体行为)，掌握讲解的类型(讲解的程序)，把握讲解的时机和要求。具有明确的构成要素和程序是讲解技能与教学法中的讲解法的根本区别。

1. 讲解的类型

由于教学内容所属的知识类型不同，学生认知的过程和方法也不同。要想使讲解促进学生的记忆、理解和应用，教师就应根据学生对不同知识类型的认知过程进行讲解，以实现不同的教学目标。

(1)事实性和程序性知识的讲解

在教学内容中有许多重要的事实和程序需要学生了解和理解，与事实性和程序性知识有关的讲解技能主要有以下几类。

①叙述性讲解：教师有条理地向学生叙述科学事实或事件的过程，可用于中学阶段的各科教学。

②描述性讲解：教师在叙述性讲解的基础上添加许多修饰成分，增强语言的感染力，唤起学生的情感和想象，使他们更好地感知教学内容；教师对事实、事件、过程等的讲解语言要表达出事物或事件的鲜明特征、过程的具体现象及其中所蕴藏的思想感情。

③启发性讲解：教师通过具有启发性的语言，引导学生对已有知识或生活经验进行回忆，使学生通过启发性材料理解各种事实和现象，通过引导和问题建立起联系；在从形象直观到抽象推理的过程中，教师要使学生的感性认识上升到理性认识，使学

生认识事实的本质和联系，教师只有通过启发性的讲解才能在现象和本质之间架起一道桥梁。

④解释性讲解：教师对字、词、句、方法、事物的意义以及学生认知的困难等进行解释和说明；这种讲解方法要求语言精练，有较强的针对性，一针见血地道出问题的实质。

（2）概念性知识的讲解

概念性知识是能够培养学生各种抽象能力的知识，比如概念的形成、定义界说、理论论证、原理演绎、思想分析等。这部分内容能够很好地训练学生的思维能力、分析和解决问题的能力。学生能力的形成需要一个过程，而且是在师生互动中完成的。教师对这类知识的讲解主要通过归纳、演绎、类比等方法。

2．讲解的策略

（1）讲解的时机

讲解和其他教学技能一样，有优势也有不足，只有使用恰当才能发挥应有的作用。特别是在课程改革不断深入的当下，讲解受到许多质疑，教师要谨慎地加以应用。教师应为知识的关键点或学生的认知困难选择合适的时机来讲解，即教师为学生创设一种愤悱的情境，当学生处于一种渴望得到知识的状态时进行讲解。教师也可以通过启发诱导，先让知识的关键点自然显现，再给学生讲解，这便抓住了讲解的时机。

（2）讲解的设计

讲解的构成要素和不同讲解类型的程序是讲解设计的依据。讲解设计的内容包括：讲解目标设计、内容结构设计、讲解语言设计、普遍联系设计、学生思维指导设计、学生参与设计和讲解总结设计。知识的类型不同，讲解技能的结构（程序）也就不同。在讲解设计中的要素设计是对讲解目标、内容结构、讲解语言、普遍联系、学生参与等的具体设计。讲解类型设计是根据内容特点和学生的认知过程对讲解过程的整体设计，两者整合在一起则形成完整的讲解技能设计。

（六）媒体运用技能

媒体运用技能是教师运用实物、模型、图片、图表、动画、声音等进行教学的教学行为方式。教师在课堂上运用媒体的一系列行为可为学生提供直观、感性的认知资料，并通过这些资料使学生完成归纳、类比、概括等思维转换的信息加工过程。教师的一系列媒体运用行为可支持学生完成这一信息加工过程，因此，教师应该在教学过程中不断训练并提升该项技能。

1．媒体运用技能的类型

（1）讲解类

多媒体课件辅助讲解已经普遍存在于教学中。教学课件主要通过利用一些资料使学生获得充分、完整的感官感知，并在此基础上阐释概念、原理以及观点的产生与发展过程。教师在通过多媒体课件呈现资料的同时，应更加注重学生运用多媒体解决问题的过程，注重指导学生在问题解决中进行科学探究和科学推理。通过多媒体，教师要呈现典型的解决问题环节，从而归纳出解决问题的方法和策略。

(2)指导活动类

课程改革使课堂教学中的学生活动增加，教师在学生活动中扮演指导者的角色。教师在学生活动前要对活动进行定向，确定活动内容和活动方式。在活动中教师应积极地观察，必要时介入活动。在活动后，教师应进行有针对性的点评。在此过程中，多媒体既是教师定向、点评活动的工具，也是学生开展小组活动时收集资料、展示资料的工具。

(3)板书类

教学课件常以文字为主，有时以板书的形式呈现丰富的学习信息，可展现归纳思维方式的运用，在分析的基础上不断归纳要点、强化要点。这种课件包括要点提示型、线索图型和表格型三类。在进行课件设计时，教师应注意其概括性及呈现的时间和方式。在复习课中教师往往使用这种类型的课件，并注意语言和文字的有机结合，语言和文字的概括性以及对要点的科学解释对达成教学目标来说是十分重要的。

2.媒体运用的策略

(1)根据内容，选择媒体

首先，课堂教学中常用的教学媒体在表现力、重现力、接触面、参与性、受控性等方面的特征各不相同。了解不同教学媒体的特征有助于教师在教学中恰当地选择教学媒体。其次，教学媒体的选择要考虑学生的学习特征，针对不同年龄段的学生，教师对教学媒体的选择应是不同的。再次，教学媒体的选择会受到教学条件的限制，教师需要综合考虑多种因素。

(2)把握时机，出示媒体

首先，教师要根据具体的教学内容使用恰当的教学媒体，也就是说，要找到课堂上最需要媒体演示的教学内容。教学媒体的运用与教学内容密切联系，虽然在教学设计时就要考虑什么内容用什么媒体，但在教学过程中教师还需要一定的技能来用好媒体。其次，要根据学生的学习状态灵活地调整媒体运用的时机。再次，教师要找到恰当的出示媒体的时机。在出示媒体前或在出示媒体的初始阶段，教师应使学生明确观察的对象、观察的目的、观察的方法及观察中应思考的问题，使学生处于准备观察的状态；要按照操作规范将媒体呈现出来，注意媒体的摆放位置，高度、角度和亮度等要适宜，使每个学生都能在座位上进行观察；如果所展示的内容较小，应该采用巡回演示或分组观察的方式。

(3)正确演示，提供示范

教师在运用媒体的过程中要注意展示规范的操作方式，尤其是在重点仪器、工具的使用方面，这对于学生动作技能的形成至关重要。在教师媒体演示的过程中也不乏示范正确观察方法、思维习惯的机会，教师对此要十分重视。

（4）指导观察，教授方法

展现实物实验过程等的教学媒体因其真实、客观的优势而被广泛地运用在教学过程中。在运用过程中教师要注重指导学生观察，并教授观察的方法；在从形象到抽象的学习过程中，教师还需要通过板书和学生笔记帮助学生将核心内容符号化、概念化。教师往往设计整体的、结构的、简明的板书以对学习过程进行概括，力求要点清晰、结构合理。

（七）观察技能

课堂观察是教师对教学对象在课堂上的学习行为、课堂情绪和授课效果的一种知觉活动。课堂观察技能指在课堂上教师了解学生的学习行为、感知课堂情绪、清楚自身授课效果的一类行为方式。

教师的课堂观察技能与教师的教学经验和教师自身的认知特点有关，英国剑桥大学教授贝弗里奇指出，观察不止于看见事物，还应包括思维过程；一切观察都含有两个因素——感官知觉（通常是视觉）因素和思维因素，这些因素可能是半自觉半不自觉的。因为观察是人体感觉器官因外界变化而产生的反应，这种反应又以思维的形式进行，所以观察技能不像其他教学技能那样具有鲜明的外显行为特征，对观察技能的训练主要是一种心智技能训练。[①]

1. 课堂观察的类型

（1）探询观察

就像初次见面的两个人互相审视对方一样，探询观察一般发生在年轻教师刚刚走上讲台时；探询观察还会发生在教师候课阶段，有丰富教学经验的教师往往在每节课上课前2—3分钟就来到教室，站在门口或讲台上，观察学生的学习准备情况。这类观察的目的是了解学生对教师的接纳程度。探询观察的活跃要素是视觉感知。

（2）随机观察

随机观察是课堂观察技能的核心。课堂上学生的表情、情绪和态度千变万化且总随机出现。有经验的教师会抓住学生瞬间的变化，并能立即对学生的需要做出判断，然后调整教学。随机观察的活跃要素包括视觉感知、听觉感知、需求判断、策略调整等。

（3）验证观察

验证观察一般发生在新知识学习的后期，这时教师要了解学生对新知识的掌握情

---

① 贝弗里奇：《科学研究的艺术》，34 页，北京，科学出版社，1979。

况，判断学生是否已经建立起新的知识结构。但由于新知识结构的建立是知识内化的结果，教师仅通过学生的表情很难把握，这时一般要通过提问技能、沟通技能或课堂测试的配合才能观察到学生真实的内化结果。验证观察主要依靠视觉感知和听觉感知，需要提问和测试的辅助。

2. 课堂观察的策略

(1)加强观察锻炼

教师应自觉地进行观察锻炼，进行必要的调查研究，了解学生的气质类型，锻炼自己的观察能力。

(2)制作观察索引

观察索引就像一本书的目录，正如我们可以利用目录快速地翻到某一章节，教师利用观察索引可以快速明确要观察的内容。

(八)学习支架建构技能

支架原本是建筑行业的术语，指建筑楼房前搭建的脚手架，用来提供建房时必要的支持，在楼房建成之后便被移去。伍德最先借用这个术语来描述行业的行家或有成就的人在新手的学习过程中所给予的有效支持。支架理论源于维果茨基的社会建构主义理论和最近发展区理论。他在阐述教学与发展的关系时提出了"最近发展区""教学必须走在发展的前面"等观点。最近发展区理论认为，学生的发展有两种水平，一种是学生的现有水平，另一种是学生在他人帮助下能达到的发展水平，两个水平之间就是最近发展区。教学应着眼于学生的最近发展区，为学生提供有一定难度的内容，调动学生的积极性，发挥其潜能，以达到最近发展区的最高水平，然后在此基础上进行下一阶段的发展。维果茨基的教育理论为建构主义教学的发展提供了理论支持，进一步拓展了教学的含义。这个理论中很重要的一个概念就是建构学习支架。学习支架与建筑的脚手架功能相似，建筑的脚手架为建造房屋提供一个临时的支持结构，建筑任务完成后就会被撤去；学习支架指在学生学习时教师所提供的各种形式的支持和指导，学习支架为学生的思维发展提供支持结构。

1. 学习支架建构的类型

(1)情境支架设计

情境支架设计指创设与学习主题相关的、尽可能真实的情境。建构主义者认为，学习总与一定的社会情境相联系，由多媒体创设的接近实际的情境可以通过生动、直观的形象有效地激发学生的联想，唤醒其长期记忆中的相关知识、经验或表象，从而使学习者能利用自己原有认知结构中的知识与经验去同化学习的新知识，赋予新知识某种意义；如果原有知识与经验不能同化新知识，学生则开启"顺应"过程，即对原有认知结构进行改造和重组。

（2）资源支架设计

资源支架设计指确定学习主题所需要的信息资源的种类和每种学习资源在学习主题过程中所起的作用。如果学生对于应从何处获取有关的信息资源、如何去获取（用何种方法去获取）资源以及如何有效地利用这些资源等问题感到困难，教师则应及时予以帮助。

（3）自主学习支架设计

自主学习支架设计是以学生为中心的教学设计的核心内容。支架式教学应围绕事先确定的学习主题建立一个相关的概念框架。框架的建立应遵循维果茨基的最近发展区理论，要因人而异（每个学生的最近发展区并不相同），要能把学生的智力发展从一个水平引导到一个更高的水平，学生就像沿着脚手架一步步向上攀升。自主学习就是让学生独立探索，探索的内容包括确定与当前所学概念有关的各种属性，并将这些属性按其重要性的大小排列。探索开始时教师要先启发引导，然后让学生自己分析。在探索过程中教师要适当提示，帮助学生沿着概念框架逐步攀升。起初教师的引导和帮助可以多一些，之后逐渐减少，最后要争取实现学生不需要教师引导，能自己沿着概念框架继续攀升。

（4）问题支架设计

问题支架设计指在进行教学目标分析的基础上把当前所要学习的知识中的基本概念、基本原理、基本方法和基本过程转换为相关问题，以使学习者围绕问题展开一系列学习活动。

2. 学习支架建构技能的使用策略

（1）设计策略

学习支架的设计主要有两个步骤。首先，计划如何使学生在已知的基础上实现对新信息的深层理解。其次，计划如何在实施过程中为学生的每个学习步骤提供帮助。学习支架设计的重要基础是教师对学生已有发展水平的准确把握以及对学习者个别差异的了解，从而实现因材施教，使教学活动在一个良好的起点上顺利展开。教师要克服模式化倾向，要运用灵活的策略，形式多样地展示学习内容，激发学生的求知欲，使学生保持稳定的注意力，建立以学生主动参与为主的新模式，把学生置于教学的主体位置。教师注重诱导、引导、指导学生，让学生积极活动、主动参与，培养学生的观察、思考、实践、创新能力，变被动接受为自主学习，变个人学习为合作学习，变统一模式为发展个性，提高课堂学习行为的适应性与有效性。

教学设计是教学的重要环节，在教学设计中建构学习支架的常见形式包括：在新授课中设置教学情境，激发学生的学习兴趣；在习题课中设置疑问，集中学生的注意力，保证教学效果，激发学生的热情。教师在支架设计时要适当地选择和组织所要讨论的材料，根据学科特点，从生活中挖掘素材，在日常生活中发现学科知识，并利用实用知识提高学生学习的兴趣。学习支架常常是达到预期教学目的的重要因素，是无形的，没有强制性的、灌输性的成分。调整优化支架设计策略是实现教学目标、达到教学预期效果的重要因素。

（2）肢体语言调控策略

语言是传播信息、交流思想、表达情感的工具，包括有声语言和无声语言，无声语言又称肢体语言。在教学中有的教师只重视有声语言而忽视无声语言，但其实肢体语言不仅能强化有声教学语言的表达效果，而且可以发挥有声语言所没有的作用。一般无声语言包括体态、表情、手势、眼色等。

在课堂上运用适当的、形象的肢体语言不仅能激发学生兴趣、让学生集中注意力，而且可以将一些复杂难懂的知识解释得清楚明白，使难以言传的内容通过形象的动作直接表现出来，起到突破难点、把握重点的作用，实现"此时无声胜有声"的效果。直观的肢体语言能吸引学生的眼球，吸引他们的注意力，同时让学生被教师感染，完全投入学习，快乐且专注地学习新知识。教师向学生授课时，其微笑的驱动力常常比惩罚更强。教师在运用学习支架肢体语言调控策略时，不应忘记关注学生的肢体语言，学生的肢体语言对教学同样具有重要意义，因为从学生的肢体语言中教师能了解学生对知识的接受程度。但必须注意的是，教师在运用肢体语言时要把握尺度和力度，力求自然得体、准确生动；将课堂课后结合起来，关注学生肢体语言传达的意义，更好地发挥肢体语言的功能，不时地调整支架教学肢体语言策略，改变教学的方式方法，变换语气、语速、语调，从而达到有效的教学目标。

（3）媒体应用策略

教学媒体是教学的基本要素之一，现代教学活动离不开媒体的支撑。教学实践证明，教师应根据教学媒体在促进学习目标完成方面所具有的潜在能力来对其进行选择和利用。值得注意的是，在支架式教学中媒体并不是越多越好，也不一定是越先进越好，而要适当和精简。媒体过多时，学生会感到目不暇接，难以消化和吸收。

（4）淡出策略

每门课程都有其特点和比较稳定的需要学习者掌握的学习方法。随着学习者学习课程的能力不断提高，教师应逐渐拆去支架，尤其在后续课程中学生完成不同种类的任务时，教师应逐渐减少提示的广度和深度。学习者需要更多地利用已有经验来寻求解决问题的途径，从而提高自我调节能力，减少对外部指导的依赖。相对而言，在教学过程的早期教师要承担更多的督促与检查工作，支架的淡出是建立在大多数学习者学习能力提高的基础上的，是建立在对课程学习过程充分适应的基础上的。支架的淡出是为学生的学习提供支架化帮助的一个环节。学生在支架中逐步向上攀爬，当其学习的深度和广度达到要求后，当其形成习惯后，教师则应让支架逐渐淡出，对复杂问题的处理最终交由学生来完成，教师此时只起到宏观指导的作用。

(5)情感策略

心理学家就动机对学习的促进作用已基本达成共识。积极的情感是学习的一个重要促进因素，因而培养积极健康的情感也是学校教育的基本目标之一。教师应尊重学生，鼓励他们在学习过程中勇于尝试、积极探索，应特别注意那些性格内向或学习有困难的学生，要给予他们足够的信心和耐心，增强他们的自信心，并为他们提供恰当的帮助和支持。

教师要鼓励学生在小组学习时相互支持；对学生取得的成绩要及时给予表扬；对学生的作业要给予及时的反馈，使他们改正错误；在学生学习新知识时提供必要的知识支持和帮助，促进他们在"支架式"教学活动中相互协作、相互学习、共同进步。

(九)组织教学技能

组织教学技能指教师通过变换学习的方式组织学生积极、主动地参与学习活动的一类教学行为。组织教学开启每堂课的教学过程且贯穿于课堂教学。组织教学技能是保证课堂教学正常有序开展的一个基本条件。狭义的组织教学的主要任务是维持正常的学习秩序，使学生做好上课的心理准备。

随着教育心理学、学习心理学、有效教学管理等领域对组织教学研究的深入，教师对组织教学的运用已不局限于维持学习纪律，转向基于当代系统的教育科学来发展组织教学技能。教师在课堂教学中必须不断地集中学生注意、管理学习秩序、变换多种教与学形式，引导学生积极参与学习，帮助学生完成预定的学习任务，这一过程即组织有效的教学活动。教师组织教学的重点要放在指导学生学什么、怎样学、怎样学得更好的有效学习上。组织教学技能是完成课堂教学任务、顺利开展课堂教学的保证，它不仅影响教学效果，而且与学生的认知、能力与情感发展有着密切的联系。

1. 组织教学的类型

组织教学的类型主要有：管理性组织教学、诱导性组织教学和指导性组织教学。教师对于这些类型不但要理解掌握，还要能够结合教学实际进行应用。

教师组织教学技能的水平可分为四个层次：无效组织教学水平、维持正常课堂教学秩序水平、科学组织教学水平、根据自身特点创新教学方法实现管理艺术水平。了解组织教学的层次水平有利于教师进行反思学习，开展技能训练，矫正自己的教学行为，从而提高教学效率。

2. 组织教学技能的使用策略

(1)组织教学的设计

广义的组织教学并不是单纯的对课堂教学秩序的维持，而是通过组织教学开展有效的教学活动。教师必须在了解课堂教学的特点、先进的教学方法和理念的基础上进行组织教学设计。课堂教学设计是教师在课堂上实施组织教学的前提条件。

（2）组织教学的优化

对于组织教学的设计，教师必须不断进行优化才能使之符合新课程的要求。结合新课程教学理论，教师可以从创设情境、组织探究学习、提供学习支架、指导读书、训练思维、指导学生提问、形成意义建构、指导记忆、合作学习、提供实践平台、掌握学习策略、反思监控学习这 12 个方面进行思考，进行组织教学的优化。

（3）组织教学技能运用策略

组织教学技能的训练经历"识""能""智"三个阶段，其中"智"就是运用组织教学技能的策略，将教学技能用好、用巧。组织教学技能策略包括：激发学生的学习兴趣和学习积极性、因材施教、实施有针对性的教学、关注学习情感、明确教师定位等。

（十）结束技能

结束技能是教师完成一项教学任务时，通过重复强调、概括总结、实践活动等对所教的知识或技能进行及时的系统化巩固和应用，使新知识在学生的认知结构中更加稳固的一类教学行为。结束是教学过程的一个重要环节，它将学生的注意引到一个特定的任务——学习步骤的完成。结束技能不仅在一节新课讲完、一章学完时发挥作用，也经常在讲授完某一新概念、新知识时被使用。结束所用的时间虽然不多，但它在教学中是不可缺少的，需要教师的精心设计。好的结束能给学生情感上的激发、认知上的升华、艺术上的享受。设计好一个教学结束对帮助学生总结重点、理清脉络、巩固知识有着举足轻重的作用。但好的结束效果绝不是教师只凭灵机一动就能实现的，而需要教师具备较强的教学结束技能，所以结束技能也是衡量教师教学水平的重要因素之一。

1. 结束技能的类型

从教学内容的范围上分，教学结束可分为单节结束、全文结束和单元结束。单节结束指一堂课的结束，对本堂课的教学内容暂做一小结。全文结束是在一篇课文或一个课题的教学完成时所进行的结束，这时往往需要结合前面几节课的内容做出总结概括。单元结束是一个单元学习完成时进行的结束。

从教学内容的性质上分，教学结束可分为知识型结束、技能型结束、情感型结束等。知识型结束是以梳理知识为主的结束；技能型结束是以训练技术、锻炼能力为主的结束；情感型结束是以触动学生心灵、点燃学生情感为主的结束。

从思维方向上分，教学结束可分为认知型结束、发散型结束等。认知型结束也称封闭型结束，是把学生的注意力集中到教学内容的重点、要点上的结束，往往对问题或教学内容进行归纳总结，对结论和要点做进一步的明确和强调。发散型结束也被称为开放型结束，这种结束往往出现在完成一个与其他学科、生活现象或后续课程联系比较密切的教学内容时，不局限于对教学内容要点的复习巩固，而是把所学的知识向其他方面延伸，以拓宽学生的知识面，引起浓厚的学习兴趣；或把前后知识联系起来，使学生的知识系统化。

从结束的主体上分，可分为教师结束、师生共同结束和学生结束。教师结束是由教师一人承担的结束。师生共同结束是由教师和学生共同参与结束过程的结束。学生结束是通过学生活动来结束教学的结束。

2. 结束技能的使用原则

(1)心理学原则

当代认知心理学家把结论的自然得出、学生对结论的心领神会作为课堂教学的目标。课堂教学临近结束时，学生处于较疲惫的状态，要实现课堂教学目标，教师就必须了解学生的心理状态，寻找其思维的兴奋点，用教学内容的科学性和教学语言的艺术性点燃学生的思想火花，使学生由疲惫状态转为兴奋状态，激发学生向更高更新知识领域探索的欲望，让学生获得心理上的满足，这就是结束的心理任务。要使结束完成这一任务，教师应从自己的心理特点与学生的心理特点等方面进行分析。

(2)教育学原则

教育学是一门研究教育现象、揭示教育规律的社会科学。有人认为教育学是最辩证、最灵活的一门科学，也是最复杂、最多样化的一门科学。教师只有掌握了这门科学，并把其原理和原则运用于教学结束中，不断探索结束技能自身的规律和原则，才能把课堂教学的结束变成一种艺术，从而更好地培养全面发展的高素质人才。

(3)新课程改革理念

《基础教育课程改革纲要(试行)》明确规定：改变课程实施过于强调接受学习、死记硬背、机械训练的现状，倡导学生主动参与、乐于探究、勤于动手，培养学生收集和处理信息的能力、获取新知识的能力、分析和解决问题的能力，以及交流与合作的能力。在设计结束方式时，教师要体现学生自主、师生合作、问题探究的新课程理念，并以新课改的理论为指导锻炼自己的结束技能。这对促进教师的专业发展、提高教师的教育教学能力、培养学生的学习能力有着积极的作用。

(4)使用原则

在应用结束技能时，教师要对整个教学过程进行全面思考，时间上做到及时恰当，内容上注意全盘规划、简练精要、前后呼应、充满趣味。教师在具体操作时应注意不要虎头蛇尾、画蛇添足、淡而无味、前后矛盾、延时拖堂。

(十一)教学技能的评价

1. 培养评价意识

评价有许多种形式。事实上，我们每天都会进行许多种评价活动，我们评价早餐、早上的交通状况、完成某件事情的可能性等，每一种评价活动都包含某种评价方式。

对各种活动，每个人的评价结果可能不同，可能有很大的差异，这是因为每个人的评价标准不同，使用的评价量表不同。

美国著名教育家弗朗德认为，没有评价就没有教育，没有科学的评价就没有富有成效的教育，没有先进技术参加的评价就没有现代化的教育。科学地进行教学技能评价是提高教师教学技能的重要保证。一般认为，教学评价是以现代教育教学理念为依据，运用现代教育评价理论，采用科学的评价标准和方法，对教学活动的状态和效果进行的价值判断过程。评价是教学过程中的重要一环。对教师来说，通过评价可以不断地改进教学的时效性。对学生而言，通过评价可以有效地指导自身学习，调整努力方向，提高学习成效。

教学评价应包括两项主要内容：一是对教与学的过程进行评价；二是对教与学的效果进行评价。对教学过程的评价主要指对教师课堂教学目标的设置、教学内容的安排、教学过程的设计、教学方法的选择和教学能力的体现等方面所做出的评价；对教学效果的评价则主要考查教师课堂教学各项目标的达成情况，学生对知识的理解、掌握、应用，学生学习的积极性，以及课堂氛围等方面。

2. 教学技能评价的类型

教学技能评价的类型有很多，从不同的角度和标准可以划分出不同的评价种类。在具体运用过程中，不同类型的评价有着不同的特点、内容和用途。根据教学评价在教学过程中发挥的不同作用，一般将教学技能评价分为终结性评价、形成性评价和诊断性评价。

3. 评价标准的制定

评价标准的确定是一个根本问题，标准是目标的体现，从不同的方面反映目标，涉及构成教学系统的各个要点。评价标准的设计包括要点的分解、要点的筛选、要点的检验和要点的权重。

二、微格教学实践

🎯 本节学习目标

通过本节的学习，了解微格教学的教学设计方法、程序和具体的案例编写规则，熟练掌握微格教学的实施过程和评价方法，提高在信息化环境中开展微格教学实践的能力。

微格教学有利于教师有计划地进行教学技能训练，时长一般为5—10分钟，要求受训教师教学目标清晰、适度、具体，教学方法得当、有效，时间分配科学，能合理反映各项技能，以帮助其掌握课堂教学技能、实现各种教学技能的融会贯通，最终增强其教学能力。

（一）微格教学教案

1.微格教学的教学设计

微格教学的教学设计是根据课堂教学和教学技能训练目标，运用系统方法分析教学问题和需要，制定解决教学问题的方案，并试行解决方案，评价运行结果，再对方案进行修改的过程。它以优化教学效果和训练教学技能为目的。微格教学的教学设计与一般的课堂教学设计既有联系又有区别。一般的课堂教学设计的对象是一个完整的单元课，而微格教学通常是比较简短的，教学内容只是一节课的一部分，便于对某种教学技能进行训练。

（1）微格教学的教学设计方法

教学设计经历了由经验设计方法、程序设计方法到系统设计方法的发展过程，目前这三种方法共存。微格教学训练使用的是系统设计方法。

系统设计方法以学习理论、教学理论和传播理论为基础，系统地研究、探索和规划教学过程中诸要素的联系与合理组合。它的目的是通过分析教学中的问题和需求，确定教学目的，安排教学步骤，选择适当的教学媒体，实践后进行评价分析以获得改进，使教学效果最优化。系统设计方法与传统设计方法的不同在于：系统设计方法以学生为主，以系统化的过程构建教学，而传统方法虽可能局部地、不自觉地运用某些系统化方式，但缺乏全盘考虑。教学设计不同于工程设计，它没有必须严格遵循的公式和定理。如果教师能从宏观和微观上准确地把握教学目的，充分考虑教学设计的要素并遵循一定的程序，那么经过一段时间的训练和实践后教师就能做好教学设计了。

（2）微格教学设计的程序

了解了系统设计方法及其要素后，教师还要知道具体的设计步骤。为了便于操作，设计步骤一般都以流程图的形式表示。微格教学设计与课堂教学设计没有本质上的不同，它们所遵从的理论、方法和程序完全一致。不同之处则有两点：一是微格教学设计是对一个教学片段的设计，除了要完成教学目标还要完成教学技能训练目标；二是微格教学的教学设计要便于教学技能训练。

（3）教案的编写

教案是教师备课、上课的依据，教师对教材内容进行钻研后才能形成教案。教案按结构可分为三段式、整体式、导入式；按形式可分为文字式、表格式、程序式。教案的编写一般分为七步：确定教材题目和进度，构思和编写课的内容，组织教法与学练法，安排课的各部分时间、各项内容的教学时间和练习次数，计划上课所需的场地、器材和用具，预计课的生理负荷和联系密度，设计课后小结。

2.微格教学教案的内容与要求

（1）教学目标

教学目标是师生所预期的通过教学活动实现的结果或达到的标准，是对学习者在教师教学后能做什么的一种明确的、具体的表述，主要描述学习者通过学习所产生的行为变化。微格教学的教学目标是微格教学教案的首项内容，教学目标的制定是备课的前提，制定教学目标要紧紧围绕微格教学的教材内容。在制定目标时受训教师容易出现两种错误：一是目标定得过大，不顾课堂的实际情况；二是制定的教学目标不细致、含糊。指导教师必须对受训教师教学目标的制定予以指导，帮助受训教师理解教学大纲，引导受训教师正确使用教学技能。

（2）教师的教学行为

教师的教学行为指受训教师在教学过程中的主要行为，包括板书、演示、讲授、提问等若干教学活动，这些都要被编写在微格教学教案中。受训教师对自己的教学行为要预先进行周密的设定，与教学时间栏相对应，以使教案更具有可行性。

（3）教师应掌握的技能要素

在教学过程中，受训教师的教学技能设计应具体、明确。在一节复杂的课堂教学中，教师的教学行为表现是多方面的，所使用的教学技能也有若干种类。受训教师在微格教学教案中应注明当前主要训练的技能要素。

（4）学生行为

这里的学生行为指受训教师在备课过程中预想的学生行为。学生的课堂行为主要有观察、回忆、回答、操作、活动等。教师在备课中对学生行为的预想是非常重要的。教师应考虑在上课过程中学生会有怎样的活动以及学生参与活动的各种行为的每一个细微之处。微格教学课时间紧凑，各个环节紧密衔接，受训教师的教学设计稍有不当就容易拖堂，影响授课任务的完成。

（5）需要准备的教学媒体

受训教师在教案中应注明要使用的教学媒体，以便课前做好相应准备。

（6）时间分配

对每个知识点需要的时间受训教师都应在教案中注明，在微格教学中须严格控制教学过程中每一个环节的时间，切忌拖堂。

（7）板书设计

在板书设计方面，受训教师需要理清问题线索，摘出内容概要，提示教材的重点和难点。

3. 微格教学教案的审阅和批改

受训教师写好微格教学教案后，指导教师要进行审阅和批改。指导教师关注的内容有以下几点。

（1）是否正确识别教学技能

有的受训教师由于不能识别应掌握的技能，造成上课时出现盲目性，使教学技能训练达不到预期效果。这种现象非常容易出现，指导教师应予以特别重视。

(2)是否明确课堂评价内容

受训教师若具有评价意识，上课时就能做到心中有标准。评价意识还有助于受训教师提高编写教案的质量，帮助其在上课后对教案进行修改，使其做到自我监控。

(3)是否重视对教案设计的研讨和分析

编写教案不是走过场，教案对教师的教学行为具有约束力。制定教案的每一步都应有科学的依据，所以受训教师必须明确编写教案的每一个细节要求，做到心中有数。

(4)是否注重实效性

微格教学的特点在于"微"，所谓注重实效性指教案的编写不要贪多、贪大、求全。也就是说，受训教师应把握教学过程的整体性与阶段性。微格教学讲授的是一小部分内容，它只是教学过程中的一个小片段。受训教师编写教案时还要把握讲授知识的完整性与掌握知识的局限性。微格教学只能完成一个小阶段的教学目标，某些知识目标是无法通过微格教学完成的，比如对中心思想只有讲完全文才能归纳出来，对某一重点词有时需要联系前后文才能讲透。受训教师只有抓住上述特点设计教案，才能使微格教学训练趋于科学、合理。

下面展示一个微格教学的教案，此微格教学是为了训练教师的导入技能。

科目：小学语文
选题：小壁虎借尾巴
教学目标：知道本课的学习目标，明确学习思路。

时间	教学行为	技能要素	学生行为	教学意图
0分0秒	情境导入，激发兴趣。 出示小壁虎图片。 "快和它打个招呼。""小壁虎要考考同学们词语掌握得怎么样，你们敢接受挑战吗?"	吸引兴趣。	打招呼："小壁虎你好！" "敢！"	以本课的主人公"小壁虎"形象导入新课，激发学生的学习兴趣。
0分10秒	PPT出示词语：壁虎、挣断、掌握、借尾巴、告别、泼水、蚊蝇、难看。 "读读这两个词：难过、高兴。""你有难过和高兴的时候吗?""课文中说的是谁难过，谁高兴?"	回忆。 肯定。 建立联系。	读词语。 结合生活实际讲述让自己难过和高兴的事情。	通过联想，理解难过、高兴的意思，知道这是两个描写心情的词语。
1分30秒	深入课文，了解内容。 质疑导读。 板书课题：小壁虎借尾巴。	质疑。 形成假设		引导学生提出问题，
3分30秒	"想一想，通过读课题，你想知道什么?" "我们怎样学习解决这些问题呢?"	诱导。	预设：小壁虎为什么要去借尾巴？小壁虎向谁借尾巴？借到了没有?	进行预读假设，梳理问题，培养学生质疑探究的能力。

续表

时间	教学行为	技能要素	学生行为	教学意图
4分	"通过读书，你发现小壁虎遇到了什么难题？"	探究学法。		指导学法，探寻提问，了解学情。明确学习目标。
6分30秒	合作学习，解决问题。			
	"小壁虎想去借一条尾巴，怎样借？"	概括。		
8分30秒	"借到没有？""为什么没借到？""你和同学一起合作学习好不好？"	台阶式提问。	和同学合作交流。思考问题。带着问题读课文，边读边思考。	根据梳理的思路进入阅读环节。
10分30秒	合作学习3—5自然段。			
	……	……	……	……

（二）微格教学的实施

微格教学的实施过程是以现代学习理论、教学理论、现代教育技术理论以及系统科学理论为指导，对教师教学技能进行模拟训练的实践活动。它是一项细致的工作。要有效地提高教师的教学技能，关键是要在具体微格教学实践中把握好学习相关知识、确定训练目标、观摩示范、分析与讨论、编写教案、角色扮演训练等环节，各环节环环相扣、联系密切。受训教师应根据自身实际情况，落实每一个实施环节。

1. 学习相关知识

微格教学的实践和发展融入了很多教育观念、教育思想和方法，如布鲁姆的教育目标分类学及掌握学习法、弗兰德斯的师生相互作用分析理论、爱伦的"双循环式"理论和布朗的"单循环式"理论等。微格教学活动是一种新式实践活动，有深厚的理论基础，学习和研究新的教学理论对实施微格教学来说是十分必要的。在实施微格教学之前受训教师应学习与教学目标、教学技能、教学设计等相关的内容，通过理论学习形成一定的认知结构，帮助以后观察学习内容的同化与顺应，提高学习信息的可感受性及传输效率，从而促进学习的迁移。在学习相关教学理论知识时，指导教师以班为单位做启发式报告，受训教师的讨论和实践则以小组为单位，每组6—8人，最好是由同一层次的受训教师组成。指导教师要帮助小组成员尽快相互了解，对所研讨的问题有共同语言，彼此成为学习伙伴。

2. 确定训练目标

在进行微格教学之前，指导教师首先应该向受训教师讲清楚本次教学技能训练的具体目标、要求，以及该教学技能的类型、作用、功能、典型事例、运用的一般原则、使用方法及注意事项。

3. 观摩示范

为了增强受训教师对所训练技能的形象感知，指导教师需提供生动、形象和规范的微格教学示范录像片段或进行现场示范，如有可能，可配合音像资料提供相应的文字资料，以使受训教师对教学技能有一个理性的把握。

(1)有针对性地选择教学示范录像片段

选择的示范录像可以是优秀的典型案例，也可以是反面教材，但应以正面示范为主。示范录像的选择一般要遵循两个原则：一是水平高，二是针对性强。示范的水平越高，受训教师的起点就越高；针对性越强，该技能的展现就越具体、越典型。

(2)有目的地观摩教学示范录像片段

在观看示范录像片段时，指导教师应根据实际情况提出具体要求，明确目标、突出重点，给予必要的提示与指导。指导教师在提示时要简明扼要，不可太频繁，以免影响受训教师的观察和思考；要注意培养受训教师勤于观察、善于观察的能力以及吸收、消化他人教学经验的能力。观看录像后小组成员经过讨论分析取得共识，不仅获得了理论知识，对教学技能也有了初步感知。

4. 分析与讨论

在受训教师观摩示范录像片段或现场示范后，指导教师应组织其进行课堂讨论，分析示范教学的成功之处及存在的问题，并就"假使我来教，会如何应用此教学技能"这一问题展开讨论。

(1)谈观后感，找出差距

受训教师谈谈自己的观后感，讨论哪些方面值得学习，并对照示范反思自己的教学，找出存在的差距。受训的师范生应注重观后感的交流，受训的在职教师应注重找差距。

(2)集体讨论

受训教师有重点地交换各自的意见，在需学习、训练的方面达成共识。指导教师也要参加讨论，有针对性地进行指导。

(3)要点模仿

示范的目的是让受训教师模仿合适的行为，许多复杂的社会行为往往能通过模仿习得。这里的模仿指在指导教师的指导下受训教师进行重点模仿。此外，指导教师的亲自示范或反面案例也会对受训教师理解教学技能起到十分重要的作用。

受训教师通过交流沟通、集思广益，讨论分析出应用教学技能的最佳方案，为下一步编写教案做好准备。

5. 编写教案

当确定好要训练的教学技能和教学目标后，受训教师就要根据教学目标、教学内容、教学对象、教学条件进行教学设计，选择合适的教学媒体，编写详细的教案。教案应说明对该教学技能应用的构想，还要注明教师的教学行为、时间分配、可能出现的学生学习行为及对策。

6. 角色扮演训练

角色扮演是微格教学的重要环节，是受训教师训练教学技能的具体教学实践过程，即受训教师走上讲台，扮演教师角色，其他受训教师扮演学生角色，进行模拟教学。这改变了传统的教师讲、学生听的教学模式，给予受训教师充分的实践机会，从而使教师的职业技能走上一个新的台阶。

在角色扮演过程中，任何人不要打断教学，让受训教师自己处理教学中的"麻烦"，技术人员在拍摄过程中不能对教师提出约束条件。

对教学技能的训练必须通过真实的实践练习，否则就难以形成技能。微格教学中的角色扮演训练为受训教师（特别是师范生）提供了上讲台的机会，使他们能把备课时的设想和对单项技能的理解通过自己的实践表现出来，同时进行录像。受训教师由被动变为主动，充分发挥了主体作用，这体现了微格教学的优势。

在微格教学活动中，"教师"由受训教师轮流担任，其他受训教师扮演"学生"。讲课时间视教学技能的要求而定，一般为 5—10 分钟。微格教学实践应该注意以下四个方面。

第一，在角色扮演前，指导教师要向受训教师说明有关角色扮演的规定，受训教师要对自己的授课做简短说明，以明确教学技能目标，阐明自己的教学设计意图。

第二，除了"教师"和"学生"外，应减少模拟课堂上无关人员的出现，缓解受训教师面对摄像机镜头时的紧张情绪。

第三，"教师"要使自己置身于课堂教学的真实情景中，按照教案有计划、有控制地进行教学实践活动，训练教学技能。

第四，"学生"要充分表现学生的特点，自觉进入特定情景；有时也可以扮演常答错题的学生，以培养"教师"的应变能力。"学生"最好是"教师"平时的学习伙伴，使初登讲台的"教师"有安全感。

(三)微格教学评价

微格教学评价是一种促进教师专业发展的教师评价方法，具有省时、省力、集中、直观、放松等特征，其操作过程包括设施准备、前期辅导、制定评价表、编写教案、上课录像、实施评价六个步骤。微格教学评价体现的优点有评价目标相对集中，评价主体多元化，评价反馈全面、及时、准确，评价效果显著，等等。

自微格教学产生至今，对其评价标准的研究一直在进行。因时间不同、背景不同、培训对象不同，已有的微格教学评价标准也多种多样。从目前看，建立一个有效的、公认的微格教学评价标准仍是一个难题，原因在于：一方面，微格教学本身是门艺术，对其水平高低的判断不仅涉及受训教师外显的教学行为，也涉及受训教师内隐的教学理念，这就给微格教学目标的确定增加了难度；另一方面，尽管微格教学已有近 60 年的历史，但其理论研究有待于进一步深入，如对评价内容、评价方法等的研究，这些都涉及微格教学评价的客观性、实效性。如今微格教学评价多是跟着感觉走的，缺乏科学、有效的衡量标准。因此，建立一个科学、可行的微格教学评价标准是首先要解决的问题。

微格教学评价标准应如何设计呢？一个合适的微格教学评价标准有助于受训教师的发展，对受训教师有一种方向性、目标性作用，且可行、易操作。由于教学行为具有复杂性，微格教学评价标准的设计也多种多样、各有千秋。各种标准的形式多为量化评价指标体系，主要包括指标等级和标准描述。

1. 评价的性质

教学评价是依据教学目标，对学生和教师的教育活动进行系统测量，评定其价值和优缺点以求改进的过程。微格教学评价是在活动过程中进行的教学评价，用以调节活动的过程，是为确保教学目标实现而进行的形成性评价。这种评价要求被评价者及时获得反馈信息，适时地调节控制，以缩小过程与目标的差距。微格教学评价是动态的，是一种即时评价。

要做好微格教学评价工作，首先要做好微格教学实践的安排，评价者在听课时要注意观察；其次要制定评价的标准（指标），使评价者有基本依据，明确主要对哪些方面进行评价，使定性与定量评价结合起来。定性评价能对教学的整体性质给予评判，分析所犯错误的类型；定量评价能对教学技能的各个指标给出量化的分数。定性评价与定量评价相结合，不仅能对各种关系进行分析，而且能在量上做出准确判断。微格教学评价能产生以下积极意义。

（1）提高受训教师的教学能力

微格教学评价可以给出受训教师是否掌握某项技能的证据，以便指导教师及时指导。同时，通过评价可以让受训教师看到自己的成绩和不足，使好的地方得到强化，缺点和错误得到纠正。评价过程将各项教学技能的理论和实践科学地结合起来，从而帮助受训教师更好地提高课堂教学技能。

（2）加强对教学技能的交流与认识

微格教学的组织形式使指导教师和受训教师成为研究教学技能的伙伴，每位成员都可以坦率地提出意见，互相取长补短。微格教学评价为受训教师本人提供了充分的发言权，这与传统的评课是不同的，这种评价既不是仅关注打分，也不是仅关注教学实践成绩的高低，而是在整个评价过程中发挥集体的智慧，对提高课堂教学技能起到重要作用。

（3）改革和发展现代课堂教学

随着科技的进步、教育改革的深化，在微格教学中教师可以采用新理论、新方法来钻研新教材，运用新的课堂教学技能。通过微格教学评价过程，受训教师可充分运用来自各方面的反馈信息，其中新的元素能激发受训教师的学习热情与动力。同时，微格教学评价目标的制定体现了方向性和客观性，通过评价目标、评价体系的指引，受训教师的意识、技能和素质可以在原有基础上得到提高，适应教育改革的新形势，加快现代课堂教学的改革和发展。

2. 微格教学评价指标体系的制定

微格教学是以培养和提高受训教师的教学技能为中心的教学活动。评价反馈着眼于受训教师技能和行为的生成、发展及调整，它以提高受训教师对自我教学思维和教学行为的认识水平为目标，注重受训教师的技术行为感知、技术行为原理以及思维与行为的协同和沟通。微格教学评价指标体系根据这一目标，依照真实教学情景中教师的实际行为及各学科教学的要求，确定受训教师与指导教师视角下的参照常数，并尽可能地对主要项目予以明确的规定和描述，使之成为具体的、行为化的、可测的和可操作性强的评价反馈指标，并依据这些指标判断教学技能训练的目标是否达成、受训教师的通过率是多少以及某项技能行为指标是否具有实际价值等。建立一个科学合理的微格教学评价指标体系是十分必要的，它不仅有利于促进微格教学的深入发展，而且有利于教师教学思维的发展和创新能力的培养，更有利于培养适应现代课堂教学的新型教师。

（1）微格教学评价指标体系的设计原则

微格教学评价指标体系的构建应充分考虑以下几项基本原则。

①目标性原则。微格教学是一种微型教学技能培训，各项培训目标必须十分明确。不论教学技能是如何划分的，各项技能的评价标准都应服务于培养新型教师这一总目标。评价项目的组成、指标内容、权重反映了教学技能的主要组成要素、教学行为应满足的要求及其在相应教学技能中的地位和重要程度，也反映了受训教师在训练中应达到的目标和努力的方向。评价指标体系有一种方向性作用。项目指标的制定要按照不同学科的要求，针对技能训练的特点，全面考虑项目的组成、指标内容、权重等以充分发挥评价指标的方向性作用。受训教师通过评价指标可明确对每一项教学技能的要求，并将其作为参照标准在备课、反馈、自我评价、相互评价时使用。

②发展性原则。微格教学评价属于形成性评价，其根本目的在于促进受训教师教学能力的提高和发展。评价侧重于分析诊断"角色扮演"中存在的问题，及时反馈、及时调节。因此，评价指标的制定不应追求统一模式，要鼓励多样化，对不同的受训教师可采用不同的训练方式，允许受训教师对已有的模式加以改变，加入个人的理解，并形成适合个人特点的独特风格。对评价项目指标、达标水平的描述应注重受训教师

教学思维的发展和创新能力的培养。

③整体性原则。从系统科学理论的角度看，微格教学作为一个系统具有整体性特征，它并不是通过各种教学技能简单地叠加或无序地组合而形成的。在实际课堂教学中，教师的各种教学技能并不是独立的，而是以综合的教学能力的形式表现在具体的教学过程中的。评价指标体系的构建既不能偏废某项教学技能，又要注意各种教学技能之间的逻辑关系，技能的划分和行为的指标不能绝对独立地存在。制定板块培训项目评价指标也是一种选择。评价指标体系应涵盖有关综合教学技能的评价项目，受训教师在掌握了单项技能后还要接受适当的综合技能训练，这样才能发挥训练的实际作用，真正缩短教师的"入门期"。

④定性与定量相结合原则。定性评价是针对受训教师在"角色扮演"中所表现出来的特点和个性，依据重点反馈的原则给出评价意见，指出可取和不足之处并阐明理由的评价。定量评价则是制定出具体指标等级水平并进行打分的评价。微格教学评价指标体系应体现定性与定量评价相结合的原则。为使评价便于操作，定量部分往往采用评价量化表。

⑤突出学科专业特点原则。由于各学科专业知识不同，教学技能的划分、评价标准和评价项目指标也有所不同，尤其是职业教育及音、体、美等专业。这就要求评价体系的构建充分考虑各学科专业知识的不同特点，把握共性，突出个性，制定出不同学科专业的评价标准和评价量化表。

（2）微格教学评价指标体系的设计方法

①评价指标体系的设计步骤：一般为划分教学技能项目，明确各项目的训练目标，编制各项目评价标准和评价量化表，试用与修改评价标准及评价量化表。

②评价指标体系的设计要求：根据学科专业的特点将教学技能划分为教学基本技能、过程技能和其他技能，构建评价体系框架；然后选择词汇或短语描述不同标准的等级指标，描述应简明，标准等级数目和标准描述条目要少，每个条目注重的技能特征不同，重点放在促进教学能力的生成和发展上；在实际操作中只测量那些可测量的技能类别，并依据试用情况做出修改。

③评价指标体系标准的构成：包括技能项目、各级达标水平、达标水平的指标、标准描述等；在评价指标体系中，评价标准是核心，它给出的是每一级别的标准、相应的能力水平及对能力表现的最低要求，通过等级指标给出关于如何改进的信息；编制和使用评价标准且使受训教师和指导教师明确级别标准，可以降低指导教师对教学评价的主观性，促进课程和教学法的改进。

④评价指标体系量化表的构成：包括技能项目、各级指标内容、权重、成绩、评价意见；评价量化表是评价学习过程的评价工具，通过评价指标内容使受训教师明确各项技能达标的具体要求，采用不同的等级描述教学技能水平，并通过评价意见提供

关于如何改进教学的信息。

⑤评价指标体系的完善：依据对评价标准和评价量化表试用情况的分析，发现评价指标体系内部的优点与缺点，以在具体技能培训过程中扬长避短，使评价指标体系更科学有效、可操作性更强。

3. 微格教学评价标准要处理好的关系

(1)外显行为与内在理念的关系

由于微格教学评价最早用于对教学技能训练效果的诊断上，因而微格教学的评价标准往往关注受训教师的外显行为，如教学方法、教学技能等，而忽视对影响受训教师教学方法选择的内在理念的分析。随着教育改革的深入与发展，人们逐渐认识到教师的教育观念和教育教学理论水平对教学效能的重要影响。教师外显教学行为的背后是其头脑中的"缄默知识"，即教学理念与思想。因此，微格教学评价标准不仅要反映受训教师教学的外显行为，还要反映受训教师的教学理念，如对于受训教师在教学中采用的某种教学方法，除了关注其方法的规范性，还应考虑其为什么会选择这样的教学方法、要达到什么目标等。微格教学评价标准要很好地处理外显行为与内在理念的关系；内在理念是基础，外显行为是表现，在关注受训教师外显行为的同时也应关注其深层次的含义；既重视外显行为的观察，又重视内在理念的表述，使受训者展现出来的每一个教学行为都有明确的理念依据。外在行为易观察、判断，内在的理念隐蔽性强、不易量化，这就涉及评价的方法问题。

(2)定量评价与定性评价的关系

关于定量评价与定性评价的争论在教学评价研究中由来已久。目前人们比较一致的观点是要在教学评价中努力实现定量评价与定性评价的结合，但在实际操作中教学评价还是以定量为主，将评价指标具体为量化的评价指标体系，再加上一定的评语描述。评价标准的整体设计采用的是设立标准、确定权重的定量评价标准建立模式，其中权重代表教学技能的主要组成要素和对教学行为的目标要求在教学技能中应有的地位和重要程度。这种以定量评价为主的教学评价标准遵循了"在标准面前人人平等"的原则，分数的形式增强了评价的客观性和公正性。然而，通过对评价过程进行分析，我们会发现这种评价标准有其局限性。教学行为是与教材、学生紧密联系的，把教学行为分隔成几个部分的方式只能对一个人教学技能的运用技巧和熟练程度进行考核，很难反映出一个人的整体教学水平和理解教材的能力，评价结果往往忽视了人的丰富文化内涵。其后果是受训教师过于注重教学表层行为的规范性和技术性，而对教学深层次的内容缺少考虑。这并不是说微格教学的评价不需要分类、量化，而是说要根据评价目标来做出决定。如果评价目标是进行成果性的分等定级，量化评价便是有效的方式；如果评价目标是找到教学训练过程中的问题、促进受训教师教学能力的发展，评价则需要纳入定性评价。需要注意的是，定性评价不是评价者的主观意念的体现，定性评价描述应准确、科学，让受训教师心中有数，有明确的努力方向。

（3）教学技能与教学模式设计能力的关系

微格教学评价是侧重于教学技能的评价，还是侧重于教学模式设计能力的评价？这涉及评价的目的是促进受训教师生存能力的培养还是促进其可持续发展能力的培养这一问题。毫无疑问，培养教师的基本生存技能是必要的，但局限于此是远远不够的。过于强调技能训练易使受训教师只会按部就班地传递、复述现有知识，以能达到基本胜任的标准为努力方向，其劳动模仿性、重复性强，缺乏创造性。这使得教师整体素质较低，很少对自己的教学行为、教学方法、教学方案进行思考分析，缺乏整体把握教学的能力和设计体现现代教育思想的教学操作模式的创新能力。显然，这种状况必须改变。教学技能固然重要，但它只是担任教师的外在行为要求，而教学模式的设计则需要深层次的探究，需要教师对教育思想、教育观念有深刻体会，对教学目标、教材有透彻理解。教学模式设计的过程实际上是教师内在教育思想的反映，是教师劳动创造的过程。从这个意义上说，具备教学模式设计能力对教师的可持续发展更有意义。

4. 微格教学评价的实施过程

微格教学是以培养和提高受训教师的教学技能为中心的教学活动。在这种活动中，教学技能的获得和提高可分为学习技能、观察技能、练习技能、评价技能、改进技能五个阶段。在这种教学技能的学习和获得的动态过程中，教学技能评价起着非常重要的作用。微格教学评价是以受训教师的教学技能为对象的评价，是在训练过程中进行的，并发挥其在过程中的形成性作用。

在微格教学这种教学技能习得的动态过程中，评价起着极其重要的作用。为使微格教学确有成效，受训教师需要获得反复观看自身教学行为的机会。微格教学评价主要通过重放录像、自我分析、讨论评价等方式进行。而对于具体实施情况如何、效果怎样，只有少数研究者在研究教学能力训练模式时有过粗略的调查。从他们的研究结果可知，目前微格教学评价多以指导教师评价和受训教师面对面的评价为主，人数多，设备有限，受训教师没有机会反复观看自己的教学录像，不能对自己进行全面系统的反思，从而影响微格教学的效果。那么受训教师对现行微格教学评价的总体看法如何？受训教师对微格教学评价的准备工作有何要求？对评价的具体形式有怎样的想法？在反思方面有何意见？随着信息技术的发展，微格教学评价能否依托新的技术产生新的评价形式，以更好地适应微格教学的需要？这些问题应被进一步探究讨论。

（1）在微格教学中进行评价与记录，收集信息资料

在进行微格教学时，指导教师、听课教师和其他受训教师担任评价员。按照事先说明的评价标准，每位评价员利用评价单上的测量内容及等级评定标准进行评价并记录，同时用录像手段将讲课的过程录下来。如果还要对微格教学中"学生"的参与活动进行评价，则可另请一位受训教师或指导教师应用相应的评价量表进行记录，以便分

析时使用。

（2）评价信息资料的统计处理

记录好的评价信息要被统计处理。例如，有 10 人参与评价，对"提问的主题明确，与课题内容联系密切"一项，评"好"的有 2 人，占总人数的 20％；评"中等"的有 6 人，占总人数的 60％；评"差"的有 2 人，占总人数的 20％；这一评价项目各等级的比例被分别填入统计表。

5. 微格教学中的反馈

反馈是控制系统的基本方法和过程。将控制系统产生的作用、结果送回系统，并对信息的再输出产生影响，以起到控制作用、达到预期目的，这一信息传递过程就被称为反馈。教学过程就是一个控制系统，人类的学习就是一个反馈过程。反馈体现在教学上是师生之间相互沟通、相互作用、信息往返的过程。教师通过反馈既可以了解学生对教学内容的态度、评价、愿望和要求，也可以有针对性地调节教学进度、教学方法和知识的深浅程度。学生可以通过自己的表情、姿态或语言等比较及时、直接、集中、明显地对教学做出反应，并实时获得教师对自己反应的评价，从而建构清晰且准确的知识。

（1）反馈的条件和意义

教学过程是一个系统的动态过程。要使这个系统有序运转，朝向一定的目标前进，就必须使之不断地得到反馈信息，进行有目的的控制。反馈是系统控制不可缺少的信息传递过程，要想知道一个系统的现实状态和发展的可能性，就要知道对其控制的结果，不知道结果的控制是盲目的控制，盲目的控制是很危险的。

教学中的反馈可以有效地强化动机，促进行为的改善。反馈的效益主要来自强化。一般学科教学的试讲活动是在事后进行评定的，反馈环节很薄弱，控制调节作用较小，达不到强化的效果。微格教学中的反馈弥补了传统试讲活动的不足，它借助录像，采用自评、互评、点评相结合的方式，对受训教师进行真实的、及时的反馈，从而很好地发挥反馈的控制调节作用，强化效果更好。微格教学中的反馈多是及时反馈，信息量很大。在受训教师实践教学技能后，指导教师立即重放录像，给受训教师提供自我观察教学过程和分析自己教学行为的机会，让受训教师能够找出自己的优缺点，进行及时修正。通过反馈，受训教师获得大量信息，使自己的教学技能得以提高。

（2）反馈的方式

反馈的方式按时间可分为及时反馈、短时反馈和长时反馈。微格教学采用的是及时反馈或短时反馈，以充分发挥评价的改进功能，做到及时调整和矫正。受训教师角色扮演结束后，指导教师要对评价单进行及时处理，并组织观看受训教师的录像，组织讨论和及时评价。

反馈的方式按信息来源可分为自我反馈和他人反馈。微格教学把他人反馈和自我反馈相结合，有效地改进教学行为。对微格教学中的受训教师来说，自己通过观看录像或听录音接受关于自身教学行为的信息反馈，这便是进行自我反馈。受训教师观看自己的授课录像后，先自己分析教学技能的优缺点，然后再大家共同讨论。这种自我反馈可产生较强的信息刺激，对矫正错误非常有效。受训教师要重视自我评价反馈。来自指导教师和其他受训教师的反馈则是他人反馈。一般来说，先给予恰当的表扬能使被评价者容易接受之后的批评并建立自信。他人评价的分析要充分，以正面评价为主，充分肯定优点，并恰当地指出不足，提出改进建议。同时，指导教师可以把定量评价单的评价结果发给被评价者(一般不向全体受训教师公布)，使定性评价与定量评价相结合，再结合录像和讨论中他人的发言，被评价者更易对评价感到心悦诚服。来自同行(受训教师和指导教师)的信息反馈和建设性意见可以帮助受训教师修改教学设计与教案，再录课，再观看录像，再评价，从而使评价反馈起到改进和提高教学技能的作用。这种教学技能的获得和提高是螺旋式上升的，体现了教学评价的动态特性和循环模式，这也是微格教学的重要特点之一，它使教学技能的获得和提高迅速且有效。

6. 反馈应注意的问题

(1)加强组织，用好录像

在反馈评价中，指导老师要给予恰当的组织和安排，被评价者通过录像观察审视自己的教学行为，根据自己确定的目标找出教学中存在的问题，进行自我分析、自我反馈。与此同时，评价人员(包括指导教师)要根据录像提供的信息，按照一定的评价要求，定性定量地分析被评价者的教学行为，以他人反馈的方式给被评价者提供大量的反馈信息。在这个过程中，被评价者获得了有效改进教学的意见，其他受训教师也提高了评价能力和鉴赏水平，指导教师则掌握了受训教师的训练情况。

(2)反馈意见要具体、集中、可行

微格教学强调具体、集中的反馈，并且反馈应能立即得到利用。评价人员可根据"2+2"教学指导法，即对每个被评价者一般一次只提出两条赞扬性意见和两条改进性意见。这样做的目的在于使评价者和被评价者把注意力集中在最重要、最需要改进的方面，从而使评价针对性强、重点突出，有利于被评价者抓住关键，诊断和改进自己的教学行为。

(3)选用恰当的反馈形式

评价反馈的信息对被评价者来说是个极为敏感的问题。被评价者的自信、自尊和情绪都会受到评价反馈的影响。简单的否定可能会使被评价者的自信心动摇、情绪不稳定，甚至产生消极的心理和行为。因此，评价者要注意选择恰当的反馈方式，防止被评价者感到焦虑，如多采用启发式，引导被评价者进行自我客观认识；或将讨论作为反馈方式，避免被评价者过分关心分数；还可采用小范围的反馈，将评价分数、直方图结果和相互作用分析的结论在讨论时交给被评价者本人，防止否定性的评价结果扩散。

总结

本章小结

　　教学技能指教师运用已有的教学理论知识通过练习而形成的稳固、复杂的教学行为系统。它既包括在教学理论的基础上按照一定方式进行反复练习或通过模仿而形成的初级教学技能，也包括在教学理论的基础上经多次练习而形成的、达到自动化水平的高级教学技能即教学技巧。教学技能是教师必备的教育教学技巧，它对取得良好的教学效果、实现教学的创新具有积极作用。教学技能是教师个人职业品格和专业修养的表征，是教学能力的重要标志。每一位教师要想形成自己的教学风格，实现艺术化教学，就必须遵循教学技能发展的规律，在熟练掌握教学技能的基础上不断探索、不断创新。

　　本章系统地阐述了课堂教学技能中的导入、强化、语言沟通、提问、讲解、媒体运用、观察、学习支架建构、组织教学、结束十大技能，具体介绍了各种技能的类型和实施策略，并阐释了对教学技能的评价；详细分析了微格教学的教案、实施过程和评价方法。

Aa 关键术语

中文术语	英文翻译	中文解释
课堂教学技能	Classroom Teaching Skills	指教师运用已有的教学理论知识通过练习而形成的稳固、复杂的教学行为系统，是与学习者进行信息传递和交流的一种社会活动
微格教学	Microteaching	一种利用现代化教学技术手段来培训师范生和在职教师教学技能的系统方法。美国教育学博士德瓦埃·特·爱伦认为微格教学是"一个缩小了的、可控制的教学环境，它使准备成为或已经是教师的人有可能集中掌握某一特定的教学技能和教学内容"。

🔗 章节链接

这一章的内容	其他章节中有相关讨论的部分
微格教学	第三章"微格教学系统"部分。

应用

批判性思考

教育信息化的核心内容是教学信息化。教学是教育领域的中心工作，教学信息化就是要使教学手段科技化、教育传播信息化、教学方式现代化。教育信息化要求教育过程较全面地利用以计算机、多媒体和网络通信为基础的现代信息技术，促进教育改革，从而适应信息化社会提出的新要求。有人认为在教育信息化的大背景下技术可以代替教师完成许多工作，课堂教学技能不再像传统教学模式中那样重要，对此你怎么看？

体验练习

【思考与练习】

1. 课堂教学技能分为哪几种类型？

2. 导入技能的构成要素有哪些？

3. 强化技能的应用要点有哪些？

4. 简述语言沟通技能的策略。

5. 简述微格教学教案编写的内容与要求。

6. 简述如何评价一堂微格教学课。

7. 一个好的微格教学设计是怎样的？

8. 思考微格教学和微课的区别与联系。

【实践环节】

实践主题：微格教学实施与评价

1. 实践目的

(1)掌握微格教学实施的步骤和注意事项。

(2)熟悉微格教学的评价方法。

2. 实践内容

每个小组以 5—7 人为宜，选出一名小组长，具体的教学实践以小组为单位开展。小组的微格教学案例设计在角色扮演前一星期上交给教师，以便教师进行有效检查。各小组按照技能分析示范、微格教学设计、角色扮演实录、回放观摩录像、评议反馈教学、反思总结经验等流程完成实践。

3. 实践要求

(1)自行分组，每个小组推选一位代表进行汇报发言，其他小组进行评论。

（2）微格教学教案要明确教学目的、安排教学过程、选择教学方法。

（3）在角色扮演中，"老师"和"学生"由接受微格教学训练的同一小组成员扮演。

（4）受训者先讲述自己教学设计的基本思路以及观看录像后自己发现的优缺点，然后由其他组员提出赞扬性意见和改进性意见，最后由指导教师评价。完成这一过程后，听课的组员按照评价表打分。

案例研究

阅读并分析以下材料——"第五届全国师范院校师范生教学技能竞赛"的规则选摘，思考以下问题。

1. 一名合格的教师应该具备哪些能力和素质？

2. 信息技术手段如何支持教师课堂教学技能水平的提升？

第五届全国师范院校师范生教学技能竞赛（选摘）①

Ⅰ. 比赛形式与内容

比赛分为预赛和决赛两个部分。

ⅰ. 预赛

各校根据决赛的内容和要求进行校内预赛，选拔出参加决赛的选手。

ⅱ. 决赛

决赛包括教学设计、课件制作、模拟上课/板书、即席讲演四大内容。

教学设计：选手根据比赛现场抽取的教材内容，按照课程标准进行 1 课时的教学设计，总分 25 分。

课件制作：选手根据比赛现场抽取的教材内容，在机房制作 1 课时的课件 1 个。机房提供常见素材、软件及教材内容电子版，总分 15 分。

模拟上课/板书：选手根据自己的教学设计，运用自己制作的课件，在微格教室选取核心内容进行模拟上课/板书，教室内有相同专业的大一学生扮演学生配合上课，总分 45 分。

即席讲演：选手根据比赛现场抽取的题目选择 1 题（2 选 1）进行即席讲演，讲演题目主要为与学科教学相关的案例分析，总分 15 分。

其中教学设计、课件制作、模拟上课/板书采用同一教材内容。整个比赛具体流程与要求如下。

---

① 《第五届全国师范院校师范生教学技能竞赛》，http://yjsb.zjnu.edu.cn/2017/0601/c7279a177898/page.htm，2019-01-17。

环节 1：在机房根据现场抽取的教材内容进行 1 课时的教学设计和课件制作，时间为 150 分钟。建议教学设计用时 90 分钟，课件制作用时 60 分钟，时间可打通使用。

环节 2：即席讲演现场抽取题目，准备 5 分钟。

环节 3：在微格教室进行即席讲演和模拟上课/板书，即席讲演 2—3 分钟；模拟上课/板书为运用机房完成的教学设计和课件进行模拟上课/板书，时间为 8 分钟；总时间为 13 分钟（含交接时间）。

决赛流程如下图所示。

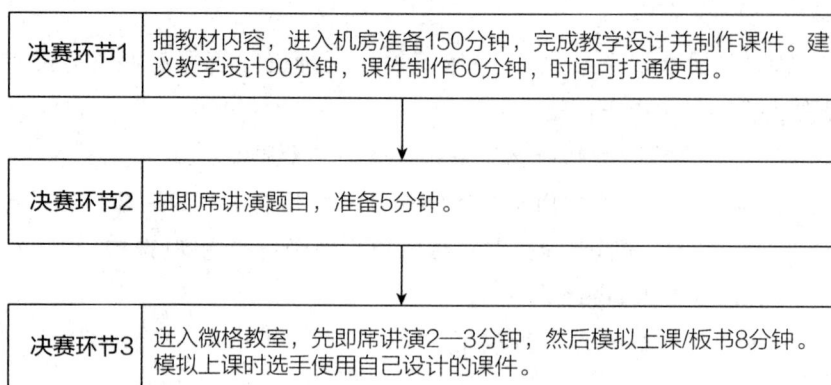

决赛环节1	抽教材内容，进入机房准备150分钟，完成教学设计并制作课件。建议教学设计90分钟，课件制作60分钟，时间可打通使用。

决赛环节2	抽即席讲演题目，准备5分钟。

决赛环节3	进入微格教室，先即席讲演2—3分钟，然后模拟上课/板书8分钟。模拟上课时选手使用自己设计的课件。

Ⅱ. 竞赛出题方式及评委

竞赛出题采用第三方封闭式出题方式，竞赛学段为高中，竞赛内容以课程标准为准，不指定教材。

每个竞赛组配备 5 名评委，其中 4 名评委从各校提供的评委专家库中抽取，1 名评委为中学一线教师或教研员。请各师范大学推荐 6 名高级职称的学科教学论专家作为教学设计、模拟上课/板书、即席讲演环节的评委专家库成员（每个专业 1 名），另推荐 1 名教育技术专业背景的专家作为课件制作环节评委专家库成员。评委专家要师德高尚，能公平公正地进行评审，在学科领域内具有较高造诣和较强影响力，身体健康，能胜任长时间的评审工作。

Ⅲ. 微格教室及机房软件环境

微格教室环境：多媒体计算机、黑板、投影幕布、A4 白纸、尺规、粉笔（彩色和白色）、黑板吸铁石、激光教鞭、剪刀。另外教室内安排 4—8 名大一学生扮演学生配合课堂教学。

机房软件环境：Windows 7、Office 2010（含 Word、Excel、PowerPoint）、Flash CS、ACDSee Pro、Photoshop CS、几何画板 5、Dreamweaver CS、MindManager 2012、Acrobat。输入法包括：搜狗拼音输入法、微软拼音 2010、搜狗五笔输入法、万能五笔输入法、智能 ABC 输入法。

拓展

☕ 补充资料

1. 周晓庆，王树斌，贺宝勋. 教师课堂教学技能与微格训练［M］. 北京：科学出版社，2013.

该书介绍了微格教学的概念、特点、作用和实践要求，分析了微格教学系统，对微格教学的核心内容进行了详细和深入的阐述。该书遵循教师的成长规律，适应高等院校师范专业教育课程的改革趋势，适合我国基础教育改革对有目的、有计划地训练和提高师范生或在职教师的课堂教学技能的要求，重点对师范生各种教学技能进行专项训练，最后通过评价与反馈达到巩固和提高的目的。

2. 黄宇星，中小学信息技术微格教学教程［M］. 厦门：厦门大学出版社，2014.

该书以心理学、教育学、教学技术学、课程与教学论的理论知识为基础，紧密结合我国信息技术课程的课堂教学实际情况，在参考了有关微格教学及教育技术研究资料的基础上，根据教育技术教学的特点，对信息技术微格教学的概念、特点、实施步骤及评价方案做了详细的阐述。

3. 苏霍姆林斯基. 给教师的建议［M］. 杜殿坤，译. 北京：教育科学出版社，1984.

该书由苏联教育家苏霍姆林斯基著，是一本教育学经典著作，由教育科学出版社于 1984 年出版。苏霍姆林斯基是一位具有 30 多年教育实践经验的教育理论家，为解决中小学的实际问题、切实提高教育教学质量，他为中小学教师写了这本书。

🖥 在线学习资源

第七章

多媒体素材的
采集与处理

本章概述

　　本章主要介绍了多媒体素材的采集与处理方式(包括文本素材、图像素材、音频素材、视频素材、动画素材),重在制作技能的培养。学习者通过本章的学习应基本具备使用各种设备、工具软件进行素材采集和处理的能力,并掌握常见媒体的应用方式,为下一步开发多媒体课件打下坚实的基础。

结构图

本章学习目标

　　了解多媒体素材的概念，掌握文本素材的常用格式、采集方式和处理手段，掌握图像素材的常用格式、采集方式和处理手段，掌握音频和视频素材的常用格式、采集方式和处理手段，掌握动画的常用格式、设计与制作方法。

学前深思

　　为什么多媒体素材的采集和处理技能在现代社会中具有如此重要的地位？在融媒体时代背景下，工作和学习已经离不开融媒体的加工处理，这对人才培养提出了哪些要求？教师应注意哪些问题？

一、多媒体素材概述

本节学习目标

通过本节的学习，了解多媒体素材的类型，为后续多媒体教学软件的开发奠定基础。

　　多媒体素材既是传播教学信息的基本材料，也是多媒体课件中的基本元素。它包括文本类素材、图像类素材、音频类素材、视频类素材及动画类素材。利用多媒体素材资源能够生成一种图文并茂、丰富多彩的人机交互方式，开发多媒体课件的教师如果对多媒体素材的采集和处理有较为全面的掌握，就可以制作出很多优秀的作品。

二、文本素材的采集与处理

🎯 本节学习目标

通过本节的学习，能够熟练获取文本素材，并按照教学需要进行相应的处理。

（一）文本素材的常用格式

文字处理软件种类繁多，不同软件生成的文件格式各不相同。当使用不同的文本编辑软件编辑文本时，系统通常会采用软件默认的文本文件格式来保存文档。例如，Word 2003 的默认文档格式为 DOC，同时该软件也支持其他流行的文本文件格式，如 TXT、RTF 等。下面列举一些比较常用的文本文件格式。

1. TXT 格式

TXT 格式文件是纯 ASCII 码文本文件，除换行和回车外不包括任何格式化信息，即文件里没有任何有关文字字体、大小、颜色、位置等的格式化信息。所有的文字编辑软件和多媒体集成工具软件均可直接使用 TXT 格式文件。利用其不含任何格式化信息的特点，我们可以比较方便地实现一些图形表格文字的转换。例如，从网页上下载的文字资料一般都含有格式控制，如果直接下载到 Word 等文字处理环境中会附带一些不需要的格式符号，常含有表格形式；若先通过"记事本"等工具将下载的网页文本资料转换为纯文本，然后导入 Word，则会使排版变得更轻松快捷。

2. DOC/DOCX 格式

DOC 格式是 Word 2003 文字处理软件及之前的版本所使用的默认文件格式，其中可以包含不同的字符格式和段落格式。DOCX 格式文件是 Word 2007 及之后的版本的默认文件格式。DOCX 文件比 DOC 文件所占用空间更小。

3. RTF 格式

多信息文本格式（Rich Text Format，RTF）是一种可以包含文字、图片和热字（超链接）等多种媒体素材的文档。多媒体开发软件 Authorware 6.0/7.0 就可以直接对 RTF 格式文档进行编辑，并通过 RTF 知识对象对其进行使用。另外，Word 也能将文档保存为 RTF 文件格式。

4. WPS 格式

WPS 格式是金山文字处理软件的默认格式，其中包含特有的换行和排版信息，被称为格式化文本，通常只在 WPS 编辑软件中使用。

（二）文本素材的采集

1. 键盘输入采集

键盘是计算机操作者最熟悉的工具之一。用户通过选用合适的输入法就可以很轻松地通过键盘输入自己想要的文字。输入法图标一般位于桌面右下角的指示栏，用户可以根据需要选择适合自己的输入法。现在比较常用的输入法有搜狗输入法等。

2．联机手写板输入采集

对于不擅长或不方便使用键盘输入的用户而言，手写板输入是一种很好的选择。手写输入系统是通过一支书写笔在与计算机相联的书写板上写字，书写板用压敏或电磁感应等方式将笔在运动中的坐标信息输入计算机，再由计算机中的识别软件根据笔迹坐标的位置关系和时间关系信息来识别所写的字，并把结果显示在屏幕上的一种系统。目前市场上生产这类产品的厂家主要有清华同方、汉王等。识别率是评价手写输入系统的重要指标，字体不同和字迹潦草都会影响系统的识别率。图 7-1 和图 7-2 分别为友基 RB170 手写板和汉王创艺大师 IV 代手写板。

图 7-1　友基 RB170 手写板　　　　图 7-2　汉王创艺大师 IV 代手写板

3．扫描仪采集

当我们需要获取大量印刷品上的文字资料时，一般会采用文字识别技术。扫描仪通过光学字符识别（OCR）将纸质文件转换为电子文档，通常需要经过文稿扫描、版面处理、文字识别、文字编辑几个阶段。OCR 软件对扫描到的图形内容进行分析，将图形中的文字影像识别出来并自动转换，目前常用的文字识别软件有汉王 PDF OCR 8.1。

4．语音识别输入采集

语音识别技术（ASR）也被称为自动语音识别，其目标是将人类语音中的词汇内容转换为计算机可读的输入，如按键、二进制编码或字符序列。它与说话人识别及说话人确认不同，它并不尝试识别或确认发出语音的说话人，而是识别语音所包含的词汇内容。语音识别系统的原理如图 7-3 所示。近年来随着科技的高速发展，QQ、微信等手机软件都拥有了语音识别功能，这些软件均支持将语音转变为文字。例如，在使用微信时，我们只需要长按要被转成文字的语音，然后在弹出的提示中点击"转换为文字"，就可以轻松地将语音转换为文字了。需要注意的是，由于目前转换技术还不太成熟，大多暂时只能识别普通话。图 7-4 为微信语音转文字的界面，图 7-5 为 QQ 语音转文字的界面。

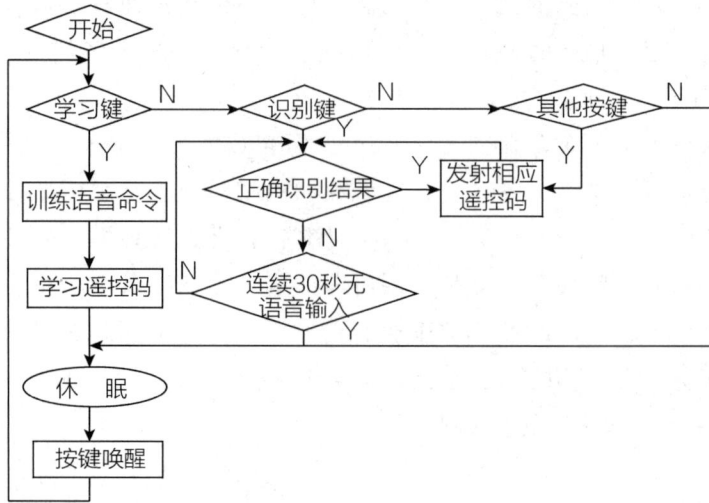

图 7-3　语音识别原理

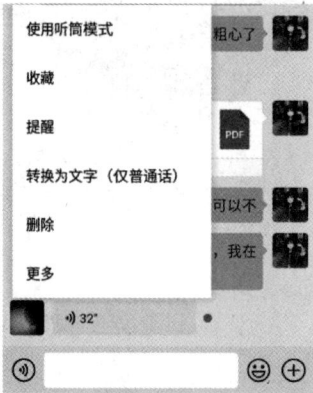

图 7-4　微信语音转文字界面

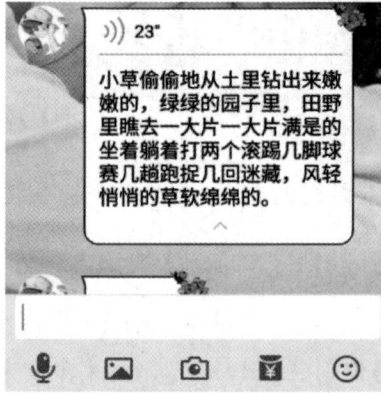

图 7-5　QQ 语音转文字界面

5. 扫描全能王采集

扫描全能王是一款手机软件，它可将智能手机变成随身携带的扫描仪。它可以方便快捷地编辑和管理各种文档、收据、笔记和白板讨论等，并通过强大的图像裁剪和图像增强算法，保证扫描的内容清晰可读。扫描全能王支持高清扫描、智能管理、批注图片搜索、文件协同、分享与云同步等功能。当人们需要使用它时，只需要拿起手机，对着所要扫描的证件或文件拍张照片，然后上传到扫描全能王，系统便会自动解析，然后给出扫描出的内容。目前可供下载的版本支持中文、英语、俄语等多种语言。图 7-6 是全能扫描王 5.9.1.20190116 版本的功能介绍。

会议记录，演示PPT
手机一拍，生成PDF，随时分享给同事

文件合同，图纸资料
自动切掉背景，文字清晰可读

杂志海报，彩色文档
确保色彩丰富锐利，捕捉灵感

手写笔记，书本段落
分类笔记书籍，用心收藏好时光

图 7-6　扫描全能王功能介绍界面

6. 传图识字采集

传图识字是一款微信小程序，它同样具备文本素材采集的功能。它因所占内存小、方便快捷、支持多种图片格式、操作简单、工作效率高而广受人们的喜爱。当我们需要将图片上的文字转化为文本文件时，只需打开这个微信小程序，然后上传需要转化的图片，便可以轻松地获得文本了。传图识字还可以通过选中想要的文字段落来进行复制、翻译、分词等操作。

（三）文本素材的处理

文本的多样化可通过变换文本的格式、字体、字号及颜色等来实现。大多数文字处理软件都能实现对文本素材的编辑与制作。目前，多媒体课件的编辑合成工具多以Windows 系统为平台，因此教师在采集与处理文本素材时应尽可能采用 Windows 平台上的文字处理软件，如记事本、写字板、Word 等。

在处理多媒体课件的文本时，教师应注意使用合适的字体，尽管有些字体很好看，但不具有通用性（特别是非微软公司开发的字体）。如果使用了这些字体，教师应注意两个问题：一是在新的应用环境中安装这些字体软件，二是在多媒体系统中嵌入所用的字体。如果文字是标题，教师也可以先把文字制作成图片文件，再插入多媒体课件中。

下面我们以微信小程序传图识字中将图片上的文字转化为 Word 文档的功能为例，来介绍文本素材的加工过程。

第一步，打开微信，进入微信首页后点击"发现"，在"发现"界面点击"小程序"，进入"小程序"界面，如图 7-7 所示；再在搜索栏中输入"传图识字"，界面如图 7-8 所示。

图 7-7 "发现"界面

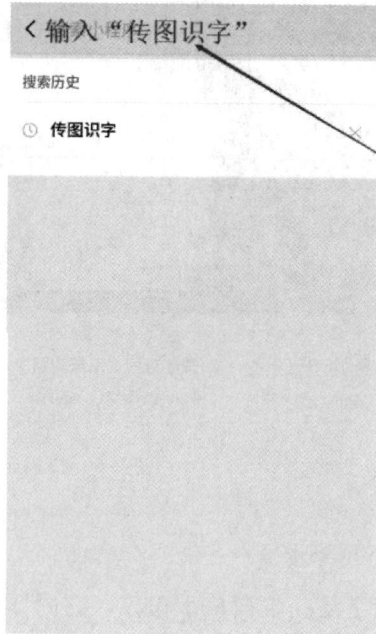

图 7-8 "小程序"搜索界面

第二步，进入"搜索"，点击搜索结果列表中的"传图识字"小程序，进入"传图识字"的主界面，如图 7-9 所示。

图 7-9 "传图识字"小程序主界面

第三步，在主界面选择"识字"下的"印刷体识别"，然后选择图片文字类型为"通用印刷字体"，点击"从相册中选取"，拍摄/选择图片界面如图 7-10 所示；拍摄/选择要转化的图片，导入图片界面如图 7-11 所示，最后点击完成。

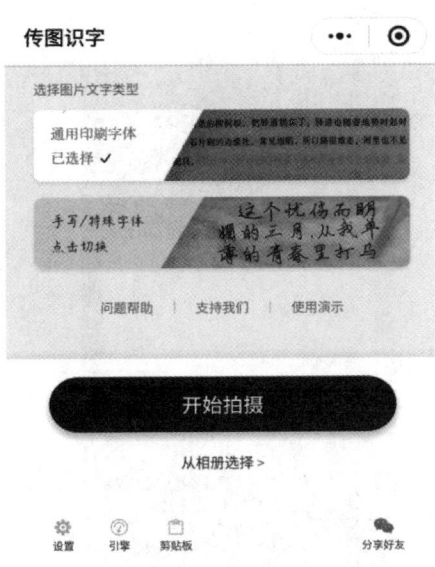

图 7-10　拍摄/选择图片界面

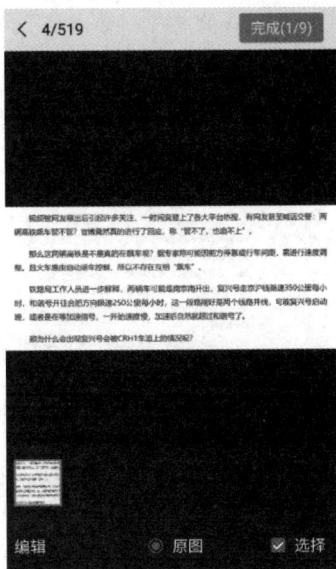

图 7-11　导入图片界面

第四步，导入完成后，程序将自动解析图片中的文字，解析界面如图 7-12 所示，然后根据需要选择相关功能，如选择"全不选"，则选择界面如图 7-13 所示。

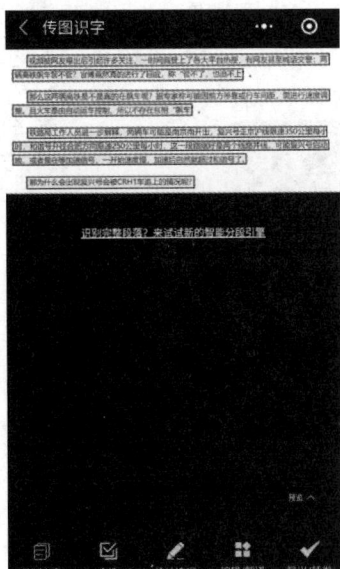

图 7-12　解析界面

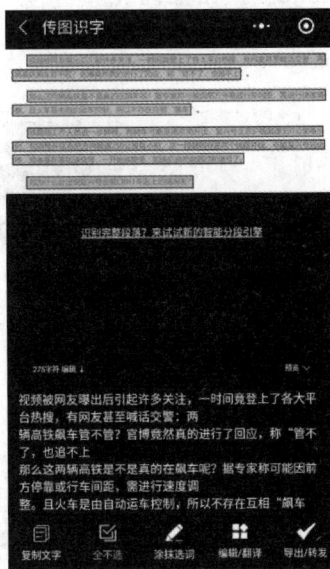

图 7-13　选择界面

第五步，完成选词后，可以对文本进行进一步处理，该小程序支持复制文字、发送邮箱、导出文档和转发好友等操作，选词完成的界面如图 7-14 所示；当点击"导出文档"后，会出现"导出 Word 文档""导出 Excel 表格"和"导出 PDF 文档"的菜单，在此例中选择"导出 Word 文档"，导出界面如图 7-15 所示。

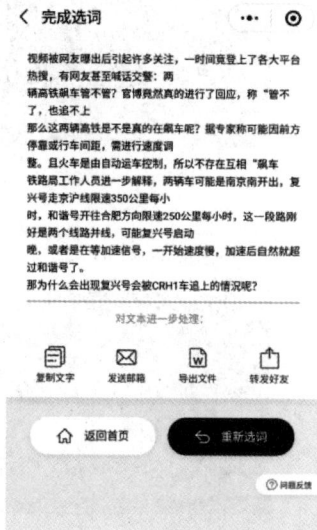

图 7-14　完成界面　　　　　　　　图 7-15　导出界面

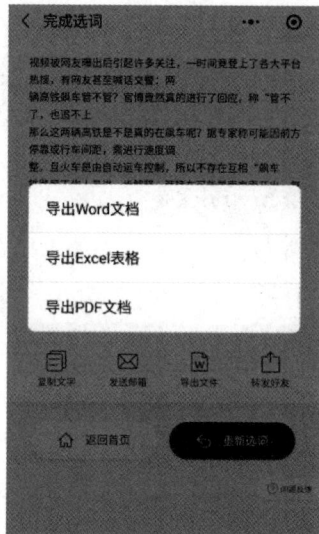

第六步，导出成功后，程序将出现如图 7-16 所示的界面。在该界面可选择"文档预览""发送到邮箱"和"复制链接"功能。如果需要下载该文件，可以通过浏览器访问下载文件；或者通过发送到邮箱的功能，输入邮箱地址，下载邮件附件。

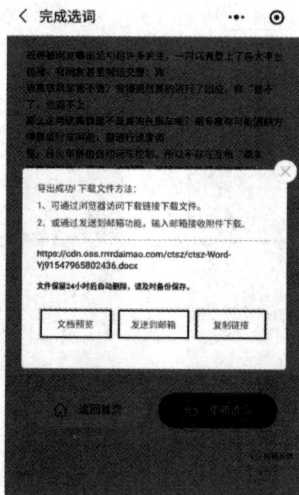

图 7-16　导出成功界面

三、图像素材的采集与处理

🎯 **本节学习目标**

通过本节的学习，能够区分图形图像素材，熟练获取图形图像素材，并按照教学需要进行相应的处理。

（一）图像素材的分类及特点

1. 矢量图

矢量图是根据几何特性来绘制的图形，矢量可以是点、线和形等，用编程语言来表达，文件占用空间较小。因为这种类型的图像文件包含的是独立的分离图像，所以可以自由、无限制地重新组合。它的特点是放大后图像不会失真（如图 7-17 所示）且和分辨率无关，适用于图形设计、文字设计、标志设计、版式设计等。常见的矢量图处理软件有 CorelDRAW、AutoCAD、Illustrator 和 FreeHand 等。

2. 位图

位图亦称点阵图像或绘制图像，是由单个像素点组成的，这些点可以进行不同的排列和染色以构成图样。当放大位图时，可以看见构成整个图像的无数单个小方块（如图 7-18 所示）。位图通常可通过绘图程序（如 Windows 中的"画图"）或扫描仪、数码相机等图像输入设备获得。典型的处理软件有 PS、Lightroom（简称 LR）等。

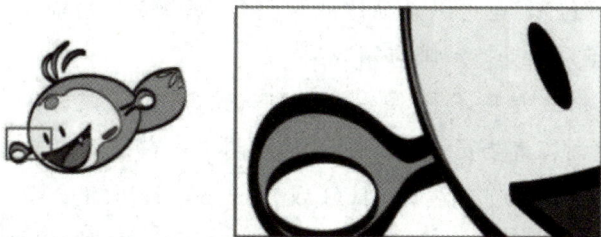

图 7-17　100％矢量图和放大到 800％后的矢量图

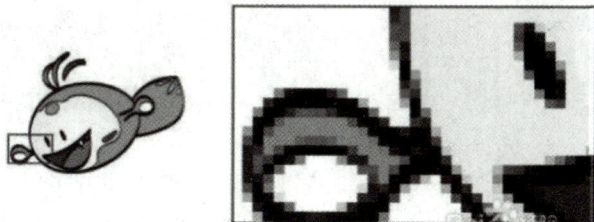

图 7-18　100％位图和放大到 800％后的位图

(二)图像素材的常用格式

1. 矢量图文件格式

(1)EPS 格式是专门为存储矢量图设计的特殊的文件格式,输出的质量很高,能够描述 32 位色深,分为 Photoshop EPS 和标准 EPS 格式两种,主要是用于将图形导入到文档中。这种格式与分辨率没有关系,几乎所有的图像、排版软件都支持 EPS 格式。

(2)WMF 格式是微软公司设计的一种矢量图形文件格式,广泛应用于 Windows 平台,几乎每个 Windows 下的应用软件都支持这种格式。它是 Windows 下与设备无关的最好格式之一。

(3)CMX 格式是 Corel 公司经常使用的一种矢量文件格式,Corel 公司附带的矢量素材就采用这种格式。它的稳定性要比 WMF 格式和 EMF 格式都要好,能更多的保存设计师的信息。

2. 位图文件格式

(1)BMP 格式是 Windows 中的标准图像文件格式,能够被多种 Windows 应用程序所支持。这种格式的特点是支持多种图像的存储,包含的图像信息较丰富,几乎不进行压缩,所以占用磁盘空间比较大。

(2)PNG 格式是一种能存储 32 位信息的位图文件格式,其图像质量远胜过 GIF。与 GIF 一样,PNG 也使用无损压缩方式来减少文件的大小。PNG 图像可以是灰阶的(16 位)或彩色的(48 位),也可以是 8 位的索引色,PNG 是目前保证最不失真的格式,存储形式丰富,缺点是不支持动画应用效果。

(3)JPEG/JPG 格式是联合图像专家组标准的产物,该标准由国际标准化组织(ISO)与国际电报电话咨询委员会(CCITT)共同制定,它是面向连续色调静止图像的一种压缩标准。JPEG 文件的扩展名为 .JPG 或 .JPEG,其压缩技术十分先进,它用有损压缩方式去除冗余的图像和彩色数据,获取极高的压缩率的同时能展现十分丰富生动的图像,换句话说,就是可以用最少的磁盘空间得到较好的图像质量。

(三)图像素材的采集

1. 屏幕捕获采集静态图形

(1)键盘捕获

我们可以通过键盘上的"Print Screen"键截取当前屏幕的图像;或用"Alt＋Print Screen"组合键截取当前工作窗口的图像,然后按下"Ctrl＋V"组合键将图像粘贴至目标工作区。

(2)抓图软件捕获

屏幕静态图形的捕获也可以通过专门的抓图软件实现,常用的抓图软件有 Hyper-

Snap – DX、Capture Professional、PrintKey、SnagIt 等。

（3）社交软件捕获

QQ、微信等社交软件包含截屏工具，可用来获取图像。

（4）手机扫描软件捕获

手机拍摄的文档照片被导入扫描软件后，扫描软件可对其进行自动切边、去除杂乱背景等处理，并生成 JPG 图片。

（5）视频播放软件捕获

视频播放软件（如暴风影音）常带有专门的截屏功能，用户在播放视频文件时，可以将光标放置在播放屏幕上，然后右击，便会有菜单弹出，选择菜单中的"高级选项"，再选择"截图设置"（如图 7-19 所示）。截屏后的文件被保存到预设或自设的存储目录中。

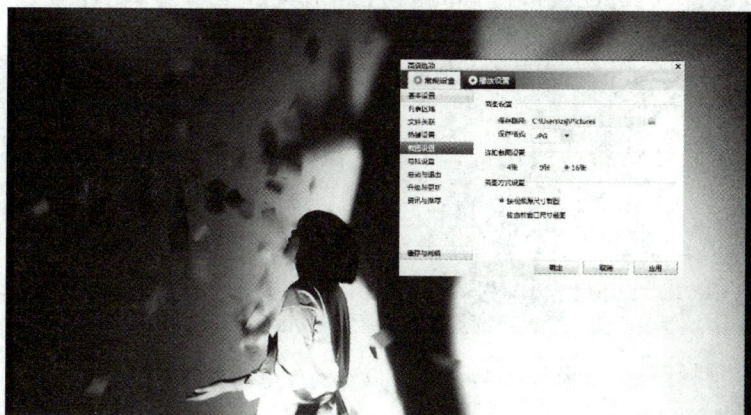

图 7-19　视频播放软件截图设置界面

2. 运用外部设备获取图像

现在最常用的手段有扫描仪扫描纸质图像和数码相机拍摄两种。

3. 从素材光盘和互联网中获取图像

素材光盘里有丰富的图像素材，教师可以选择其中的素材并进行处理加工，以用于多媒体教学。教师利用网络可以找到大量的图像素材，有些搜索引擎（如百度等）提供图片搜索功能，可以利用关键字搜索所需要的相关主题图片，找到图片后另存到指定文件夹即可。另外还有很多专业的图片素材网站，如视觉中国等。需要注意的是，从网络上获取图片时应遵守有关版权的规定，避免侵权行为。

（四）图像素材的处理

图像处理软件有很多，常见的图像处理软件有 Windows 系统自带的画图工具、Adobe 公司的 PS、LR，Corel 公司的 CorelDRAW 等。其中 PS 是公认的最优秀的专业图像编辑软件之一，LR 的应用也相当广泛。PS 和 LR 因其成熟的发展、良好的平台兼容性、强大的图像处理功能而受到广大用户的欢迎，在图像处理领域保持领先地位，图 7-20 是 Photoshop CC 2017 启动界面。图 7-21 是 Lightroom CC 的启动界面。

图 7-20　Photoshop CC 2017 启动界面

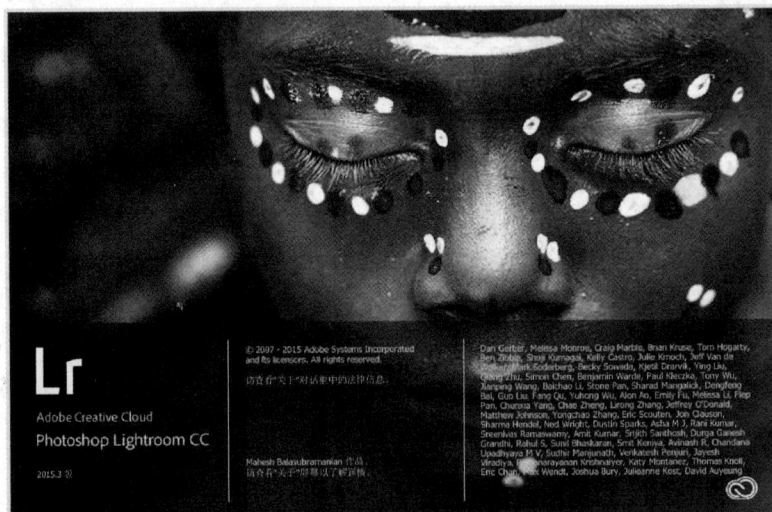

图 7-21　Lightroom CC 启动界面

下面介绍三个实例，展示利用 PS 和 LR 处理图像的方法。

1. 运用 Photoshop CC 2017 无痕迹拼接图像

目标：通过本实例的学习掌握蒙版的特性及使用方法，同时对图层混合方式有初步了解。

任务：通过 Photoshop CC 2017 蒙版和画笔工具将两幅图像无痕迹拼接为一幅图像。

说明：本实例要求已经掌握画笔工具、渐变工具等常用工具的使用方法。

(1)准备图像

①运行 Photoshop CC 2017，进入 Photoshop CC 2017 工作窗口，在菜单栏上选择"文件—打开"或通过快捷键"Ctrl＋O"导入需要合成的"背景 .jpg""白云 .jpg"和"海鸥 .jpg"素材图片。

②用鼠标左键将"白云 .jpg"和"海鸥 .jpg"图片拖动到背景图片层，使用移动工具将两幅图片移动到合适位置。

③按"Ctrl＋T"以打开图像变换变形框，选中海鸥图层，拖动变形控制点把海鸥图片调整到合适位置和合适大小，按回车键确认变形操作；用同样方法改变白云图片。完成操作后的效果如图 7-22 所示。

图 7-22　改变图片大小和位置后的效果

(2)无痕迹拼接图像

①拼接海鸥图片。为使海鸥图片和背景图片合二为一，在图层面板下面单击添加图层蒙版图标，在海鸥图层上建立一个新蒙版。进入蒙版操作状态，设置前景色为黑色，在工具栏上选择画笔工具(快捷键为"B")，将背景白色擦掉。完成操作的效果如图 7-23 所示。

图 7-23　拼接海鸥图片的效果

②拼接白云图片。在工具栏上选择渐变工具(快捷键为"G"),进入蒙版操作状态,从图片的上边向下拉,使白云图片和背景拼合完成。完成操作的效果如图 7-24 所示。

图 7-24 拼接白云图片的效果

将完成"无痕迹拼接图像"操作之后的图片与这一操作之前的图片进行对比,如图 7-25 所示。

(a)"无痕迹拼接图像"操作之前

(b)"无痕迹拼接图像"操作之后

图 7-25 "无痕迹拼接图像"操作前后对比

(3)添加字幕

在图层面板下面单击新建图层图标新建一个图层,命名为"摄影艺术",并使之处于操作状态;选择工具栏中的横排文字工具,在背景中间的位置左键单击,出现闪烁光标,然后输入文字"摄影艺术";在菜单栏下的文字工具属性栏中选择字体为黑体,大小为 100 点,字体颜色值设为"R:81""G:43""B:42";用同样的操作方法,再新建一个图层"效果展示",字体为黑体,大小为 72 点,颜色同上。完成操作的效果如图 7-26所示。

图 7-26　添加字幕的效果

（4）最终效果

调整图片图层和文字图层的位置，最终的拼合效果如图 7-27 所示。

图 7-27　最终效果

2. 运用 Lightroom 5.0 实现高动态（HDR）效果

目标：掌握画笔工具的使用，加深对工具面板中曝光、色阶等工具的理解。

任务：通过在 Lightroom 5.0 中实现高动态效果，将一幅影调平淡的照片制作成影调明亮、色彩饱和、层次丰富的艺术作品。

说明：本实例要求已经掌握选择类工具和移动类工具的使用方法。原图（图 7-28）和效果图（图 7-29）如下所示。

图 7-28   原图

图 7-29   效果图

（1）图像色调修正

①曝光调整。运行 Lightroom 5.0，打开 Lightroom 5.0 窗口，在菜单栏中选择"文件—导入照片和视频"命令，导入图片，在界面右上方选项中单击"修改照片"，在右上角的直方图上直接拖动鼠标来调整曝光度、高光、黑色色阶等数值，或者通过改变直方图下的属性值来实现。具体操作如图 7-30 所示。

（a）照片导入   （b）属性值调整

图 7-30   曝光调整

②精细调整。利用右侧下方工具面板中的色调曲线工具来适当增加清晰度和鲜艳度；调整高光、亮色调、暗色调、阴影的值以减小高光与阴影处的亮度差，使照片不那么平淡灰暗，具体数值如图 7-31 所示。

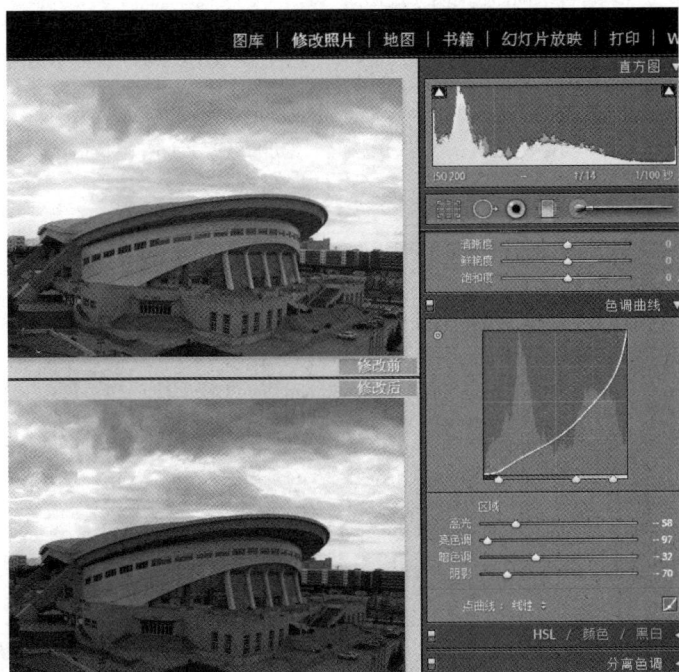

图 7-31　精细调整

（2）利用画笔工具涂抹提亮暗部区域

①按快捷键"K"，利用画笔工具对地面建筑物即暗部区域进行粗略涂抹。

②提高涂抹区域的曝光度，HDR 效果初步显露，如图 7-32 所示。

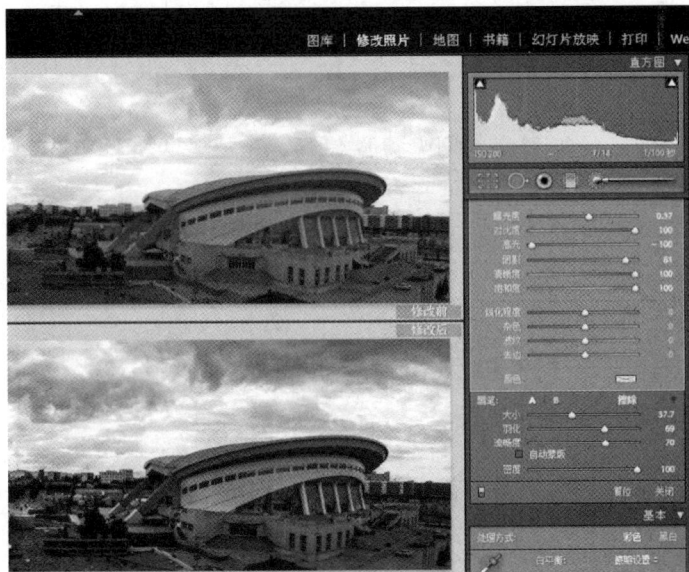

图 7-32　暗部 HDR 效果

（3）利用画笔工具涂抹压暗亮部区域

①按快捷键"K"，利用画笔工具对天空高光部分进行涂抹，降低亮度，增加饱和度。

②对整个区域进行亮度调整，减小亮度，增加高光与亮色调，减小阴影和暗色调，效果如图 7-33 所示。

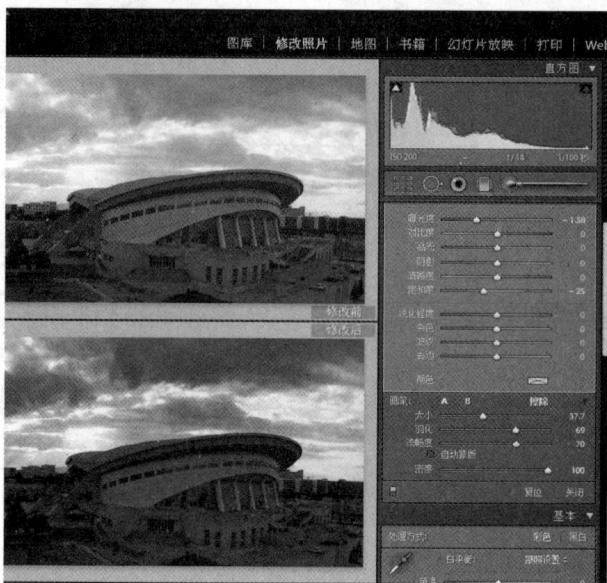

图 7-33　亮部 HDR 效果

（4）局部修饰，完成调整

①再次选择画笔，完善对暗部的涂抹，应特别注意高光边缘处，一定要放大照片仔细涂抹。

②调整黄色、蓝色的饱和度，增强视觉效果，最终效果如图 7-34 所示。

图 7-34　最终效果

3. 利用 Lightroom 5.0 去除图片水印

目标：掌握污点去除工具的使用。

任务：通过在 Lightroom 5.0 中实现去除水印，使一些加有水印的图片可再次使用。

说明：本实例要求已经掌握文件新建、图片导入及导出等基本操作。原图（图 7-35）和效果图（图 7-36）如下所示。

图 7-35 原图   图 7-36 效果图

（1）导入操作

运行 Lightroom5.0，在菜单栏中选择"文件—导入照片和视频"，导入图片，在界面右上方选项中单击"修改照片"命令，如图 7-37 所示。

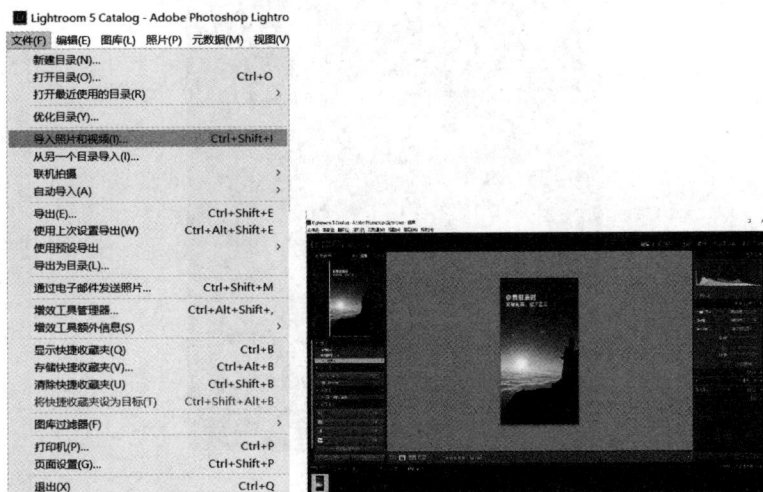

(a) 照片导入   (b)工作界面

图 7-37 导入操作

（2）参数调整

选择污点去除工具，根据污点大小调整画笔的大小、羽化和不透明度的参数，如图 7-38 所示。

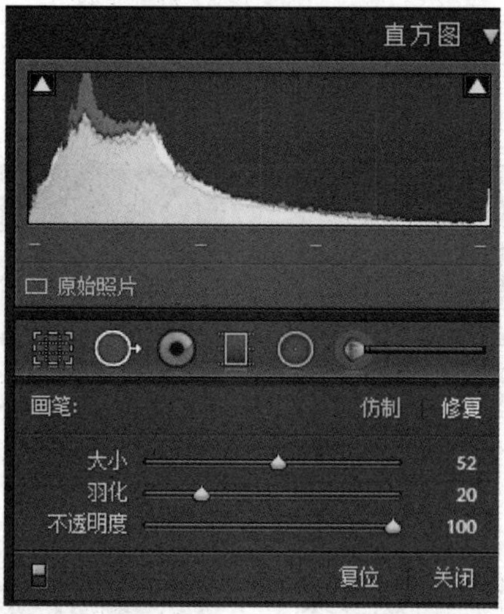

图 7-38　画笔参数调整

（3）去污操作

涂抹有水印的区域，系统将自动匹配出画面相近部分，也可手动调整，显示的效果如图 7-39 所示。

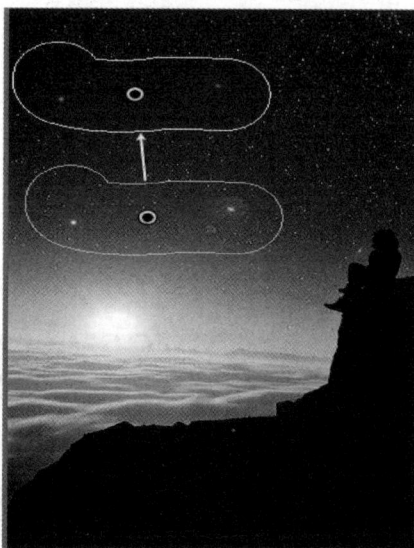

图 7-39　去污操作

最终处理效果如图 7-40 所示。

图 7-40　最终效果

四、音频素材的采集与处理

本节学习目标

通过本节的学习，能够熟练获取音频素材，并按照教学需要进行相应的处理。

（一）音频素材的常用格式

多媒体音频素材的常用格式有 WAVE、AU、MP3、WMA、RA、MIDI 等。

1. WAVE 格式

WAVE 格式是微软公司开发的一种音频文件格式，受 Windows 平台及其应用程序支持。WAVE 格式支持多种音频位数、采样频率和声道，采用 44.1K 的采样频率，速率为 1411K/s，采用 16 位量化位数，是目前在个人计算机上广为流行的音频文件格式。

2. AU 格式

AU 格式是 Sun 公司推出的一种数字音频格式，原先是 Unix 操作系统下的数字音频文件格式。由于早期互联网上的广域网服务器主要是基于 Unix 的，所以 AU 格式文件在当今互联网中也是常用的音频文件格式。

3. MP3 格式

MP3 是一种音频压缩技术，是利用 MPEG Audio Layer 3 技术将音乐以 1∶10 甚至 1∶12 的压缩率压缩成容量较小的文件。正是因为 MP3 格式的文件体积小、音质高，MP3 格式音乐几乎成为网络音乐的代名词。

4. MIDI 格式

MIDI 格式允许数字合成器和其他设备交换数据。MID 格式由 MIDI 发展而来，

MID 文件并不是一段录制好的音频，而是先记录声音的信息再告知声卡如何再现音乐的一组指令。

5. WMA 格式

WMA 格式的音质要强于 MP3 格式，WMA 的压缩率一般可以达到 1∶18 左右；WMA 还支持音频流技术，适合在线播放；更方便的是，Windows 操作系统和 Windows Media Player 的无缝捆绑让用户只要安装了 Windows 操作系统就可以直接播放 WMA 音乐，不像 MP3 那样需要安装额外的播放器。目前 WMA 已是最常见的音频格式之一。

(二)音频素材的采集

对于声音素材我们可以用以下四种方式采集。

第一，利用素材光盘提供的声音文件。

第二，通过计算机中的声卡，通过麦克风中采集音频并生成 WAVE 文件。

第三，通过计算机中声卡的 MIDI 接口，通过带 MIDI 输出的乐器采集音乐并生成 MIDI 文件；或用连接在计算机上的键盘创作音乐并生成 MIDI 文件。

第四，使用专门的软件抓取 CD 或 VCD 光盘中的音乐，生成音频素材，再利用音频编辑软件对音频素材进行剪辑、合成，最终生成所需的音频文件。

(三)音频素材的处理

常见的专业音频处理软件为 Audition，原名为 Cool Edit Pro。它是一个专业音频编辑和混合环境，为专业音频和视频处理人员设计，提供先进的音频混合、编辑、控制和效果处理功能的软件。Audition 还是一个完善的多声道录音室，工作流程灵活且使用简便。无论是录制音乐、无线电广播还是为录像配音，方便好用的工具可为用户提供充足动力，使用户创造尽可能高质量的丰富、细致音频。

下面以运用 Audition 5.0 制作混音效果为例，展示 Audition 对音频的处理。

目标：掌握轨道和降噪器的使用，会运用混音工具进行混音效果的合成。

任务：对现代教育技术网络课程中教师授课的音频素材进行混音处理，使声音效果更加清晰、圆润、洪亮。

说明：本实例要求已经掌握工具栏中基本工具的使用，比如选择工具、剪切工具等。

(1)导入素材并进行剪接处理

①运行 Audition 5.0，在菜单栏中选择"文件—导入"，导入"素材 1. mp3""素材 2. mp3""素材 3. mp3"和"背景音乐 . mp3"，或者使用导入快捷键"Ctrl＋I"。操作界面如图 7-41 所示。

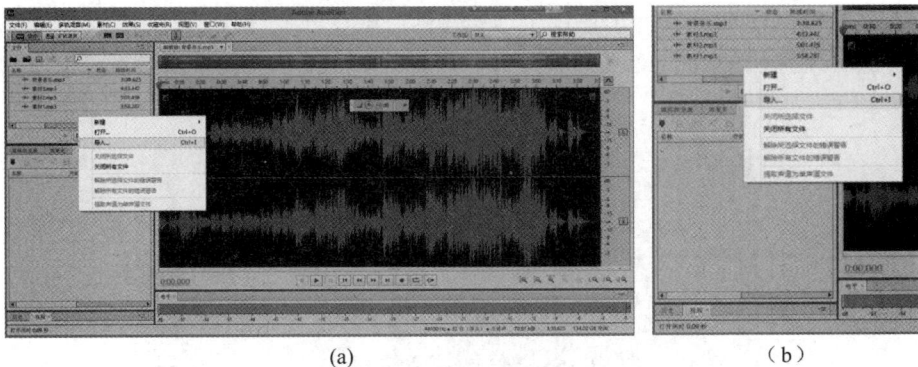

(a)　　　　　　　　　　　　　　　　　（b）

图 7-41　导入操作

②对声音素材进行剪切。拖动鼠标左键，选择要删除的区域，此时被选择的部分变为白色，单击鼠标右键，选择"删除"，或使用"Delete"快捷键。操作界面如图 7-42 所示。

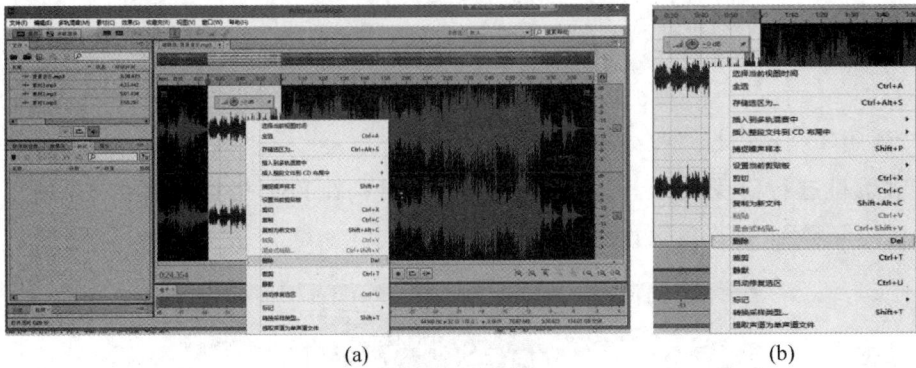

(a)　　　　　　　　　　　　　　　　　(b)

图 7-42　剪切操作

③对剪切后的素材进行组接。选择"多轨混音—新建多轨混音"；在对话框的文件夹位置选项中选择存储位置，单击"确定"按钮，如图 7-43 所示。

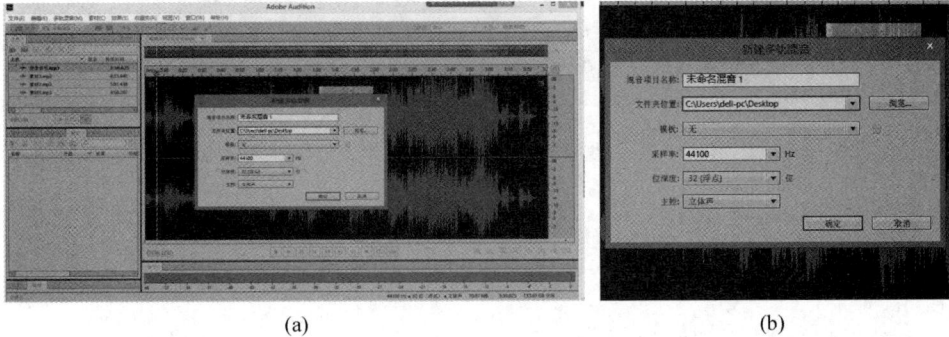

(a)　　　　　　　　　　　　　　　　　(b)

图 7-43　组接操作

④将需要组接的素材拖入工作区中的轨道 1，进行拆分操作。在刚拖入的素材上单击鼠标右键，在弹出的快捷菜单中选择"拆分"命令，或使用快捷键"Ctrl＋K"。操作界面如图 7-44 所示。

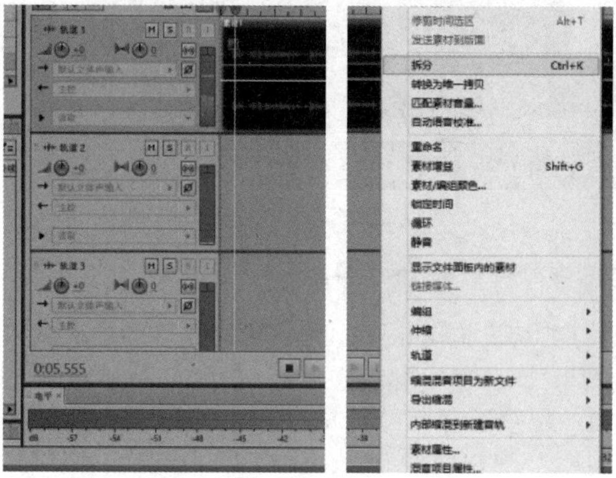

(a)   (b)

图 7-44 拆分操作

（2）利用降噪器进行降噪处理

①对素材进行降噪处理。选中要操作的素材，在菜单栏中选择"效果—降噪/恢复—自适应降噪"。操作界面如图 7-45 所示。

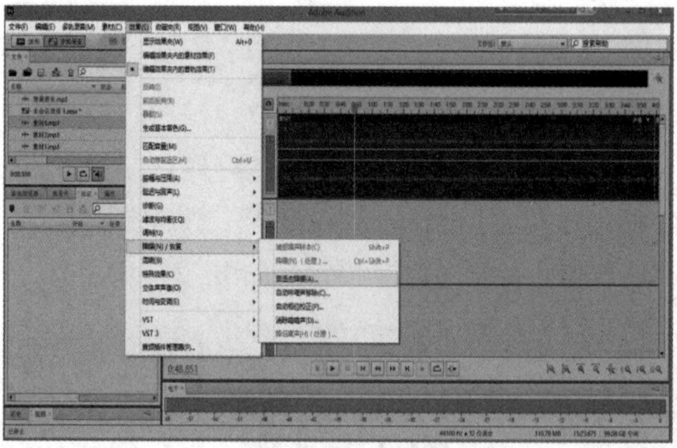

图 7-45 降噪处理操作

②提高、降低音量。方法一：双击进入单轨编辑，左右拖动浮标调节音量大小，操作界面如图 7-46(a)所示。方法二：在多轨混音界面的最左边进行调节，操作界面如图 7-46(b)所示。

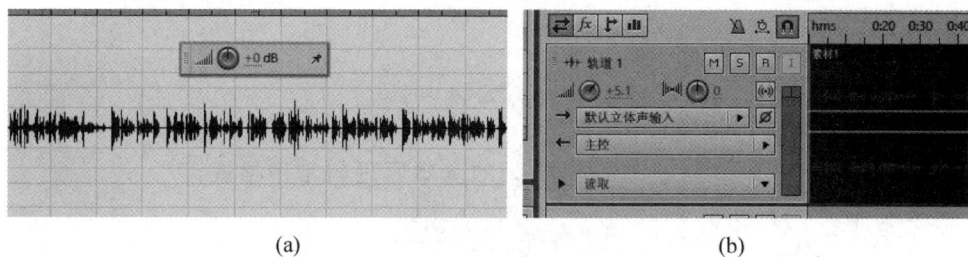

(a)   (b)

图 7-46　提高、降低音量操作

（3）混音处理

①添加背景音乐（压混）并进行编辑。将音乐素材拖入多轨混音轨道 2，重复上述步骤进行编辑，操作界面如图 7-47 所示。

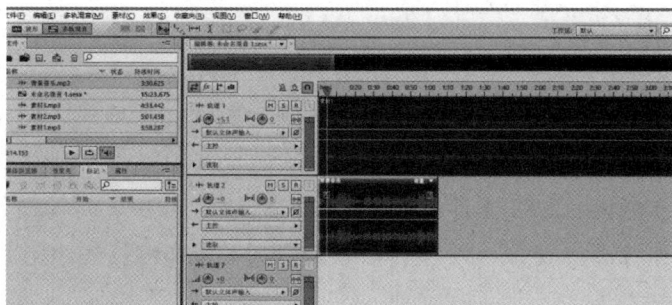

图 7-47　压混操作

②导出。在菜单栏中选择"文件—导出—多轨混音—完整混音"，操作界面如图 7-48所示。

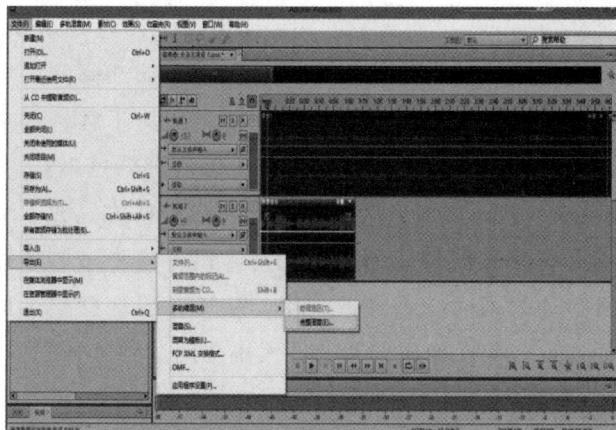

图 7-48　导出操作

五、视频素材的采集与处理

🎯 **本节学习目标**

通过本节的学习，能够熟练获取视频素材，并按照教学需要进行相应的处理。

（一）视频的基本原理与常用格式

1. 视频原理

视频是由一幅幅内容连续的图像组成的，当连续的图像按照一定的速度快速播放时，由于人眼的视觉暂留现象，会产生连续的动态画面效果，也就是所谓的视频。电影采用每秒 24 幅图像的速度拍摄、播放，电视采用每秒 25 幅或 30 幅图像的速度拍摄、播放。视频的信息量大、表现的场景复杂，需要专门的软件对其进行加工处理。

2. 视频文件的常用格式

（1）AVI 格式

AVI 格式是由微软公司开发的一种数字音频与视频文件格式，原先仅用于微软的视窗视频操作环境，现在已得到大多数操作系统的直接支持。AVI 格式允许视频和音频交错在一起同步播放。AVI 文件没有限定压缩标准，这使得 AVI 文件格式不具有兼容性，由某一压缩标准生成的 AVI 文件必须通过同一解压缩算法才能播放。

（2）MPEG 格式

MPEG 格式是 VCD、SVCD、DVD 采用的一种格式。MPEG 的平均压缩比为 1∶50，最高可达 1∶200，压缩效率相当高；同时图像和音响的质量也非常好，并且在电脑上有统一的标准格式，兼容性相当好，现已被几乎所有的计算机平台支持。

（3）RM/RMVB 格式

RM 格式是 Real Networks 公司开发的一种新型流式视频文件格式。它根据网络数据不同的传输速率制定了不同的压缩比例，从而实现在低速率的广域网上进行影像数据的实时传送和实时播放。在数据传输过程中用户可以边下载边播放视频影像，目前互联网上已有不少网站利用 RM 格式进行重大事件的实况转播。

RMVB 格式是一种由 RM 格式升级延伸出的新视频格式。和 RM 相比，它对静止和动作场面较少的画面场景采用较低的编码速率，以留出更多的带宽空间，并使这些带宽可以在出现快速运动的画面场景时被利用，从而在保证静止画面质量的前提下大幅地提高运动画面的质量，使图像质量和文件大小之间达到微妙的平衡。

（4）FLV 格式

FLV 格式是一种全新的流媒体视频格式。FLV 格式文件极小、占有率低、加载速度极快，使得在线观看视频文件成为可能。另外，丰富、多样的资源也是 FLV 格式成为主流在线播放视频格式的一个重要因素。目前几乎所有全球热门在线视频网站都采用 FLV 格式，如大家熟悉的优酷等网站。

（5）WMV 格式

WMV 格式是微软推出的一种采用独立编码方式且可以使用户直接在网上实时观看视频节目的文件压缩格式。WMV 格式的主要优点包括：本地或网络回放、可扩充的媒体类型、部件下载、可伸缩的媒体类型、流的优先级化、多语言支持、环境的独立性、丰富的流间关系及扩展性等。

（二）视频素材的采集

1．利用视频捕获卡采集

视频捕获卡也被称作视频采集卡，根据不同的适用环境和不同的技术指标可被分为多种规格，其外观如图 7-49 所示。

图 7-49　视频捕获卡

个人计算机通过视频捕获卡可以接收来自视频输入端的模拟视频信号，对该信号进行采集并转化成数字信号，然后压缩编码形成数字视频序列。

2．资源库获取

视频素材可从资源库、互联网以及 VCD、DVD 等电子音像产品中获取，但须注意版权问题。

3．摄像机、录像机或手机拍摄

数字摄像机、录像机以及手机等移动设备可以拍摄或录制视频，再通过无线网络、数据线或读卡器将素材传输到电脑硬盘中。

4．录制视频屏幕

录屏软件可以对正在播放的视频进行录制，有的视频播放器也具有此功能。这种方式也被称为录屏。

5．通过软件制作

Premiere、会声会影等软件可以将静态的照片制作成影集，Flash 软件可以制作出视频动画，等等。

（三）视频素材的处理

目前常用的视频处理软件有会声会影、Premiere、EDIUS 等。会声会影是加拿大 Corel 公司出品的一款功能强大的视频编辑软件，具有图像抓取和编修功能，可以抓取、转换画面，并提供 100 多种编制功能与效果，可导出多种常见的视频格式，也可以直接刻录成 DVD 和 VCD 光盘；支持多种编码，包括音频和视频编码，是简单好用的 DV、HDV 影片剪辑软件，适合家庭使用。

Premiere 是 Adobe 公司推出的基于非线性编辑设备的视音频编辑软件，其在影视制作领域取得了巨大成功，现被广泛应用于电视节目制作、广告制作、电影剪辑等领域，成为应用最为广泛的视频编辑软件之一。

EDIUS 是美国草谷公司出品的优秀非线性编辑软件，专为广播和后期制作环境设计，特别针对无带化视频的录播和存储。EDIUS 拥有完善的文件工作流程，提供了实时、多轨道、多格式的混编、合成、色键、字幕和时间线输出功能，是一款功能强大的专业非线性编辑软件。

以下两个实例分别展示了使用 Premiere CC 2018 和 EDIUS 8.0 对视频进行处理的操作。

1．运用 Premiere CC 2018 进行视频剪辑及淡入淡出特效和字幕的制作

目标：掌握剪刀、钢笔和字幕工具的使用，能灵活地运用剪刀工具剪接素材，运用钢笔工具添加关键帧来实现淡入淡出效果，运用字幕工具为视频素材添加字幕。

任务：通过 Premiere CC 2018 对微电影创作课拍摄的视频素材进行常规剪辑及特效和字幕的制作。

说明：本实例要求已经掌握新建项目和新建序列的操作。

（1）视频剪辑

①运行 Premiere CC 2018，打开 Premiere CC 2018 窗口，新建项目（均为默认设置），单击"确定"，进入工作界面，如图 7-50 所示。

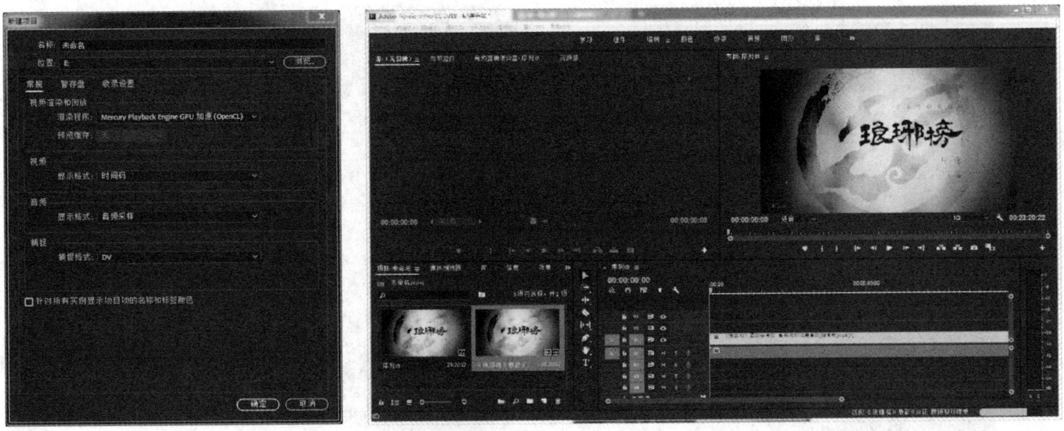

(a) (b)

(a)Premiere 新建项目界面 　　(b)Premiere 工作界面

图 7-50　新建项目并进入工作界面

②在菜单栏中选择"文件—导入"，导入要操作的视频素材，快捷键为"Ctrl＋I"。

③用左键将导入的素材全部拖入时间线工作区的序列 01 中，操作界面如图 7-51 所示。

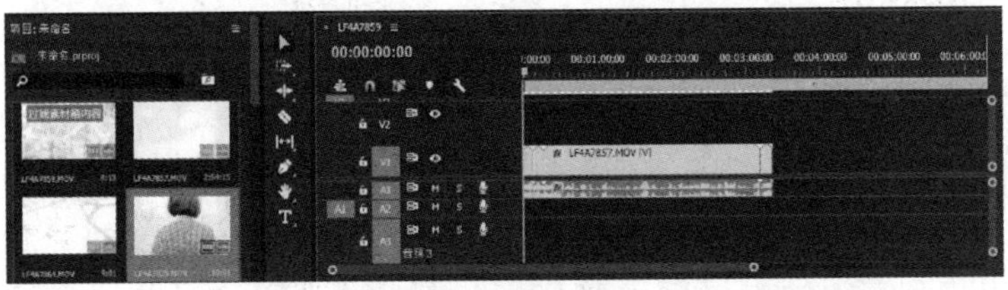

图 7-51　将素材导入时间线工作区

④分割。单击选中需要分割的素材，在预览窗口中单击剪刀状分割素材按钮，在指针所指示的位置左键单击素材，将素材一分为二；或右键单击素材，在弹出的菜单中选择"分割素材"，在指针所指示的位置将素材一分为二。

⑤删除。右击分割后的素材片断，在弹出的菜单中选择"删除"，也可以左键单击选中的素材片断，按"Delete"键删除。

⑥音频、视频分离。在拖入的视频素材上右键单击，在弹出的快捷菜单中选择"取消链接"命令，这样图像和声音就分离了。右键单击音频，在弹出的快捷菜单中选择"清除"命令就可以删除音频；也可以左键单击选中音频，按"Delete"键删除。两步操作的界面分别如图 7-52、图 7-53 所示。

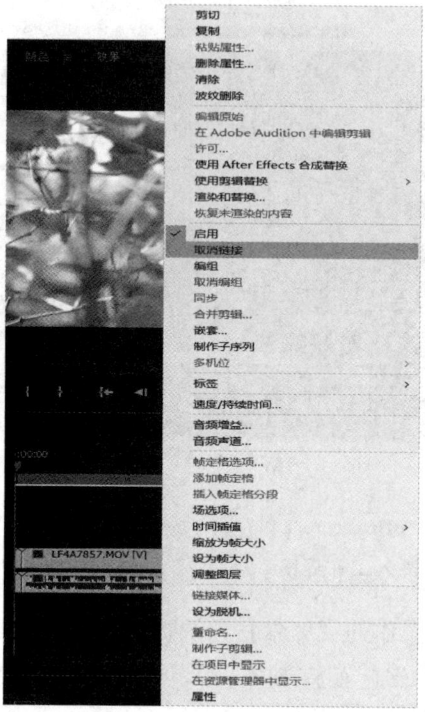

图 7-52　音频、视频分离

图 7-53　删除音频

⑦重复上述步骤对所有素材进行剪辑。

（2）设置淡入淡出效果

选中素材，单击左边的菱形图标，利用钢笔工具添加两个关键帧点；再利用选择工具把第二个点拖到最上边，画面由暗变亮；最后将背景音乐拖入音频轨道，进行淡入淡出和匹配画面编辑。操作界面如图 7-54 所示。

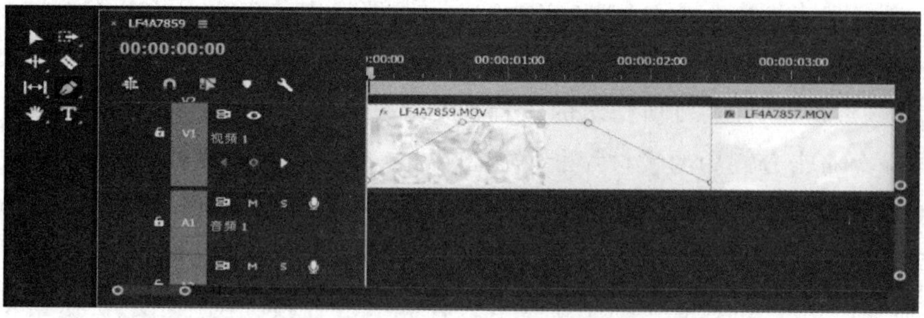

图 7-54　设置淡入淡出效果操作界面

（3）为影片添加字幕

选择"菜单—旧版标题"，弹出新建字幕框，单击"确定"，弹出字幕设定框，在字幕设定框中添加字幕。操作界面如图 7-55 所示。

图 7-55　添加字幕操作

（4）导出成品

在菜单栏中选择"文件—导出—媒体"，或者使用快捷键"Ctrl＋M"。操作界面如图 7-56所示。

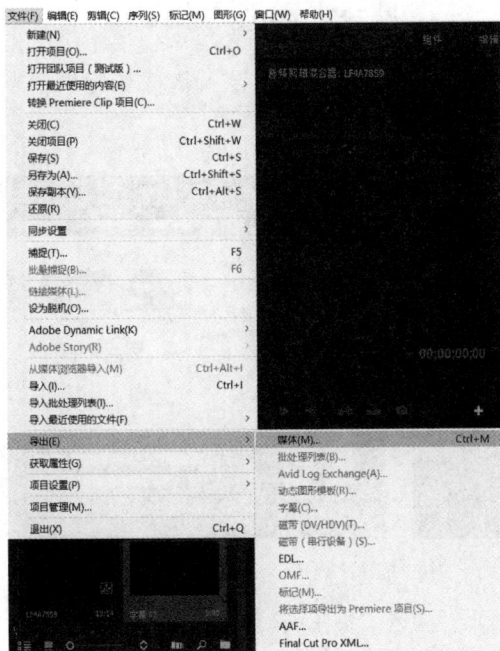

图 7-56　导出操作

2. 运用 EDIUS 8.0 将视音频素材编辑成一个微视频作品

目标：掌握剪刀工具的使用方法、转场特效和背景音乐的添加方法。

任务：通过专业非线性编辑软件 EDIUS 8.0 为视频素材添加转场特效、背景音乐并实现与画面的匹配。

说明：本实例要求已经掌握工程预设的创建，视频尺寸和帧速率等相关参数的设置，素材导入和作品导出的操作。

（1）导入视频素材和背景音乐

①运行 EDIUS 8.0，新建工程预设，选择 PAL 制，设置好视频尺寸、帧速率和比特率等参数，进入主界面，如图 7-57 所示。

图 7-57　EDIUS 8.0 主界面

②在菜单栏中选择"文件—打开工程"，导入素材和背景音乐，或者使用快捷键"Ctrl＋O"。操作界面如图 7-58 所示。

(a)　　　　　　　　　　　　　(b)

图 7-58　导入素材

（2）对素材进行剪切、分离组接、特效添加等编辑操作

①在时间线工作区中选择要操作的素材，运用剪刀工具（快捷键为"C"）进行剪切，左键选择要去掉的部分，然后使用"Delete"命令将其删除。操作界面如图 7-59 所示。

图 7-59 剪切素材

②重复此步骤，对每一段素材进行编辑，并添加淡入淡出效果（也可以加入其他效果）：选择"特效—转场—2D—溶化"，将"溶化"效果拖到素材上，产生淡入淡出效果。操作界面如图 7-60 所示。

图 7-60 添加淡入淡出效果的操作界面

（3）添加背景音乐

将背景音乐拖入音频轨道 1A 中，并针对画面进行匹配编辑，操作界面如图 7-61 所示。

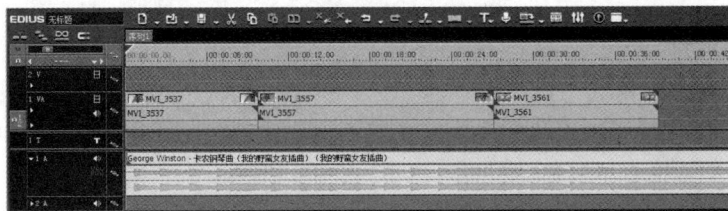

图 7-61 添加背景音乐操作界面

（4）导出成品

在菜单栏中选择"文件—输出—输出到文件"。操作界面如图 7-62 所示。

图 7-62　导出操作界面

六、动画素材的采集与处理

🎯 **本节学习目标**

通过本节的学习，能够熟练获取动画素材，并按照教学需要进行相应的处理。

（一）动画基本概念

当连续的静态图像快速播放时，由于视觉暂留现象，人的大脑会认为眼睛看到的是连续动作。要实现动画效果，首先要有一系列前后有差别的图形或图像；每一幅图形或图像被称为动画的一帧，可以通过计算机产生和记录；然后将这些帧以一定的速度播放。在教学中，教师可以有效利用动画来模拟事物的变化过程，解释科学原理，尤其是二维动画在教学中的应用较多。在许多领域，利用计算机动画来表现事物可以比利用电影取得更好的效果。较完善的多媒体教学软件应配有动画以加强教学效果。

（二）动画的常用格式

1. GIF 格式

一个 GIF 文件可以储存多幅彩色图像，如果把多幅图像的数据逐幅读出并显示到屏幕上，就可形成一种最简单的动画。

2. SWF 格式

SWF 格式是 Adobe 公司的 Flash 矢量动画格式，是基于 Shockwave 技术的流式动画格式。在观看 SWF 动画的时候，用户可以一边下载一边观看，不必等动画文件全部被下载到电脑硬盘上再观看。

3. FLIC 格式

FLIC 是 Autodesk 公司在其出品的 3D Studio 等动画制作软件中采用的彩色动画文件格式。FLIC 文件采用行程编码（RLE）算法和 Delta 算法进行无损数据压缩，因此可得到相当高的数据压缩率。它被广泛用于动画图形中的动画序列、计算机辅助设计和计算机游戏应用程序。

（三）动画素材的采集

1. 常规多媒体软件制作

可利用多媒体软件中的动画制作功能模块制作动画，如 PowerPoint 中的自定义动画模块可设置飞入、飞出、淡入、淡出等几十种动画效果，Authorware 能让屏幕对象进行直线或曲线运动等。

2. 专业动画软件制作

对于专业的动画软件教师较难掌握，但可以通过这些软件根据教学要求及创作对象的不同制作出形象、生动、逼真的动画，尤其是复杂运动的动画效果。动画制作软件可分为二维动画制作软件和三维动画制作软件两类。当前最为流行的二维动画制作软件有 Adobe 公司的 Flash 等，三维动画制作软件有 Autodesk 公司的 3ds Max 和 Maya 等，它们都是相当优秀、高阶且复杂的动画制作软件。

3. 使用素材光盘或从互联网上获得

我们既可以直接从现成的素材光盘里寻找所需的动画素材，也可以在资源丰富的互联网资源中搜寻更多的动画素材，但须注意版权问题。

（四）动画素材的处理

下面以 Adobe 公司的 Flash 和 Autodesk 公司的 3ds Max 为例，分别展示制作二维动画和三维动画的方法。

Adobe Flash 最初是美国 Macromedia 公司（现已被 Adobe 公司收购）设计的一种二维动画软件，通常包括 Flash（用于设计和编辑 Flash 文档），是和 Flash Player（用于播放 Flash 文档），是一款非常流行的动画软件。Flash 软件可以实现多种动画特效。

3ds Max 是 Discreet 公司开发的（后被 Autodesk 公司合并）基于 PC 系统的三维动画渲染和制作软件，被广泛应用于广告、影视、工业设计、建筑设计、多媒体制作、游戏、辅助教学及工程可视化等领域。它的突出特点是：基于 PC 系统的低配置要求，安装外挂以提供 3ds Max 所没有的功能，强大的角色动画制作能力，可堆叠的建模步骤使制作的模型有非常大的弹性。

1. 运用 Flash CS6 设计制作卷轴动画

目标：通过本例的练习掌握 Flash CS6 的基本操作，包括系列帧操作（如插入关键帧等）、图形元件的创建和补间动画的创建等。

任务：通过 Flash CS6 制作卷轴匀速展开的动画。

说明：本实例要求已经掌握 Flash CS6 工具箱中基本工具的使用以及各面板和菜单的使用方法。

(1)制作影片

①运行 Flash CS6，在菜单栏中选择"文件—新建—ActionScript 3.0"，单击"确定"。操作界面如图 7-63 所示。

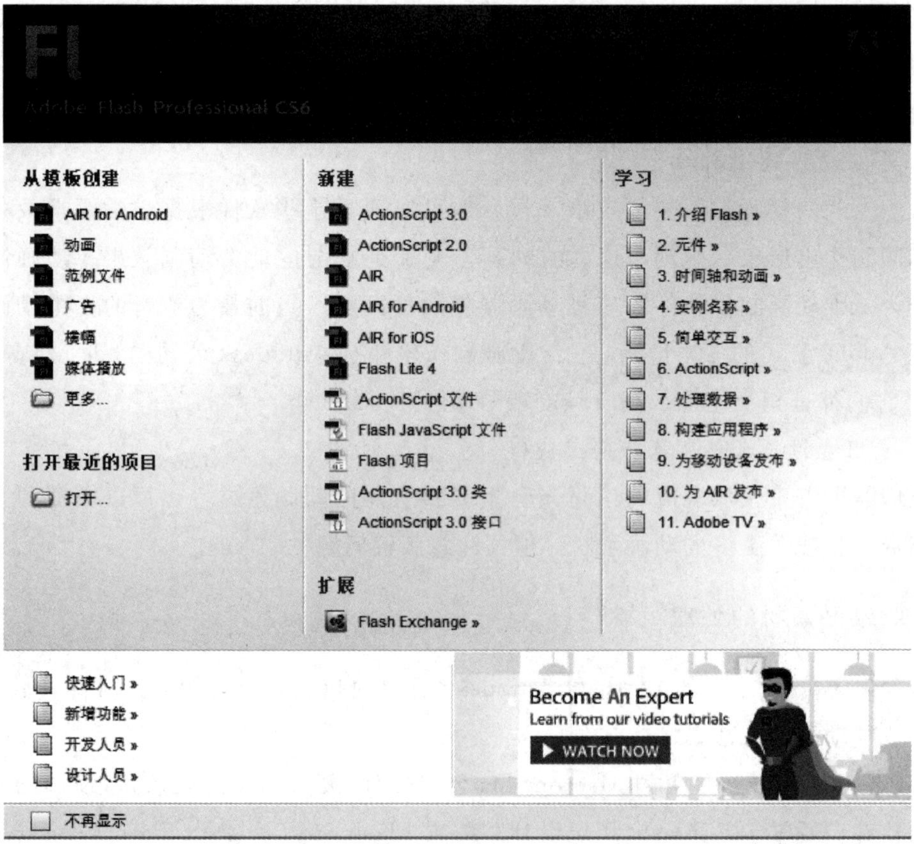

图 7-63　新建 Flash 文件

②在菜单栏中选择"修改—文档"，设置文档宽度为 550 像素，高度为 400 像素，背景颜色为白色，单击"确定"。操作界面如图 7-64 所示。

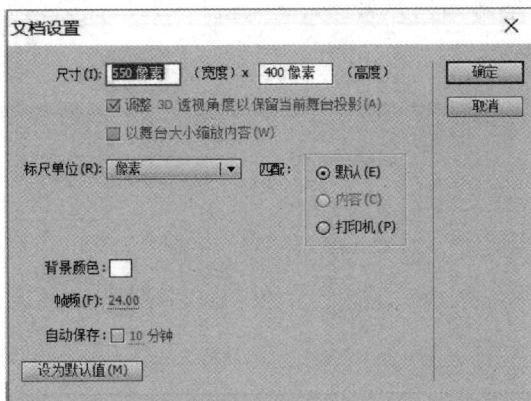

图 7-64　设置 Flash 文件的属性

③在菜单栏中选择"插入—创建新元件"，名称输入"卷轴"，类型选择"图形"，单击"确定"。操作界面如图 7-65 所示。

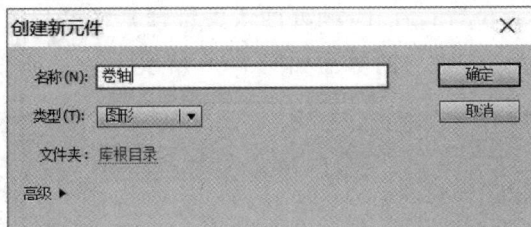

图 7-65　创建卷轴图形元件

④单击矩形工具，笔触颜色为无，填充颜色为黑色，绘制卷轴的两端。操作界面如图 7-66 所示。

图 7-66　绘制卷轴的两端

⑤单击矩形工具，笔触颜色为黑色，线条粗为2，填充颜色为线性，绘制卷轴。绘制好的卷轴如图7-67所示。

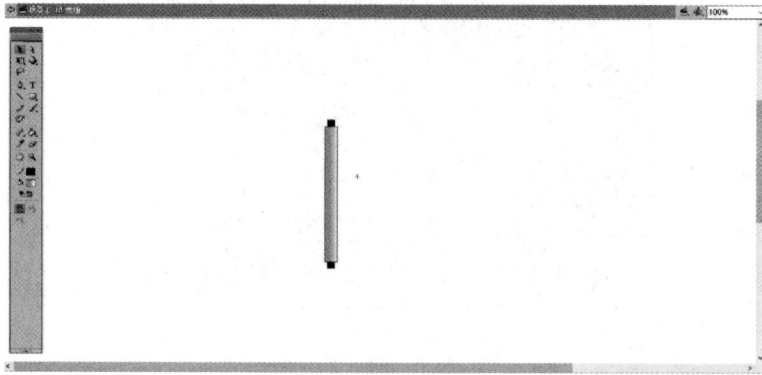

图7-67　绘制卷轴

⑥点击场景1，回到场景舞台，将图层1改名为"卷轴1"；将卷轴图形元件拖到舞台，调整至适当的大小和位置；在40帧处插入关键帧，将第一帧的卷轴图形元件复制到40帧，创建传统补间。完成后的界面如图7-68所示。

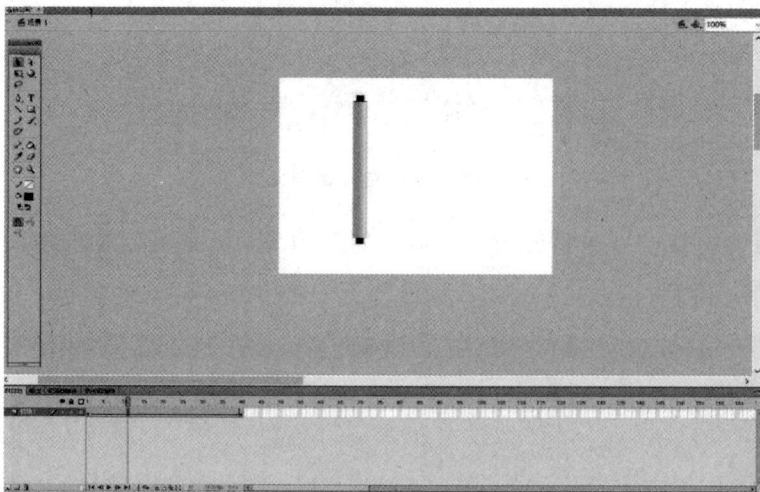

图7-68　对"卷轴1"图层的操作结果

⑦新建图层，命名为"卷轴2"，将卷轴图形元件拖到"卷轴2"图层上，并且和在"卷轴1"图层上的位置一致，在40帧处插入关键帧。操作完成后的界面如图7-69所示。

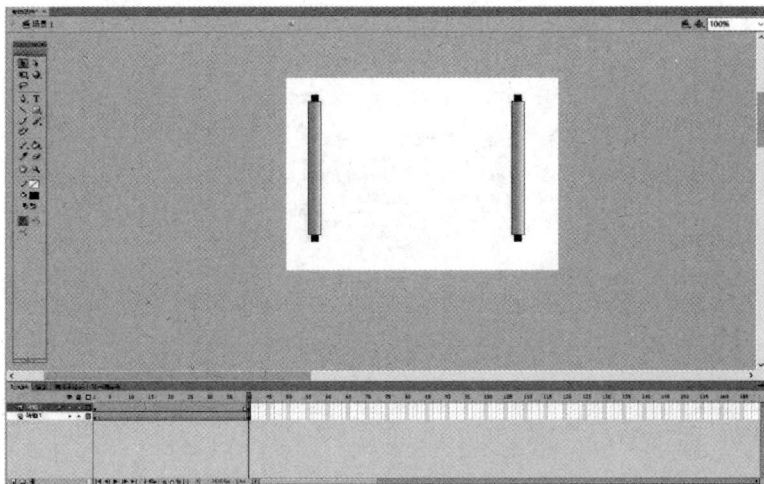

图 7-69　对"卷轴 2"图层的操作结果

　　⑧新建一个图层，命名为"图片"，在 3 帧处插入关键帧，导入图片到舞台，运用自动变形工具调整图片的大小，在 40 帧处插入关键帧，操作完成后的界面如图 7-70 所示。

图 7-70　对"图片"图层的操作结果

　　⑨新建图层，命名为"形变遮罩"，在 3 帧处插入关键帧，运用矩形工具绘制一个矩形，在 40 帧处插入关键帧，运用任意变形工具将 3 帧处的矩形覆盖整个图片，创建补间形状，单击右键，选择"形变遮罩"层，操作界面如图 7-71 所示。

图 7-71 对"形变遮罩"图层的操作

（2）测试影片

此时测试影片，会发现卷轴在图片的下面，且播放完成后又迅速开始。图 7-72 是测试过程中的截图。

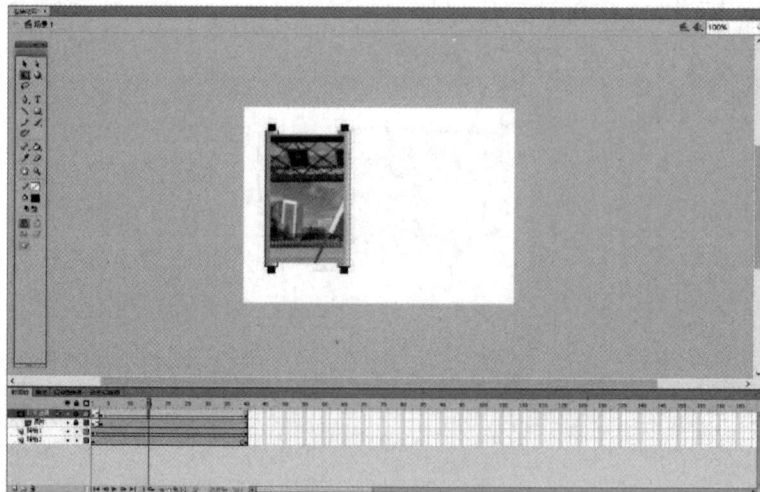

图 7-72 测试影片

此时我们要将每一个图层都延长至 50 帧，将卷轴所在的图层放在其他图层的上面，完成所有操作的界面如图 7-73 所示。

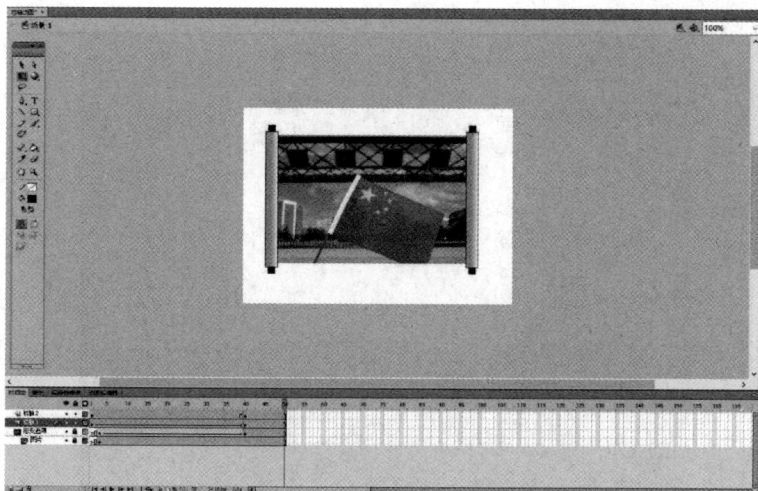

图 7-73 完成所有操作的界面

2. 运用 Autodesk 3ds Max 2018 设计制作三维 LOGO(徽标)

目标：掌握样条线工具与倒角修改器的使用方法、材质参数的调节和材质的赋予、光和摄像机的架设方法以及渲染的使用技巧。

任务：通过学习使用二维样条线工具将背景图案描画出来，应用修改器面板中的倒角修改器将二维样条线转变成三维对象，然后赋予一定的材质，打上灯光，架设摄像机，完成渲染，以掌握基本的三维模型创建过程。

说明：本实例要求已经掌握 3ds Max 2018 工具箱中基本工具的使用，熟悉各面板和菜单的使用方法。二维 LOGO 和三维 LOGO 效果图分别如图 7-74 和图 7-75 所示。

图 7-74 二维 LOGO

图 7-75 三维 LOGO

(1)建模

①运行 3ds Max 2018 程序，选中前视图，在菜单栏中选择"视图—视口配置—背景"，在"背景"中选择"使用文件"，单击"文件"，选择所需的图片素材路径，单击"确定"，将素材图片导入前视图。操作界面如图 7-76 所示。

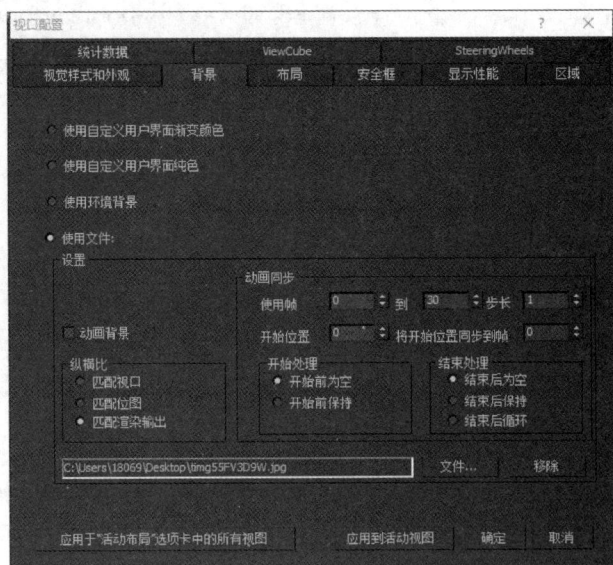

图 7-76　导入前视图背景图片

②在创建工具面板中选择"对象类型"里面的"线"，初始类型和拖动类型均选为"平滑"。操作界面如图 7-77 所示。

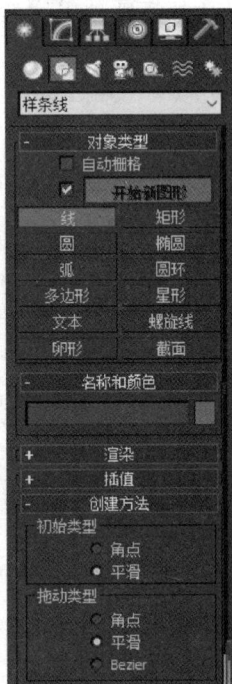

图 7-77　选择"对象类型"里面的"线"

③将前视图最大化，并适当调整视图的大小，用线把 LOGO 的图形描绘下来；在修改面板中，把相同颜色的线段都"附加"在一起。结果如图 7-78 所示。

图 7-78 描绘 LOGO 中的图形

④选择图形中的文本工具，在前视图的相应位置输入英文文本"Noodleat"，并在修改面板中调节字体、字号等参数。操作界面如图 7-79 所示。

图 7-79 输入英文文本并调节参数

（2）制作三维效果

①在菜单栏中选择"视图—视口背景—配置视口背景"，把"显示背景"移除。在修改器中为输入的英文文本添加倒角修改器。操作界面如图 7-80 所示。

图 7-80 添加倒角修改器

②采用同样的方法，为 LOGO 添加倒角修改器，并适当调节参数。效果如图 7-81 所示。

图 7-81　添加倒角修改器后的效果

（3）赋予材质

打开材质球，分别设置漫反射为黑色、黄色和红色的三个材质，并适当调节高光级别和光泽度；将黑球材质赋给文本，黄球和红球材质赋给 LOGO 相应的部分。操作界面如图 7-82 所示。

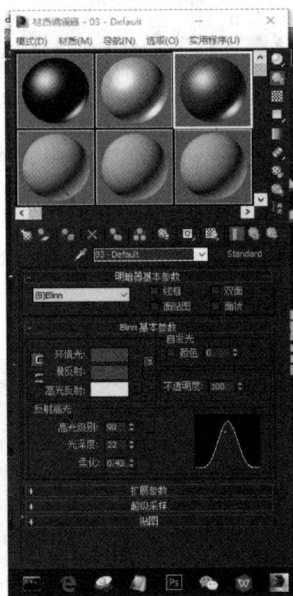

图 7-82　设置漫反射为黑色、黄色和红色的三个材质

（4）灯光和摄像机

①在透视图中新建一个平面，设置好大小和颜色，摆好与文字之间的位置关系，点击"快速渲染"按钮，查看并进行相应的调节。效果如图 7-83 所示。

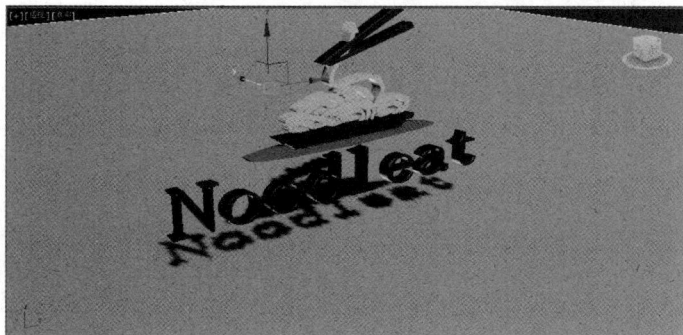

图 7-83　新建一个平面

②在场景中创建一盏泛光灯和一架摄像机，调整好相应的参数和位置，将透视图转换为摄像机视图，并打开渲染安全框，检查效果。操作界面如图 7-84 所示。

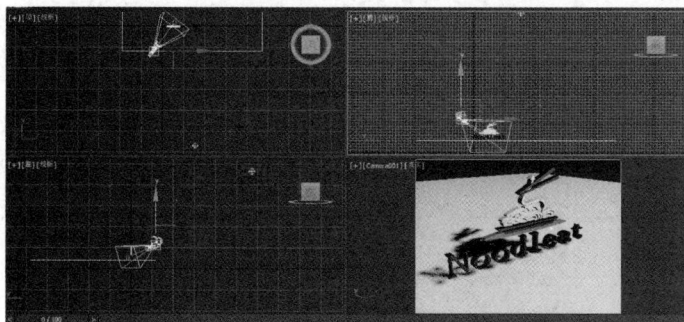

图 7-84　创建泛光灯和摄像机

（5）渲染

选择泛光灯，在其常规参数列表中勾选"阴影"选项中的"启用"，进行快速渲染，渲染效果如图 7-85 所示。

图 7-85　渲染效果

总结

本章小结

多媒体素材是多媒体课件的基本组成元素，是承载教学信息的基本单元。它包括文本、图形、图像、动画、视频、音频等。素材的准备包括采集与处理素材，是课件制作过程中耗费时间、精力最多的工作。教师必须对多媒体素材的采集和处理有较为全面的掌握，才能开发出优秀的多媒体课件。

Aa 关键术语

中文术语	英文翻译	中文解释
多媒体课件	Multimedia Courseware	在一定的学习理论的指导下，根据教学目的设计的、反映某种教学内容与教学策略的计算机软件。多媒体课件必须是根据课程标准的要求和教学的需要，经过严格的教学设计，并利用多种媒体的表现方式和超文本结构制作而成的。
视觉暂留	Persistence of Vision	人眼在观察事物时，光信号传入大脑神经需经过一段短暂的时间，光的作用结束后，视觉形象并不立即消失，这种残留的视觉被称为后像，视觉的这一现象则被称为视觉暂留。
矢量图	Vector-diagram	也被称为面向对象的图像或绘图图像，在数学上被定义为一系列由线连接的点。矢量图文件中的图形元素被称为对象，每个对象都是一个自成一体的实体，它具有颜色、形状、轮廓、大小和屏幕位置等属性。
位图	Bitmap	亦被称为点阵图像或绘制图像，是由被称作像素（图片元素）的单个点组成的。这些点可以进行不同的排列和染色以构成图像。当放大位图时，可以看见构成整个图像的无数单个方块。增大位图尺寸的方式是增大单个像素，从而使线条和形状显得参差不齐。然而，如果从稍远的位置观看它，位图图像的颜色和形状又显现为连续的。

🔗 章节链接

这一章的内容	其他章节中有相关讨论的部分
文本素材、图像素材和动画素材的采集与处理	第八章整章内容。
音频素材和视频素材的采集与处理	第九章"微课的录制"部分。

应用

批判性思考

1. 如何在教育教学中有效、合理地运用多媒体素材？

在信息化高速发展的时代，互联网不仅为我们的生活带来了便利，同时也影响着传统的教学方式，师生对多媒体素材的采集和处理越来越便捷。这为我们的教学带来了情境真实、内容丰富、方式多元、资源共享、不受时空限制等好处。但多媒体素材对教育只有积极的影响吗？我们的教师能够完全依赖多媒体素材进行教学吗？多媒体教学一定能够促进学生有效的学习和发展吗？

2. 一幅图像的宽度和高度、图像分辨率、图像输出尺寸、文件容量等对图像的传播方式都会造成影响，请结合自己的教育教学工作思考一下它们之间的关系，能否以一张图片为例写一个实例教程？

3. 针对不同的教学内容和教学对象应采用不同的多媒体素材。在实际教学中，如何根据教学内容和教学对象有效地运用多媒体素材来辅助教学？你能否以一个单元或主题为例尝试设计一个运用多媒体素材的教学方案？

体验练习

【思考与练习】

1. 利用 Photoshop 无痕迹拼接两张或多张图片。

2. 请用手机拍摄几段视频，选用一款视频处理软件制作一段包括淡入淡出特效、字幕及背景音乐的视频短片，时长为 30—90 秒。

【实践环节】

实践主题：视频素材的数字化采集与处理

1. 实践目的

(1)熟悉视频采集和处理的整个流程。

(2)掌握常用的视频媒体技术。

2. 实践内容

运用数码摄像机、具有摄像功能的数码照相机或智能手机拍摄一段视频，也可以从网络上下载视频素材，按照操作要求对视频素材进行如下处理：对视频进行剪辑；添加片头和片尾字幕；增加视频特效和过渡特效；添加背景音乐。

3. 实践要求

(1)加工处理完成的视频应具有完整性和艺术性。

（2）随机抽取学生在课堂上演示自己的实践作品，师生共同交流学习。

🔍 案例研究

多媒体技术具有较强的集成性、超文本链接的选取性、大容量存储的丰富性、高速传输的便捷性、人机交互的可操作性及超时空交流的共享性等特点。它能综合处理并实时传递声音、文字、图像等各种信息，提供更加丰富和便捷的人机界面，为学生创设一个集视、听、读、写于一体的学习环境。以下是一位教师对一年级语文《乌鸦喝水》一课进行的多媒体课件设计，请研读其设计方案，并与你的日常教学进行比较，思考下列问题。

1. 在本案例中，教师利用了哪些多媒体素材？

2. 你认为本案例有哪些亮点？形成这些亮点的原因是什么？

3. 你认为本案例还有哪些不足之处？应该如何改进？

多媒体课件在教学中的应用——以一年级语文《乌鸦喝水》为例

Ⅰ. 单元学时

本单元共 4 课时。

Ⅱ. 学习主题

做什么事都要动脑筋，只有想办法才能做好。

Ⅲ. 实施过程

ⅰ. 欲扬先抑，巧借媒体改变"笨乌鸦"形象

教师通过《狐狸和乌鸦》的故事引入，告诉学生今天我们要学习的乌鸦非常聪明，它不断吸取教训，努力学习，改正了自己不动脑筋的坏习惯，变得勤于动脑、善于思考了；接着播放从电视节目《动物世界》中剪辑出来的鸟类模仿人类行为的视频片断——翠鸟用面包片引诱鱼然后捕捉，乌鸦用嘴开笼子的锁，精彩的鸟类表演——使学生产生"乌鸦真聪明，它一定会想出喝到水的很多办法"的观点，增强学习的兴趣。

ⅱ. 制作"摘苹果"课件，激发学生的识字兴趣

课件展示画面：一棵枝繁叶茂的树上结满了红彤彤的苹果，果实上有本课的生字。教师让学生按拼音摘取果实，并分析生字的组成结构，思考能组成什么词，寓教于乐，避免单调的死记硬背，使学生在轻松愉快的氛围中积累知识。

ⅲ. 伴随视频与音乐朗读、领悟课文

利用多媒体集图、文、声、像为一体的特点，教师通过多媒体课件播放美好春天景色的视频和悠扬的音乐，并随之示范朗读，让学生边看边听，如闻其声、如见其景、如临其境。然后学生分组朗读、个人朗读，体会乌鸦"天热口渴—找到水但喝不到—想办法喝到水"的活动过程。这使朗读变得有趣、

简单，并使学生积累词汇和句子，有助于其加深对课文的理解。

iv. 动画显示"乌鸦喝水"的全过程，引发学生想象

多媒体课件展示：晴空万里，一只飞倦的乌鸦口渴极了，左顾右盼，到处找水喝；它找到了一只装水的瓶子，但喝不到水；它看看四周，发现有许多小石头，便把石头一块一块地放进瓶子里，水渐渐升高，最终乌鸦喝到了水。这一过程由动画显示得十分清楚，能使学生一目了然。

借机发挥，激发想象，拓展思维。教师让学生大胆想象：乌鸦还可以用什么方法喝到水？先让学生小组合作讨论，然后教师用多媒体课件展示一个例子（从网上下载的动画：乌鸦用吸管吸到了水），起到画龙点睛的作用。

拓展

补充资料

1. 朱京曦. 多媒体教学策略［M］. 北京：北京师范大学出版社，2010.

此书针对课堂教学实践中多媒体应用存在的普遍现象和问题，从学生的认知过程出发，提出了多媒体有效应用的心理过程，并结合大量案例，总结、提炼了各个关键环节的教学策略，为教师合理应用多媒体提供了参考依据。

2. 赵呈领，王忠结，黄海军，等. 多媒体教学资源设计与开发课程设计［M］. 北京：清华大学出版社，2015.

此书选取了各种类型的多媒体教学资源设计与开发方面的项目，通过每个项目的需求分析、系统设计、系统实现等环节，比较系统、全面地介绍了多媒体教学资源的设计与开发过程，并对每个项目进行了一定的延伸和拓展，引导读者进行分析与思考。

在线学习资源

第八章

多媒体课件的
设计与应用

本章概述

　　通过本章的学习，了解多媒体课件的概念、类型，以及其基本原则和基本流程；掌握和利用 PowerPoint 软件开发演示型课件的常用操作方法以及制作动画的一些技巧；通过学习 iH5 平台的操作方法，掌握 H5交互型课件的制作流程和常用的开发方法。

结构图

本章学习目标

在信息化背景下，多媒体课件制作是未来教师的一项必备技能。本章在介绍多媒体课件的概念、类型、制作的基本原则和基本流程的基础上，要求学习者掌握用 PowerPoint 软件制作演示型课件的基本操作。随着移动学习成为一种常用的学习方式，移动学习资源的设计与开发也是非常重要的。本章介绍了基于目前较为流行的 iH5 平台制作 H5 交互型课件的基本流程，并通过典型案例梳理了其重要的操作方法，通过学习这部分内容，学习者应能掌握制作 H5 交互型课件的方法。

学前深思

如何用 PowerPoint 软件制作出外观精美、动画流畅的演示型课件呢？应注意并学会哪些重要的操作？iH5 平台可制作适合移动端的交互型课件，它有哪些基本操作？它和传统的 Flash 课件有哪些异同呢？

一、多媒体课件概述

本节学习目标

通过对本节的学习，了解多媒体课件的概念、特点、类型，掌握制作的基本原则和基本流程。

多媒体技术和计算机网络技术在教育领域的广泛应用，为教育信息的传播提供了理想的技术手段，多媒体课件已成为教育领域中最基本的教育技术手段之一。多媒体课件是利用文字、图形、图像、动画、视频、音频等多种媒体创作的交互式教学软件。它在教学中可以集图、文、声于一体，生动形象地把教学内容展示出来，使学生接受多种感官刺激，使内容容易理解且记忆深刻。特别是多媒体课件中的超媒体结构，它符合联想思维和建构性知识结构。利用多媒体课件进行教学可以提高教学的效果，激发学生的学习兴趣，同时还能培养、提高教师和学生应用计算机的能力。

(一)多媒体课件的概念

多媒体信息指集文字、图形和图像、声音、动画、视频于一体的综合媒体信息。多媒体技术则指利用计算机综合处理多种媒体信息，使多种信息之间建立起逻辑连接，集成为一个具有交互性的系统。

1. 多媒体课件

多媒体课件是在一定的学习理论的指导下，根据教学目的设计的、反映某种教学内容与教学策略的计算机软件。多媒体课件必须根据课程标准的要求和教学的需要，经过严格的教学设计，并由多种媒体的表现方式和超文本结构制作而成。

2. 多媒体课件的特点

(1)交互性

无论是视觉媒体、听觉媒体还是视听媒体，它们的信息传递基本上都是单向的，而多媒体课件突破了这一限制，实现了双向通信、人机交互，为教与学带来了极大的方便。

(2)集成性

多媒体课件的教学内容与表现形式多样，集文字、图形和图像、声音、动画、视频于一体，在承载信息方面真正实现多媒体化，从而提高教学的效率和质量。

(3)智能性

多媒体课件具有超文本的动态结构，把计算机的内在运算机制与智能性外部工作联系起来，能根据学生的反映做出判断，帮助学生决定相应的学习策略。学生可以按照自己的目的和认知特点重新组织信息，采用不同的学习路径进行学习，智能性的反应更符合人类的认知规律，便于学生进行联想思维。

(4)信息传输网络化

交互类媒体以数字化方式存储、处理信息，经过编码压缩后的信息数据量小，适合网络传播，而且传输及时、可靠，效率高，多数情况下能做到双向实时传输。

(二)多媒体课件的类型

1. 演示型课件

演示型课件指由教师根据教学目标自行设计，在课堂上手动或自动播放的课件；一般使用 PowerPoint 等演示文稿制作软件进行制作；教学程序基本属于直线式顺序教学，在直线式的基础上有简单的跳转和链接功能，适用于各学科教学中的展示内容提要、数据图表、动态现象、模拟示意的环节，可用来配合课堂的讲授、讨论、练习、示范等各种教学方法，辅助各学科的课堂教学。

2. 操作与练习型课件

操作与练习型课件给学生提供与所学过的例子相似的练习项目，通常是一次一个项目，并对每个项目给予反馈，反馈的内容取决于学生的输入，反馈形式包括简单的对错判断、对继续尝试的提示、动画演示、语言解释等。在有的课件中，当学生在一个项目练习中回答正确时，就直接进入下一个练习项目。

操作与练习是有区别的。操作是通过反复的练习和对比，形成对事实和概念等陈述性知识的记忆，如记忆英语词汇、地理名称、历史事件等。练习是通过应用知识解答问题，使学生获得程序性智力技能，如算术运算、方程求解、英语造句、电路故障排除等。

操作与练习型课件的功能可以分为多种水平。最基本的功能可以被称为"反射活动"，也就是学生逐个回答屏幕上的一系列问题。功能水平较高的课件能够在学生正确回答某一层次上的一系列问题后，把学生引向更高层次的问题；或当学生的回答有了一定数量的错误时，使其回到低一层次的问题。有些课件还能够在学生进行高一层次学习时，自动地让学生复习曾做错的问题。

3. 指导型课件

指导型课件体现了教师以指导为主的教学策略，它向学生系统地传授关于某一课题的内容。教学程序分为直线式和分支式，适用于指向言语信息的获得、复杂规则的应用以及解决问题的策略等各种学习结果的教学。

指导型课件应该包含加涅所提出的所有教学事件，理想的指导型课件通常有练习部分。有些指导型课件具有教学管理功能，教师可以为学生选择学习的起始水平，也能够得到关于学生学习进度和测验成绩的记录表等。指导型课件的目的是呈现知识或示范技能，并指导学生初步地应用知识或技能，一般不包括扩展练习或系统学习评价。

由于需要描述各个教学事件，早期的指导型课件通常是为有阅读能力的学生开发的，他们能够通过屏幕上的文本获得解释和指导，进入不依赖教师的教学环境。多媒体技术的应用使课件具有了强大的声音和图形表达功能，适合只有初步阅读能力的儿童的指导型课件得以开发。

4. 资源型课件

资源型课件是一种适用于学生自主学习的课件类型，正在成为多媒体课件的一种常用类型，尤其是在网络教学中。资源型课件的基本特征有以下三个方面。

(1)信息数据库组织信息

超媒体结构能够组织和利用大量信息，需要以数据库为平台来支持课件运行。在小型课件中，也应该按照数据库的规范组织信息。

(2)多重导航方法

超媒体结构容易使学生在信息浏览中迷失方向，偏离学习目标，因而需要多重导航方法相互配合，构成课件的导航系统。

（3）多种媒体呈现信息

超媒体可以看作"多媒体对象＋超链接"的产物，实质上是非线性结构的多媒体，同时具有丰富的表现力和强大的交互功能。

5.模拟型课件

模拟是用多媒体技术呈现真实的或想象的系统，被用于教授系统是如何运作的。在对模拟课件的学习中，学生进行有个体意义的建构活动。根据所模拟的内容，模拟型课件可分为物理模拟、过程模拟、程序模拟和情境模拟，其中物理模拟和过程模拟主要用于事实、概念、命题等陈述性知识学习，程序模拟和情境模拟主要用于智慧技能、认识策略等程序性知识的学习。

（1）物理模拟

物理模拟是在屏幕上呈现物体或现象，从而使学生有机会去学习它们。例如，让学生按照提示选择化学试剂，然后观察试剂反应的现象；让学生连接电路，观看电路的通断现象；还有模拟城市规划、心理现象等。

（2）过程模拟

学生多次运行模拟，在每次运行开始时选择变量值，观察所发生的现象，并解释结果。过程模拟常用于加快或减慢通常不便于观察的真实过程，或把抽象的事物变化发展过程可视化。例如，模拟生物繁殖实验，可以把自然中几个月的过程在短短的几分钟内展示出来，使学生认识繁殖规律；还可以模拟人口增长对社会环境的影响、价格变化对企业生产的影响等。

（3）程序模拟

程序模拟的目的是讲授实现某个目标的活动顺序，其中包含对实际事物（物体）的模拟。学生在模拟中运行或操纵模拟物体（事物）的活动过程。

课件引导学生按照一定的顺序和步骤进行模拟活动。计算机对学生的任何行为都会提供信息或反馈，这些信息或反馈是对学生在真实世界中的实际活动可产生的效果的模拟，例如医疗诊断模拟、计算机操作模拟等。

（4）情境模拟

情境模拟用于培养个人或群体在不同情境中的行为和态度，它不以知识和技能为目标。它给学生提供假设的情境，要求学生做出反应。在大多数情境模拟中，学生都要扮演一个角色，让学生进行股市操作，或以公司决策者的角色进行商业运作。情境模拟课件通常能给学生提供多种可选择的活动方案。

6.教学游戏型课件（交互型课件）

教学游戏型课件是一种典型的交互型课件，其功能是通过给学习活动增加游戏规则来提高学生的学习动机，主要有操练与练习游戏以及模拟游戏两种。游戏型课件能够有效地改善学习，其通过激发学生的学习动机，尤其是增强内部动机，使学生投入更多的时间和精力于学习活动。游戏型课件对于增强智力活动的敏捷性、竞争意识、团队精神以及多学科知识与技能的综合应用等都有益处。然而，在整个教学计划中，游戏比较适合穿插应用，而不适用于独立完成教学任务。

目前在中小学教学中应用的教学游戏型课件大多是操练与练习游戏，如英语单词记忆、数字速算、语文组词、地理发现等；也有少量模拟游戏，如人体器官旅行。在高校和职业培训的商务、管理类课程教学中，应用比较多的是模拟游戏。

(三)多媒体课件制作的基本原则

1.科学性与教育性

课件中不能出现知识技能、专业术语错误，覆盖内容的深度、广度要恰当，难易适中，适合学生的教育背景，能够引起学生的学习兴趣。

2.交互性与多样性

课件应充分利用人机交互的功能，实现对学生学习效果的评估、对学习情况的记录、对学生回答的适宜判断等，给学生广阔的思维空间，发挥他们的创造性。

3.结构化与整体性

一般一个课件分为片头、内容、片尾三部分。课件应从整体出发，其内容被分成几个模块，根据实际教学需求，各个模块通过按钮、菜单相互切换，且操作方便。

4.美观性与实用性

文字安排简洁，字体选择得当，大小合适，文字色彩与背景对比明显；图形、动画效果明显，大小适中，排列合理；菜单、按钮样式设计美观大方，位置合理；提示、帮助信息明确，能够与操作过程和内容配合，位置合理。

5.稳定性与扩展性

课件的运行要稳定，不应出现非正常退出。课件对硬件、软件的环境要求应较低，便于增加新内容。

6.网络化与共享性

网络化是课件发展的趋势，网络型课件不受时间、空间的限制，可方便快捷地进行资源共享与整合。

(四)多媒体课件制作的基本流程

1.课件需求分析

课件需求分析的主要工作包括明确教学目标、确定教学模式、选择教学内容、分析使用对象，同时还要考虑运行环境以及所需要的时间、人员等因素。

2. 课件教学设计

课件开发者根据学科内容特点，对学生特征进行分析，确定教学目标，并为达到这一目标选择相应的教学策略。具体工作包括分析学生特征、确定教学目标、合理选择与设计媒体信息、确定相应的教学过程结构、进行学习评价。

3. 课件脚本编写

课件脚本分为文字脚本与制作脚本。文字脚本相当于剧本，指明课件教什么、学什么、如何学。制作脚本包括封面设计、界面设计、结构安排、素材组织等内容。

4. 课件素材准备

课件素材包括文字、图片、动画、声音和视频等素材。这个阶段耗费的时间最长，也会用到一些素材处理软件，如图形/图像素材一般会用到 Photoshop 等软件，声音素材一般会用到 Audition 等软件。

5. 课件设计制作

这一步是将各种准备好的教学素材运用到课件中，设置对课件的控制和交互方式。

6. 课件调试运行

调试分为模块调试、测试性调试、模拟实际教学过程性调试和环境性调试。

7. 课件维护更新

课件开发者应不断地收集使用者信息，更新和完善课件内容，以使课件在教学中发挥更加强大的作用。

二、用 PowerPoint 软件制作演示型课件

本节学习目标

通过本节的学习，掌握 PowerPoint 常用的操作方法，掌握和利用 Power-Point 制作教学动画的一些重要思路和技巧。

随着信息化教学的发展，多媒体教学日益普及，而 PowerPoint 作为一款能够集成文字、图像、动画、声音、视频等多种素材的多媒体制作软件，以其功能强大、易学易用等特点赢得了广大教师的青睐，常常被用来制作演示型课件。

（一）演示型课件在教学中的应用

1. 将抽象的知识直观化、形象化，激发学生的学习兴趣，调动积极性

演示型课件利用形象、具体、生动的画面并配合一定的音乐来呈现新知识，使学生在视觉和听觉上得到和谐的信号刺激，使大脑获得多种类、多层面的知识信息，把学生的兴趣和积极性有效调动起来。

2. 增大信息量，有效扩展课程容量，提高教学效率

演示型课件使讲解更直观、更清晰、更具吸引力。学生更容易建立起新旧知识之间的联系，学得更快且印象更深，感知新知识的速度加快，对知识的理解程度加深，同时演示型课件缩短了教师板书的时间，增加了课堂的容量，调动学生的多种感官，把问题化难为易，提高课堂效率，以保证教学任务的顺利完成。

3. 活跃课堂气氛，加深巩固教学内容，寓教于乐

演示型课件集合了图、文、声、像，向学生提供形式多样、功能各异的感性材料，寓教于乐，调动学习兴趣。另外，多媒体课件还能够在教学中打破时间和空间的限制，延伸和拓宽教学时空，通过图像、声音、色彩和动画传递教学信息，解决由时间和空间的限制所造成的教学难点，使学习内容变得容易被理解和掌握，培养并发展学生获取信息、分析信息和处理信息的能力。

（二）演示型课件制作的基本操作

1. 创建演示文稿，设置背景和母版

（1）创建演示文稿

①启动 PowerPoint 软件（这里以 PowerPoint 2016 为例进行说明）。

②如果用户对创建文稿的结构和内容较为熟悉，则可以从空白的演示文稿开始，操作步骤为：单击菜单栏中的"文件"，单击"新建"，选择中间窗口的"空白演示文稿"选项，即可创建一个空白演示文稿。

若用户需要参考模板，则可以根据 PowerPoint 模板来构建具有专业水准的演示文稿，具体操作步骤为：单击菜单栏中的"文件"，单击"新建"，即可看到 PowerPoint 自带的各种模板。"新建"命令的窗口如图 8-1 所示。

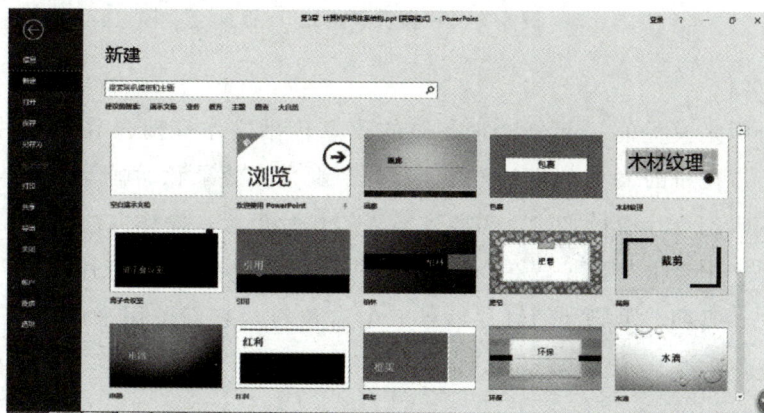

图 8-1　"新建"命令窗口

（2）设置背景

在编辑幻灯片时，用户可以根据需要自行设置背景样式。在自定义背景样式时，用户可以设置幻灯片背景填充的效果，下面详细介绍应用纯色填充背景的操作方法。

①打开演示文稿，选择"设计"，在"自定义"选项组中单击"设置背景格式"按钮，打开"设置背景格式"面板。

②在"设置背景格式"面板（图8-2）中选择"填充"下的"纯色填充"，单击"颜色"的下拉按钮，在展开的列表框中选择要使用的纯色，如绿色。

③设置颜色后，还可以拖动"透明度"滑块设置相关参数。单击"全部应用"按钮，所有页面都使用设置好的背景。

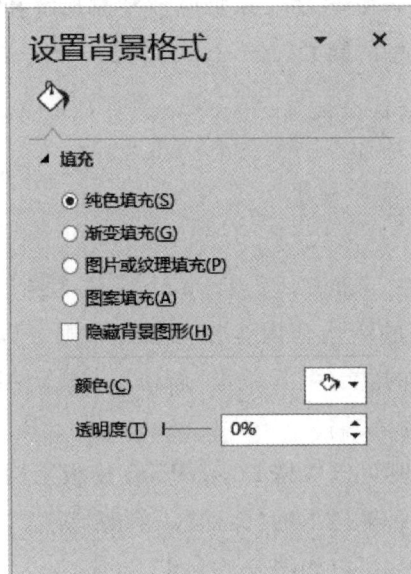

图8-2 "设置背景格式"面板

（3）设置母版

幻灯片母版是模板的一部分，它存储的信息包括文本和对象在幻灯片上的位置、文本和对象所占位符的大小、文本样式、背景、颜色、效果和动画等。

在准备编辑幻灯片模板之前，需要先插入幻灯片母版，操作方法如下。

①在菜单栏中点击"视图"，在"母版视图"选项组中单击"幻灯片母版"按钮，其中有标题、正文、日期、页脚和幻灯片编号五个占位符，它们被用来确定幻灯片母版的版式，如图8-3所示。

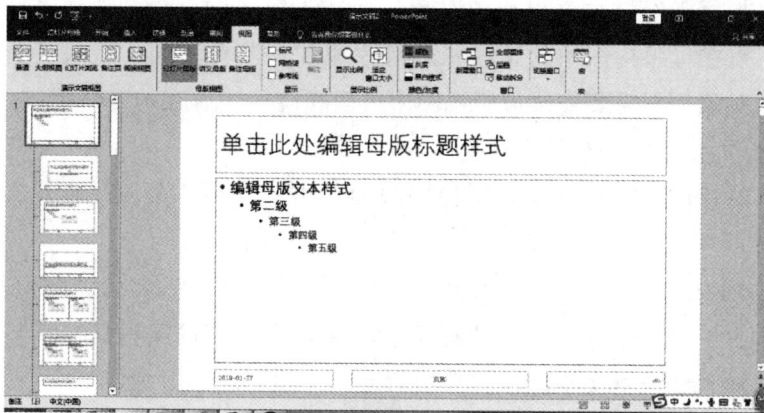

图 8-3　设置幻灯片母版

②在菜单栏中选择"幻灯片母版"选项卡，在"编辑母版"选项组中单击"插入幻灯片母版"按钮，如图 8-4 所示。

图 8-4　单击"插入幻灯片母版"按钮

③在演示文稿中，用户可以看到已经插入了的幻灯片母版，如图 8-5 所示。通过这样的操作可以设置多套幻灯片母版样式。

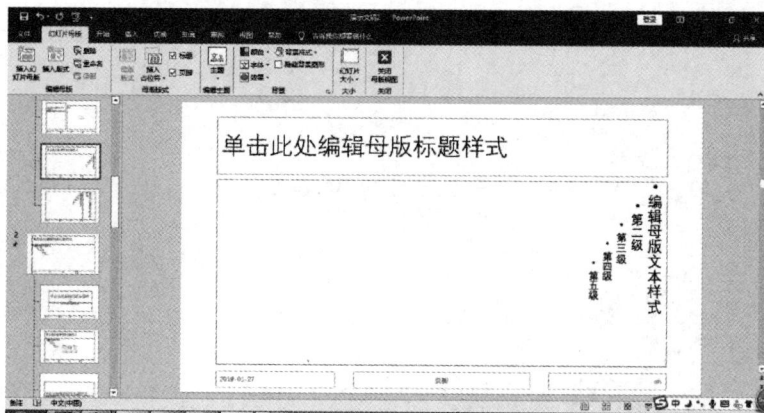

图 8-5　插入幻灯片母版

④设置母版的外观效果。在母版中选择占位符，更改位置、大小、文本内容和格式，设置背景，等等，其方法与普通幻灯片相同。

⑤若要添加每张幻灯片都出现的对象，如插入统一的背景、通用按钮、自己课件的标志等，只需在母版视图中的第一张幻灯片添加。若在不同的版式设置不同的格式或插入不同的对象，则需要修改母版视图中后面相应版式所在的幻灯片。

2. 在课件中添加多媒体素材

制作课件时，用户往往需要在课件中添加文本、图形、图像、影片、声音和动画等多媒体素材。

(1)添加文本

①在文本占位符中输入文本。选择了含有文本占位符的某种版式后，在文本占位符的虚线框内输入、编辑文本。

②在文本框中输入文本。依次选择"插入—文本框—绘制横排/竖排文本框"选项卡，拖动鼠标画出文本框，在文本框内输入、编辑文本。

③复制粘贴输入文本。

(2)绘制图形

选择"插入—形状"，选择一种自选图形，按下鼠标左键，并沿对角线拖动鼠标到适当的位置；绘制曲线时可在起点和拐点处单击并拖动来确定形状和位置。

(3)插入图像

选择"插入—图片"，找到所需图片文件所在的文件夹后，选中图片文件，单击"插入"按钮插入所选图片。

(4)插入艺术字

选择"插入—艺术字"，根据需要单击艺术字库中的一种艺术字样式，即可插入艺术字，然后进入"格式"即可编辑艺术字，如图 8-6 所示。

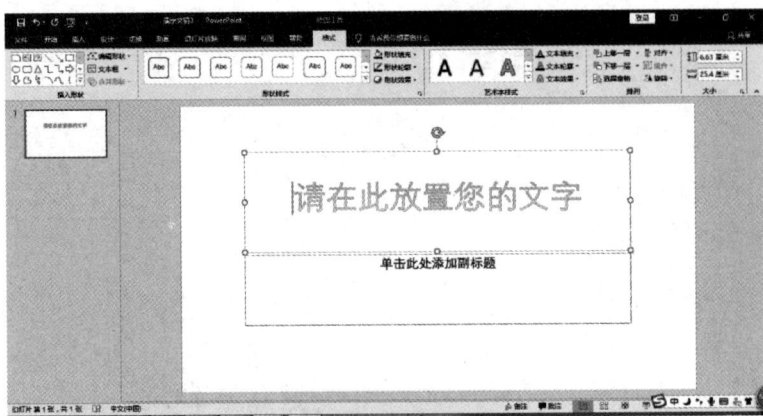

图 8-6　插入艺术字

(5)插入视频

选择"插入"选项卡，找到"多媒体"选项卡组，选择"视频—PC 上的视频"，找到所需视频，单击"确定"按钮。

(6)插入和录制音频

插入音频的操作为：选择"插入"选项卡，找到"多媒体"选项卡组，选择"音频—PC上的音频"，找到所需音频，单击"确定"按钮。

录制音频的操作为：选择"音频—录制音频"，弹出"录制声音"对话框，输入声音名称，单击红色的开始按钮，开始录制，录制结束后单击蓝色的停止按钮，然后点击"确定"按钮，如图 8-7 所示。

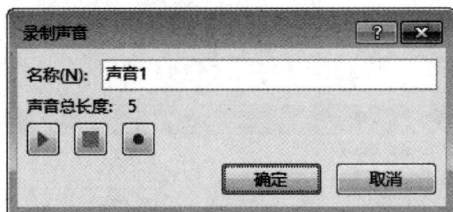

图 8-7 "录制音频"对话框

(7)插入动画

GIF 动画的插入方法与图像相同。Flash 动画的插入方法如下。

①将演示文稿保存到 Flash 的 SWF 文件所在的文件夹。

②打开 PowerPoint，然后打开要插入 Flash 动画的幻灯片，单击文件菜单。

③单击左侧的"选项"菜单，弹出"PowerPoint 选项"对话框，如图 8-8 所示。

图 8-8 "PowerPoint 选项"对话框

④单击"自定义功能区，"选择"开发工具"，单击下方"确定"按钮。

⑤选择"开发工具"，在"控件"选项卡组中单击"其他控件"，在出现的新窗口中选择"Shockwave Flash Object"，如图 8-9 所示，然后单击"确定"按钮。

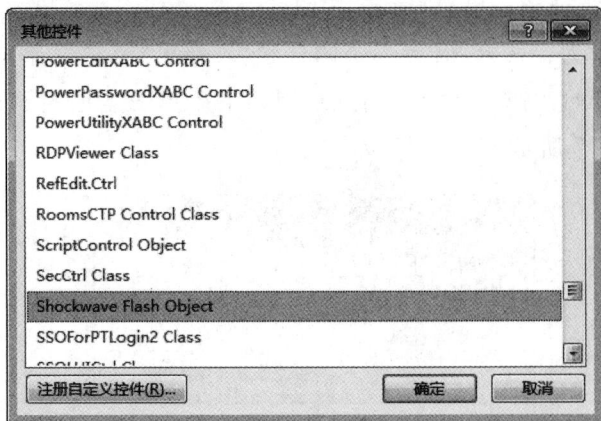

图 8-9　"其他控件"对话框

⑥用鼠标在幻灯片上拖动出来一个区域，然后双击这个区域。

⑦在 Movie 中手动输入 SWF 格式动画的文件名，然后关闭当前的窗口。

⑧保存修改后的 PowerPoint，将文件夹复制即可到其他电脑上播放。

3. 课件动态效果的实现

（1）添加动画效果

①添加进入效果。选中幻灯片中要添加动画效果的对象，选择"动画"，然后选择"进入效果"，如"飞入"，"动画"此时选项卡中的"预览"按钮就由黑白变成了彩色，单击"预览"按钮可以进行预览，如图 8-10 所示。单击"效果选项"下拉按钮就可以看到进入效果的其他选项。

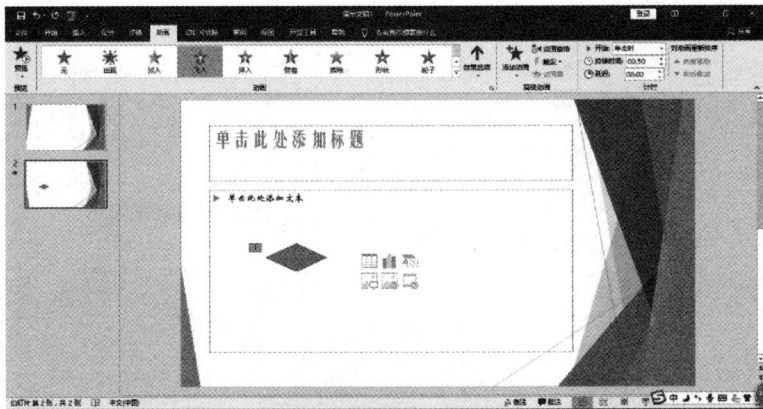

图 8-10　添加进入效果

②添加其他动画。选择"添加动画"，可以进一步设置进入、强调、退出效果，如图 8-11 所示。

图 8-11　添加其他动画

③如果单击选择"其他动作路径"，将弹出"添加动作路径"对话框（图 8-12），选择一种动作路径效果，然后单击"确定"按钮。

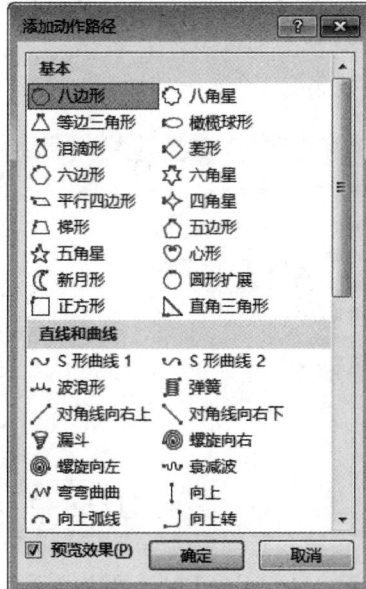

图 8-12　"添加动作路径"对话框

（2）动画效果的编辑

①选择设置动画效果的对象，可以在"计时"选项卡组中调整动画的先后顺序。单击"动画窗格"选项卡，选择一个动画，单击右侧的下拉箭头弹出下拉菜单，可以删除

动画，"动画窗格"的界面如图 8-13 所示。

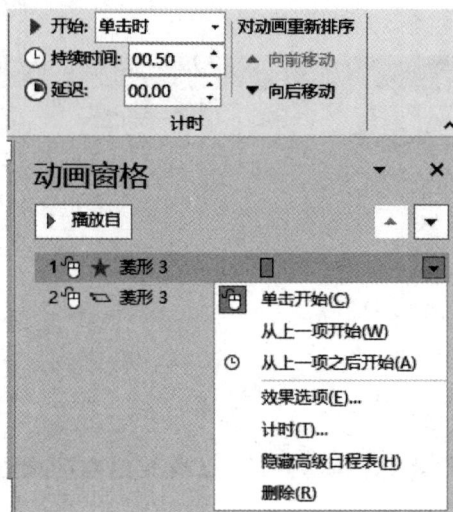

图 8-13　动画窗格

②单击"计时"选项中的"开始"按钮，会弹出下拉列表，如图 8-14 所示。其包含三个选项，选项"单击时"指单击鼠标后开始显示动画效果；选项"与上一动画同时"指选中的对象与前一个对象同时开始显示动画效果；选项"上一动画之后"指在前一动画效果显示完后自动开始显示动画效果。

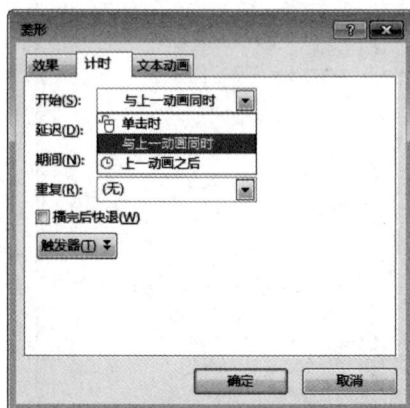

图 8-14　"计时"中"开始"的选项

③单击"效果"选项，可以设置动画的方向和增强效果，对于不同性质的动画对象，设置选项的内容会有所不同。在"增强"一栏可以设置播放动画时是否播放声音以及动画播放后的效果，如变暗、隐藏等，如图 8-15 所示。

图 8-15　"效果"选项

4．课件交互的实现

(1)通过"动作按钮"

①选择"插入—形状—动作按钮"选项卡，选一按钮，将光标移到幻灯片上，光标变为"＋"。

②按住鼠标左键从左上角向右下角拖动，绘制所需大小的按钮，同时自动打开"操作设置"对话框(图 8-16)，设置动作。

③如果使用按钮默认的动作，直接单击"确定"按钮即可。也可增加或改变动作设置，再单击"确定"按钮，完成动作按钮的添加。

图 8-16　"操作设置"对话框

(2)通过插入"动作"

①选中对象，选择"插入—动作"选项卡，弹出"操作设置"对话框。

②选择"单击鼠标"或"鼠标悬停"选项卡。

③单击"超链接到"列表框的下拉按钮，弹出链接的目标对象列表，然后选择一个目标对象。例如，选择"幻灯片"，则打开"超链接到幻灯片"对话框，可根据其幻灯片预览图，选择所要链接的幻灯片，再单击"确定"按钮。若选中"其他文件"，单击"浏览"按钮，找到要运行的文件路径，再单击"确定"按钮。

④在幻灯片放映时，若希望单击（或移过）动作对象时能够发出声音和突出显示，可选中"播放声音"和"单击时突出显示"，并在"播放声音"下拉列表中选择一种合适的声音，设置完成以后，单击"确定"按钮。

（3）通过插入"链接"

①选中对象，选择"插入—链接"，单击其中"链接到"栏内的按钮可改变对话框视图。

②选择"本文档中的位置"按钮，选择要链接的目标幻灯片，单击"屏幕提示"按钮，打开"设置超链接屏幕提示"对话框，输入提示文字，单击"确定"按钮，再单击"确定"按钮，完成超链接的建立。如图 8-17 所示。

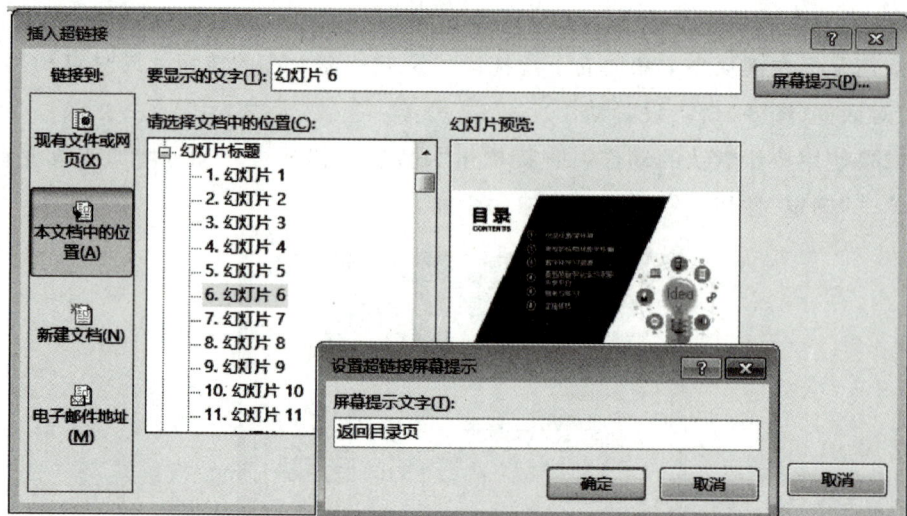

图 8-17　超链接设置

（三）演示型课件动画的制作案例

前面的内容介绍了制作演示型课件的基本操作方法，通过学习这些方法可以制作一般的演示型课件。动态效果在课件中有着重要地位，添加适当的动态效果可以突出重点，提高演示的趣味性，形象展示教学内容和动态过程。本部分通过两个实例来详细介绍演示型课件中典型的动画效果制作过程。

1. 运用 PowerPoint 2016 完成直线路径动画的制作——钢球碰撞

目标：掌握直线路径动画的制作。

任务：本实例运用直线路径动画制作的相关工具来制作钢球碰撞的过程，介绍如何在演示型课件中展现具有动态过程的教学内容，举一反三，使学习者掌握运用直线路径实现动态效果的基本方法。

说明：本实例要求已掌握在课件中插入文本、图形、图像、音频、视频等多媒体素材的基本方法，并且能熟练添加动画效果。

（1）绘制平面

在 PowerPoint 2016 窗口的菜单栏上选择"插入—形状—直线"，按住"Shift"键不放，沿水平方向拖动鼠标画一条水平线段。在线段起点附近，按住"Shift"键不放，起点在水平线段上，沿右下 45°方向拖动鼠标画斜线。按"Ctrl＋C"键复制斜线，再按"Ctrl＋V"键粘贴，重复九次，共画出十条斜线。将最后一条斜线拖到水平线段终点附近，上端在水平线段上，拖动鼠标框选全部斜线，单击"格式—对齐—顶端对齐"，使所有斜线上端均在水平线段上；再单击"对齐—横向分布"，使所有斜线均匀分布。完成后的效果如图 8-18 所示。

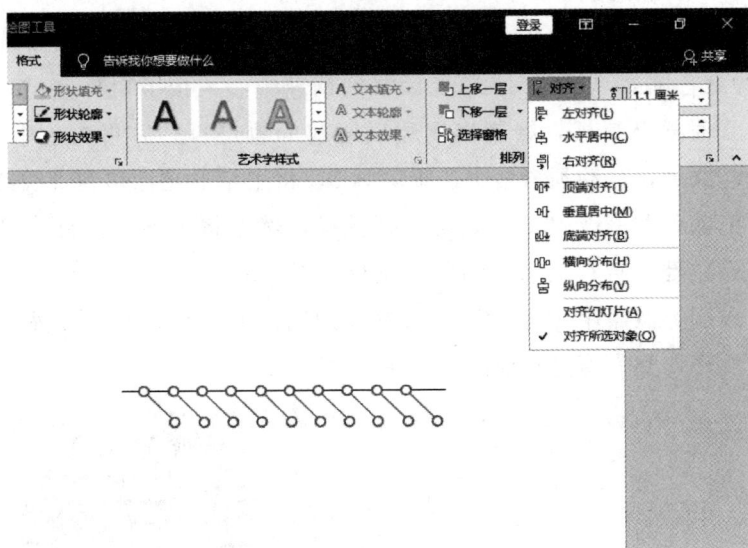

图 8-18　绘制平面

（2）绘制两钢球并安排位置

在菜单栏上选择"插入—形状—椭圆"工具，按住"Shift"键不放，再按住鼠标左键从上到下拖动，画一正圆形，拖动调整使其与水平线段相切。单击"形状填充"选项的下拉箭头，选择"渐变—其他渐变"，打开"设置形状格式"对话框，选择"渐变填充"，在"类型"下拉菜单中选"射线"，在"方向"下拉菜单中选"中心"，然后拖动"渐变光圈"

的每一个滑块，使颜色从左向右逐渐由白色向浅灰再向深灰过渡，也可以设置"位置""透明度"和"亮度"，制作完成一个钢球。按"Ctrl＋C"复制钢球，再按"Ctrl＋V"粘贴，再将复制粘贴而得的钢球拖到右边终点，完成效果如图 8-19 所示。

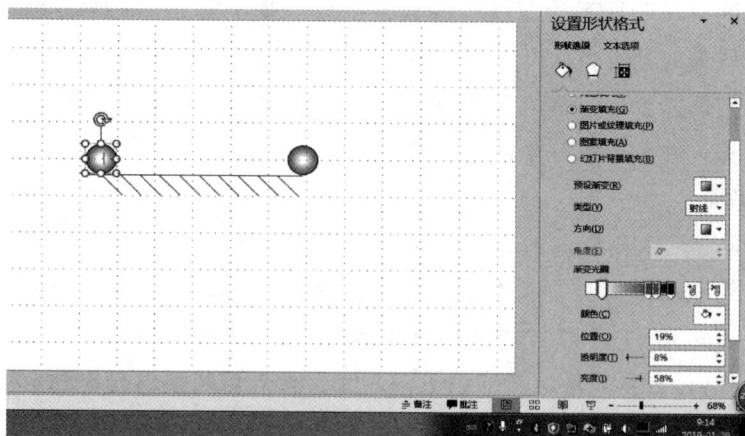

图 8-19　绘制两钢球并安排位置

（3）定义钢球的动作路径

选中左钢球，选择动画选项的"添加动画—动作路径—直线"，然后选中路径的终点钢球（中心为红色圆圈），将十字形光标移到钢球中心，按下鼠标左键，拖动到两个钢球碰撞的位置时松开鼠标，绘制出钢球碰撞前的轨迹；然后再次选中左边的钢球，再次添加"直线"路径，在动画窗格中选择动画 2，将十字形光标移到直线路径终点，按下鼠标左键，拖动到左钢球中点位置时松开鼠标，然后将十字形光标移到直线路径的起点，按下鼠标左键再向右拖动，到两个钢球碰撞的位置时松开鼠标，绘制出钢球碰撞后的轨迹。采用类似操作（方向相反）给右边的钢球设置动作路径。然后把右钢球的第一个动画的顺序调整为第二，如图 8-20 所示。

图 8-20　定义钢球的动作路径

（4）定义动画的"计时"与"效果"

选中左边的钢球，"动画窗格"会显示左钢球两动画均被选中，单击左钢球前一动画名称，单击右边的下箭头按钮，在弹出的下拉列表中选择"效果选项"，打开"效果"选项卡，调整"平稳开始"时间为 2 秒，"平稳结束"时间为 0 秒。单击左钢球后一动画名称，单击右边的下箭头按钮，在弹出的下拉列表中选择"计时"选项卡，选择"开始"方式为"上一动画之后"，"延时"与前一动画"速度"中的时间相同；再单击"效果"选项卡，调整"平稳开始"时间为 0 秒，"平稳结束"时间为 2 秒。右钢球的两个动画的"开始"方式均设置为"与上一动画同时"，其余的"计时"与"效果"设置与左钢球相同。

（5）调准路径起点和终点位置

如果钢球运动轨迹的起点、终点位置不十分准确，那么可能发生钢球尚未接触就分离等情况。这时可以选中其中一个钢球，根据需要拖动路径的起点和终点，缩小或增大两个钢球之间的距离即可。

（6）调整速度

如果需要增大或减小钢球碰撞前后的运动速度，可以用鼠标双击幻灯片中的钢球的运动轨迹，打开"计时"选项，设置合适的运动速度和重复次数。注意进行碰撞后运动设置时延时值、速度应与碰撞前相同。

2. 运用 PowerPoint 2016 完成绘制曲线动画的制作——正弦曲线

目标：掌握其他动作路径的应用及其相关动画的制作。

任务：本实例通过其他动作路径中的正弦波功能，介绍了正弦曲线的绘制方法，展示如何在演示型课件中实现较为复杂的曲线动画效果，从而提高教学内容的形象性和趣味性。

说明：本实例要求已熟练掌握插入图形、图像并对其进行编辑的方法，特别是对动画顺序和动画效果的灵活应用。

（1）显示网格线和绘图参考线

在菜单栏上选择"视图—网格和参考线"，屏幕上显示出网格线和绘图参考线。

（2）绘制坐标系

通过"插入—形状—直线箭头"绘制坐标轴，用水平文本框添加 X、Y、O 标识，然后将坐标轴和标识全部框选，按鼠标右键，选"组合—组合"，使它们为一个整体。

（3）设置正弦路径动画

插入"手.png"图片，将图片中的笔尖置于坐标轴原点，选择"动画"选项的"添加动画—动作路径—其他动作路径—正弦波—确定"，在路径上按鼠标右键，选择"编辑顶点"，显示各顶点，按住"Ctrl"键不放，鼠标指针移至顶点，光标变"×"，从左起第六个顶点开始向右依次单击各顶点使之被删除，仅保留一个正弦周期，调整大小，如图 8-21 所示。

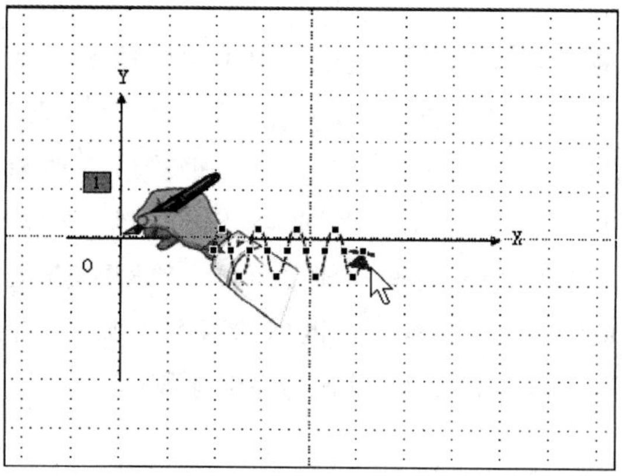

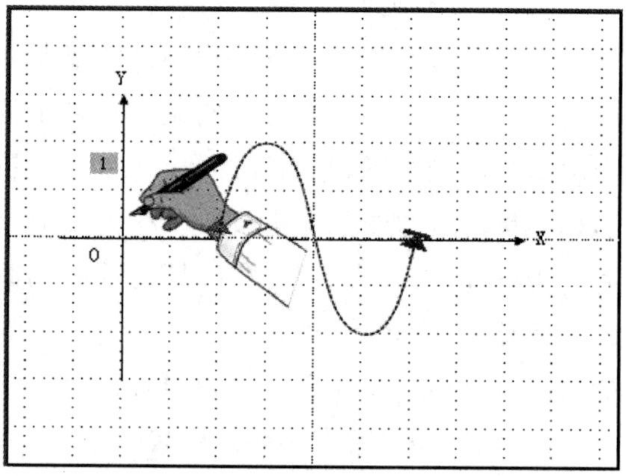

(a)　　　　　　　　　　　　(b)

图 8-21　设置正弦路径动画

（4）绘制正弦曲线

在菜单栏上选择"插入—形状—曲线"，沿正弦动画路径绘制正弦曲线。在开始处单击，拖动鼠标，在转向处单击以加顶点，在结束处双击；再选中曲线，按鼠标右键，选择"编辑顶点"，显示各顶点，通过调整各顶点，使正弦曲线与正弦动画路径重合。选中正弦曲线并移动，使其最左边的顶点，与坐标系的原点重合，如图 8-22 所示。

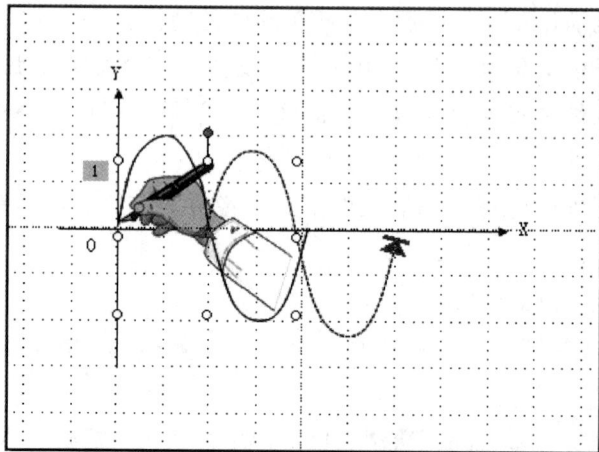

图 8-22　绘制正弦曲线

（5）设置绘制效果

单击"动画窗格"中的动画名称"手"右边的下箭头按钮，在弹出的下拉列表中，选择"效果选项"，打开"效果"，"平稳开始"和"平稳结束"的时间都为 0 秒；选择"计时"，设置动画开始时间为"单击时"，在"速度"的下拉列表中选"中速（2 秒）"，单击"确定"。选中曲线，选择"动画—添加动画—进入—擦除"，单击"动画窗格"中的相应动画名称右边的下箭头按钮，在弹出的下拉列表中选择"效果选项"，单击"效果"，然后在"方向"一栏选择"自左侧"；单击"计时"，设置"开始"为"与上一动画同时"，在"速度"的下拉列表中选"中速(2秒)"，单击"确定"。

(6)预览修改

根据预览的效果，可适当调整动画路径位置，以达到更好的效果。

三、H5 交互型课件的制作

📍 **本节学习目标**

iH5平台是目前大众比较认可的H5开发平台。通过本部分的学习，掌握iH5的基本操作，并通过案例学习开发H5交互型课件的流程和具体操作步骤。

动画可以分为两种类型：播放动画和交互动画。虽然PowerPoint简单易学，但动画的交互性较差，属于播放型动画。目前H5动画是移动端呈现交互动画的主要形式，本部分重点以iH5平台为例介绍交互型课件的制作。

(一)交互型课件在教学中的应用

传统课件是将要呈现的教学内容画面首尾相连，这种连接是一次性的，连接后使用者便不能修改。这是一种封闭式的设计思想，使教学遵循一个单向传播的教学模式。

交互型课件则允许教学内容中的一组画面和多组画面进行多项连接，以热区的形式呈现画面，使用对象由教师变为学生，体现"以学生为本"的教学新思路。交互功能的运用使教学过程进入双向传播的段，体现了一种开放式的设计思想。从这一角度来看，交互型课件给教学带来的是一种质的飞越。

常见的交互型课件有三种类型，即导航型、互动教学型和测试训练型。它们被用在不同的场合。

1. 导航型

导航型交互型课件如同大海中的灯塔，良好的导航设计能使学习者经过最少步骤来到达自己想去的地方并成功返回，这是多媒体课件交互设计中的一项重要内容。

2. 互动教学型

互动教学型主要被用于对所呈现的教学内容的控制，有助于学习者参与教学过程，提高学生的学生兴趣。

3. 测试训练型

测试及训练本身就是一种互动性的教学活动，具备运用交互功能的基础。它主要包括选择题、是非判断题、匹配题、模拟训练题以及目前正在兴起的虚拟现实系统。虚拟现实系统将所有测试和训练功能集合于一体，根据训练要求随机出题，综合测试学员的问题解决能力和应变能力。

(二)交互型课件制作的基本操作

交互型课件的制作工具有很多，早期的工具有 Authorware 和 Flash，目前比较流行的支持移动端展示的工具有 iH5、木疙瘩、易企秀、码卡、兔展等，其中 iH5 相对口碑好、发展稳定、功能强大且较为完善。

1.iH5 简介

iH5 是较为领先的 HTML5 制作工具和服务平台，用户使用 iH5 可轻松制作出具有丰富动态效果的 HTML5 网页应用，操作界面可视化，用户无须具备编程基础。

2.iH5 的基本功能

iH5 的基本功能包括五个方面，分别为微信 H5、HTML5 互动广告、多屏互动、电商交互视频和大型户外交互方案（图 8-23）。

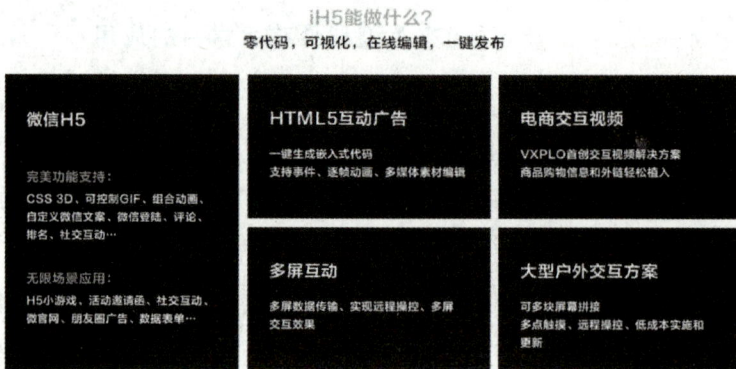

图 8-23　iH5 的基本功能介绍界面

3.iH5 支持的革新功能和强大功能

iH5 支持的革新功能包括十个方面，具体如图 8-24 所示，其强大功能包括五个方面，分别为数十种交互动作、最便捷的素材使用、完备的数据库功能、强悍的屏幕兼容性、独特时间轴功能，具体如图 8-25 所示。

4.iH5 的基本操作

首先，用户需在 iH5 的注册页面填写信息、注册账号；已有账号的用户则单击右上角"登录"按钮进入登录页面。如图 8-26 所示。

然后，用户在首页的右上角单击"创建作品"，选择"经典版工具—创建作品"，则进入编辑器界面。iH5 编辑器主要包含五个部分，分别是菜单栏、工具栏、属性面板、舞台、对象树，如图 8-27 所示。

图 8-24　iH5 支持的革新功能

图 8-25　iH5 支持的强大功能

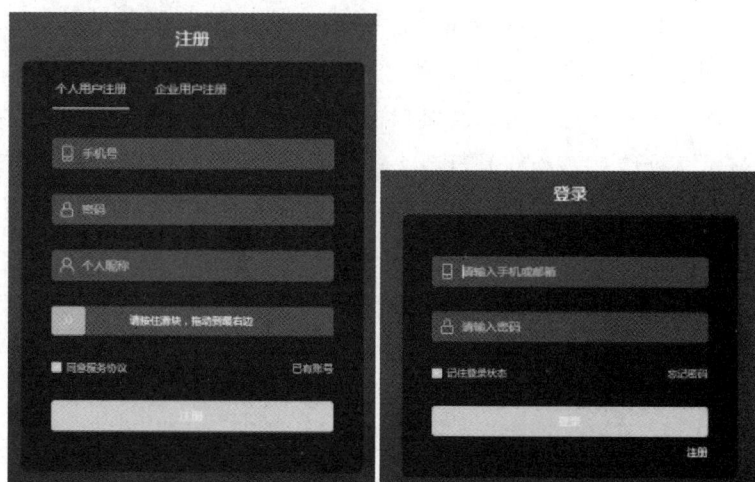

图 8-26　iH5 的注册登录页面

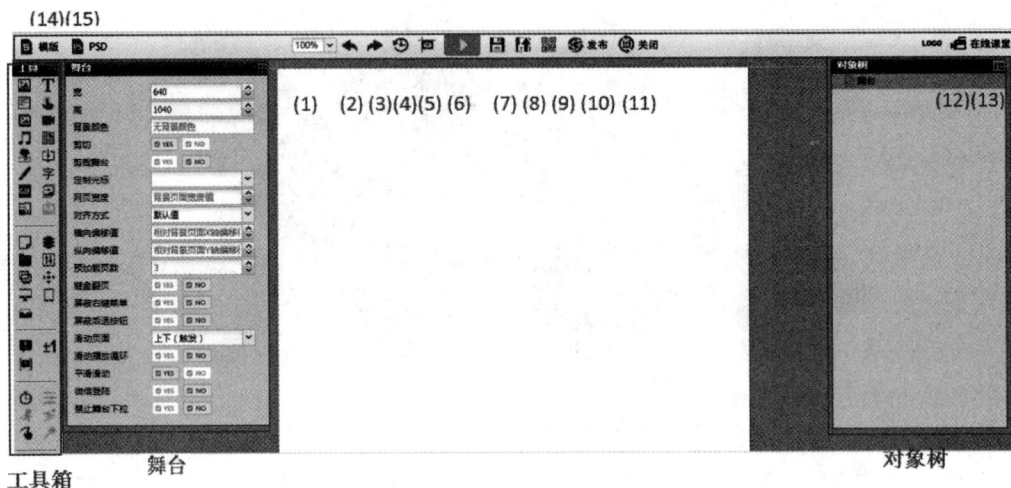

图 8-27 iH5 的编辑器界面

其中菜单栏 14 个图标的功能具体如下。

（1）舞台放缩："放缩"用于改变舞台的显示大小，可以将舞台的显示比率设置为 50％、60％、70％、80％、90％、100％、110％、120％；当舞台大于页面可显示的范围时，可以缩小舞台的显示比率以查看整体效果。

（2）撤销：用来撤销在 iH5 编辑器中的上一步操作。

（3）恢复：恢复已撤销的操作。

（4）历史：记录用户打开编辑器后的每一步操作，用户可以通过双击回到任意一个过往操作步骤，即这个被双击的操作步骤之后的所有操作都会被撤销；如果用户希望回到本次编辑之前的案例状态，可以直接双击历史窗口的第一条记录进行"初始化"。

（5）隐藏/显示基准线：基准线是舞台上的辅助线，用于对齐素材，有横线与竖线，可通过拖曳产生或收起多条基准线；单击"隐藏/显示基准线"按钮，可隐藏或显示舞台上所有的基准线。

（6）预览：打开一个新的网页来播放当前案例；每次预览案例时，系统都会自动保存案例并生成一个独立的版本 ID，即每次预览案例时的版本 ID 都是不一样的。

（7）保存：保存当前状态下案例，每次保存案例后系统都会自动生成一个独立的版本 ID 以对应当前的案例版本。

（8）另存为：在用户的案例库中创建一个当前案例的副本，用户需要进一步填写案例副本的标题、描述。

（9）预览专用二维码：生成二维码，用手机扫此二维码可以观看作品。

（10）发布：设定和修改当前案例的基本信息，包括标题、介绍、微信分享的封面小图和 iH5 平台里的封面图，上传的图片建议为 200×200 像素；可以进行作品优化，针对整个作品进行图片像素的优化，把案例里图片冗余的像素减掉，提高案例的播放速度；但优化生效后无法恢复，建议先另存为一个新作品再进行优化；可以把作品发布为模板，并且可以为模板定价，如图 8-28 所示；在编辑页面中单击"发布"按钮后，作品会被保存在"已发布"模块中，单击封面右上角的分享按钮，可获取作品的分享二维码和短链接等信息，修改作品不会改变二维码和短链接，在封面左下角可以看到作品被浏览过的总次数；值得注意的一点是，对发布后的作品是无法取消发布和修改的，但"编辑中"模块里会有一个与之相对应的作品，只要对其进行修改并发布就可以更新发布后的作品（但如果仅仅保存，"已发布"中的作品的内容是不会被更改的），如图8-29所示。

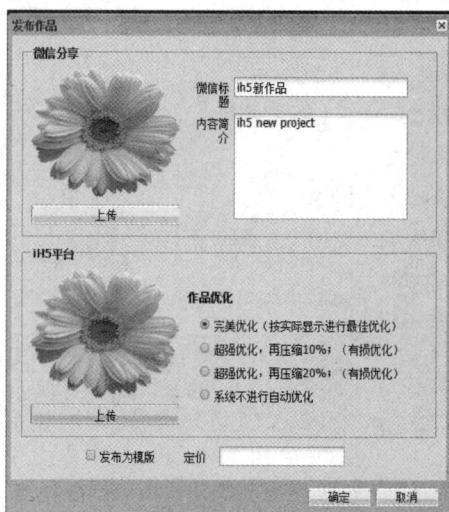

图 8-28 "发布作品"窗口

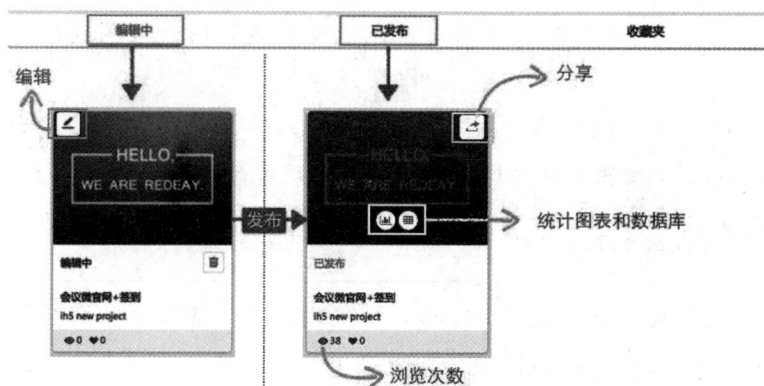

图 8-29 用户个人页的"编辑中"和"已发布"模块

(11)自动保存：默认是不开启的，开启后每10分钟自动保存一次，自动保存的时候会打断编辑，和手动保存一样，保存的时候不能编辑。

(12)LOGO：付费服务，可修改加载页LOGO，可设置加载延时、背景颜色，也可替换加载图片与"iH5.cn提供零代码制作"字样；LOGO图片为中心对齐，建议不要修改其他参数；加载图片1处于中心位置，即默认加载页面的齿轮位置，加载图片2处于页面下方，即默认"iH5.cn提供零代码制作"字样的位置；若加载图片1是满屏图片，则覆盖加载图片2，如图8-30所示。

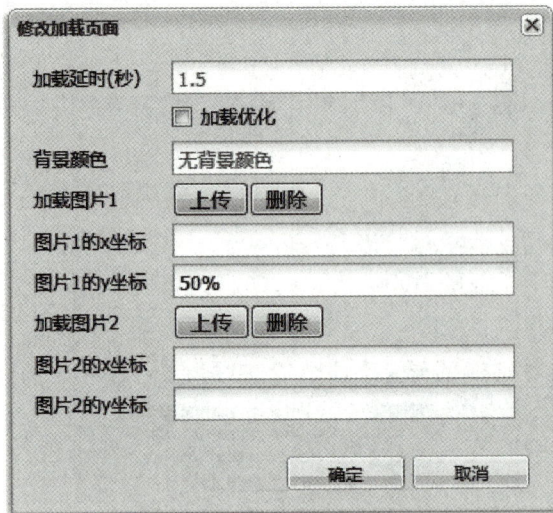

图 8-30　"修改加载页面"窗口

(13)在线课堂：在线学习相关课程，包括免费的视频学习资源和付费的视频学习资源，也可以定期收看直播间，学习相关直播课程内容。

(14)模板：进行热门案例模板导入，可以选择相应的模板案例进行学习，也可以在模板的基础上进行修改，完成个性化的作品。

(15)PSD：可以导入PSD格式的图片文件，导入的PSD图片的图层信息都可以保留，像在Photoshop中编辑图片一样，对任意的图层进行编辑。

(三)交互型课件的制作案例

上面主要介绍了iH5菜单栏的功能和基本操作，这一部分通过两个实例来详细介绍使用iH5进行动画效果制作的过程，并介绍工具栏、属性面板、舞台、对象树等的使用方法。

1. 为 H5 添加事件、动效

目标：掌握在 H5 中添加事件和动效的基本方法。

任务：通过一个小动画的制作来熟悉 iH5 编辑器界面和相应工具的使用方法。

说明：本实例要求通过学习掌握添加页面、对象和动效的方法，重点掌握控件（事件、中文字体、动效）和其他相关控件（页面、图片、时间轴）的应用。

（1）添加页面

①在对象树里选中"舞台"，具体位置如图 8-31 所示。

②单击工具栏的"页面"工具，添加两个页面，完成后的对象树窗口。如图 8-32 所示。

图 8-31 在对象树的"舞台"

图 8-32 添加页面后的对象树窗口

③将页面 1 的背景颜色设置为黑色，如图 8-33 所示。

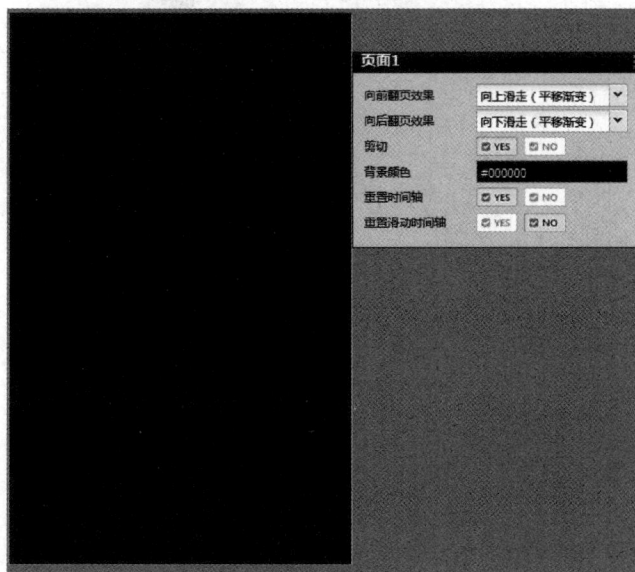

图 8-33 设置背景颜色

（2）添加对象和动效

①在页面 1 的合适位置添加木牌、发光罐子和罐子三张图片（图 8-34）。添加后的效果如图 8-35 所示。

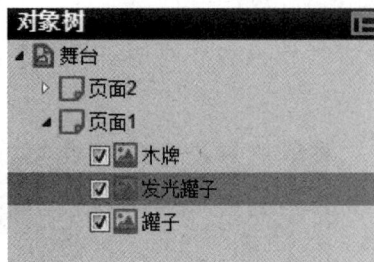

图 8-34　在页面 1 里添加对象　　　图 8-35　舞台的实现效果

②隐藏发光罐子，即取消隐藏对象树发光罐子前面的对号，如图 8-36 所示。

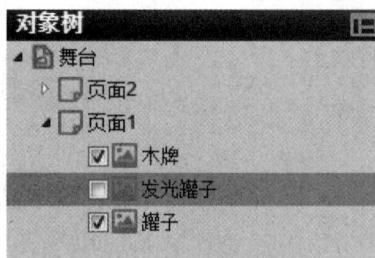

图 8-36　隐藏发光罐子

③在对象树里选中"页面 1"，单击"中文字体"工具，在合适的位置添加文字"点击魔法罐"和"释放爱的魔力"（如图 8-37 所示）。文字属性设置如图 8-38 所示。实现的效果如图 8-39 所示。

图 8-37　添加文字"释放爱的魔力"

字体	汉仪小麦体（个人使用 ▼
文字大小	36 ▼
文字颜色	#FFF0A3
行距	▲▼

图 8-38　设置文字属性

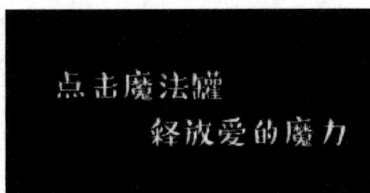

图 8-39　实现的文字效果

④选中文字，单击工具栏"动效"工具（图 8-40）。两句话要依次出现，这可以用触发后延时来控制。触发后延时是动效被触发后会在设定的延时时间以后执行，延时时间的单位是秒。将第一句话的动效的触发后延时设为 0 秒（图 8-41），第二句话的动效的触发后延时设为 1 秒（图 8-42）。

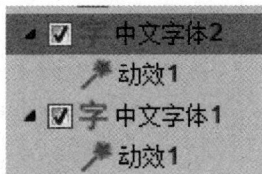

8-40　为文字添加动效

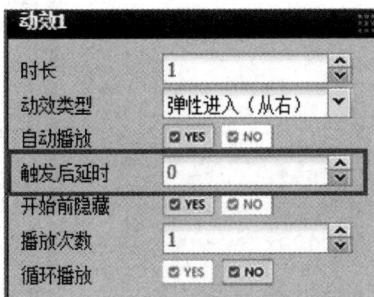

图 8-41　第一句话的动效参数设置

⑤选中木牌，单击工具栏"动效"工具，动效"自动播放"一栏选择"NO"，"开始前隐藏"一栏选择"YES"（图 8-43）。

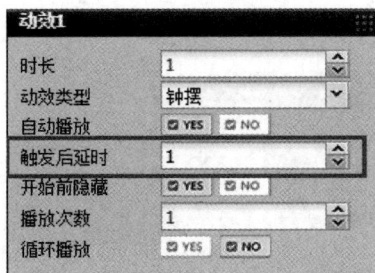

图 8-42　第二句话的动效参数设置

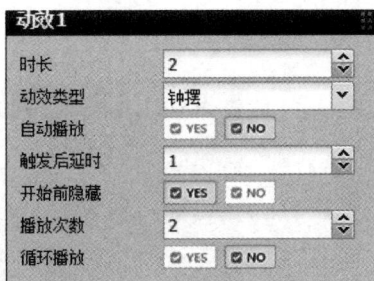

图 8-43　木牌的动效参数设置

（3）添加事件

①选中罐子图片，通过工具栏"事件"工具为罐子添加两个事件，让事件 1 触发隐藏的发光罐子图片的显示，让事件 2 触发木牌的动效开始。事件 1 的参数设置如图 8-44 所示，事件 2 的参数设置如图 8-45 所示。

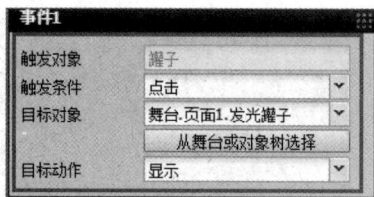

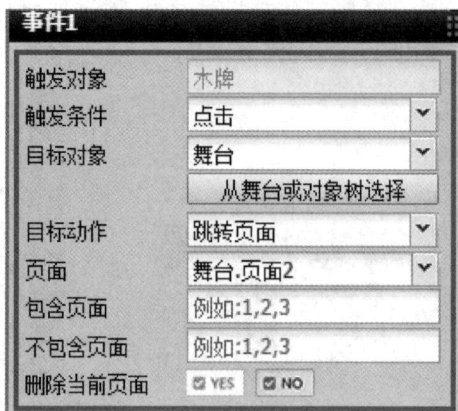

图 8-44　罐子事件 1 的参数设置　　　图 8-45　罐子事件 2 的参数设置

②选中木牌，添加事件（图 8-46）的"目标对象"为"舞台"，"目标动作"为"跳转页面2"，如图 8-47 所示。

图 8-46　给木牌添加事件　　　图 8-47　木牌事件 1 的参数设置

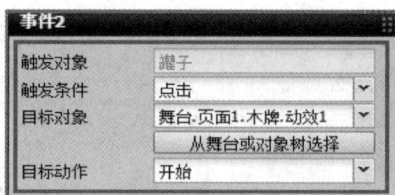

（4）添加透明按钮和时间轴，使用轨迹工具

①选中页面 2，单击工具栏"透明按钮"工具，在舞台上拉出一个框，调整透明按钮的属性：x 坐标为 0，y 坐标 0（图 8-48）。

图 8-48　添加透明按钮

②透明按钮下添加背景图片，如图 8-49 所示。添加图片后的效果如图 8-50 所示。

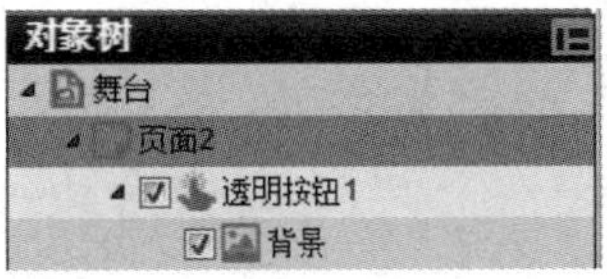

图 8-49　在透明按钮下添加背景图片

图 8-50　实现的效果

③选中页面 2，单击工具栏“时间轴”工具选中时间轴，单击工具栏“图片”工具，在时间轴下添加 4 张流星图片，效果如图 8-51 所示，对象树中的相应设置如图8-52所示，时间轴的参数设置如图 8-53 所示。选中流星图片，单击工具栏轨迹工具 ，添加关键帧控制流星的运动，如图 8-54 所示。

图 8-51　添加流星图片效果

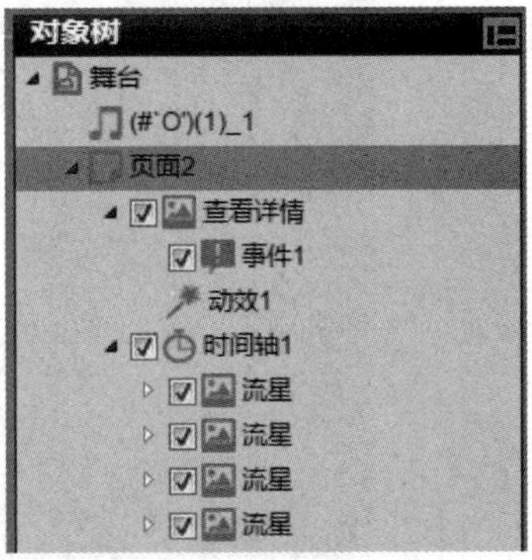

图 8-52　对象树的相应设置

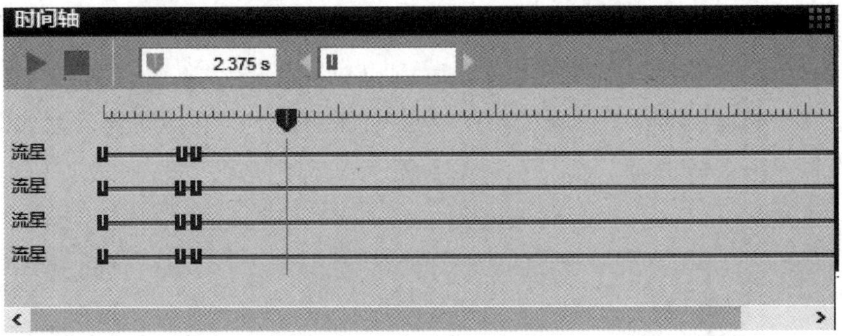

图 8-53　时间轴的参数设置

图 8-54　添加关键帧控制流星的运动

（5）实现查看详情功能

①选中页面 2，单击"图片"工具，添加一个"查看详情"图片，如图 8-55 所示。

图 8-55　添加"查看详情"图片

②选中图片，单击工具栏的"动效"和"事件"工具。事件的"触发条件"为"手指按下"，"目标对象"为"舞台"，"目标动作"为"打开网页"，在"资源位置"处输入一个网址。应注意在手机应用的作品的触发条件应是"手指按下"。具体动效设置如图 8-56 所示，事件设置如图 8-57 所示。

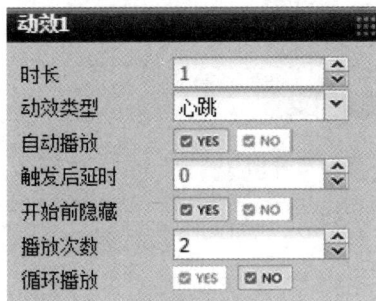

图 8-56　查看详情的动效设置　　　　图 8-57　查看详情的事件设置

2. 运用 iH5 制作创意展示和背景移动特效

目标：掌握 iH5 的高级应用，特别是时间轴、事件和透明按钮的使用。

任务：掌握事件的触发对象、触发条件、按下时间、目标对象、目标动作等具体的设置和应用，学会动画的高级应用。

说明：本实例设计了一个个人求职简历的动画，包括个人信息、专业技能、教育经历、工作经验、作品展示、谢谢观看六部分内容，介绍了时间轴和事件的应用，以及通过固定的关键帧控制背景图在舞台上的运动，并使之停留在某一特定的位置；展现了如何用透明按钮触发时间轴继续运动以浏览下一个信息模块，如何通过移动大的背景图来进行内容的浏览和小窗口的局部展示，如何用时间轴控制背景整体的移动，如何用透明按钮触发背景的局部移动。

(1)添加页面和时间轴

①新建一个页面。选中舞台，单击工具栏下的"页面"工具，添加"页面 1"，如图 8-58 所示。

②在页面 1 下添加一个时间轴。选中页面 1，单击工具栏下的"时间轴"工具，新建一个"时间轴 1"，如图 8-59 所示。

图 8-58　添加页面　　　　图 8-59　添加时间轴

③在时间轴 1 下添加一个背景图片，选中时间轴 1，单击工具栏下的"图片"工具，在舞台里拉出一个矩形，添加一个背景图(图 8-60)。因为背景需要移动，所以需要比舞台还要大的背景图。

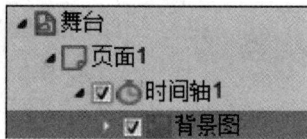

图 8-60　在时间轴 1 下添加背景图片

这里的例子选择的背景图是宽 4504px，高 2100px，如图 8-61 所示。

图 8-61　背景图片的宽和高

④在背景图下添加一个轨迹。选中背景图，单击工具栏下的"轨迹"工具，为设置关键帧做准备，如图 8-62 所示。

⑤接下来在背景图的各个位置上，添加需要的信息，包括"1 个人信息"（图片），"2 专业技能"（透明按钮），"3 教育经历"（中文字体），"4 工作经验"（中文字体），"5 作品展示"（透明按钮）和"6 谢谢观看"（中文字体），如图 8-63 所示。

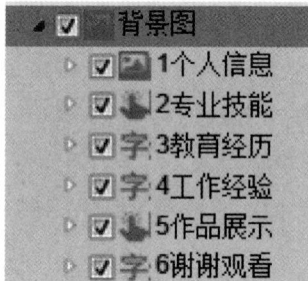

图 8-62　给背景图添加轨迹　　　　**图 8-63　添加信息**

⑥个人信息展示的实现，实现效果如图 8-64 所示。首先，在"1 个人信息"下添加透明按钮"专业技能按钮"、图片"箭头"、中文字体"专业技能"和"姓名"，如图 8-65 所示。然后，在"专业技能按钮"下添加一个事件：选中"专业技能按钮"，单击工具栏下的"事件"工具。这是一个控制时间轴播放的事件，该事件的具体设置如图 8-66 所示。

⑦专业技能展示的实现，效果如图 8-67 所示。

首先，选中"专业技能"透明按钮，在"专业技能"下添加一个透明按钮，透明按钮命名为"教育经历透明按钮"，

图 8-64　个人信息实现效果

以及中文字体"教育经历"、图片"箭头"和时间轴，如图 8-68 所示。

图 8-65　"1 个人信息"下添加的内容

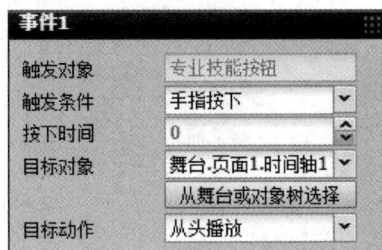

图 8-66　"专业技能按钮"下事件的设置

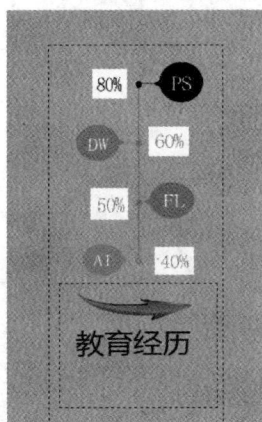

图 8-67　专业技能的实现效果

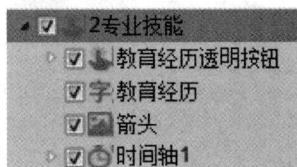

图 8-68　"2 专业技能"下添加的内容

然后，在"教育经历透明按钮"下添加一个事件：选中"教育经历透明按钮"，单击工具栏下的"事件"工具，添加一个控制时间轴继续播放的事件。该事件的设置如图8-69所示。

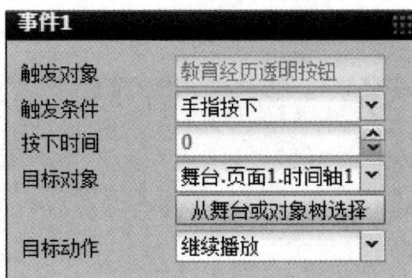

图 8-69　"教育经历透明按钮"下事件的设置

接着，设置"专业技能"下的时间轴 1。时间轴 1 下有 9 张图片，控制这几张图片的运动轨迹，使图片以从四周往中间聚集的形式出现，如图 8-70 所示。

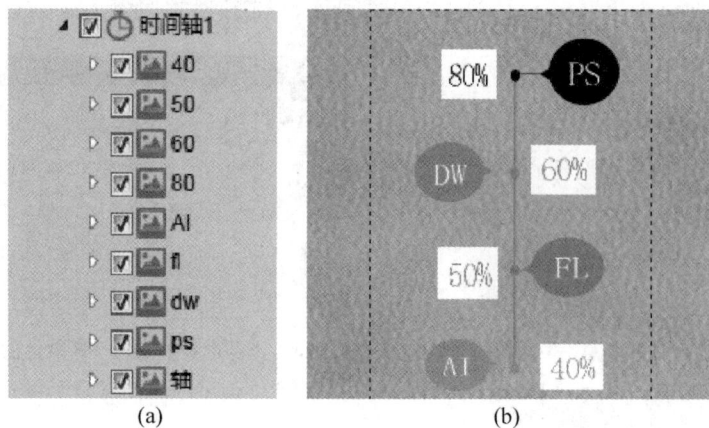

(a)   (b)

图 8-70   "专业技能"下时间轴 1 下的 9 张图片

图片"轴"的时间轴参数设置和实现效果如图 8-71 所示。

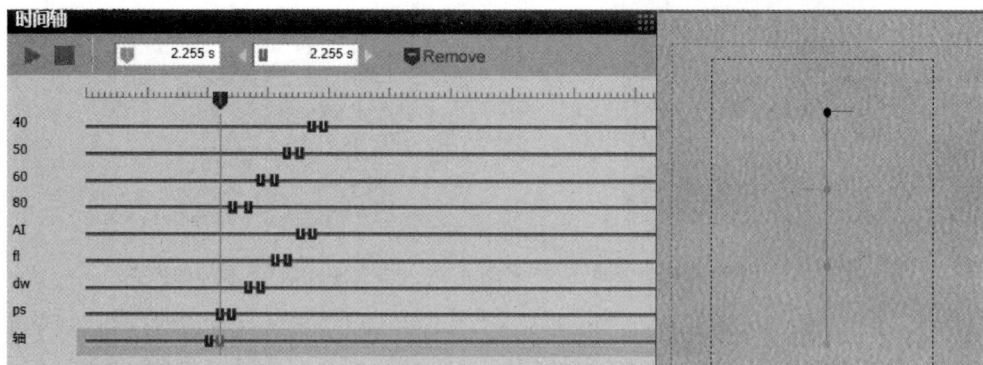

图 8-71   图片"轴"的时间轴参数设置和实现效果

图片"PS"的时间轴参数设置和实现效果如图 8-72 所示。

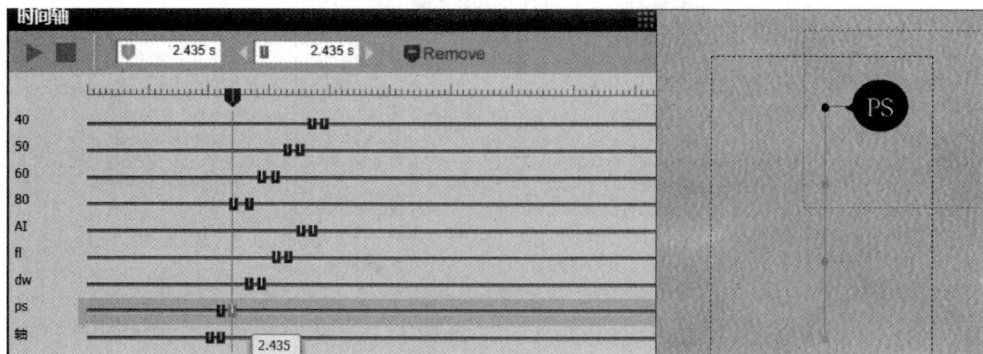

图 8-72   图片"PS"的时间轴参数设置和实现效果

图片"DW"和"FL"的时间轴参数设置和实现效果如图 8-73 所示。

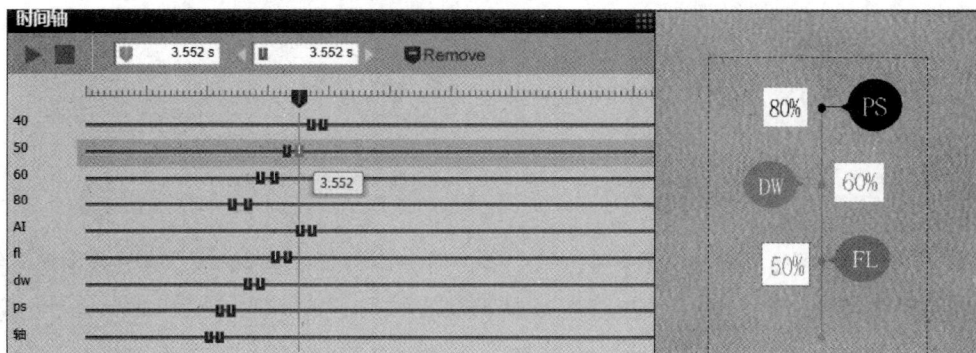

图 8-73　图片"DW"和"FL"的时间轴参数设置和实现效果

图片"AI"的时间轴参数设置和实现效果如图 8-74 所示。

图 8-74　图片"AI"的时间轴参数设置和实现效果

⑧教育经历展示的实现，效果如图 8-75 所示。

首先，选中"3 教育经历"，在其下添加一个透明按钮，命名为"工作经验透明按钮"，同时添加中文字体"工作经验"、图片"箭头"和文本，如图 8-76 所示。

然后，在"工作经验透明按钮"下添加一个事件：选中"工作经验透明按钮"，单击工具栏下的"事件"工具，添加一个控制时间轴播放的事件。该事件的具体设置如图 8-77 所示。

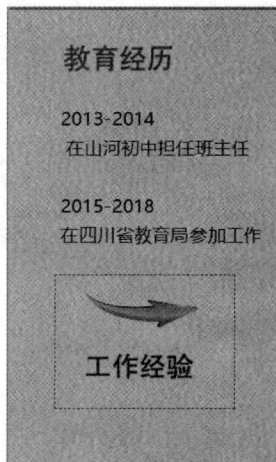

图 8-75　教育经历的实现效果

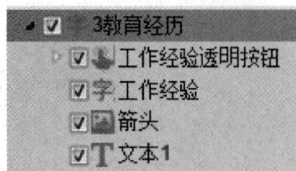

图 8-76 "3 教育经历"下添加的内容

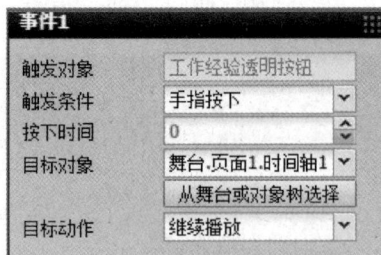

图 8-77 "工作经验透明按钮"下的事件设置

⑨工作经验展示的实现，效果如图 8-78 所示。

首先，在"4 工作经验"下添加一个按钮，将其命名为"作品展示透明按钮"，并添加文字"作品展示"和图片"箭头"和文本，如图 8-79 所示。

图 8-78 工作经验的实现效果

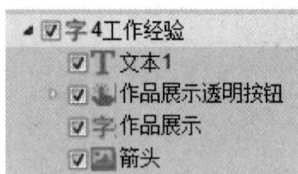

图 8-79 "4 工作经验"下添加的内容

然后，在"作品展示透明按钮"下添加一个事件：选中"作品展示透明按钮"，单击工具栏下的"事件"工具，添加一个控制时间轴继续播放的事件。具体设置如图 8-80 所示。

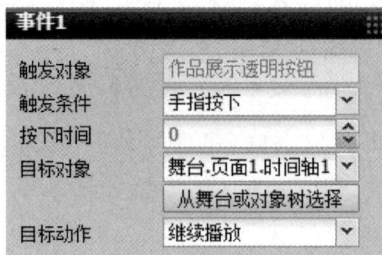

图 8-80 "作品展示透明按钮"下事件的设置

⑩作品展示的实现，效果如图 8-81 所示。

首先，在"5 作品展示"下添加一个透明按钮，命名为"谢谢观看透明按钮"，并添加文字"谢谢观看"，图片"箭头"和两个图片，如图 8-82 所示。

图 8-81　作品展示的实现效果

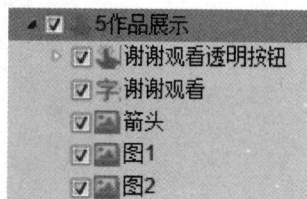

图 8-82　在"5 作品展示"下添加的内容

然后，在"谢谢观看透明按钮"下添加一个事件：选中"谢谢观看透明按钮"，单击工具栏下的"事件"工具，添加一个控制时间轴继续播放的事件。该事件的具体设置如图 8-83 所示。

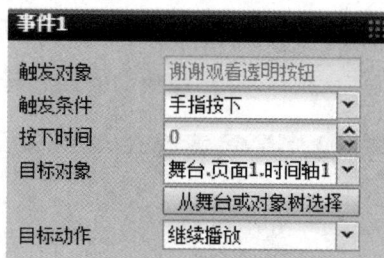

图 8-83　"谢谢观看透明按钮"下事件的设置

⑪谢谢观看的实现，效果如图 8-84 所示。

图 8-84　谢谢观看的实现效果

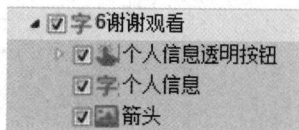

图 8-85　添加在"6 谢谢观看"下的内容

首先，在"6 谢谢观看"下添加一个透明按钮，命名为"个人信息透明按钮"，并添加文字"个人信息"和图片"箭头"，如图 8-85 所示。

然后，在"个人信息透明按钮"下添加一个事件：选中"个人信息透明按钮"，单击工具栏下的"事件"工具，添加一个控制时间轴继续播放的事件。该事件的设置如图 8-86 所示。

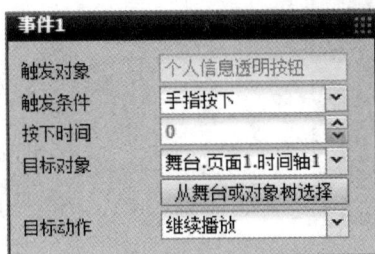

图 8-86　"个人信息透明按钮"下事件的设置

（2）对各个信息模块关键帧的设置

①当所需要的信息模块都编辑好之后，则可以对轨迹进行关键帧的设置。首先要知道信息模块的展现顺序，这样可以更加容易地设置关键帧。这里设置的每个关键帧的时间间隔为两秒。"1 个人信息"模块的时间轴设置如图 8-87 所示，"2 专业技能"模块的时间轴设置如图 8-88 所示，"3 教育经历"模块的时间轴设置如图 8-89 所示。

图 8-87　"1 个人信息"模块的时间轴设置

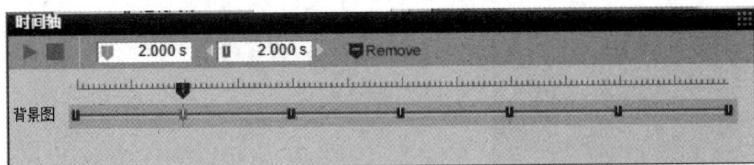

图 8-88　"2 专业技能"模块的时间轴设置

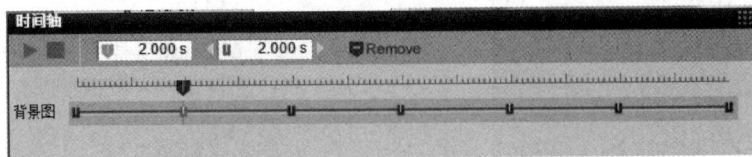

图 8-89　"3 教育经历"模块的时间轴设置

②需注意的是，轨迹的最后一个关键帧必须是第一个关键帧所在的模块，这样才会让时间轴形成连贯的循环，不会在最后一帧暂停，如图 8-90 所示。

图 8-90　时间轴最后一个关键帧设置

③除了"1 个人信息"模块的透明按钮下的事件是从头播放外，其他模块的透明按钮下的事件都设置为继续播放，如图 8-91 所示。

（3）时间轴事件的添加

①页面 1 下的时间轴 1 下添加 8 个事件：选中时间轴 1，单击"事件"工具，添加 8 个事件，事件的命名如图 8-92 所示。

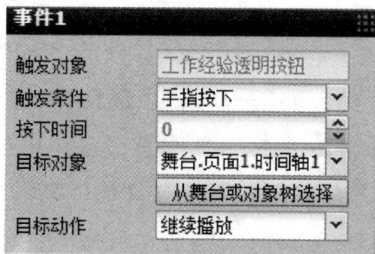

图 8-91　事件设置（除"1 个人信息"模块）

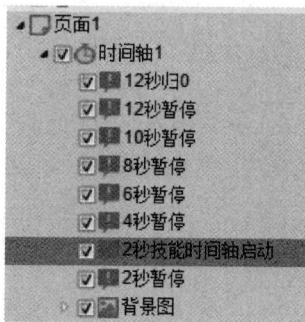

图 8-92　页面 1 下时间轴 1 下的事件

②其中有一个事件是为了触发"2 专业技能"模块下的时间轴开始运动，其他事件都是为了控制模块在开始运动的 2 秒后停止运动。因为这个例子对时间轴设置的是每两秒一个关键帧，所以两秒后便是下一个关键帧的位置。单击模块下的透明按钮时，就会继续触发时间轴的运动。事件"2 秒暂停"的设置如图 8-93 所示，"4 秒暂停"的设置如图 8-94 所示。

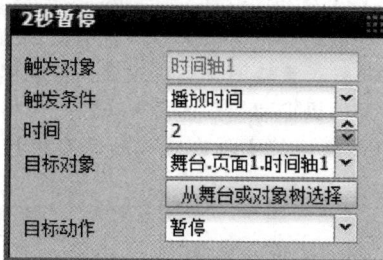

图 8-93　"2 秒暂停"事件的设置

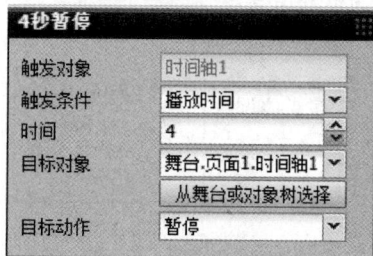

图 8-94　"4 秒暂停"事件的设置

③案例最后的整体背景图效果如图 8-95 所示。

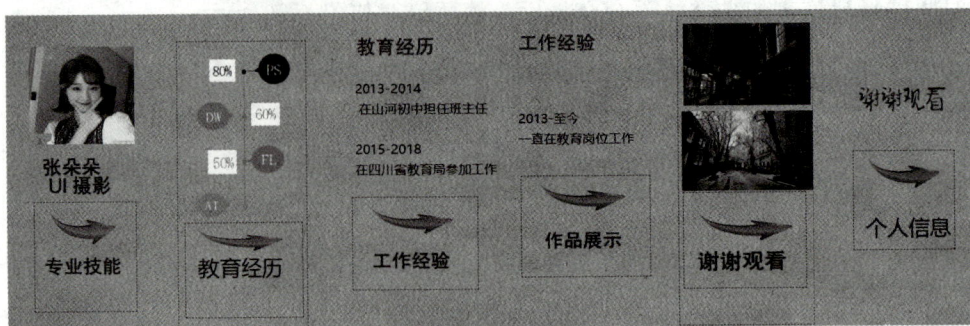

图 8-95　整体背景的效果

总结

本章小结

多媒体课件是利用文字、图形/图像、动画、视频、音频等多种媒体创作的交互式教学软件。它在教学中集图、文、声于一体，生动形象地把教学内容展示出来，增强教学的效果。多媒体课件的制作方法有很多，根据教学内容选择合适的软件并制作出优秀的课件是学生及教师应该掌握的基本技能。

本章主要介绍了多媒体课件的基本特点和制作方法，着重介绍了演示型课件和交互型课件的基本操作方法和典型案例的制作。通过本章的学习，学习者应能初步掌握多媒体课件的制作方法，并能够利用所学软件开发出演示型和交互型等典型的多媒体课件。

Aa 关键术语

中文术语	英文翻译	中文解释
多媒体课件	Multimedia Courseware	在一定的学习理论的指导下，根据教学目的设计的、反映某种教学内容与教学策略的计算机软件。多媒体课件必须根据课程标准的要求和教学的需要，经过严格的教学设计，并由多种媒体的表现方式和超文本结构制作而成。

章节链接

这一章的内容	其他章节中有相关讨论的部分
多媒体课件	第三章"数字化学习资源"部分。
制作多媒体课件的素材	第七章整章内容。

应用

批判性思考

1. 目前类似于 PowerPoint 的软件有很多，如 Focusky、Prezi 等，请比较三者的优缺点，思考 PowerPoint 是否过时，并说明理由。

2. 随着信息技术的发展，多媒体课件制作的工具不断涌现，从 Power-Point、Authorware 到 Flash，再到目前流行的 H5。教师所面对的要求不断提高，特别是课件制作能力及相关的信息素养方面的要求不断提高。在这样的背景下，教师如何快速、有效地学习课件制作？

3. 采用 PowerPoint 可以制作演示型课件；采用 iH5 可以制作交互型课件，特别是适合在移动设备上运行的、交互功能强的、界面美观的课件。那么在实际应用中，教师应如何针对教学内容选择最合理的软件来支持教学？

iH5 这一类的软件目前有很多，功能上也在不断改进。在实际教学中，软件的选择直接影响教学内容的呈现，影响学习者的学习兴趣和学习效果，如何合理地选择教学软件和合适的教学媒体，是教师面对的新的挑战。

体验练习

【思考与练习】

1. 多媒体课件的类型有哪几种？

2. 制作多媒体课件的基本原则有哪些？

3. 选取一个主题，运用 iH5 制作一个交互型课件。

【实践环节】

实践主题：用 PowerPoint 制作一个演示型课件

1. 实践目的

(1)熟悉多媒体演示型课件制作的基本过程。

(2)围绕某一具体教学内容制作演示型课件。

2. 实践内容

选择中学某学科中的某个知识点，准备好课件教学设计方案、教学内容和相关素材；创建演示文稿，制作封面、导航页面；制作有 10 页左右幻灯片的课件，利用动作设置完成各页面之间的跳转链接。

3. 实践要求

(1)演示型课件中要有图片、文字、音频、视频和动画等多媒体特征。

(2)演示型课件要能体现教学内容的完整性。

(3)随机抽取学生在课堂上演示自己的实践作品，师生共同交流学习，教师对方案的设计和媒体的选择做出点评。

🔍 案例研究

任务驱动教学法是进行技术和操作类内容教学的非常有效的方法。这种模式应用的关键在于教师，教师只有深刻理解教学目标，准确把握教学内容，并运用恰当的教学方法与策略，才能激发学生的学习兴趣，增强学生学习的主观能动性，由被动接受知识变为主动探索、不断创新，从而使课堂教学取得理想效果。这种教学模式有利于实现教学相长，实现"教"的升华、"学"的突破，是一种培养学生实践能力和创新精神的素质教育。请研读下面的案例材料，思考下列问题。

1. 采用任务驱动教学法并制作多媒体课件的教学，其教学设计的关键步骤有哪些？

2. 还有哪些适合技术和操作类课程教学的教学模式和方法，并列举说明。

3. 如何科学合理地开发和应用多媒体课件辅助教学？

【材料内容】

任务驱动教学法在 PowerPoint 课件制作中的应用

Ⅰ. 实施背景

近年来，深化课堂教学改革成为基础教育的首要任务。传统教学方法中的教学方式、教学内容、教学步骤，甚至课堂活动的每一个细节，都是由教师提前安排好的，学生只能被动接受，基础差、缺乏学习兴趣和良好学习习惯的学生会逐步失去学习的动力。毫无特色的课堂教学已经不能满足学生的需要，不能满足社会对计算机技能型、实用型人才的需求。任务驱动教学法作为一种新型的教学模式，使课堂教学效果得到明显改善，课堂教学效率得到明显提高，学生的技能水平也有了明显提升。

Ⅱ. 主要目标

任务驱动教学法是一种把学生主动学习和教师通过任务引导相结合的新

型教学方法。它是一种建立在建构主义教学理论基础上的教学法，指教师将教学内容设计成一个或多个具体的任务，以某个实例为先导并提出问题，使学生在强烈的问题驱动下主动思考、自主探索、互动协作，在完成既定任务的同时获得分析问题和解决问题的能力的教学法。

Ⅲ. 实施过程

这种新型教学模式可培养学生的实践技能和实际解决问题的能力，同时锻炼学生的技能操作能力。任务驱动教学法的实施可分成三个阶段，在各阶段教师应给予学生引导，使教学过程可控、有效。

下面以"PowerPoint 自定义动画之动作路径的应用"课程的教学过程为例，论述如何实施三阶段的任务驱动教学。

i. 设计任务

根据此课的教学内容——自定义动作路径，结合实际生活中的现象，让学生完成一个具体任务——制作"月亮绕着地球转"动画。为了启发学生的想象力，教师可以先给学生讲一些关于月亮的知识：月球是地球的天然卫星，它围绕地球公转，可稳定地轴、控制潮汐，也被用于时间的观测等。还可以向学生讲述一些美丽的传说，如嫦娥奔月，来激发学生的兴趣。另外，需要让学生明白月亮绕着地球公转和地球自转的相关原理，并让学生在大脑中构思两个动态画面。

ii. 解决问题

利用课堂教学内容，引导学生逐步完成以下操作。

导入月亮和地球图片—利用自定义动画中动作路径中的"圆形扩展"，为月亮图片添加绕着地球旋转的椭圆形路径—调整路径的位置及大小—设置月亮动画效果的属性，即平稳开始、平稳结束—为地球添加强调动画效果"陀螺旋"，实现地球自转的动画效果。

iii. 完善任务

为画面添加背景图片，为了增强画面的真实感和动态效果，可以引导学生从两个方面入手：其一，添加 GIF 太空动态图片；其二，添加多幅背景图片，通过添加淡出效果进行切换。

为动画添加背景音乐，最好是与太空有关的音乐，如《太空漫游》等乐曲。设置计时属性，直到幻灯片末尾。

Ⅳ. 实施条件

教师首先要转变教育观念和教学角色，掌握一定的教育技术理论及教学设计的方法，把思考"如何教"变为思考"如何学"。教师还要具有教学设计与实践能力，营造有利于学生发展的学习环境，通过教与学的活动创造机会，引导学生自主学习、探究学习、发现学习、合作学习，通过师生之间的互动和多元评价使学生获得全面发展。这都对教师提出了新的挑战。

教师只有通过学习、实践才能适应新要求，获得业务素质的提高和快速成长。教师要求学生掌握的知识点要明确，设计的任务要与知识点紧密结合，而且要有趣味性、典型性。例如，此节课中除了制作"月亮绕着地球转"动画，还有"钢球对心碰撞""保卫钓鱼岛，捍卫国家主权"等典型案例。素材要准备充分，此节课的素材包括月亮和地球的图片、动态背景图片、背景音乐等。教师要给学生留有充足的自主学习空间，例如，此节课在背景、音乐、整体画面等多方面给学生自由发挥与想象的空间，学生不仅可以按照学习基础、学习兴趣进行学习，还可以与同学进行交流、讨论，也可以与老师互动，形成了多方面交流、合作学习的氛围。

Ⅴ．实际成果、成效及推广

ⅰ. 促使教师更新观念，提高适应新课改的教研水平

课题研究促使教师树立新型人才观和教学观，培养了教师的教研素养，使教师掌握任务驱动教学法的理念和方法，从而成为新课改的实施者、推动者和创造者。

ⅱ. 提高学生技能操作水平

在任务驱动教学法中任务十分明确，教师和学生专注于思考如何去完成这一任务。教师布置的任务更加明确、更有针对性，整个教学过程条理清楚、层次分明，为全面提高学生的技能操作水平奠定基础。

ⅲ. 激发学生的学习兴趣

PowerPoint 课程实践性很强，要求学生有较强的动手能力。任务驱动教学法的过程就是教师将所要传授知识和技能体现在任务中，让学生明确任务是什么，教师再引导学生理清思路、掌握方法，并鼓励他们独立完成任务。在学生不断完成任务的过程中体会到成功的快乐，学习兴趣和求知欲望被激发出来。

拓展

补充资料

1. 吴疆．微课程和多媒体课件设计与制作规范(第 2 版)[M]．北京：人民邮电出版社，2016.

此书根据技术发展状况和当前教学实际进行编写，介绍了微课程和多媒体课件设计的理论、原则和要素。书中所使用的媒体技术简单，不涉及过多复杂的描述。此书基于作者多年课件制作培训与评奖经验，具有较强的实用性。

2. 程勇，李婷婷，汪长岭 . 多媒体课件制作实用教程（基于 PowerPoint 平台）（第 2 版）[M]. 北京：清华大学出版社，2018.

此书由浅入深、系统全面地介绍了 PowerPoint 2010 的具体使用方法和操作技巧。在编写上具有以下特点。第一，结构清晰，模式合理。以"工作场景导入—基础知识讲解—回到工作场景—工作实训营"为主线编写，以这种新颖的模式合理安排全文。第二，示例丰富，实用性强。每一章在讲解 PowerPoint 知识时都列举了大量的例子，并给出了具体的操作步骤，有很强的实用性与可操作性。第三，上手快，易教学。通过具体案例引出问题，在理解知识后立刻回到工作场景中解决问题，使学生很快上手；以教与学的实际需要取材谋篇，方便教师教学。第四，安排实训，提高能力。每一章都安排了"工作实训营"版块，并针对问题给出明确的解决步骤，对工作实践中的常见问题进行分析，使学生进一步提高自己的应用能力。

3. 网易传媒设计中心 . H5 匠人手册：霸屏 H5 实战解密[M]. 北京：清华大学出版社，2018.

此书通过交互、视觉和动效三部分内容，从产品策划、用户心理、交互手段、视觉渲染、动效运用、移动界面设计常识等方面进行系统论述，通过理论讲解和案例分析，详细介绍了提升 H5 设计质量的方法和一些实用性较强的手段，帮助读者建立起一个更加完整的 H5 设计思维体系。

4. 彭澎，姜旭 . 可视化 H5 页面设计与制作：Mugeda 实用教程[M]. 北京：人民邮电出版社，2019.

此书为木疙瘩官方推荐用书，由教育部教育管理信息中心审定，包含动画页面制作的 29 个任务实例，30 个课堂实训和配套实例素材，以及 PowerPoint 课件等教学资源 。29 个任务实例采用理论结合实践的方式，深度剖析 H5 页面的设计思维与技术实现，全面提升读者的设计技能。

在线学习资源

第九章

微课的设计与制作

本章概述

本章简要地阐述了微课的定义、特点、类型、评价指标、制作方式和制作工具，并结合具体实例阐述了微课的制作过程。

结构图

本章学习目标

了解微课的定义，了解微课的特点，了解微课的类型和评价指标，了解微课的制作方式及相应的制作工具，掌握微课的制作过程，并掌握 Camtasia Studio 的基本操作。

学前深思

在"互联网＋"环境下如何利用微课进行教学？什么样的内容更适合使用微课教学？微课的设计与制作有哪些要求？在制作微课的过程中应注意哪些问题？

一、微课概述

本节学习目标

通过本节的学习，能够掌握微课的定义、特点、类型和评价指标，熟悉微课的制作方式和制作工具。

微课经历了从以视频为载体到以长图、H5 等新媒体为载体的发展，学术界和企业界都在努力针对自身的特点和重点推动微课与自身发展的融合。目前，微课更强调"微"的特征，突出知识点和技能点的短小。

(一)微课的定义

微课指按照新课程标准及教学实践的要求，以视频为主要载体，记录教师在课堂内外的教学过程中围绕某个知识点或教学环节所开展的精彩教与学活动的全过程。

微课的核心资源是微教学视频，同时包含与该教学视频内容相关的微教案(教学设计）、微课件（教学课件）、微习题（练习测试题）和微反思（教学反思）等辅助性教与学内容。微课的时长一般为 5—10 分钟，建议不超过 20 分钟。

微教案指微课教学活动的简要设计和说明。微课件指在微课教学过程中所用到的多媒体教学课件等。微习题指根据微课教学内容而设计的练习测试题目。微反思指执教者在微课教学活动之后进行体会、反思并提出改进措施等。

（二）微课的特点

微课以其短小精悍、使用方便成为当前课堂教学的热点，微课主要包括以下特点。

1. 教学时间较短

教学视频是微课的核心。根据学生的认知特点和学习规律，微课的时长一般为 5—10 分钟。

2. 教学内容较少

相较于宽泛的传统课堂，微课有问题聚集、主题突出的特征，更符合教学需要。

3. 资源容量较小

微课教学视频及配套辅助资源所占空间一般在几十兆左右，其视频格式必须是支持网络在线播放的流媒体格式（如 MP4、WMV、FLV 等），师生可以流畅地在线观看课例并查看教案和课件等辅助资源；也可以灵活方便地将资源下载到终端设备（如笔记本电脑、手机和平板电脑等），实现移动学习。这一特点也方便了教师的观摩、评课、反思和研究。

4. 资源构成"情景化"，资源使用方便

微课选取的教学内容一般是主题突出、指向明确、相对完整的。它以教学视频为主线"统整"教学设计，课堂教学使用的多媒体素材和课件、教师课后的教学反思、学生的反馈意见及学科专家的点评等相关教学资源构成了一个主题鲜明、类型多样、结构紧凑的"主题单元资源包"，创设了一个真实的微教学资源环境。

5. 主题突出，内容具体

一节微课只针对一个主题，研究的问题源于教育教学具体实践中的具体问题，包括生活思考、教学反思、难点突破、重点强调、学习策略、教学方法和教育教学观点等。

6. 成果简化，多样传播

因为微课内容具体、主题突出，所以其研究内容容易表达，研究成果容易转化。微课课程容量较小、用时较短，其传播形式多种多样，如可以通过网络视频平台、微博等社交软件进行传播。

7. 反馈及时，针对性强

因为微课在较短时间内集中开展教学活动，所以参加者能及时听到他人对自己的评价，获得反馈信息。①

(三)微课的类型

从应用上进行划分，微课可以被分为两大类：一类是剧场版微课，另一类是交互版微课。剧场版微课是单播式的，这种模式是最普遍的。交互版微课则通过 Flash 或 H5 进行交互式教学活动。

1. 剧场版微课

剧场版微课的最终格式有本地播放的影像视频和在线播放的网络流媒体影像视频两大类，格式通常为 MP4、FLV 等，播放以时间轴为准，从第一秒播放到最后，教学内容随着教学进度推进。这种微课的特点是设计与制作相对简单。根据录制与拍摄方式的不同剧场版微课又可被细分为以下三种模式。

(1)单播录屏式微课

单播录屏式微课是纯视频格式的微课，主要技术手段是计算机录屏。这种方式最为快捷，深受中小学教育工作者的欢迎。这种类型的微课适合具体体现或详细讲解教学内容，其内容的呈现依靠 PowerPoint 课件。微课制作者录制整个 PowerPoint 课件的讲解过程，使 PowerPoint 课件内容与教师讲解音频同步，最后输出为视频。软件实操类知识的讲解就常用这种方式。图 9-1 展示的为单播录屏式微课中的一个画面。

图 9-1　单播录屏式微课的画面示例

(2)单播拍摄式微课

单播拍摄式微课是制作者采用简易或专业拍摄设备进行实景拍摄然后对录像进行处理的微课。制作者需根据视频的质量要求来选择拍摄设备；如果要求不高，则可用手机、数码摄像机或其他较易获得的设备拍摄，后期使用视频编辑软件进行简单编辑并导出。专业性较高的制作在部分职业院校或高校较为常见。图 9-2 和图 9-3 分别为手

---

① 　张晓景：《微课设计与制作专业教程》，1—3 页，北京，清华大学出版社，2017。

机拍摄的和数码摄像机拍摄的微课画面。

图 9-2　手机拍摄的微课画面

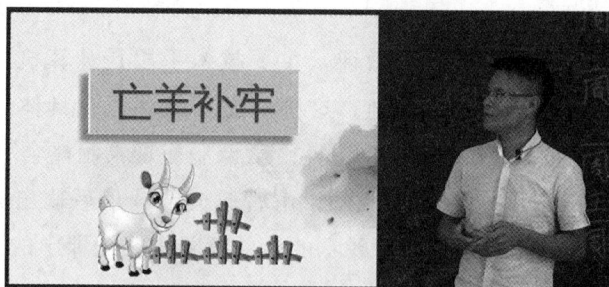

图 9-3　数码摄像机拍摄的微课画面

(3)混合式微课

混合式微课综合了录屏与拍摄这两种视频制作方式，既有讲解的录屏，又有对人或物的真实拍摄。这种模式较为新颖，应用得当则能取得非常好的教学效果。图 9-4 即为抠像型混合式微课的画面。

图 9-4　抠像型混合式微课的画面

2. 交互版微课

交互版微课强调与学习者进行的互动，通过设计不同的分支与问答实现教学内容的推进。从使用上交互版微课又可被分为以下两类。

（1）全交互式微课

全交互式微课是在视频中使用动画交互并纳入在线测试的微课。这种微课包含反馈练习与巩固应用，能更好地体现以教师为主导、以学生为主体的设计理念。微课通过创设情境进行视频讲解，引导学生观察反思，让学生获得知识。交互的任务驱动、模拟、练习、及时反馈促使学习的知识发生迁移，从而达到意义建构的目的。

可以预见，这种模式将会是微课发展最重要的分支之一。全交互式微课能很好地将 Flash 和 PowerPoint 两个软件的优点结合起来，视频画面是以幻灯片的形式呈现的，每张幻灯片包含独立的时间轴和图层，并能实现交互设计，最后导出的成品多为 Flash。

（2）H5 交互微课

H5 交互微课将色彩丰富的桌面或响应式网页分割成一张张具有一定交互性的内容页，主要在移动设备上使用，通过微信、微博等在互联网上广泛传播，这将是移动微课发展的重要方向。H5 交互微课具备无须下载、即点即用的特性，其最大优势是可快速且便捷地糅合图片、文字、音频、视频等多媒体。①

（四）微课的评价

目前国内的微课大赛多采用教育部教育管理信息中心制定的"全国中小学优秀微课征集活动"评审标准，具体如表 9-1 所示。

表 9-1 "全国中小学优秀微课征集活动"评审标准

一级指标	二级指标	指标说明	单项得分	合计
教学选题（10 分）	选题简明	利于教学，选题设计必须紧扣教学大纲，围绕某个知识点、教学环节、实验活动等展开，选题简洁，目标明确。		
	选题典型	解疑定位精准，有个性和特色，围绕日常教学或学习中的常见、典型、有代表性的问题或内容进行设计，能够有效解决教与学过程中的重点、难点、疑点等问题。		
教学内容（30 分）	科学正确	概念描述科学严谨；文字、符号、单位和公式等符合国家标准，符合出版规范；作品无著作权侵权行为，无错误内容导向。		

① 杨上影：《微课设计与制作》，34—36 页，北京，高等教育出版社，2017。

续表

一级指标	二级指标	指标说明	单项得分	合计
教学内容（30分）	结构完整	所提交的作品必须是微课视频，还可以提供与选题相关的辅助扩展资料，如微教案、微习题、微课件、微反思等，便于评审。 微教案的设计要素齐全，内容精确，注重实效。 微习题有针对性与层次性，主观、客观习题的设计难度等级合理。 微课件的设计形象直观，层次分明，重点和难点突出，简单明了。 微反思真实细致，落到实处，拒绝宽泛、套话。		
	逻辑清晰	教学内容的组织与编排符合当前中小学生的认知规律，设置合理，逻辑性强，明了易懂。		
视频规范（20分）	技术规范	微课视频录制方法与设备灵活多样（可采用 DV 摄像机、数码摄像头、录屏软件等）。 微课视频一般不超过 10 分钟；视频画面清晰、图像稳定、构图合理、声画同步，能全面真实反映教学情景。		
	语言规范	使用规范语言，普通话或英语标准，声音清晰，语言富有感染力。		
教学活动（30分）	目标达成	达成适合学生自主学习、方便教师教学的目标，通用性好，交互性强，能够有效解决实际学习及教学问题，高效达成设定的教学目标，促进学习者思维的提升、能力的提高。		
	精彩有趣	符合创新教育理念，体现新教材教学方法，教学过程深入浅出、形象生动、精彩有趣，启发引导性强，有利于学生学习积极性和主动性的提升。		
	形式新颖	微课构思新颖，富有创意，类型丰富（讲授类、解题类、答疑类、实验类、其他类）。		
网上评价（10分）	网上评价	在网上展示提交的作品并将其提供给学生和教师用于学习或教学，根据线上的点击率及投票率等产生综合评价分数。		
总计得分				

（五）微课的常用制作方式

微课的制作方式多种多样，既可以采用拍摄的方式记录教学活动，也可以通过录屏软件录制计算机上的讲解与知识点演示过程，还可以通过一些创作型动画软件（如 Flash 等）将一些动作与画面合成输出为微课。教师可根据不同的教学对象和教学内容有针对性地选择制作方式。根据使用的软硬件，可以将微课的制作方式分为以下六类。

1. 移动设备录制型

移动设备录制型主要指微课制作者用手机、平板电脑等终端进行拍摄，或者通过这些移动设备进行录屏来生产教学视频。此种方法简单、快速。

（1）智能手机录制法

制作者使用可摄像的智能手机对纸笔演算、书写等教学过程进行录制。

（2）智能手机录屏法

制作者对在智能手机屏幕上的操作进行同步录制，辅以语音讲解。

2. 计算机录屏型

计算机录屏常用的方法有两种：第一种是使用计算机、手写板及智能笔等硬件工具组合，并配以书写类软件，进行书写过程画面与声音的同步录制；第二种是直接使用 PowerPoint 课件进行内容呈现，配合录音设备进行同步讲解和批注。

3. 专业拍摄型

专业拍摄型是制作者采用专业设备拍摄视频并在剪辑后输出教学视频的制作方式。其特点是采用单机或多机位拍摄，借助实景来完成教学内容的传递。

4. 拍摄与录屏混合型

拍摄与录屏混合型是将计算机录屏的视频与摄像设备拍摄的视频进行混合剪辑或直接叠加的制作方式。

5. 创作型工具制作型

创作型工具可以制作出很多新颖有趣、能够吸引学习者注意的微课。如使用 Flash、3ds MAX 等动画软件制作二维或三维动画，使用 SPEEDdraw 的相关软件生成视频，或者使用思维导图演示工具 Prezi 等输出微课视频。

6. H5 页面制作型

H5 页面制作型是伴随互联网学习常态化而发展起来的新型课件制作方式，其发布平台主要是智能手机或平板电脑等移动设备。H5 页面是基于万维网和浏览器的，是依托 HTML5 技术制作出来的。目前有很多 H5 页面制作工具，如 iH5、易企秀和初页等，这些创作工具都有各自的特点，都可以快速制作移动端 H5 页面。[①]

（六）微课的常用制作工具

1. 图片与音频素材处理工具

图片处理软件和音频处理软件有很多，这里只简要介绍四种常见的软件。

（1）PS

PS 是一款专业的图像处理软件，以其强大的功能备受用户青睐。它是一个集图像

① 杨上影：《微课设计与制作》，46—50 页，北京，高等教育出版社，2017。

扫描、编辑修改、图像制作、广告创意、图像合成、图像输入/输出于一体的专业图像处理软件。

（2）美图秀秀

美图秀秀是一款免费图片处理软件，与专业图片处理软件相比更简单、更易操作，用户能轻松实现美化、抠图、消除、背景虚化等常见处理。美图秀秀有电脑版、手机版和网页版。

（3）Audacity

Audacity是一款免费的音频处理软件，可被用于录音和编辑音频，可对音频进行特效处理，也可进行音频格式的转换。

（4）Audition

Audition是一款专业的多音轨编辑工具，支持128条音轨、多种音频特效和音频格式，使用户可以很方便地对音频文件进行修改、合并。

2. 课件制作工具——PowerPoint

PowerPoint是一款十分流行的课件制作工具。其操作简单，功能丰富，演示效果很好。PowerPoint 2010及之后的版本具有同步录屏功能，可以将教师讲解的过程直接录屏、制作成微课视频。

3. 录屏型微课制作工具

Camtasia Studio是一款专业屏幕录制和编辑的工具，它能在任何颜色模式下轻松地记录屏幕动作，包括影像、音效、鼠标移动轨迹、解说音频等。其实不仅录屏型微课，拍摄型微课的视频也可以在Camtasia Studio中获得编辑。除此之外，常见的屏幕录制软件还有很多，如较适合微课录制的屏幕录像专家等。

4. 拍摄型微课制作工具

拍摄型微课的制作者首先要用拍摄设备拍摄视频，然后进行后期的视频剪辑和效果添加。常用的视频编辑软件有EDIUS、Premiere、威力导演、会声会影、爱剪辑等。每个软件都有各自针对的市场和人群，下面进行简要介绍。

（1）EDIUS

EDIUS是一款专业的非线性编辑软件。它的强大之处是可以兼容不同格式的文件，能进行多格式混编，而且视频输出的质量高，能输出1080p或4K分辨率的视频。

（2）Premiere

Premiere是Adobe公司推出的一款非线性编辑软件，它能与After Effects、PS等其他Adobe公司推出的软件兼容，在特效制作方面有很好的融合性。

（3）威力导演

威力导演是由讯连科技发行的一款非线性视频编辑软件，很多学校在制作微课时使用这款软件。

（4）会声会影

会声会影相较于上面三款软件，其操作比较简单，深得普通视频编辑爱好者的青睐。会声会影的国内用户量很大，它可以制作出很炫丽的电子相册效果。

（5）爱剪辑

爱剪辑是一款简单易用的视频编辑软件，是国内首款较全能的免费视频编辑软件。爱剪辑团队是完全根据我国用户的使用习惯、功能需求与审美特点对软件进行设计的。

5. 创作型微课制作工具

创作型微课制作工具主要有万彩动画大师、皮影客、Powtoon、ProShow Producer、Prezi、Focusky、iSpring Suite 和 Articulate Storyline 等，下面主要简介前三款软件。

（1）万彩动画大师

万彩动画大师是一款方便的动画视频制作工具，其操作较简单。该软件适合制作企业宣传动画、广告动画、多媒体课件、微课等。它的优点包括：界面简单，有海量精美动画模板，可进行随心所欲的图形组合，动画视频制作轻松，可输出手绘动画效果，时间轴功能强大，镜头效果丰富，等等。

（2）皮影客

皮影客是一款在线动画制作工具，它将动画制作的过程模块化，分为场景、分镜、人物、动作、对话等不同模块，用户只需要通过简单的操作将这些模块组合起来就可以制作出动画。

（3）Powtoon

Powtoon 是一款视频在线制作工具，帮助用户制作视频展示。该软件主要针对非专业设计者和视频制作爱好者，用户在画板中通过简单的拖曳即可完成作品。

6. H5 页面型微课制作工具

H5 适用于多种浏览器，具有开发成本低、适配多种移动设备、成本低、跨平台和终端、迭代更新容易、无须安装等优势。目前，网络上有大量的场景 H5 页面制作平台，如定制型的 Epub360、iH5 和木疙瘩等，非定制型的易企秀、初页、码卡、快邀约、兔展、易传单和未来应用等。

二、微课的制作过程

本节学习目标

通过本节的学习，能够掌握微课的制作过程，包括微课录制准备、课题选

微课的制作一般包括录制准备、课题选题、教案设计、脚本设计、课件制作、微课录制及后期制作等一系列过程，精品微课的制作通常需要专门的录播教室和专业录制团队，使用专业后期制作软件进行处理，耗费较多的

择、教学设计、脚本设计、课件制作、微课录制及后期制作。

人力和物力。下面对微课开发过程的各个环节进行简要介绍。

(一)微课的录制准备

在开始制作微课前，教师首先要对微课所讲的内容、微课的表现形式、微课的时间长度等进行分析和整理，然后再有目的地设计、制作微课。千万不要边想边制作，这样往往造成微课质量低、效果差，而且很有可能无法完成微课制作。

1. 做好微课内容的规划

微课通常是讲解一门学科中某一个或某几个知识点。在开始制作微课前，教师要充分了解课程的内容和重点，先将整个课程中有必要且适合制作成微课的内容进行提炼、整理，然后再合理地规划每节微课的内容和时间，做好这些规划后再开始微课的设计与制作，这样可以事半功倍。

2. 选择、分析、处理知识点

对于一节微课的设计质量和教学效果来说，知识点的选择、分析、处理非常重要。在设计一节微课时，教师首先要慎重地选择知识点，并对相关知识点进行科学的分析和处理，使它们更符合学习的认知规律，从而实现事半功倍的效果。通常情况下，教师要做到以下几点。

第一，知识点尽量为热门的考点、教学的重点和难点。

第二，知识点要小，5—10分钟内能被讲解透彻。

第三，知识点要准确无误，不允许文字、语言、图片等有知识性错误或误导性信息。

第四，要将知识点按照一定逻辑分割成许多个小知识点。

3. 选择微课的呈现类型

在制作微课前，教师要根据所要讲解的知识点选择适当的微课类型，这有助于提高微课教学的效果。按照微课内容的呈现方式，教师主要可选择以下几种。

①讲授类：教师运用口头语言向学生传授知识，是最常见、最主要的微课类型之一，一般采用画中画的展示方式。

②问答类：教师按一定的教学要求向学生提出问题，要求学生回答，并通过问答的形式来引导学生获取、巩固或检查知识。

③练习类：学生在教师的指导下，依靠自觉的控制和校正，反复地完成一定动作或活动，形成技能、技巧或行为习惯。

④启发类：教师在教学过程中根据教学任务和学习的客观规律，从学生的实际出发，采用多种方式，以启发学生的思维为核心，调动学生的学习主动性和积极性，促

使学生轻松地学习。

⑤讨论类：在教师指导下，全班或小组围绕某一中心问题发表各自的意见和看法，共同研讨、相互启发，集思广益地进行学习。

⑥演示类：教师在课堂教学时把实物或直观教具展示给学生，或者做示范性实验；学生通过实际观察获得感性知识，或说明和验证所传授知识的准确性。

⑦实验类：学生在教师的指导下，使用一定的设备和材料，通过控制条件的操作过程，引起实验对象的某些变化，从观察这些现象变化中获取知识或验证知识。

⑧表演类：在教师的引导下，学生对教学内容进行戏剧化的模仿表演和再现，以达到学习交流和娱乐的目的，促进审美能力和学习兴趣的提高。

4. 构建完整的教学过程

教师只有真正掌握构建完整教学过程的方法，才能够有效地激发学生的学习兴趣，培养他们自主学习能力，提高他们的学习效果。

(1)切入课题要新颖、迅速

因为微课时间短，所以教师在设计微课时要注意切入课题的方法，力求新颖、迅速，而且要与题目紧密关联，以把更多的时间留给内容的讲授。

(2)讲授线索要鲜明

在微课的设计中，教师应尽可能地只设计一条线索，在这一条线索上突出重点内容。教师在讲授重点内容时，如果需要罗列论据，那么罗列的论据必须精而简，力求论据的充分、准确，不会引发新的疑问。教师在设计微课时要注意巧妙启发、积极引导，努力在有限的时间内圆满完成微课所规定的教学任务。

(3)结尾要简明

在微课的设计中，小结是必不可少的，它是内容要点的归纳。好的微课小结可以起到画龙点睛的作用，可以加深学生对所学内容的印象，减轻学生的记忆负担。因为前面重点内容的讲授占用了较多的时间，所以微课的小结不在于长而在于精，小结要科学、简明。

(4)力求创新，亮点突出

微课的设计一定要有自身独特的亮点。这个亮点可以是深入浅出的讲授，可以是细致入微的剖析，可以是激情四溢的朗诵，可以是合理巧妙的课堂结构，也可以是准确生动的教学语言，等等。只有当微课设计具备了自己独特的亮点，微课的水准才能提升。

5. 制作实用的微课教学课件

教学课件能创设出一个有声有色、生动逼真的教学环境，为教师教学的顺利实施提供形象的表达工具，能有效地突破教学难点，激发学生的学习兴趣，真正地改变传统教学的单调模式，使"乐学"落到实处。教师在制作微课课件时需要注意以下几点内容。

第一，具有美感。一个好的微课课件不仅能激发学生的学习兴趣、取得良好的教学效果，而且能使人赏心悦目，获得美的享受。优质的微课课件是高质量内容与优美形式的完美统一。

第二，动静结合。动态画面能使课件精彩动人，静态画面能给人更多的思索空间，因此教师在设计微课课件时要让动态画面和静态画面有机结合起来，这样才能增强微课的教学效果。

第三，合理安排信息量。在制作微课课件时，教师应充分利用认知学习和教学设计理论，根据教学内容和教学目标的要求，有效组织信息资源，提供适当的信息量，从而突破教学重难点，扩大学生视野，使学生通过多个感觉器官来获取信息。

第四，容易操作。为了方便教学，微课课件的操作要尽量简便、灵活、可靠，便于教师和学生控制。

(二)微课的课题选择

1. 微课的选题原则

恰当的选题是微课成功的一半。微课的选题必须充分考虑教学内容的特征，注意结合视频媒体的特点。微课的选题主要依据下面三条原则。

(1)具有较高的使用价值

微课制作技术门槛较低，但想要做出一节出彩的微课并不容易。教师首先要选择合适的教学内容。一般来说，教学中的重点、难点、疑点、考点、热点，平时需要教师反复讲解和强调的内容，学生容易出错的知识点，学生经常提出的问题，等等，都可以作为微课的选题。例如，教二年级学生认识时间时，教师发现对 8：55、11：50 这种时间表示很多学生容易读错，教师就可针对这一易错点设计一节微课，重点帮助学生掌握如何读这种时间表示。

(2)符合视频媒体的传播特征

一些具备动态特征的教学内容，如动作技能、操作过程、工作原理、变化过程等，比较适合被制作成微课。此外，如果教学内容的呈现需要使用较多的图片、音频，比如摄影构图、音乐赏析等，教师则也可使用微课。

(3)内容少，目标小

受时长的限制，微课选题一定要内容独立、体量小、目标清晰、数量少。真正设计良好的微课是目标明确、有的放矢、切中要害、言简意赅的。微课适宜"小题大做"，不宜"大题小做"；不应贪多求快，而应从小从精。

2. 微课选题的案例

以下是第十四届全国多媒体课件大赛微课组部分获奖作品的名称。

公交司机的烦恼——线性代数绪论

VB 键盘事件实例制作

从七桥问题到欧拉定理

职工违章受伤能算工伤事故吗？

演示即可视化——分层可视化方法实例化于 PowerPoint 2013 中

离心泵的汽蚀

瑜伽——单腿站立腿侧举式

大学英语导入篇：Orientation Week 迎新周

计算机应用基础——Word 软件邮件合并

英语语调案例实战——停顿、慢读与重读

为什么受伤的总是"我"

通过这些微课的名称可以看出，这些作品的选题都突出了教学内容的实用价值，内容短小，且作品的内容都符合媒体的传播特征。

(三)微课的教学设计

微课是一种新型网络教育资源，使用方式主要是学生自学，使用的场合主要为课外，教师无法直接监控。抓住学生的注意力、给予学生良好的学习体验是微课教学设计的重要任务。

1. 微课设计的原则

在微课的设计与制作中，"以学生为中心"是一个不可动摇的原则。在进行微课教学设计时，教师要充分考虑微课的用途，从信息传播、教学思路和心理感受三个方面设计课程。

(1)信息传播

在信息传播上，微课要让学生用眼睛看画面，用耳朵听声音。从内容上看，学生在微课中最需要得到的信息是知识技能本身，并不需要看到完整的教学活动过程。因此，一些非教学内容的因素和环节，如教师个人形象、课堂提问、小组讨论及学习竞赛等传统课堂教学因素或环节是完全可以被省略的。

例如，教师在拍摄实验操作、乐器演奏、手工制作和运动技巧等内容时，一定要从方便学生观察、模仿、学习的角度拍摄，以学生的视角，采用俯拍、同侧拍等方式拍摄画面。同理，在微课的讲解音频录制中，教师要注意调整语气，用一对一、面对面辅导的语言来讲解，从而使微课更易受到学生的欢迎。

(2)教学思路

一节好的微课善于用学生看问题的思路来进行教学内容的组织。从教师的角度分析和解决问题往往是高屋建瓴、一目了然的。但若从学生的角度分析解决问题，过程往往则是曲折迂回的，会走弯路或进入误区。微课要重点体现问题的分析过程，帮助学生一步步理清思路，而不应直接用教师的思维代替学生的思考过程。

（3）心理感受

微课并非传统课堂教学"搬家"，也不是课堂授课的微缩版。它应能满足"一对一"个性化教学服务中学习者的心理需要，这也是微课区别于其他教学资源的重要特征之一。

2. 微课的教学设计要求

以微课为代表的教育技术创新应用正成为基础教育、职业技术教育和高等教育的重要工具，了解微课的教学设计要求对教师来说是非常有必要的。

（1）适合教学对象

不同学科学段的微课面对的是不同知识能力的学生，微课不仅要有学科学段上的区分，还要能适应同一学科学段中不同水平的学生。例如，同一个数学知识点的微课在面对不同水平的学生时，讲授的方法与内容应该有差异，应进行个别化教学。

（2）符合认知过程

良好的微课设计应是循序渐进的，不能跳跃式发展，不同年龄段学生的认知方式是大有差异的。例如，对于中学生来说，其认知方式已经发展到更易接受抽象知识的水平，教师则可以给予学生思考想象的空间，如在高中语文中可以使用更多的情景陶冶；而对于低龄儿童来说，具体的知识更易于接受。

3. 微课的教学策略

所谓教学策略，即在教学目标确定后，教师根据已定的教学任务和学生的特征有针对性地选择与组合相关的教学内容、教学组织形式、教学方法和技术，由此形成的具有效率意义的特定教学方案。策略选择是微课教学设计的核心环节，能够直接体现出教师的教育理念、教学技巧、教学智慧和创意。

（1）先行组织者策略

先行组织者是教育心理学家奥苏贝尔提出来的重要概念，它指先于学习任务呈现的引导性材料，比学习任务本身具有更高的抽象、概括和包容水平，能够起到将学习任务与学生认知结构中原有的观念进行关联的作用。

（2）基于问题的教学策略

提出问题是学习的开始，解决问题是学习的最终目标。在自主学习中，解决问题往往是学生最主要、最直接的学习驱动力。在微课设计中，巧妙的提问可以有效激发学习兴趣，同时还能够统领学习内容，引导学习思路。

（3）情景化、案例化和故事化的教学策略

发生在真实情景中的学习是最好的学习，学习不应与现实脱节，而应与现实紧密关联。教学实践证明，与真实情景相关联的学习内容容易引起学生的关注，学生注意的维持时间也较为长久。学生大都喜欢听故事，在微课中使用情景创设、案例分析、讲故事的策略能有效吸引学生的关注。

例如，在一节"青少年旅游团队接待技能"微课中，教师没有照本宣科、按部就班地对各种接待技能逐一讲解，而是通过讲述一个青少年旅行团在行程中发生的各种情况，如集合不准时、途中有人生病、人员走散、对餐食不满意等，以故事的形式巧妙地把教学内容呈现出来，使整个教学过程情景真实又充满故事性，内容紧凑不散乱，教学效果很好。

4. 微课教学设计案例

这里以小学六年级数学"圆的认识"微课教学设计为例来展现微课教学设计的具体细节。

（1）教学内容

人教版《义务教育课程标准实验教科书数学》六年级上册第 57—61 页。

（2）教学目标

①通过观察思考、动手操作等活动，学生能认识圆，掌握圆的特征，理解圆的直径与半径的关系，并且学会用圆规正确画圆。

②通过直观教学和动手操作，学生在充分感知的基础上理解并形成圆的概念，提高动手操作能力、观察能力、空间想象能力及抽象概括能力，并能把所学知识运用于生活实际。

③通过本课，学生再次感受数学与生活是息息相关的，并能用圆的知识来解释生活中的简单现象。

（3）教材分析

圆的认识是小学数学六年级上册第五单元"圆"中较为重要的内容。它是在学生学习了平面直线图形的认识和圆的初步认识的基础上进行教学的，是研究曲线图形的开始，也是学生认知发展的又一次飞跃。本课的内容是进一步学习圆的周长和面积的重要基础，同时对发展学生的空间观念也很重要。

（4）学情分析

小学六年级学生的年龄为十一二岁，他们对"有用"的数学更感兴趣。此时学习素材的选取与呈现以及学习活动的安排应更关注数学在学生的学习和生活中的应用，使他们感受到数学就在自己身边，学数学是有用的、必要的，从而愿意且想学数学。对于圆，学生在生活中已有大量的接触经历，有了一定的知识、经验基础，同时学生具备了较强的动手操作能力，有较强的交流与表达的愿望，这些使课堂教学引导学生主动探究、开展小组合作学习、培养创新意识和实践能力成为可能。

（5）教学重难点

①感知并了解圆的特征和用圆规画圆的方法。

②掌握圆的特征，能熟练地画圆。

（6）教学过程

①创设生活情景，引入新课

第一步，引入直线图形和曲线图形的概念。课件先展示三角形、各种四边形等图形，即直线图形的代表；再展示一个圆，即曲线图形的代表。

第二步，感受生活中的圆。

教师先设问：你能找出生活中圆的例子吗？

课件展示几个生活中圆的例子，如自行车车轮、月亮、硬币、圆桌等。

教师提问：这些图片有一个共同的特点，你发现了吗？（上面都有圆。）

学生体会生活中到处都有圆以及圆很美。

第三步，提出疑问，揭示课题。

课件展示游戏情景，教师提问：哪种情景最公平？（等待约 10 秒，学生分析并作答。）

教师引导：关于圆的知识有很多，这节课咱们就走进圆的王国去看一看。

②认识圆及各部分名称

第一步，初步画圆。

教师徒手画圆，画出的并不是真正的圆，提问：怎样才能画出真正的圆？（学生开动脑筋，等待约 5 秒。）

教师引导：圆规是画圆的专用工具。课件中展示用圆规画圆。

教师提问：要画一个半径为 2cm 的圆，可以怎么画？课件用动画展示画半径为 2cm 的圆的步骤。

第二步，认识圆（圆心、半径和直径）。

教师边指课件中的圆边讲解：固定的一点在圆的中心，这个点叫作圆的圆心，圆心一般用字母 o 来表示。学生认识圆内的点、圆外的点、圆上的点。

教师讲解：如果把圆心和圆上的点连成一条线段，这条线段就是圆的半径。教师提问：想一想，连接圆心和圆上任意一点的线段有多少条？（无数条。）教师讲解：圆的半径有无数条，一般用字母 r 来表示。

教师讲解：现在继续画线段，这次经过圆心画一条线段，并且线段的两个端点在圆上，这样的线段叫圆的直径。教师提问：想一想，直径是什么样子的？（过圆心，两端在圆上。）这样的线段能画几条？（无数条。）教师讲解：圆的直径有无数条，一般用字母 d 来表示。

课件用动画展示圆的半径与直径的关系，得出结论：在同一个圆里，直径是半径的 2 倍，半径是直径的一半，即 $d=2r$，$r=d/2$。

第三步，认识两个圆的位置关系。

通过课件展示，学生认识下面的关系。

圆心不同、半径相同的圆称为等圆。

圆心、半径都相同的圆称为同圆。

圆心、半径都不相同的圆称为不同圆。

圆心相同、半径不同的圆称为同心圆。

得出结论：圆心决定圆的位置，半径决定圆的大小。

第四步，认识圆的对称性。

课件展示：圆是一种轴对称图形。圆的对称轴：任意一条经过圆心的直线（每一条直径所在的直线），有无数条。

第五步，小结。总结所学习的内容。

③巩固新知，综合运用

教师提问：现在我们对圆有了一个清楚的认识，你能利用圆的知识解决问题吗？（给出以下练习题。）

判断题

• 在同一个圆内只可以画 100 条直径。（　　）

• 圆的所有直径相等。（　　）

• 两端都在圆上的线段叫作直径。（　　）

• 等圆的半径都相等。（　　）

选择题

• 画圆时，圆规两脚间的距离是（　　）。

A. 半径的长度　　　　B. 直径的长度

• 从圆心到（　　）任意一点的线段叫半径。

A. 圆心　　　　B. 圆外　　　　C. 圆上

• 通过圆心并且两端都在圆上的（　　）叫直径。

A. 直径　　　　B. 线段　　　　C. 射线

利用圆的知识解释生活中的现象

• 车轮是圆形的，而且车轴安装在圆心处，这是为什么？

• 有人在表演时，观看的人群会自然地围成一个圆，这是为什么？

(四)微课的脚本设计

1. 微课脚本的重要性

一节优质的微课应该包括前期的脚本设计和后期的录制合成两部分，一个好的脚本可以让制作微课的过程事半功倍，也可以使微课的结构更紧密、层次更清晰，丝丝入扣，引人入胜。微课的脚本设计直接决定了微课的质量，只有具备了好的脚本才能制作出好的微课。

2．编写微课脚本

微课脚本的内容是基于教学大纲的，但其不是以问题、对策和总结的形式呈现的，而分为场景一、场景二、场景三等场景，每一个场景都包含环境、人物、行为、对话、文字和旁白等信息，而且要写得非常详细、具体和清楚，问题、对策和总结则包含在场景中。表 9-2 展示了一个微课脚本的设计表。

表 9-2　微课脚本设计表

教学过程	内容	画面	时间
片头	导入	第××至××张 PPT	××秒以内
正文讲解	第一节内容	第××至××张 PPT	××秒
	第二节内容	第××至××张 PPT	××秒
	第三节内容	第××至××张 PPT	××秒
结尾	总结	第××张 PPT	××秒以内

(五)微课的课件制作

微课的 PowerPoint 课件只需要呈现核心内容，能让学习者了解微课内容，内容要具有引导性、启发性，可以带有一定的悬念，使学习者带着问题学习。课件的制作还要注意版面及美工设计，背景应尽量素雅，能烘托字体，不能太艳丽，尽量采用安全色。整个课件的颜色不能太多，单张幻灯片的颜色一般不超过三种，也可以直接套用 PowerPoint 里的设计模板。用于微课录制的 PowerPoint 课件跟教师平时所做的多媒体课件大致相同，这里只简要介绍课件制作需要注意的一些问题和设计原则。

1．内容设计

教师在使用 PowerPoint 制作课件时，要清楚该课件只需要纳入核心内容，零碎的知识点可以通过教师的语言和动作表达出来，照本宣科读课件的微课不可能是优秀的微课。课件的内容设计要有启发性，有一些悬念，教师也可设计反思类课程。

2．版面设计

PowerPoint 的版面设计是在有限的空间内，在不删除页面内容的前提下，对文字、图片和图表等元素进行重新编排，使页面更美观，使内容一目了然的操作。不同页面有着不同的版面设计原则及要求。

首页与封面：最好采用课件的首页作为封面，这样可以使学习者对知识点与授课教师一目了然。

中间页：最上面可以写知识点的小点，中间则放置主题内容，右下角或左下角留出空白以放置教师画面，不挡住文字。

尾页：可以加入感谢语、微课题目、"欢迎观看其他微课"等语句，此页不建议加入教师画面。

3. 美学设计

有了合理的页面布局，整个课件的页面内容才能够清晰展现出来，页面布局会直接影响人们的视觉感受，也是设计中的重要一环。

一个完整的课件一般包括标题页、正文和结束页。每张幻灯片都要留有空白空间，整体布局要风格统一，没有格格不入的地方。一个课件一般不要超过 30 页。

在制作课件时，包括图表在内，颜色总共不应超过四种，单张幻灯片上的颜色不应超过三种。

应采用准确的文字、规范的字体和标准字号来表现不同的逻辑层次。字号和字体不应随意使用，要力求规范、统一，避免给人眼花缭乱的感觉。一张幻灯片上一般不要超过三个层次，不同幻灯片中相同层次的文字要采用相同的颜色、字体和字号。

教师将每张幻灯片制作完成后，应对课件添加转场效果，需要注意的是，由于课件的重点是对内容的展示，太过花哨的转场效果会分散观看者的注意力。

(六)微课的录制

录制教学过程是微课制作中最关键的环节。信息技术类教学的内容主要以软件操作为主，可以直接采用录屏软件录制。如果教师对教学内容非常熟悉，可确保在教学过程中极少有甚至无口误，则可以在录制屏幕的同时录制音频；也可以录屏和录制音频分开进行，在后期制作时再将它们合成，这样则可以减少重复录屏。

Camtasia Studio 提供了比较快捷的屏幕录制方法，能在任何颜色模式下轻松地记录屏幕动作，包括光标的移动、菜单的选择、弹出窗口、层叠窗口和打字输入等，Camtasia Studio 8.0 的工作界面如图 9-5 所示。

图 9-5 Camtasia Studio 8.0 的工作界面

微课视频输出的分辨率可以为 320×240、640×480 和 720×576 等，格式可为 MPG、MP4、FLV、MOV 等。为保证输出的视频不变形，教师在录制前应先调整电脑的分辨率，一般可设为 1024×768，颜色位数为 16 位。

教师在微课录制过程中应尽量避免鼠标光标的随意移动，以免对学生造成干扰；鼠标的点击速度不能过快，要有适当停顿，在关键环节应适当增加提示，使学生跟上讲解进度。录制解说时教师可以使用外接麦克风，也可以直接用手机录音，音频采用 MP3 或 AAC 格式；解说声音应洪亮清楚，外部环境应尽量安静。

下面以 Camtasia Studio 8.0 为例，展示如何录制录屏型微课。

(1)启动 Camtasia Studio 8.0

打开 Camtasia Studio 8.0 软件，出现起始对话框，如图 9-6 所示。

图 9-6 Camtasia Studio 8.0 起始对话框

(2)设置录制区域

在区域选择(Select area)中可以选择全屏(Full screen)或自定义(Custom)。本案例要录制 PPT 的播放，所以选择全屏(Full screen)。

(3)选择录制输入

本案例只需要录制教师讲解的同期声，不需要教师画面，所以要单击摄像头(Webcam)的对号使之变成红色叉号，即关闭摄像头，只录制麦克风。图 9-7 和图 9-8 分别为摄像头打开和关闭的状态。

图 9-7 摄像头打开的状态

图 9-8　摄像头关闭的状态

（4）开始录制

将 PowerPoint 课件打开，定位在第一张，并放映幻灯片。单击红色录制按钮"rec"开始录制，教师开始进行教学活动。

（5）结束录制

当进行完最后一张幻灯片的教学时，教师单击"F10"键结束录制。出现如图 9-9 所示的预览（Preview）窗口。

图 9-9　预览窗口

（6）保存视频

在预览窗口中，单击"保存并编辑"（Save and Edit）按钮，将视频保存，此时出现如图 9-10 所示的视频编辑窗口。

如果不需要后期编辑，则可以直接将项目文件导出成微课视频文件。具体操作是：单击左边窗格上边左数第三个图标的下拉菜单，单击"生成并分享"（Produce and share），在出现的"生成向导"对话框中选择所要生成视频的选项，如图 9-11 所示，根据向导提示生成视频。

图 9-10　视频编辑窗口

图 9-11　"生成向导"对话框

(七)微课的后期制作

Camtasia Studio 具有强大的视频编辑和后期处理功能，可以基于时间轴对视频和音频片段进行各种剪辑操作，也包含标注、缩放、画中画、字幕特效、转场效果和标题编辑等功能。例如，用户可以通过添加轨道实现多视频同时播放，实现画中画效果。

图 9-12 是 Camtasia Studio 8.0 的轨道与时间轴面板。

图 9-12　轨道与时间轴面板

1. 基本操作

(1)过渡效果

Camtasia Studio 提供了丰富的过渡效果，用户可以在两段视频中间添加特殊过渡效果，如开门状、百叶窗和棋盘格等；还可以在视频中插入静态图片，如课程的名称和知识要点等，并设置图片的播放时间。

(2)语音旁白

在视频剪辑的过程中，用户可以导入解说词，边预览边进行影音同步；也可以用"工具"菜单中的"语音旁白"，在预览视频的同时录制旁白。单击工具栏中的"声音"(Audio)按钮，可以对音轨进行降噪，设置音量大小和淡入淡出效果等。

(3)镜头缩放

在讲解过程中，为了使学生看得更清楚，教师经常要进行镜头的缩放。利用 Camtasia Studio 的缩放功能教师可以轻松完成这种操作，只需将时间线拉到需要缩放的位置，单击"缩放"(Zoom-n-Pan)按钮，调整视频的尺寸和位置，则这一时刻后的视频会保持这个尺寸；再将时间线拉到需要还原尺寸的位置，将尺寸调回原来的数值即可。

(4)添加字幕

在 Camtasia Studio 中，选择工具栏中的"更多"(More)按钮，选择"字幕"(Captions)菜单，即可给视频添加字幕。这一工作可以在视频和音频剪辑完成后进行，这样教师就可以一边听讲解声音，一边编写字幕。

2. 交互与反馈

一节优秀的微课除了要将知识简明扼要、清晰地传达给学生外，还要提供一定的交互和反馈，让学生在观看视频的同时思考问题，加深对知识的理解，并检验学生的学习效果。Camtasia Studio 中自带的测验工具可完成此任务。

3. 导出视频

编辑完视频且对预览效果感到满意后，教师就可以导出视频了。选择"文件"菜单下的"生成并共享"，可以使用列表中已有的格式，也可以选择自定义生成设置来进行个性化设置。这样一节完整的微课就制作完成了。

总结

本章小结

微课指按照新课程标准及教学实践的要求，以视音频为主要载体，记录教师在课堂内外的教学过程中围绕某个知识点或教学环节所开展的精彩教与学活动的全过程。

本章主要介绍了微课的定义、微课的特点、微课的类型、微课的评价、微课的常用制作方式和制作工具以及微课的制作过程。通过本章的学习，学习者应能够理解微课的定义和特点，针对不同的微课类型选择相应的制作方式和工具，并能够在掌握微课录制过程的基础上设计和制作微课。

关键术语

中文术语	英文翻译	中文解释
微课	Micro-lesson	指按照新课程标准及教学实践的要求，以视音频为主要载体，记录教师在课堂内外的教学过程中围绕某个知识点或教学环节所开展的精彩教与学活动的全过程。
微课设计	Micro-lesson Design	指以学生为中心进行微课教学设计和界面设计，包括信息传播、教学思路和心理感受三方面的设计。
微课制作	Micro-lesson Production	指依据微课设计脚本进行微课课件制作、微课录制及后期编辑处理的过程。

章节链接

这一章的内容	其他章节中有相关讨论的部分
微课的教学设计	第四章"信息化教学设计与评价"整章内容。

应用

批判性思考

近年来，很多学校和机构都参与了慕课开发，而慕课的重要资源之一是微课。在教学改革浪潮的推动下，教师力图利用慕课资源进行翻转课堂教学，实现线上与线下教学相结合，教师引导与学生自主学习相结合，合理提高教学内容的挑战性，提升学生自主学习和研究性学习的能力，强化对学生创新思维的培养。微课将教学内容以碎片化的形式呈现出来，这虽然有助于学习者的深度学习，但碎片化的知识给课堂内容的统一、系统化整合带来了巨大挑战。教师在利用微课资源进行教学的同时，应如何整合课程的知识结构和内容以使之系统化？微课能否代替教师完成整个课程的教学过程？

体验练习

【思考与练习】

1. 什么是微课？

2. 简述微课的特点。

3. 微课的制作方式有哪些？

4. 微课的制作工具有哪些？

5. 简述微课的制作过程。

【实践环节】

实践主题：设计并制作一节微课

1. 实践目的

(1)了解微课的特点及微课的评价指标。

(2)掌握微课的制作过程。

(3)能够完整设计与制作一节微课。

2. 实践内容

学生在中小学各学科的内容中自选一个适合被制作成微课的知识点，分析内容，进行教学设计和脚本设计，选择熟悉的微课制作工具来制作一节微课。

3. 实践要求

(1)选择的知识点必须适合被制作成微课。

(2)教学设计的教学活动过程要完整。

(3)教师观察、了解学生的活动情况，并给予及时的点评和引导。

案例研究

某校的一位教师在教授"空气中氧气含量的测定"课程时选择制作一个微课来辅助教学，并进行了微课教学设计。请研读这位教师的教学设计，并思考以下两个问题。

1. 依据微课教学设计的相关知识，你认为这一教学设计是否符合微课教学设计的要求？

2. 如果不符合，应该怎样修改？

"空气中氧气含量的测定"微课教学设计

项目	内容
课题名称	空气中氧气含量的测定
课题来源	九年级化学
学情分析	知识水平：空气是学生身边最熟悉的物质之一，学生在过去的学习和生活中对空气已经有了一定的认识，知道空气的存在、空气中含有氧气及二氧化碳等。这些为本课题的学习打下了一定基础。 心理特点：九年级学生处于善于发问、善于质疑的阶段，教学中教材实验与个人改进实验的对比可对学生的思维产生强烈冲击，激起其求知欲。
教学目标	Ⅰ.知识与技能： i.认识身边最常见的物质——空气，了解空气的组成。 ii.能从生活经验出发，对空气的成分进行合理推测；能利用教师提供的简单仪器和药品，对空气的成分进行科学探究；在探究过程中初步学会简单的实验设计、学会观察实验现象并对其加以描述，对相关实验现象能给出合理的解释。 Ⅱ.过程与方法： i.认识科学探究的意义和基本方法，在进行空气中氧气含量的测定实验的过程中能提出问题并设计简单的实验解决问题。 ii.初步学会用观察、实验的方法获取信息，并从实验信息中得出科学结论。 iii.在探究过程中能主动与人交流、讨论，清晰地表达自己的观点，逐步形成良好的学习习惯和科学的学习方法。 Ⅲ.情感态度与价值观： i.保持对生活和自然界中化学现象的好奇心和强烈的探索欲望，进一步发展对化学学习的兴趣。 ii.初步建立科学的物质观，科学地看待科学家的实验过程及结论。 iii.逐步形成珍惜资源、爱护环境、合理使用化学物质的观念。
重点与难点	重点：学生自己设计实验方案来探究空气中氧气的体积分数，发展科学探究能力、发扬实践精神。 难点：学生初步理解测定空气中氧气含量的实验原理，发现实验的误差并分析原因，设计合理的装置并进行改进。

教学环节	教师活动	学生活动	设计意图
创设情境，导入新课	介绍拉瓦锡测定空气中氧气含量的实验。 介绍拉瓦锡实验所用到的仪器及实验结论。		通过有关空气测定的历史，迅速拉近学生与化学的距离。
教学内容	Ⅰ. 介绍实验仪器。 Ⅱ. 介绍实验步骤。 i. 连接装置，检查装置的气密性。 ii. 把集气瓶的容积分成5等份，并做好记号。 iii. 用止水夹夹紧胶管。 iv. 在燃烧匙内放入过量的红磷。 v. 点燃燃烧匙中的红磷，将燃烧匙立即伸入集气瓶中并把集气瓶塞子塞紧。 vi. 待红磷熄灭并冷却后，打开止水夹。 Ⅲ. 学生观察实验，并总结实验现象。 Ⅳ. 引导学生分析原因：红磷燃烧消耗氧气，仅生成固体，集气瓶中压强变小，产生压强差，水被压入集气瓶；集气瓶内氧气被消耗多少，进入集气瓶的水就有多少，因此进入集气瓶的水的体积就相当于原瓶内空气中氧气的体积。 Ⅴ. 引导学生分析空气中氧气含量的测定实验的结论，并介绍文字表达式： 磷＋氧气 $\xrightarrow{\text{点燃}}$ 五氧化二磷。	学生讨论。 学生在教师引导下观察实验，并解释实验原理。 学生观察红磷燃烧的现象：红磷燃烧时产生黄色火焰，放出大量热，并有大量白烟，最终燃烧停止；打开止水夹后，烧杯中的水进入集气瓶，约占集气瓶体积的1/5。 实验结论：空气中氧气的体积约占空气体积的1/5。	通过实验增强感性认识，解决学生的疑难。 培养观察能力及思考能力。 培养观察能力及分析能力，学生体会实验原理并从中得出正确的实验结论。
反思与评价	观察现象并思考问题。 Ⅰ. 某些同学在实验中发现进入集气瓶的水的体积小于总体积的1/5，这是为什么呢？ 总结出这个实验的关键之处：红磷的量要充足，要保证其燃烧能够将瓶内氧气耗尽；整个装置的气密性要好，不能漏气；要待集气瓶冷却至室温时再打开止水夹。 Ⅱ. 实验药品应该满足什么条件呢？ 引导学生分析不同的实验原理，得出结论。	回答：红磷熄灭后未冷却到室温；装置漏气；红磷的量不足；有部分水留在导管中未进入集气瓶；燃烧到一定程度时，由于瓶内氧气含量较少，红磷不能继续燃烧。 学生分析并得出结论：实验药品应只与空气中的氧气发生反应，产物为固体。	培养学生的表达能力，在交流中取长补短。 激发学生的探究欲望。 培养学生对实验的评价能力。
拓展创新	思维拓展：进行实验装置的再设计。 讨论分析：上述实验中选用的装置有哪些不足之处？ 设计一个更好的装置，并简单说明设计理由。	结合学过的知识发挥想象，改进实验装置。	增强学生的创新能力、想象力及对知识的理解能力。

拓展

☕ 补充资料

1. 金洁. 微课设计与制作一本通［M］. 北京：清华大学出版社，2018.

此书分为"微课设计与制作基础知识""微课视频制作相关软件"上下两篇。上篇介绍微课设计的基本概念及微课制作的基础知识；下篇介绍了苹果电脑适用的相关软件和 Windows 环境下的相关软件，包括演示文稿软件 Keynote、录屏软件 QuickTime Play、视频剪辑软件 iMovie、演示文稿软件 PowerPoint 2016 及视频剪辑软件会声会影 X10。全书从实用角度出发，提供了设计、拍摄、编辑、发布的全流程解决方案。

2. 聂竹明，刘钊颖. 微课与慕课：基于信息技术的教育供给方式变革［J］. 电化教育研究，2018(4)：19-24.

文章采用文献分析法和比较分析法，通过对教育服务供给及信息技术变革教育供给方式进行历史总结，结合供给侧结构性改革理念，借鉴沃尔玛与飞机场供给模式，提出教育改革速度缓慢的原因之一在于没有发生供给侧结构性转变；而若利用微课和慕课对现有的课程供给进行重构，则可以打破传统教育供给方式，让学校、图书馆变成提供课程市场的场所；教学的流程统一外包给具有国家认证的教育者资格的个人或企业，学生则成为课程的消费者，通过课程市场的推广与普及使学生尽快适应网络学习方式。微课与慕课可持续性供给的优势，对新常态下教育市场的发展具有跨时代的重要意义。

3. 周贤波，雷霞，任国灿. 基于微课的翻转课堂在项目课程中的教学模式研究［J］. 电化教育研究，2016(1)：97-102.

项目课程以工作任务为参照点，重新构建课程知识体系。在实际教学过程中，教师往往过于注重实践操作，忽略了学生课程知识系统性的形成以及创新能力和自主学习能力的培养。随着教学模式的不断创新，微课与翻转课堂逐渐融入项目课程教学过程，在实现学生个性化学习的同时，弥补项目课程教学过程容易忽略的部分。

该文对项目课程中微课的建设进行了探讨，以微课为基础构建了项目课程中的翻转课堂教学模式，并实现了具体项目任务的教学设计。

4. 陈子超. 基于微课和慕课的翻转课堂教学设计研究[J]. 中国电化教育，2017(9)：130-134.

该文针对翻转课堂存在的实际问题，采用文献研究、行动研究、调查研究等方法，综合运用教学设计理论、PBL 学习理论、学习金字塔理论等，结合高校翻转课堂的特点，利用 MOOC 平台和微课资源，对翻转课堂教学设计与实践开展了研究和探索；开发了课程专用 MOOC 平台和整套微课资源，设计了包括课前学习、课堂活动、考核评价三个重要环节的一整套行之有效的教学策略，并在 2 年共 8 个班次的教学实践中取得了令人满意的教学效果。该文旨在通过翻转课堂教学设计与实践研究解决教学实践中遇到的困难和问题，提高翻转课堂教学绩效，为翻转课堂的研究和推广应用提供借鉴。

5. 庞敬文等. 基于微课的初中数学智慧课堂构建及案例研究[J]. 中国电化教育，2016(5)：65-71.

该文关注基于微课的初中数学课堂教学构建，从实践出发，通过观看教学微视频、参与课堂设计、观摩现场课堂等方法，对基于微课的初中数学课堂教学存在的问题和应用现状进行了分析与总结，最后以问题为出发点，以智慧教育理念为指导，构建了基于微课的初中数学智慧课堂，并进行了案例设计与分析。

🖥 在线学习资源

参考文献

[1]ACAA 专家委员会，DDC 传媒. ADOBE PREMIERE PRO CS6 标准培训教材[M]. 北京：人民邮电出版社，2013.

[2]Adobe 公司. Adobe Flash CS5 中文版经典教程[M]. 北京：人民邮电出版社，2010.

[3]Adobe 公司. Adobe Photoshop CS5 中文版经典教程[M]. 北京：人民邮电出版社，2010.

[4]Adobe 公司. Adobe Premiere Pro CS5 经典教程[M]. 北京：人民邮电出版社，2011.

[5]柏宏权. 现代教育技术教程[M]. 北京：电子工业出版社，2010.

[6]毕家娟，杨现民. 联通主义视角下的个人学习空间构建[J]. 中国电化教育，2014(8)：48-51.

[7]蔡金玲. 增强现实技术在在线教育中的应用研究[J]. 电脑知识与技术，2017（6）：148-149，156.

[8]蔡苏，余胜泉. 从 Sloodle 看三维虚拟学习环境的发展趋势[J]. 开放教育研究，2010(2)：98-104.

[9]曾陈萍，吴军. 现代教育技术实用教程[M]. 北京：北京师范大学出版社，2010.

[10]陈怀有，张天驰，张箐. 虚拟现实技术[M]. 北京：清华大学出版社，2012.

[11]陈魁. PPT 动画传奇：解密专业演示动画特效[M]. 北京：电子工业出版社，2012.

[12]陈琳，华璐璐，冯熳，等. 智慧校园的四大智慧及其内涵[J]. 中国电化教育，2018(2)：84-89.

[13]陈琳，李佩佩，华璐璐. 论智慧校园的八大外部关系[J]. 现代远距离教育，2016(5)：3-8.

[14]陈玫，单美贤. 关于"智慧学习环境"的研究综述[J]. 现代教育技术，2013(9)：25-28.

[15]陈思瑜. 云计算平台在教学中的应用分析与研究[D]. 上海：上海师范大学，2012.

[16]陈卫东，叶新东，许亚锋. 未来课堂：智慧学习环境[J]. 远程教育杂志，2012(5)：42-49.

[17]程璐楠. E-learning 时代的学习理论——联通主义[J]. 中国国际财经（中英文），2016(19)：35-38.

[18]邓国民. 基于 Moodle 的《现代教育技术》网络课程的开发和应用[D]. 成都：四川师范大学，2008.

[19]范颖. "互联网＋教育"时代大学生的新型学习方式研究[D]. 合肥：安徽大学，2018.

[20]傅钢善. 现代教育技术[M]. 北京：高等教育出版社，2015.

[21]高姝睿. 浅论教育信息化环境下大学生学习方式的变革[J]. 教育教学论坛，2017(51)：199－200.

[22]龚德英. 多媒体学习中认知负荷的优化控制[D]. 重庆：西南大学，2009.

[23]郭翠娜. 在线学习活动设计以《教育技术学》网络课程为例[D]. 保定：河北大学，2009.

[24]郭芳. 新课程改革对教师教育素养的新要求[J]. 郑州铁路职业技术学院学报，2007(2)：14－16.

[25]郭晓俐. 二维动画设计——Flash案例教程[M]. 北京：清华大学出版社，2011.

[26]郭友. 讲解技能训练[M]. 天津：天津教育出版社，2010.

[27]哈斯高娃，张菊芳，凌佩，等. 智慧教育(第二版)[M]. 北京：清华大学出版社，2017.

[28]韩书梅. 云计算在教育领域的应用[J]. 科技与企业，2011(13)：78.

[29]郝吉卿. 高师院校师范生微格教学评价标准构建研究[D]. 临汾：山西师范大学，2015.

[30]何克抗. 信息技术与课程深层次整合理论[M]. 北京：北京师范大学出版社，2008.

[31]贺占魁，黄涛. 高校智慧教室的建设理念、模式与应用展望——以华中师范大学为例[J]. 现代教育技术，2018(11)：54－60.

[32]胡丽红. 信息化条件下学生学习方式变革研究[J]. 湖南科技学院学报，2018(10)：122－124.

[33]黄荣怀，杨俊锋，胡永斌. 从数字学习环境到智慧学习环境——学习环境的变革与趋势[J]. 开放教育研究，2012(1)：75－84.

[34]江淑玲，陈向明. 推动"实践—反思"范式深化教师教育研究——"首届'实践—反思教育质性研究'学术研讨会"综述[J]. 教育发展研究，2013(20)：80－84.

[35]蒋家傅. 网络环境下的《现代教育技术》教学研究[J]. 中国电化教育，2004(6)：56－58.

[36]焦建利. 教育技术学基本理论研究[M]. 广州：广东教育出版社，2008.

[37]柯清超. 超越与变革：翻转课堂与项目学习[M]. 北京：高等教育出版社，2016.

[38]雷朝滋. 教育信息化：从1.0走向2.0——新时代我国教育信息化发展的走向与思路[J]. 华东师范大学学报(教育科学版)，2018(1)：98－103.

[39]李国安. 现代教育技术实用教程[M]. 哈尔滨：哈尔滨地图出版社，2005.

[40]李静. 微格教学实施方案研究与设计[D]. 长春：东北师范大学，2016.

[41]李克东. 新编现代教育技术基础[M]. 上海：华东师范大学出版社，2002.

[42]李璐. 虚拟仿真实验室应用于初中物理实验教学的理论与实践研究[D]. 西安：陕西师范大学，2009.

[43]李倩倩. 高校师范生微格教学中的问题与对策研究——以华中师范大学为例[D]. 武汉：华中师范大学，2015.

[44]李世荣. 现代教育技术[M]. 北京：清华大学出版社，2010.

[45]李涛. 导入技能训练[M]. 天津：天津教育出版社，2010.

[46]李涛. 提问技能训练[M]. 天津：天津教育出版社，2010.

[47]李洋. 虚拟现实技术在远程教育领域的应用研究[D]. 长春：吉林大学，2008.

[48]李玉斌. 现代教育技术实用教程[M]. 北京：高等教育出版社，2006.

[49]李兆君. 现代教育技术(第2版)[M]. 北京：高等教育出版社，2010.

[50]理查德·E. 迈耶. 多媒体学习[M]. 北京：商务印书馆，2006.

[51]理查德·克拉克，文森特·克拉克，姜敏. 从教育新行为主义到神经科学：以认知负荷研究的起源与未来为视角[J]. 现代远程教育研究，2014(3)：52－55.

[52]梁旭东. 师范生现代教育技术能力培养的"3＋X"模式[J]. 陇东学院学报(社会科学版)，2006(2)：82－85.

[53]林万新. 结束技能训练[M]. 天津：天津教育出版社，2010.

[54]刘宸，李国栋，张哲，等. 高校智慧教室的构建与研究——以西安交通大学为例[J]. 现代教育技术，2018(10)：70－75.

[55]刘成新. 网络课程的设计、开发与评价[J]. 中国远程教育，2001(3)：54－56，79.

[56]刘君.《高等数学》网络课程设计与开发[D]. 天津：天津师范大学，2012.

[57]刘俊强. 现代教育技术[M]. 哈尔滨：东北林业大学出版社，2007.

[58]刘连娣. 认知负荷理论及其在外语教学设计中的应用[J]. 语言教学与研究，2006(2)：73－74.

[59]刘名卓. 网络课程的可用性研究[D]. 上海：华东师范大学，2010.

[60]刘鹏. 基于具身认知理论的教学活动设计研究[J]. 中国教育技术装备，2015(14)：89－90.

[61]刘向永. 信息技术课程价值研究[D]. 长春：东北师范大学，2010.

[62]刘智明，武法提. 联通主义视域下成人在线自主学习导学策略研究[J]. 电化教育研究，2017(11)：69－72.

[63]娄岩. 虚拟现实与增强现实应用基础[M]. 北京：科学出版社，2018.

[64]陆虹. 基于具身认知理论下的初中物理课堂的研究——以压强浮力为例[D]. 苏州：苏州大学，2016.

[65]罗伯特·D. 坦尼森，弗兰兹·肖特，诺伯特·M. 西尔，等. 教学设计的国际观. 第1册，理论·研究·模型[M]. 北京：教育科学出版社，2005.

[66]罗文浪，王志辉. 教师教育技术能力职前培养问题探析[J]. 江西教育科研，2006(9)：61－64.

[67]吕雪. 三维虚拟现实技术在教育领域的应用——辛亥革命严肃游戏的制作[D]. 武汉：湖北美术学院，2010.

[68]马志岩. 基于认知负荷理论的在线学习活动设计[D]. 济南：山东师范大学，2013.

[69]孟宪乐，侯方静. "互联网＋教育"背景下未来教师素养研究[J]. 河南教育学院学报(哲学社会科学版)，2017(2)：69－72.

[70]南国农. 信息化教育概论(第2版)[M]. 北京：高等教育出版社，2011.

[71]宁通. 联通主义学习理论视角下大学生自主学习能力培养研究[D]. 郑州：郑州大学，2015.

[72]彭绍东. 现代教育技术应用[M]. 北京：高等教育出版社，2013.

[73]R. A. 瑞泽，J. V. 邓普西. 教学设计和技术的趋势与问题(第二版)[M]. 上海：华东师范大学出版社，2008.

[74]R. M. 加涅，W. W. 韦杰，K. C. 戈勒斯，等. 教学设计原理[M]. 上海：华东师范大学出版社，2007.

[75]Scott Kelby. Photoshop Lightroom 4 摄影师专业技法[M]. 北京：人民邮电出版社，2013.

[76]Sharon E. Smaldino，James D. Russell，Robert Heinich，等. 教学技术与媒体：翻译版(第 8 版)[M]. 高等教育出版社，2008.

[77]申蔚，曾文琪. 虚拟现实技术[M]. 北京：清华大学出版社，2009.

[78]石雪飞，郭宇刚. 数字音频编辑 Adobe Audition CS6 实例教程[M]. 北京：电子工业出版社，2013.

[79]史铁君. 虚拟现实在教育中的应用[D]. 长春：东北师范大学，2008.

[80]水晶石教育. 水晶石技法 3ds Max 建筑模型实战手册[M]. 北京：人民邮电出版社，2011.

[81]宋灵清，赵兴龙. 回眸与反思：中国教育技术研究 35 年(1980—2015)[M]. 长春：东北师范大学出版社，2016.

[82]宋亦芳. 从 1.0 迈向 2.0：社区教育信息化研究回眸与展望[J]，河北师范大学学报(教育科学版)，2018 (4)：88—96.

[83]孙崇勇，李淑莲. 认知负荷理论及其在教学设计中的运用[M]. 北京：清华大学出版社，2017.

[87]孙汉群. 教育信息化与教师信息素养[J]. 中国教育信息化，2011(12)：13—17.

[85]孙晓岭. 创意摄影：PHOTOSHOP ＋ LIGHTROOM 双修魔法书[M]. 北京：中国青年出版社，2013.

[86]唐斯斯，杨现民，单志广，等. 智慧教育与大数据[M]. 北京：科学出版社，2015.

[87]汪端. 老邮差数码照片处理技法. 蒙版篇[M]. 北京：人民邮电出版社，2012.

[88]汪明，曹道平. 基于认知负荷理论的有效教学设计研究[J]. 现代教育技术，2013(5)：16—18.

[89]汪莹. 新编现代教育技术应用实践教程[M]. 北京：中国水利水电出版社，2018.

[90]王凤桐，杨宣，陈莉. 让课堂更精彩——微格教学设计案例选编[M]. 北京：首都师范大学出版社，2014.

[91]王凤桐. 语言沟通技能训练[M]. 天津：天津教育出版社，2010.

[92]王静. 新技术环境中微格教学模式的构建与应用研究[D]. 长沙：湖南师范大学，2014.

[93]王莉婷.《乌鸦喝水》多媒体教学案例[J]. 甘肃教育，2008(19)：60.

[94]王陆. 虚拟学习社区的社会网络结构[M]. 北京：北京大学出版社，2011.

[95]王天镭. 观察技能训练[M]. 天津：天津教育出版社，2010.

[96]王文君，王卫军. 国际视野下的教师信息化教学能力趋向[J]. 电化教育研究，2012(6)：112—115.

[97]王佑镁，祝智庭. 从联结主义到联通主义：学习理论的新取向[J]. 中国电化教育，2006(3)：5—8.

[98]王云，李志河. 现代教育技术[M]. 北京：清华大学出版社，2011.

[99]王运武，黄荣怀，杨萍，等. 改革开放 40 年：教育信息化从 1.0 到 2.0 的嬗变与超越[J]. 中国医学教育技术，2019(1)：1—7.

[100]王运武，于长虹. 智慧校园实现智慧教育的必由之路[M]. 北京：电子工业出版社，2016.

[101]王真真. 国家网络教育精品资源共享课共享研究[D]. 北京：北京交通大学，2016.

[102]王蓁. 基于活动的《现代教育技术》网络课程设计研究[D]. 南昌：江西师范大学，2010.

[103]王志军，陈丽. 联通主义学习理论及其最新进展[J]. 开放教育研究，2014(5)：11—25.

[104]王志军，陈丽．联通主义学习中教学交互研究的价值与关键问题[J]．现代远程教育研究，2015（5）：47－52．

[105]王志军．联通主义学习教学交互研究新视角：行动者网络理论[J]．现代远程教育研究，2017（6）：28－34．

[106]王竹立．碎片与重构：互联网思维重塑大教育[M]．北京：电子工业出版社，2015．

[107]网易传媒设计中心．H5匠人手册：霸屏 H5 实战解密[M]．北京：清华大学出版社，2018．

[108]威廉姆斯．写给大家看的 PPT 设计书[M]．北京：人民邮电出版社，2011．

[109]魏婷，李艺．Second Life 教育应用的现状、问题与趋势[J]．开放教育研究，2009(6)：81－87．

[110]吴骞华．增强现实(AR)技术应用与发展趋势[J]．通讯世界，2019(1)：289－290．

[111]吴庆麟，胡谊．教育心理学[M]．上海：华东师范大学出版社，2018．

[112]吴彦文．信息化环境下的教学设计与实践[M]．北京：清华大学出版社，2018．

[113]吴一珉，宋军，胡巧玲，等．FLASH CS6 动画制作与特效设计 200 例[M]．北京：中国青年出版社，2013．

[114]西恩·贝洛克．具身认知：身体如何影响思维和行为[M]．北京：机械工业出版社，2016．

[115]谢娟．现代教育技术应用的伦理审视[D]．济南：山东师范大学，2013．

[116]解月光．网络化多媒体课件的教学设计方法[J]．中国电化教育，2001(2)：38－40．

[117]徐晓雄．教育技术学视野中的加涅思想研究[D]．广州：华南师范大学，2004．

[118]杨彩云．用任务驱动教学把课堂精彩亮出来——《PowerPoint 200 自定义动画之动作路径的应用》案例[J]．内蒙古教育，2017(4)：72－73．

[119]杨凤梅，张景生．现代教育技术[M]．北京：高等教育出版社，2013．

[120]杨改学．教育技术教程——信息时代教与学的理论和实践[M]．北京：北京师范大学出版社，2010．

[121]杨开城．以学习活动为中心的教学设计理论[M]．北京：电子工业出版社，2005．

[122]杨美凤．组织教学技能训练[M]．天津：天津教育出版社，2010．

[123]杨宁．师范生教育技术能力发展：目标层次、影响因素与培养策略[D]．长春：东北师范大学，2013．

[124]杨上影．微课设计与制作[M]．北京：高等教育出版社，2017．

[125]杨现民，田雪松．互联网＋教育：中国基础教育大数据[M]．北京：电子工业出版社，2016．

[126]杨心德，王小康．认知心理学视野中的认知负荷理论[J]．宁波大学学报（教育科学版），2007（3）：11－14．

[127]杨宣．强化技能训练[M]．天津：天津教育出版社，2010．

[128]杨玉宝，谢亮．具身认知：网络学习空间建设与应用的新视角[J]．中国电化教育，2018(2)：120－121．

[129]杨宗凯，吴砥，郑旭东．教育信息化2.0：新时代信息技术变革教育的关键历史跃迁[J]．教育研究，2018(4)：16－21．

[130]姚勇，鄢竣．红色风暴Ⅲ 3ds max 建筑表现实例教程——建筑动画篇[M]．北京：中国青年出版社，2006．

[131]叶浩生.具身认知的原理与应用[M].北京：商务印书馆，2017.

[132]殷明，刘电芝.身心融合学习：具身认知及其教育意蕴[J].课程.教材.教法，2015(7)：59—63.

[133]尹为民.基于网格的虚拟教学环境探讨[J].计算机教育，2007(12)：21—23，17.

[134]於文刚，刘万辉，安进.PPT设计与制作实战教程[M].北京：机械工业出版社，2017.

[135]于佳.学习日志工具在网络课程中的应用研究[D].武汉：华中师范大学，2008.

[136]于长虹.智慧校园智慧服务和运维平台构建研究[J].中国电化教育，2015(8)：16—28.

[137]余胜泉，陈莉.构建和谐"信息生态"突围教育信息化困境[J].中国远程教育，2006(5)：19—24，78.

[138]张海森.国外 Second Life 虚拟世界教育应用研究的最新进展[J].中国电化教育，2011(4)：121—125.

[139]张建波.认知负荷理论：教学设计研究的新视角[J].上海教育科研，2006(11)：51—52.

[140]张建琼.微格教学实训教程[M].北京：科学出版社，2018.

[141]张剑平.现代教育技术(第3版)[M].北京：高等教育出版社，2013.

[142]张菊芳，王海燕.增强现实技术在教育领域的应用现状及对策研究[J].数字教育，2018(5)：60—65.

[143]张良.具身认知理论视域中课程知识观的重建[J].课程.教材.教法，2016(3)：65—68.

[144]张玲.现代教育技术[M].西安：陕西师范大学出版社，2011.

[145]张庆秀，韩清献，路红兵.基于网络的信息化教学环境的构建[J].中小学信息技术教育，2006(6)：42—43.

[146]张庆秀，韩清献.师范生教育技术能力培养模式初探[J].中国电化教育，2006(7)：39—41.

[147]张晓景.微课设计与制作专业教程[M].北京：清华大学出版社，2017.

[148]张筱兰，郭绍青.信息化教学[M].北京：高等教育出版社，2010.

[149]张有录，俞树煜.关于师范院校"现代教育技术"课程的思考[J].电化教育研究，2005(2)：40—43.

[150]张悦颖，夏雪梅.跨学科的项目化学习："4＋1课程实践手册"[M].北京：教育科学出版社，2018.

[151]章泽昂，邬家炜.基于云计算的教育信息化平台的研究[J].中国远程教育，2010(6)：66—69，80.

[152]赵冲.基于层级目标的教师教育体系重构[J].教育理论与实践，2013(31)：41—44.

[153]赵洪涛.基于建构主义理论的《现代教育技术》网络课程的设计与实现[D].长春：长春师范学院，2010.

[154]赵洪月.基于任务驱动的高师《现代教育技术》公共课教学的优化研究[D].西安：陕西师范大学，2011.

[155]赵慧勤，王兆雪，张天云.面向智能时代"4C能力"培养的创客课程设计与开发——基于STEAM理念的实施路径[J].远程教育杂志，2019(1)：104—112.

[156]赵慧勤.现代教育技术[M].北京：高等教育出版社，2014.

[157]赵健，郭绍青. 信息化教学能力研究综述[J]. 现代远距离教育，2010(4)：28－31.

[158]赵猛. 胡塞尔的具身化知觉理论研究[M]. 北京：中国社会科学出版社，2016.

[159]赵鹏. 大师之路：Photoshop 中文版完全解析[M]. 北京：人民邮电出版社，2007.

[160]周静. 媒体运用技能训练[M]. 天津：天津教育出版社，2010.

[161]周坤亮. 信息化教学设计研究综述[J]. 南京晓庄学院学报，2011(1)：64－67.

[162]周森，尹邦满. 增强现实技术及其在教育领域的应用现状与发展机遇[J]，电化教育研究，2017
(3)：86－93.

[163]周婷. 交互式课件在课堂教学中的应用研究[J]. 职业，2013(11)：146－147.

[164]周玉萍. 现代教育技术[M]. 北京：人民邮电出版社，2014.

[165]周跃良. 现代教育技术[M]. 北京：高等教育出版社，2008.

[166]祝智庭. 现代教育技术——促进多元智能发展[M]. 上海：华东师范大学出版社，2003.

[167]庄志强. 学习支架建构技能训练[M]. 天津：天津教育出版社，2010.

[168]JONASSEN D H. Handbook of Research on Educational Communications and Technology [M].
2nd ed，Mahwah，New Jersey：Lawrence Erlbaum Associates，Publishers，2008.

[169]JONASSEN D H. Learning to Solve Problems ：A Handbook for Designing Problem－Solving
Learning Environments [M]. New York ：Routledge，2010.